驕傲之塔

下

一戰前的歐美世界圖像，1890—1914

THE Proud Tower

A Portrait of the World Before the War, 1890-1914

Barbara W. Tuchman

芭芭拉・塔克曼——著　黃煜文——譯

目次

【上冊】

【下冊】

第五章 持續不斷的鼓手：海牙，一八九九年與一九〇七年

一八九八年八月二十九日，在得知年輕的俄國沙皇尼古拉二世號召各國參與軍備限制會議時，世人普遍的感受是喜悅、希望與懷疑，但更多的還是震驚。各國首都都被《時報》所說的「這道來自北方的閃電」嚇了一跳。俄國是個強大且持續擴張的強權，令各國感到畏懼，過去兩百年來俄國頂著歐洲國家的頭銜，卻依然被視為半野蠻國家，因此當俄國提出這樣的要求時，除了令人吃驚，也讓人難以信任。從阿拉斯加到印度，從土耳其到波蘭，俄羅斯的擴張壓力可謂無所不在。在維也納，人們表示：「沙皇遞出橄欖枝，這在歷史上是新鮮事。」但尼古拉二世的邀請卻滿足了各國的迫切期待，獲得了共鳴。

在這個時期，人們對於軍備產業的擴張越來越感到恐懼。位於埃森（Essen）的軍火巨擘克虜伯是歐洲最大的單一軍火企業。斯柯達（Skoda）、施耐德—克魯梭（Schneider-Creusot）與維克斯—馬克沁（Vickers-Maxim）則是合併了許多企業的大型軍火公司，這些公司的名稱念起來非常刺耳，它們的利益遍及各個領域，將產品出售給每個大陸的顧客，紛爭的雙方都需要它們的產品，這些公司一遇有爭端必能獲利。這些公司每年都會推出更具殺傷力的新武器，只要有一個國家的軍隊採用這項武器，與之敵對的國家就會立刻要求能與這項武器匹敵的裝備。每年各國的軍費都在提升，武器裝備的數量也持續成長，按照這種狀況，總有一天會爆發一場毀滅性的最後大戰。

沙皇發表宣言，要求停止軍備擴張。他在聖彼得堡向各國政府代表表示，過去二十年來，人們對和平的渴望已越發強烈，但「各國的精神與物質力量、勞動、資本依然虛擲在建造只能破壞而毫無生產力的可怕引擎上」。今日，這些武器屬於科學上的最新發明，到了明日，馬上就淪成為落伍而必須取代之物。「軍備至上（*armaments à l'outrance*）體系將武裝和平轉變成每個國家都要費力支撐的重擔，這種現象如果繼續下去，將適得其反，原本用來規避戰爭的做法，最終將不可避免促使戰爭出現。」因此，阻止過度的軍備競賽已成為每個國家刻不容緩的責任。

俄國的呼籲遠比和平之友的美夢更引起人們注意。它「聽起來就像傳遍整個地球的悠揚樂聲」，一份維也納報紙說道。各國的報紙描述沙皇的宣言如同「文明的新紀元」、「新時代的黎明」、「新世紀的預兆」。在比利時，沙皇的號召被稱為「真正的救贖」、一個「深具重大意義」的行動，沙皇將以「和平者尼古拉」之名被記錄在歷史上。在紐約，人們覺得「現代史上——應該說是人類有史以來——最重要也最慈善的運動」似乎即將展開。羅馬為「這份本世紀最重要的文件」喝采，柏林向「涅瓦河（Neva）畔這位新福音書作者」致意，沙皇的目標雖然實際上難以實現，但理論上卻是高尚而美好的。倫敦不贊同其中的烏托邦主義，但仍認同其中的人道主義，吉卜林是例外，他提出可怕的警告。當時英國與俄國為了印度西北邊疆問題差點就要發生衝突，吉卜林為了回應沙皇的宣言而寫的詩〈走路像人的熊〉（"The Bear that Walks Like a Man"）以陰森而諷喻的手法講述了一名殘廢而眼盲的男子的故事，這名男子要獵捕一頭熊，這頭熊雙足站立，彷彿是在懇求，獵人「起了憐憫之心，正在遲疑」要不要開火，結果他的臉馬上被「鋼鐵般的熊掌」撕開：

當他站起來，像是在乞求，整個身體搖擺著，明明是野獸，卻裝成人的模樣，

當他掩蓋住他卑鄙的小眼睛，不讓人看見眼神中透露的憎恨與欺詐；

當他裝出求饒的樣子，雙掌合攏彷彿是在祈禱，

此時就是最危險的時刻，也就是熊要求停戰的時刻！……

許多人懷疑俄國的動機，也提出不少悲觀的猜測。最重要的問題是，俄國的盟友法國事前獲得徵詢了嗎？由於限武的前提是維持現狀，而法國卻一直高喊不願承認割讓亞爾薩斯—洛林，《泰晤士報》表示，法國的盟友在這種狀況下要求限武，是一個「最令人驚訝的謎」。從法國的反應可以看出，法國事先並未獲得徵詢。對法國人來說，「亞爾薩斯—洛林？」（*"Et l'Alsace-Lorraine?"*）只有一個意思，就是「絕不妥協」。儘管如此，許多人認為，正當盎格魯—撒克遜帝國主義「令人難以忍受的要求與深不可測的野心」攪動每個人的神經，而和平的維持越來越需要一個「均勢的奇蹟」時，俄國提出和平會議的構想來得正是時候。

沙皇的宣言彷彿魔鏡一樣，讓每個群體看到了自己對手的樣貌。對德國來說，如果英國不同意限制海軍，那麼很明顯地，沙皇的表態不過是「浪費大家的時間」。幾天後，德皇說了一句決定性的名言：「我們的未來在海洋。」英國人也察覺到德國的海軍野心可能產生嚴重問題。各國的社會主義者都清楚一件事，無論俄國存的是什麼心，只要看看沙皇的殘酷壓迫，就可以知道他的動機絕不是愛護人類。德國社會主義者威廉·李卜克內西（Wilhelm Liebknecht）認為這是一場「騙局」。許多和平倡導者認為沙

皇的宣言是在回應美西戰爭，對這些和平倡導者來說，美西戰爭是世界災難的序幕。美國奪取菲律賓使許多歐洲人相信，阻止美國的擴張有其必要。美國人自己也不否認，沙皇可能是因為美國擊敗西班牙才萌生限武的念頭。為反帝國主義者發言的戈德金遺憾地表示，「這個了不起的號召」來得不是時候，因為美國此時正值「軍事精神與武力征服觀念」最強烈的時期。

沙皇的動機依然成謎。一個廣泛接受的解釋是，尼古拉不是基於人道精神，而是想先發制人搶走德皇的風采，因為一般相信德皇正計畫在訪問耶路撒冷時發表類似教宗《致全城與全球》（*urbi et orbi*）的宣言。

德雷福斯事件裡亨利上校的自殺隨即吸引了公眾注意，十天後，伊莉莎白皇后遭無政府主義者刺殺身亡再度成為世人焦點。美國人正歡慶美軍從古巴凱旋歸來，英國人則關注基琴納進軍卡土穆。九月之後，整個氣氛籠罩在英、法可能開戰的陰影下；德國大使開心地表示，法紹達似乎抹去了亞爾薩斯—洛林的記憶。和平如同轟動一時的事件，在風頭過後一下子就被人遺忘。

儘管如此，歐洲與美國一些和平運動的忠實追隨者卻不是這麼想，沙皇的號召對他們起到激勵的作用。其中最知名的是貝爾塔・馮・蘇特納男爵夫人（Baroness Bertha von Suttner），她是反戰小說《放下武器》（*Die Waffen Nieder*）的作者，托爾斯泰稱這部作品是和平運動的《湯姆叔叔的小屋》（*Uncle Tom's Cabin*）。當男爵夫人的丈夫返家，手裡揮舞著報紙，就像艾瑪・戈德曼帶回了霍姆斯特德的消息時，男爵夫人滿心歡喜。不久，她的住家湧進了來自國際和平局（International Peace Bureau）、各國議會同盟（Interparliamentary Union）與和平與仲裁協會（Peace and Arbitration Association）工作同仁的大量祝賀信件。比約恩斯徹納．比昂松表示：「無論結果如何，從今以後，空氣中將悸動著和平思想。」和平運動的熱情具體表現在馮．蘇特納男爵夫人身上，一八四三年，男爵夫人出生於一個家道中落的奧國貴族家庭，頭銜是金斯基女伯爵（Countess Kinsky）。馮．蘇特納男爵夫人有著堅毅的心智與旺盛的精力，她不甘沉淪於衰頹破敗的貴族家庭之中，因此在三十歲那年擔任馮．蘇特納家女兒的家庭教師，並且與小她七歲的馮．蘇特納家的兒子與繼承人一見鍾情。但她家貧沒有嫁妝，因此兩人以德國人的方式表達內心的痛苦後分手。「他跪在我面前，恭順地親吻我的裙邊：『獨一無二、雍容華貴的女子，妳的愛讓我了解幸福為何物，讓我的生命變得神聖。再會了！』」就在此時，報紙上出現了徵人啟事，「一名住在巴黎非常富有、有教養、年邁的紳士」，需要一名成熟穩重、受過教育的女士擔任秘書與管家，女伯爵前去應徵，發現雇主竟是炸藥的發明人阿爾弗雷德．諾貝爾（Alfred Nobel）。

諾貝爾是個個性冷淡、愛嘲諷人的理想主義者與悲觀主義者，靦腆、憂鬱、幾乎像個隱士，四十三歲的他完全算不上老邁，他靠著製造炸藥成為百萬富翁，也因為炸藥的應用而深感不安。諾貝爾需要的似乎不是秘書，而是聆聽他說話的人。他對他的新秘書說：「我希望我能製造出一種物質或一種機器，能夠擁有可怕的大規模毀滅能力，這樣的話，戰爭就永遠不會發生了。」儘管新秘書對諾貝爾的圈子立即產生了共鳴與「強烈知識上的樂趣」，她還是無法克服內心的悲傷。她在一個星期後離職，回到愛人的懷抱，並且和他私奔。在歷經十二年的婚姻與作家生涯之後，女伯爵如同獲得啟示般地發現倫敦的國際和平與仲裁協會。協會的宗旨揭示，現在已經是十九世紀末，人類應該聚集起來討論並且同意建立一個和平解決爭端與廢除戰爭的方式。貝爾塔．馮．蘇特納才剛入會，就立刻熱情投入在維也納與柏林設立分會的工作。一八九一年，在《新自由報》的報導下，馮．蘇特納終於在維也納設立分會，分會的宣言也表達了各地和平主義者的理想。他們相信新的戰爭在道德上不可能發生，因為「人類已經不像過去那麼野蠻與輕賤生命」，現實上也不可能，因為新武器的破壞力太強大。他們相信群眾雖然沉默，但渴望和平。所有的政府都堅持必須避免戰爭，但所有的政府卻都購置大量武器來準備戰爭，這個「巨大的矛盾」必須加以停止。

各國議會同盟於一八八八年在巴黎成立，結合了各國國會議員的力量來追求和平，每年會輪流在各國首都舉辦大會。在美國成立的全球和平同盟（Universal Peace Union），主要目標為漸進的限武與設立常設仲裁法院（Permanent Court of Arbitration）。英、美兩國過去為了解決阿拉巴馬號爭端而在日內瓦達成和解協議，這個過程成為仲裁運動的開端，仲裁運動也因此在英、美兩國特別有力量。仲裁運動的目標是用司法手段取代戰爭。仲裁運動的支持者相信，如果可以設計出一個可行的過程，先由個別國家訂定條約，再由多個國家訂定公約，而在此同時，戰爭也由於毀滅性太大而「不可能」爆發，那麼人類終將選擇仲裁而非戰鬥。這個觀點的前提在於人類是理性的，以及引起戰爭的爭端可以透過協議或戰爭以外的方法加以解決。在這個時期，人們相信道德與物質進步，不認為戰爭是一種隨機的力量衝突。

諾貝爾是仲裁的熱情擁護者，不過他卻不支持限武，他認為在目前的狀況下，要求限武是不智的。他敦促建立國際法庭，要求各國訂定協議，面對任何爭端都必須有一年的強制停戰期。他隱藏身分親自參加了一八九二年在伯恩召開的和平會議，他告訴貝爾塔．馮．蘇特納，如果她能「通知我，說服我，那麼我會對這個運動貢獻心力」。多年的書信往來與偶爾的互訪讓諾貝爾與馮．蘇特納維持著友誼，現在，諾貝爾寫信告訴馮．蘇特納，一個暴力的新時代似乎正在醞釀：「我可以聽見遠處傳來低沉而轟隆的響聲。」兩個月後，諾貝爾又寫信給馮．蘇特納，「我想拿出一筆錢成立一個獎項，每五年頒獎一次」，給對歐洲和平最有貢獻的人。諾貝爾認為，這個獎頒個六屆就應該停止，「如果經過三十年的時間，社會還無法改革，那麼我們將不可避免陷入野蠻主義」。諾貝爾思索這項計畫，最後在一八九五年擬好遺囑，給予人類稍長一點的最後期限，隔年，諾貝爾去世。

仲裁運動差點在一八九七年一月取得成功，美國與英國在國務卿奧爾尼與大使朱利安．龐斯福特爵士（Sir Julian Pauncefote）協議下簽訂條約，同意解決一切爭端，但由於委內瑞拉的記憶依然強烈，因此仍保留領土爭議不做處理。參議院認為條約侵犯了它的外交權限，因此以三票之差拒絕批准條約。奧爾尼認為這個挫敗是一場災難，「不只是國家級的災難，而且是世界級的災難」。它動搖了人類對於道德進步的普遍信念。

這種道德進步的信念源自於過去十到十五年來社會各方面的進步，而這種信念也衍生出和平運動。科學的驚人進展使人類進入到物質豐裕的階段，十九世紀抱持的人類越富裕就越能減少戰爭的信念似乎即將得到證實。人類社會現在有了自來水、街燈照亮的街道、衛生下水道、罐頭食物、冷凍食物、縫紉機、洗衣機、打字機、割草機、留聲機、電報、電話，以及剛在一八九〇年代發明的個人動力交通工具汽車。物質生活出現這麼多重大進展，人類的精神也應該出現相應的變化，新世紀開始之初，人類的行為也應該迎來新的時代，簡言之，人類應該變得更加文明，而戰爭應該隨之減少。科學透過確實性與定律來解釋一切現象，如果人類可以理解與控制物質世界，那麼人類為什麼不能理解與控制自身的社會關

圖十四 阿爾弗雷德・諾貝爾，Gösta Florman攝，1896年前

係？「社會狀況注定與物質世界『不同』，」馮．蘇特納男爵夫人非常確信地說道。年輕世代同意她的說法。「一八九八年時，我們確實打從心裡相信，戰爭的時代已經結束，」當時三十一歲的法國知識分子朱利安．班達（Julien Benda）寫道。「從一八九〇年到一九〇五年這十五年間，我這個世代的人真的相信世界和平。」

除了信念，機械時代不受束縛的能量帶來的恐懼也推動了和平運動。機械能的激增、令人驚異的新技術與新工具、接二連三的新發明、電力產生的驚人用途，令人感到不安，人類手中握有了遠超過自己所能控制的力量；如果不加以限制，這種力量很可能逃脫人類的掌控，如同脫韁的野馬，最終可能反過來毀滅人類。一八二〇年，全世界產生的機械能是七百七十八公噸（以煤的重量作為計算能量的單位，這裡的機械能包括礦石燃料與水力），到了一八九八年，機械能增加到一千五百萬公噸。人均生產力成比例成長。國家的國土變大，國力也變強。由於衛生下水道與醫學的發展，死亡率大幅下降，一八七〇年後，歐洲人口增加了一億人，相當於一六五〇年歐洲的總人口。在此同時，英國獲得了四百七十萬平方英里的領土，法國三百六十萬，德國一百萬，比利時九十萬或相當於七十七倍的本國領土。在美國，相同的時期，人口增加了一倍以上，製造業人均產出增加為原來的四倍。卡內基鋼鐵公司的獲利，從一八九六年的六百萬美元，增加到一九〇〇年的四千萬美元。新的引擎，也就是內燃機引擎，取代了蒸汽引擎，催生了石油產業。蒸汽渦輪引擎與柴油引擎增加了新的動力來源；水力發電推動了數千臺引擎運轉。蒸汽船的出現，使船舶的噸數、速度與運量大為增加。鋼鐵是這個時代的重要產物，貝塞麥（Bessemer）發明的轉爐煉鋼法使鋼鐵產品激增，用途也更加廣泛。一八九〇年代，發明的相對速度來到歷史新高。鋁合金與其他輕金屬合金陸續研發。化學工業創造出新的物質與流程。使用可互換零件的量產方法，又稱為「美國系統」，開始廣泛運用在所有的工業國。炸藥的發明使大規模挖掘採石場與礦坑成為可能，辛普朗鐵路隧道（Simplon Railway Tunnel）與巴拿馬運河這類巨大工程也得以推動。一八六七年，也就是諾貝爾首次讓炸藥商品化那年，炸藥的生產量是十一噸，到了一八九七年，增加到了六萬六千五百噸。為了籌資建立重工業，大企業組成卡特爾與托拉斯以取得龐大的金融資源。

力量提升最多的莫過於武器與其他戰爭手段。人口的增加使建立龐大常備軍所需的兵員不虞匱乏，一八七一年後，歐陸各國紛紛效法德國採取徵兵制。為了武裝龐大的陸軍，需要大規模產業與軍需工業，同時還要掌握原料、礦場、鑄造廠與運輸。市場與獲利幾乎是無限的，這便大大刺激了誘因。從一八八〇年代中到一八九〇年代中這十年間，陸戰出現革命性的轉變，各國開始引進配備彈匣的小口徑步槍、改良的馬克沁機槍與無煙火藥。這些轉變使火力的射程、速度與準確度提高了五倍或甚至更多，從而改變了戰爭的性質。滑鐵盧戰役的步兵，一分鐘可以射擊三次，但到了一八九〇年代則增加到十六次。小口徑步槍使射程更遠，準確性更高。射擊後能自動回復原位的野戰砲的出現，提升了火砲的射擊速度。最重要的是無煙火藥，諾貝爾在一八八七年到一八九一年間取得無煙火藥專利，無煙火藥的出現開啟與擴展了戰場。無煙火藥使戰場的視野變得清晰，使火砲易於藏匿，加快了裝填砲彈的速度，也讓火砲的射程從一千碼增加到五、六千碼，準確度也提升了。現在，戰爭涵蓋的範圍大為增加，軍隊還沒看到敵人，就已經進入敵方火砲的射擊範圍之內。火砲在戰場上的優勢從此凌駕於步槍之上。魚雷與水雷同樣擴展了海戰的範圍，各項實驗賦予了潛艇遠大的前景。

有些人讚嘆這些在世界各地運行的能量，有些人則感到恐懼，他們跟易卜生一樣，覺得「我們與貨物裡的屍體一起航行」。有些人開始呼籲各國團結合作為限武而努力，而這樣的呼聲越來越大，終於在一八九七年引起英國首相索爾茲伯里勳爵的注意。一八九七年，索爾茲伯里勳爵在倫敦市政廳演說時指出，他看到堆積如山的武器與每年都在推陳出新的「死亡工具」，如果不加以遏止，這些武器終將達到「相互毀滅的可怕程度，最後將對基督教文明帶來致命的結果」。索爾茲伯里勳爵並未提到限武，他只是希望各國能以友好的態度解決彼此的歧異以避免戰禍，最終則希望「制定一部各國共同遵行的憲法」。索爾茲伯里勳爵從來不是個樂觀主義者，因此他還沒有天真到認為這麼做可以廢除戰爭，他只是抱持著有限的期望，希望「長期維持貿易繁榮與和平」。

沙皇尼古拉二世既不比索爾茲伯里更重視和平，也不比他更理想主義；一八九八年，尼古拉三十歲，這位心胸狹窄、智力不高的年輕人對未來幾乎沒有什麼願景，他只在乎一件事：要守護祖先傳下來的專制權力，不能讓它有任何減損。神聖會議長官（Chief Procurator of the Holy Synod）波貝多諾斯切夫（Pobiedonostsev）認為，尼古拉的短視與缺乏見識，是因為受到「他母后底下眾多侍女的影響」。尼古拉幾乎把所有的心力都放在阻止制憲上，因此，他沒有多餘的政治精力或興趣處理其他事務。與精神抖擻的德皇不同，德皇只要讀到一篇報導，就迫不急待躍躍欲試，沙皇則是覺得世界事務非常費神。在法紹達事件與德皇訪問耶路撒冷期間，尼古拉在給母后的信上寫道：「確實，這個世界發生了許多奇怪的事。讀到這些事情的報導，只能聳聳肩。」

召開和平會議的提議不是尼古拉想出來的，而是由戰爭部、財政部與外交部這三個重要部會大臣基

圖十五 俄國沙皇尼古拉二世，1912年

於幾項政治理由提出來的。他們的考量其實只有一個：俄國已經在軍備競賽中落後，但俄國沒有錢追趕。戰爭大臣亞歷克塞．庫羅帕特金將軍（General Alexei Kuropatkin）得知俄國的主要對手奧國計畫採用改良的速射砲，一分鐘可以射擊六發砲彈，而德、法兩國已經擁有這種火砲。俄國的野戰砲一分鐘只能射擊一發砲彈，但俄國沒有錢換裝更先進的火砲，因為俄國為了替步兵更新裝備，幾乎已經耗盡了國庫。庫羅帕特金心想，如果可以說服奧國同意未來十年不購買新型火砲，那麼俄國與奧國就能節省軍事開支，奧國有什麼理由不同意呢？因為無論兩國添購軍備或不添購軍備，「一旦兩國發生戰爭，最終的結果都是一樣的」。

庫羅帕特金向沙皇報告這個簡單但重要的想法，沙皇覺得沒問題，庫羅帕特金接著與外交大臣穆拉維約夫伯爵（Count Muraviev）商議，穆拉維約夫為了保險起見，又徵詢了財政大臣威特伯爵的看法。威特有才幹、活力充沛，而且具備沙皇其他大臣少有的常識與務實，儘管面對國內的麻木不仁、專制體制與腐敗，威特仍試圖引領俄國邁向現代工業世界。他非常不喜歡把錢花在武器上，而且憎恨戰爭造成的阻礙，他認為軍備競賽「比戰爭本身更令人厭惡」。然而，威特指出，庫羅帕特金這種先向敵人求和的中國哲學，必須以信任奧國人為前提，但奧國人是不可信任的，此外，這麼做還有害處，「只會讓全世界知道我們的財政出了問題」。威特另外提出主張，那就是將俄、奧兩國擴大到整個國際，呼籲各國共同停止購買新武器。威特向穆拉維約夫詳細解釋，日益嚴重的軍國主義對世界將造成難以估計的傷害，而限武將為人類帶來更多的幸福。威特日後寫道，這些聽起來「相當陳腐的觀念」，對穆拉維約夫來說卻像是嶄新的想法，顯然讓他留下深刻的印象。幾天後，威特召開大臣會議，考慮向各國提出呼籲，共同召開和平會議。這個提議獲得沙皇的同意。沙皇與大臣們認為，只要能讓世界各國擴大軍備的步伐慢下來，採取行動「讓人們停止發明新武器」，那麼俄國就能從中獲利。

就在此時，俄國出版了一套大部頭作品，全書一共六冊，書名叫《戰爭的未來》(*The Future of War*)。該書作者伊萬．布洛赫（Ivan Bloch）與該書的觀念，威特略有耳聞，但威特自己是否受了這本書的影響則不得而知。布洛赫是個自學成功的人，也是個皈依東正教的猶太人，他因為承包鐵路工程而致富，但他仍感不足，最後他出國深造，取得了經濟學與政治學學位。布洛赫從西歐學成歸國之後，在華沙建立了銀行與鐵路事業，而他也因為這些事業而接觸威特。布洛赫出版了幾本關於工業與貨幣問題的學術著作之後才著手撰寫《戰爭的未來》，而他也因為這部作品而名垂後世。布洛赫的研究與他的事業經驗，使他對於未來感到憂慮，他認為過去那種有限戰爭的模式已不復存在。由於徵兵制可以徵調國家內部所有的人力物力，因此布洛赫認為未來的戰爭將使交戰國投入所有的精力與資源，在這種狀況下，沒有任何一個國家可以在戰場上取得決定性的勝利，最後交戰國將打到精疲力盡，直到彼此都化為廢墟為止。布洛赫相信，各國在金融、外貿、原料與所有商業關係上都是相互依存的，這表示一旦發生戰爭，不可能清楚分出誰是戰勝國與戰敗國。現代武器的破壞力，意謂著殺傷力大增。一天之內決定戰爭勝負已是過去的事。軍隊將被困在壕溝裡長達數星期乃至於數月；戰爭將演變成圍困戰；非戰鬥人員將無法置身於戰爭之外。現代國家即使戰爭獲勝，也必將面對資源消耗殆盡與社會崩潰的結果。戰爭已經成了「不可能發生的事，除非發動者願意付出自殺的代價」。

布洛赫的結論使他傾向於和平運動（但整個過程似乎走上了相反的方向）。為了讓社會了解戰爭的危險，布洛赫用另一個比戰爭可怕的事物來進行勸說，那就是社會革命。布洛赫認為，再這樣下去，國家要不是被軍備競賽拖垮，就是要面臨戰爭的災難，無論哪一種狀況，「社會秩序都將陷入動盪」。國家將資源虛擲在毫無生產力的武器上，只會使群眾的反軍國主義情緒高漲。因此，政府準備戰爭，實際上等於「為社會革命的勝利鋪路」。布洛赫相信，如果各國明白這點，就會願意以戰爭以外的方式來解決爭端。布洛赫的《戰爭的未來》收集了大量關於火力、封鎖、貨物運輸能力、損傷率這類與軍事和經濟相關的因素，證明現代國家有多麼容易受到戰爭的傷害。與馬克思一樣，布洛赫也從既定的一套環境條件推導出不可避免的教條式歷史結論。如同馬克思相信資本主義會讓無產階級日漸貧困，布洛赫則相信軍事支出必然會「耗盡」一個國家。布洛赫與其他和平宣傳者都沒有想到，軍火工業與伴隨而來的其他產業可以創造就業。

在俄國，害怕爆發社會革命是個有力的論點，布洛赫因此受到沙皇的注意，而他的說法也在穆拉維約夫撰寫的宣言中得到共鳴。這位外交大臣顯然覺得布洛赫的觀點很有說服力。在向英國大使傳達俄方召開和平會議的訴求時，穆拉維約夫特別要求布洛赫在報告裡強調，俄國的訴求顯示大有為的政府同情「不滿與不安的階級」，知道他們希望國家的財富能用於生產，而非「毀滅性的競爭」。大使也圓滑地回應說：「看到這份了不起的文件，我們不可能對其中懷抱的高尚情操無動於衷。」

「這是我所聽過最荒謬、最低級的說法，」威爾斯親王在寫給沃里克夫人的信上很不客氣地說道。在氣憤之下，他開始用他母親的語氣說話。「這是不可能的。法國不可能同意，『我們』也是。」他認為，這是「狡猾而滿腹陰謀」的穆拉維約夫想出的「新託詞」，「以沙皇的名義對外發表」。威爾斯親王的意見大致反映了各國政府的想法。每個國家都對俄國的提議感到嫌惡，他們接受邀請——因為沒有人想背上拒絕和平會議的惡名——但私底下卻希望會議得不出任何結論，甚至最好惹出一些麻煩。如奧國外交大臣所言，和平會議會讓政府未來在國會提出新的軍事需求時遭遇更多困難。

穆拉維約夫感到沮喪，但他意志堅定，一八九九年一月，他又向各國遞交第二封通知書，在議程裡列了八個要點。第一點要求各國訂定協議，在一定期間內禁止增加軍備或軍事預算。最後一點要求各國訂定協議，建立仲裁原則與仲裁程序。第二、三、四點要求禁止或限制新型武器與可預見的戰爭手段，例如潛艇、窒息性氣體與「從氣球上投擲投射物」，關於後者尚無合適的動詞可供使用。第五、六、七點要求訂定陸戰的法規與慣例，並且要求將一八六四年日內瓦公約延伸適用於海戰。第二到第七點引起了和平宣傳者的不滿，他們要的是廢除戰爭，而非緩和戰爭。和平宣傳者懷疑這些要求只是為了引起各國政府的興趣，促使各國政府及其軍事代表人員參與，而事實上也確實是如此。

大使館忙成一團，外交文件袋裡裝著鼓鼓的公文，大使拜訪外交大臣，想利用短暫的交談時間探聽駐在國政府的意圖。德國的外交報告提到，索爾茲伯里勳爵對於俄國的要求「感到非常懷疑」，奧國皇帝弗朗茨．約瑟夫則表示「反對」，認為對軍事發展提出任何限制都是「不可接受的」。在羅馬，維斯康提—維諾斯塔侯爵（Marquis Visconti-Venosta）拒絕接受委派參加會議，他認為「就算參加也不會得到任何有用的結果」。華府將派出代表，但不會合作推動限武。比利時「抱著遺憾而焦慮的心情」等待這場會議，擔心戰爭法的任何修改將會鞏固入侵者的權力，而讓正當防衛入侵的權利受到限制。柏林對此做出的回應是陸軍增加了三個軍的兵力。各國的反應大同小異：限武「不切實際」；限制發展新武器不受歡迎；對涉及「國家榮譽或核心利益」的爭端進行仲裁是不可接受的，但仲裁或許可以處理微小的爭議。至於戰爭行為則有討論的空間。

穆拉維約夫擔心和平支持者對限武的熱烈討論會使人誤解他的提議，於是他親自訪問各國，當面解釋俄國真正要的不過是以現狀作為軍備的天花板。穆拉維約夫的說法聽起來相當合理。他表示，各國甚至可以協議以固定的人口比例做為徵兵的上限，這樣既可以「維持跟過去一樣的機會」，又可以大量減少軍隊。「白痴，」德皇在備忘錄空白處寫道。

對於沙皇的提議反應最激烈的莫過於德皇威廉二世，對他來說，軍隊等同於國家，也等同於他本人，而他自己便是國家的化身。威廉二世喜歡穿戴的白色斗篷與閃亮頭盔，光彩而鮮豔的軍服，騎兵的奔馳，壯盛的軍容，大砲此起彼落的轟鳴，軍官團與陸軍的所有裝備，與近來德國在海上展示的實力，這些都是同一顆寶石的多重面向，這顆寶石就是軍隊。除此之外，其他的事物，例如帝國議會、政黨、預算、選票，或多或少都是外來的麻煩事——外交除外，只有君主才能適切理解外交，下層官員總是搞砸外交。

一八八八年，德皇的父親在短暫統治九十天後去世，使得德國的自由派政府在曇花一現後就此消失，之後繼位的是二十八歲的德皇威廉。德皇威廉登基後的第一篇文告與他的父親迥然不同，他的父親的文告是〈給我的人民〉，而威廉卻是〈給我的陸軍〉。威廉說道：「我與陸軍，我們屬於彼此，我們為彼此而生。」威廉所謂的他與陸軍的關係，可以從他給一群年輕新兵的忠告中看出：「如果皇帝命令你開槍殺死你的父親與母親，你就必須這麼做。」威廉對於德國事務與歐洲事務帶有一種個人的責任感，

圖十六 德皇威廉二世，Max Koner繪，1890年

這點表現在他在演說時極度頻繁地提到「我」與「我的」。「在帝國裡，只有一個主人，那就是我；我不會容忍其他人。」數年後，威廉說道：「歐洲不存在權力平衡，歐洲只有我——我與我的二十五個軍官團。」然而，他願意留個空間給上帝，因為上帝是「我的家族的古老盟友」。德皇說的話讓許多人搖頭，也讓像威爾斯親王這類人士思考，如果德皇的父親沒那麼早死，「整個情況應該會大不相同」。不過，威爾斯親王也解釋說，他的外甥的德文演說聽起來沒那麼荒謬，但翻譯成英文就顯得荒腔走板。

德國皇后提到，她從未看過她的丈夫生那麼久的氣，因為「尼基」(Nicky，指尼古拉二世)這種冒犯的舉動實在太突然了，威廉一直認為軍隊是他專屬的領域，而他已習慣用高人一等的態度看待沙皇，並且會在信裡滔滔不絕地給予沙皇忠告，最後在信的末尾用英文署名「威利」。無論德皇是否在此之前已經準備要在耶路撒冷發表類似的宣言，根據德皇的朋友歐伊倫堡伯爵(Count Eulenburg)的說法，真正激怒德皇的原因是，德皇「無法忍受有人在舞臺上站在他的前面」。

德皇並未仔細閱讀提議就認定這是「全面性的限武」，而且馬上認為這是對他個人的冒犯，他於是立刻致電尼古拉。德皇指責說，想像一下，「一個親自指揮陸軍的君主，卻要限制手上一個擁有百年歷史的神聖軍隊……並且把自己的城鎮交到無政府主義者與民主人士手中」。儘管如此，德皇也認為沙皇一定會因為這個人道主義提議而獲得讚揚：「這是本世紀最有趣也最令人驚訝的事！全世界都將因此對你讚譽有加；即使這個提議實際推動起來一定會失敗，因為許多的小細節實在太難處理。」在德皇接下來的信上，空白處經常出現「啊哈！」與「！！」等字樣，他的評論有時精明有時粗魯，其中最早出現的評論其實講的不見得沒有道理：「沙皇把精良的武器交給了我們的民主人士與反對者。」德皇曾經把沙皇的提議比擬成斯巴達人要求雅典人同意不要重建城牆，他有時也會突然蹦出一個相當適切的質疑：「克虜伯要怎麼付薪水給工人？」

德國沒有尋求和平的動機與理由，因為德國不像俄國那樣財政窘迫。德國沒有工業發展不足的問題。穆拉維約夫在柏林向歐伊倫堡伯爵提到，俄國這項提議的指導觀念是，每年增加的軍事預算最終會讓各國來到「我們不能」(*non possumus*) 的臨界點，然而這應該是穆拉維約夫所提出的最糟糕的論點。因為在德國的詞彙裡沒有「我們不能」的說法。德國經濟欣欣向榮，工業也突飛猛進。德國經過十年的戰爭，在一八七一年贏得了統一，此後如同南北戰爭後的美國一樣，經濟進入一段極好的景氣時期。物質資源的發展產生了大量的能量。德國在一八九〇年代正歷經長達二十五年成長的前半段，國民所得增加一倍，人口增加五成，鐵路里程也增加五成，城市興起，殖民地擴大，大型產業出現，企業累積財富，就業率節節升高。在這段期間，阿爾伯特·巴林 (Albert Ballin) 的汽船帝國總噸數增加為七倍，資本額也增加為十倍。埃米爾·拉特瑙 (Emil Rathenau) 發展的電氣產業，十年內員工增加為四倍。法本公司 (I. G. Farben) 創造了苯胺染料；弗利茨·蒂森 (Fritz Thyssen) 在魯爾區 (Ruhr) 建立了煤炭與鋼鐵王國。在發明新的冶煉過程之後，德國得以運用洛林的含磷鐵礦，一八九八年，德國的煤鐵生產量比一八七一年增加四倍，超越了英國。在這個時期，德國的國民所得增加為兩倍，不過依然落後英國，人均所得也只有英國的三分之二。德國銀行在世界各地開設分行，德國業務員把德國的商品銷往從墨西哥到巴格達的各個地區。

德國的大學與技術學校廣受讚譽，德國的生產方法最為完善，德國的哲學居於主導地位。威廉皇帝學會（Kaiser Wilhelm Institute）的化學研究實驗室居於世界領導地位。德國科學界以擁有柯霍（Robert Koch）、埃爾利希（Paul Ehrlich）與倫琴（Wilhelm Röntgen）為傲。倫琴在一八九五年發現X射線，這不僅是德國的科學成就，也是當時整體科學成果推動下產生的，其他如英國的約瑟夫．湯姆森（J. J. Tomson）在一八九七年到一八九九年發現電子，而法國居禮夫婦（the Curies）也發現放射性造成的能量釋放。德國教授詳細闡述德國的理想與德國文化，其中哈佛大學的庫諾．弗蘭克（Kuno Francke）描述德國人「對生活充滿熱忱，努力投入國家迫切發展的每個領域」。他無法掩蓋對德國遠大前景的憧憬與崇拜：

「在德國每一寸土地上，可以看到健康、力量、秩序。」造訪德國的人都對眼前看到景象留下深刻印象，「綠意盎然、獲得妥善照顧的農田與地產，繁榮的村落，細心養護的森林……熱鬧的城市與富足有禮的城市人口……傲人的市政廳與雄偉的法院，到處都看得到劇院與博物館，令人讚賞的交通運輸工具，有益健康的消遣娛樂，嚴謹的大學與技術學校」。德國人的行為端正表現在「政治集會的管理有序，勞工階級在要求改善社會的同時，也表現出冷靜堅定與有效組織」，德國人「對於所有藝術形式都抱持著尊重與專注理解的態度」。但最醒目的還是德國「強大的陸軍，有著男子漢的紀律與高標準的專業行動」。將上述的德國特質總結起來，充分顯示德國有著「組織嚴謹的集體意志，促使整個民族朝向更高的存在形式邁進」。德國這種心境顯然無法與沙皇提議的自我限制相容。

德國史家在解釋德意志民族令人驚嘆的興起時都會提到軍隊，是軍隊造就了德國的偉大。特萊奇克（Heinrich von Treitschke）的《十九世紀德國史》（*History of Germany in the Nineteenth Century*）一共五冊，其中光是討論德國一八八〇年代到一八九〇年代短短十五年的歷史就花了數千頁的篇幅。特萊奇克宣揚國家的至高無上，國家的政策工具是戰爭，國家有權為榮譽或國家利益而戰，而這個權利任何人都不許侵犯。德國陸軍就是特萊奇克國家觀念的具體展現。陸軍的權威與聲望逐年提升，陸軍軍官是難以形容的傲慢生物，他們居於法律之上，激勵民眾，使民眾對他們產生近乎迷信的崇拜。侮辱軍官的人可能會被指控間接犯了「大不敬罪」。德國婦女看到軍官會自動走下人行道讓他們通過。

一八九一年，泛德意志同盟（Alldeutsche Verband）成立，目的是將所有居住在泛德意志國家的德意志民族結合起來。同盟的核心目標是建立大德意志國，除了現有的德國之外，還要合併比利時、盧森堡、瑞士、奧匈帝國、波蘭、羅馬尼亞與塞爾維亞。在第一階段完成後，還要將統治延伸到全世界。同盟在各個商店櫥窗張貼海報，上面寫著：「世界屬於德國人。」（*"Dem Deutschen gehört die Welt"*）同盟的創立者埃恩斯特．哈塞（Ernst Hasse）簡明扼要地說出他們的目的：「我們想要領土，即使那是外國人的領土，擁有領土才能根據我們的需求塑造未來。」這是他的同胞能夠擔負的任務。

國與國之間一旦發生戰爭，無論是一八九五年的中日戰爭，還是美西戰爭，都會激起德國人參與戰爭的強烈慾望。棣德利海軍少將（Admiral von Diederichs）是德國駐馬尼拉灣太平洋分遣艦隊指揮官，他打算以迅雷不及掩耳之勢快速攫取菲律賓，但美國海軍准將杜威漲紅了臉喊道：「如果你們的指揮官想打，就趁現在！」附近的英國艦隊雖未聲張，但顯然站在美國這一邊，棣德利只好撤退。美國國務卿海約翰評論說：「對德國人而言，最可怕的事就是某個地方發生戰爭，而他們居然未從中獲利。」杜威的看法則相當淺顯易懂，他認為德國人「缺乏節制。他們太莽撞，野心太大，他們總有一天會做出力有未逮的事」。

德國的政府高層本質上是一群反覆無常的人。德國的大臣獨立於國會，他們的任免完全取決於皇帝，而皇帝又認為國會議員是「一群傻子」。由於政府官員只有貴族成員才能擔任，而政治生涯的發展又以無條件接受保守黨原則為前提，因此有才能的新血幾乎不可能進入政府。《柏林日報》（*Berliner Tageblatt*）主編遺憾地表示：「就連最溫馴的自由黨也沒有機會擔任最微不足道的職位。」在一八九〇年德皇辭退俾斯麥之後，再也沒有任何積極具創造力的人物擔任重要職位。俾斯麥離開後，接替的首相人選是克洛德維希・霍恩洛厄—希林斯弗爾斯特親王（Prince Chlodwig zu Hohenlohe-Schillingsfürst），他的個性溫和，符合巴伐利亞的父親形象，據說他的座右銘是：「總是穿著上好的黑色外套，然後管好你的舌頭。」外交大臣是伯恩哈德・馮・比洛伯爵（Count Bernhard von Bülow），他是個極為溫和而且自負的優雅紳士，他有塗油的習慣，在跟人對話與聯繫時他總是不斷摩擦自己的雙手，看起來就像一名地毯商人。他總是在自己的袖口潦草地做筆記，他不想遺漏皇帝交代的每一件事。為了學習貝爾福在國會裡那種慵懶樣子，比洛會站在浴室鏡子前面，由外交部的一名專員教他擺出用手抓著外套翻領的動作。「注意看，」當比洛起身發言時，帝國議會一名知道內情的人說道，「接下來他要抓他的翻領了。」

在比洛背後實質掌控外交政策的是不對外露面的霍爾斯坦（Holstein），他像在拜占庭宮廷一樣，不具有官員身分，卻能行使大權。霍爾斯坦認為外交全是陰謀，外國政府的所有提議都隱藏詭計，對外關係的前提是所有人都是德國的敵人。霍爾斯坦向比洛解釋，維持和平不一定符合大國的利益，大國的利益在於「征服敵人與對手」。因此，「我們必須懷疑」俄國的目標「並非追求和平，而是獲取力量」。比洛同意霍爾斯坦的說法。他對駐外公使下達的指令都帶有陷阱與陰謀的氣味，而且認為穆拉維約夫的議程包藏禍心。比洛在給駐倫敦大使的信上寫道，「如果我們可以不用出手，讓英國率先回絕這場和平與限武會議」，那就太好了，他相信大使可以與貝爾福交換意見，促成此事發生。

暫時替索爾茲伯里勳爵代理外交大臣職位的貝爾福顯然不完全適合成為比洛操作下的受害者。英國政府雖然也對會議能否得出結果感到懷疑，但與德國不同的是，英國不認為國際會議會帶來威脅，也不想背上破壞會議的惡名。此外，英國民眾對於和平會議的熱情不可小覷。沙皇發布宣言後的四個月內，民眾團體遞交給外交部的決議文超過七百五十份，他們對國際會議表示歡迎，而且表達「殷切期望」，希望女王陛下政府能發揮影響力，確保會議成功與「得出實際成果」。這些決議文不僅來自既有的和平協會與宗教團體，也來自城鎮與郡會議、農村地區委員會與郡議會，而且有地方首長的連署與蓋上郡章，然後再由民兵長官呈交。有些未獲得地方政府支持的人士，則是以「貝德福德（Bedford）民眾」、「羅瑟赫德（Rotherhead）居民」或「巴斯（Bath）民眾集會」的名義進行請願。還有許多決議文來自自由黨的地方委員會，不過保守黨的團體明顯在這場活動中缺席，英格蘭教會會眾也對此興趣缺缺。所有非英格蘭教會的新教徒都參與請願：浸禮宗（Baptists）、循道宗（Methodists）、公理會（Congregationalists）、基督徒勉勵會（Christian Endeavor）、威爾斯非英格蘭教會派（Welsh Nonconformists）、愛爾蘭福音派（Irish Evangelicals）。教友派（Society of Friends）的請願書有一萬六千人連署。聖經協會、成人學校、婦女學校、英國婦女戒酒協會（National British Women's Temperance Association）、曼徹斯特商會（Manchester Chamber of Commerce）、西蘇格蘭和平與仲裁協會（West of

Scotland Peace and Arbitration Association）、人道主義同盟（Humanitarian League）、牛津婦女自由協會（Oxford Women's Liberal Association）、新教異議者總會（General Board of Protestant Dissenters）、萊斯特（Leicester）市長、謝菲爾德（Sheffield）市長、普爾（Poole）鎮書記都加入連署。

成堆裝訂好的決議文上有個顫抖的「S」字跡，顯示索爾茲伯里勳爵已經看過民眾的意見。亞伯丁伯爵（Earl of Aberdeen）與倫敦主教率領的國際和平十字軍（International Crusade of Peace）代表團拜訪貝爾福，貝爾福在接見他們時發表了一篇得體的演說，「對於限武抱持樂觀的看法，我不會說完全消除戰爭，而是在未來減少戰爭」，我希望即將召開的會議能成為「人類進步的偉大里程碑」，但貝爾福又補充了一句，無論這次會議是否產生任何實際成果。貝爾福對於和平會議的看法顯然不是比洛樂見的。

這個時期有許多充滿活力且多產的記者，《評論的評論》的創立者與主編威廉·斯蒂德（William T. Stead）是其中的佼佼者，他同時也象徵著整個和平運動的縮影。斯蒂德總是熱情地關注各種重要議題。他有著無窮的精力，無止盡的樂觀主義，但同時也非常自我中心。斯蒂德自稱是新聞界的教宗，他登記的電報地址居然是「梵蒂岡，倫敦」。一八八〇年代，斯蒂德擔任自由派日報《帕摩爾公報》的主編，由於報導了一連串重大新聞，使《帕摩爾公報》一躍成為民眾必讀的報紙。「你太拚了，實在太拚了，」固定閱讀《帕摩爾公報》的威爾斯親王如此說道。從保護娼妓到「理智的帝國主義」，斯蒂德不計後果地參與各項艱難的運動。這些運動包括了反對保加利亞暴行、西伯利亞的囚犯生活、戈登將軍在卡土穆遭到遺棄、特拉法加廣場（Trafalgar Square）「血腥星期日」的勞工受害者，此外還有收養嬰兒、村落圖書館、世界語、國際學者通訊與為窮人提供住房。斯蒂德最引起爭議的是他發表了題為〈現代巴比倫的處女貢品〉（“The Maiden Tribute of Modem Babylon”）的一連串文章，裡面描述他花五英鎊買了一名十三歲女孩，藉此突顯雛妓賣淫的現象。斯蒂德的文章引起世人的關注，也導致他被告上法庭，最後還因誘拐被判刑，但他也成功推動修法使合意性交的年齡從十三歲提高到十六歲。

一八八九年，斯蒂德訪問俄國，他訪談了沙皇亞歷山大三世並因此成為英俄同盟的支持者，同時也對俄羅斯的一切留下正面的印象。他曾應朋友海軍上將費雪之邀鼓吹大海軍；曾與救世軍大將卜威廉（General Booth）合作撰寫《在最黑暗的英國》（*In A Darkest England*）；曾與塞西爾．羅茲一起推動建立帝國聯邦（Imperial Federation）與英語世界的統一。斯蒂德在一八九三年訪問芝加哥之後，就決定推動改革芝加哥的計畫，他在《如果基督來到芝加哥》（*If Christ Came to Chicago*）一書中揭露芝加哥邪惡的一面而且訂定了改造芝加哥的計畫，他同時組織了市民聯合會（Civic Federation），參加者包括了勞工領袖與波特．帕默夫人，藉此將計畫付諸實現。在訪問芝加哥期間，斯蒂德曾與州長阿特格爾德交談，而且邀請獲得赦免的無政府主義者費爾登（Fielden）上臺演說。

斯蒂德關心的議題雖然五花八門，但在這些議題背後卻有一項共通原則，那就是他相信每個人都有責任改善社會與擴大英國的影響力。他經常把「上帝的英國人」掛在嘴邊，而且把英國人想像成撥亂反正之人；英國人的力量越大，就會帶來更好的影響。斯蒂德經常在面對相同問題時表達出完全相反的立場，例如他一方面要求限武，另一方面又主張大海軍，因此有人指責他立場反覆，但事實上，斯蒂德無論在什麼時刻都是發自內心表達自己的看法，只是他的腦子轉得太快，才會出現前後不一的狀況。

一八九〇年，斯蒂德創立自己的月刊《評論的評論》，他明白表示希望這份刊物能被英語世界廣泛閱讀，「就像人們閱讀《聖經》一樣……可以從中發現上帝的意旨與自己對同胞的責任」。斯蒂德發現月刊不足以扮演政治喉舌的角色，因此渴望找到百萬富翁支持他創立日報，有一回他在巴黎跟朋友提到，「我去聖母院跟上帝談這件事」。

斯蒂德受到一些人的厭惡，但他卻是許多大人物的朋友，除了羅茲與費雪之外，還包括詹姆斯·布萊斯、曼寧樞機主教（Cardinal Manning）、埃舍爾勳爵、米爾納勳爵（Lord Milner）、安妮·貝贊特夫人（Mrs. Annie Besant）與沃里克夫人，沃里克夫人曾安排他跟威爾斯親王共進午餐。斯蒂德採訪過君主、內閣大臣、大主教，協助過所有「受壓迫的種族、被虐待的動物、低薪的打字員、被誤解的婦女、被迫害的牧師、被誹謗的公眾人物、想自殺的人、各種狂熱的福音書信仰者與無子的父母」。他說話像河水一樣滔滔不絕，身為演說者，他「彷彿踏著彈跳桿般躍過了地球表面」。除了寫作、編輯、旅行、採訪與演說，在《評論的評論》的這二十二年間，他一共寫了或口授了八萬封信，平均一天十封。斯蒂德相信靈性主義，他認為自己是查理二世投胎轉世，查理二世想透過他在這一世修補在前世犯下的過錯。

斯蒂德的身材矮小，臉色紅潤，他有著淺藍色的眼睛與淡紅色的鬍子，他不穿黑色棉布，喜歡穿粗花呢與戴軟氈帽。他是個充滿善意的人，但判斷力卻明顯不足。米爾納勳爵說，如果斯蒂德的判斷力能跟他的心靈與個性一樣好，他將是個「令人難以抗拒」的人。一名美國記者誇張地說，從他身上可以看到他那個世代英國人所有的特質，並且總結說，斯蒂德是「十九世紀人物的完美典型」。米爾納覺得斯蒂德是堂吉訶德與巴納姆（P. T. Barnum）的混合體，然而也許他們都是同一種人。

斯蒂德自然而然是仲裁的熱情支持者，他認為仲裁可以促使國際法院成立，最終還能催生出歐羅巴合眾國（United States of Europe）。早在沙皇之前，斯蒂德已經於一八九四年提議，由各國共同保證，直到十九世紀結束為止，各國都不增加軍事預算。而當俄國突然提議時，斯蒂德覺得機不可失。他決定立刻動身前往各國首都，說服各地民眾相信沙皇的提議是出於真心，並且喚起民眾支持和平會議的召開。斯蒂德這趟周遊列國之旅的壓軸是採訪沙皇，而他並未因為威爾斯親王的意見而改變計畫，沃里克夫人曾將威爾斯親王的說法轉告給斯蒂德，親王表示，這名年輕統治者是他妻子的外甥：「像水一樣柔弱……毫無個性，對你毫無用處。」在前往俄國之前，斯蒂德計畫先採訪教宗、德皇與法國總統，此外他還要採訪比利時國王利奧波德，他想說服利奧波德擔任小國同盟的發言人。為了避免官方可能的干預，斯蒂德前往外交部拜訪貝爾福，起初他認為貝爾福只是「漠不關心與嘲諷」，但不久貝爾福就對斯蒂德的熱情潑了一盆冷水。貝爾福不明白斯蒂德怎麼能如此輕鬆看待「俄國國力的持續成長」。在他們的時代，俄國還不構成問題，「但我們的子孫會如何？……一旦俄國主導了整個東南歐，這個世界將變成什麼樣子？」然而，貝爾福並不打算阻撓斯蒂德。

在沙皇提議召開和平會議後過了一個月，斯蒂德啟程出發。在巴黎，斯蒂德未能見到菲利克斯·福爾總統，不過他見到了克里蒙梭，克里蒙梭認為「會議不會得出任何結果」而且不願改變看法。比利時國王利奧波德、德皇與教宗良十三世都拒絕見他，但尼古拉二世遵守十年前他的父親對斯蒂德的承諾，他不只接見斯蒂德一次，而且是三次。沙皇的親切讓斯蒂德感到吃驚，從未見識過宮廷禮儀的他以為這是沙皇的個性，卻不知道這只是皇室的例行公事。無論如何，斯蒂德決心創造出一個英雄。斯蒂德告訴讀者，沙皇深具魅力、富同情心、機敏、思路清晰，有幽默感、坦誠、謙遜、莊重、果斷、記憶力極佳，「有著深刻的洞察力，能快速掌握大量的事實」，沙皇將這些特質全投入在推動和平運動上。斯蒂德對俄國的意圖充滿了溢美之詞，甚至過度解讀俄國的真正目標，俄國大臣因此向英國政府抱怨，斯蒂德的言論令他們「感到困窘」。儘管如此，斯蒂德的文章卻成了驅動和平運動前進的精神食糧。回到倫敦之後，斯蒂德成立了新月刊《反對戰爭的戰爭》（*War against War*），組織國際和平十字軍，而且傾全力呼籲民眾要求和平會議不能也不許失敗。

輿論的看法並不一致。如果自由黨——而且還不包括所有的自由黨員——支持斯蒂德，那麼保守黨就反對斯蒂德。許多民眾認同威廉．歐內斯特．亨里（William Ernest Henley）所讚頌的：「戰爭的精神在我的血液中吶喊著」。而正是這種精神驅使羅曼．羅蘭在一八九八年愉快地喊出「賜我戰鬥！」儘管如此，羅蘭日後卻成為著名的和平主義者。當時的物質主義，越來越舒適的生活，金錢的力量取代肌肉的力量，讓許多人開始感到厭惡，有些人甚至願意追求辛苦的生活，如西奧多．羅斯福就曾在年輕時移居落磯山脈（Rockies）。民眾需要某種更高尚的事物，他們覺得在危險與肉體搏鬥中，透過在戰場犧牲甚至死亡，可以找到這類事物。記者亨利．內文森擔任志願軍軍官，他在操練中感受到戰爭的狂熱，他當著社會主義朋友的面說：「他不想活在一個沒有戰爭的世界」。往後幾年，他對戰爭的熱情有部分來自於對戰爭的無知，有部分來自於吉卜林與亨里的影響。

某方面來說，亨里就像是保守黨的斯蒂德，不過他欠缺斯蒂德的活力與社會良知。亨里高喊的「英國，我的英國」表現出對條頓優越種族的極致崇敬，英國「包覆著盔甲的手」指引著充滿生機的未來，英國「偉大人物的血統」無可匹敵，英國的船艦是「洶湧古老海洋上的愉悅之地」，英國是：

上帝選擇的女兒
只有古老的寶劍能成為妳的佳偶。
話裡的威脅
潛伏在妳的軍號吹響的歌曲中
英國！
在妳的軍號吹響的歌曲中，從天而降。

這是狂熱的愛國主義，它代表的是一種心態，而不是一個民族。美國人也基於相同的心態聆聽阿爾伯特．貝弗里吉的怒吼：「我們是征服的民族……我們必須遵循我們的血統。」這種情感的出現，其實是哥倫布以來一次最重要航行造成的間接結果，此即查爾斯．達爾文搭乘小獵犬號（*Beagle*）出航。達爾文在《物種起源》（*The Origin of Species*）中提到的發現，運用在人類社會之後，就為戰爭提供了哲學基礎，認為戰爭不僅合乎自然而且高尚。戰爭可以讓強大而優秀的種族繼續生存，從而促進文明發展。德國的思想家、歷史學家、政治科學家與軍事科學家以鼴鼠般的勤勉與鬥牛犬般的堅持，將這個理論提升到國家教條的層次。華格納的女婿休斯頓．斯圖爾特．張伯倫（Houston Stewart Chamberlain）在他以德文出版的作品《十九世紀的基礎》（*Foundations of the Nineteenth Century*）中提供了種族理論，顯示雅利安人（Aryans）的身體與靈魂均優於其他人種，因此有權利成為地球的主人。特萊奇克解釋說，戰爭可以淨化與統一一個偉大的民族，因此戰爭是愛國主義的根源。戰爭也可以鼓舞民眾，產生強大的力量。和平是停滯的與衰敗的，永久和平的希望不僅「不可能，而且不道德」。馮・德・戈爾茨將軍（General von der Goltz）與馮・伯恩哈迪將軍（General von Bernhardi）進一步引中，認為戰爭不僅高尚，而且必要。高貴、強大與優越的種族有權利也有責任擴大對低等種族的統治，意思是統治世界。對其他國家來說，這意謂著建立殖民地。達爾文主義成為白人的負擔。帝國主義成了一種道德責任。

達爾文的間接影響贏得馬漢上校的推崇。在一八九七年到一八九九年的一系列文章中，馬漢提到國與國之間的「正面衝突，顯然合乎進步法則」，他試圖藉此讓美國人理解自己的天命所在。這是他在〈戰爭的道德面向〉（"The Moral Aspect of War"）提出的看法。在另一篇文章〈二十世紀的展望〉（"A Twentieth Century Outlook"）中，馬漢認為，「對我們種族的未來危害最大的」莫過於當前有一股熱潮「拒絕承認軍火專業與戰爭」是「英雄理想」的泉源。在一封私人信件中，馬漢表示：「文明國家最大的不幸是放棄準備戰爭，而只想訴諸仲裁。」馬漢的論點在於，權力、力量與最終的戰爭，是左右國家命運這類重大議題的決定性要素，想透過仲裁加以解決，無異是痴人說夢。如果以仲裁取代陸軍與海軍，歐洲文明「將喪失戰鬥的精力而難以繼續生存下去」。但馬漢也相信二十世紀將顯示人類的良知會不斷改善。馬漢如此正面地宣揚權力，是因為他同樣相信人性會不斷進步。馬漢在道德上的自我要求，反映在他與妻子及兩個已經成年的女兒的合照上。四雙直率的眼睛直直盯著相機。四個筆挺的鼻子，四個堅定的嘴，女士們穿著高領罩衫，位於咽喉的領口則以胸針固定，頭上的帽子不偏不倚地套在高高堆起的頭髮上，這一切充分顯示他們是「對未來充滿確信的人」，而這樣的人就像英國的貴族原型里伯斯戴爾勳爵一樣，即將從這個世界消失。

鬥爭的必要性透過許多發言人以不同的方式對外發聲：在亨利．柏格森口中稱為「生命衝力」（*élan vital*），蕭伯納說這是生命力（Life Force），尼采則使用了怪異、神奇而混雜的方式來描述，但他的說法卻風靡了歐洲。尼采查覺到宗教已經式微而不再是民眾生活的主要力量，他於是丟出四個字作為對宗教的挑戰：「上帝已死。」尼采用超人取代上帝，而一般人則是用愛國主義取代上帝。上帝的信仰因科學的進展而衰弱，愛國思想就在此時填補了空虛的心靈。民族主義吸收了原本屬於宗教的力量。過去人們為宗教奮戰，此時人們也毫不保留地為民族主義奮戰。衝突的氣氛從此不斷蓄積。一八九五年，住在巴黎的葉慈（W. B. Yeats）某天早晨從末日異象中醒來：

……長矛無來由地
突然從我睡眼惺忪的雙眼前一閃而過，
隨後墜馬騎士的碰撞聲與
不知何處傳來遭到消滅的軍隊的呼喊，
敲打著我的雙耳。

無獨有偶，就在同一年，遙遠的鼓聲也傳到了豪斯曼（A. E. Housman）與世隔絕的房間裡：

夏日懶散的山丘
　潺潺溪流令人昏睡，
遠處聽到持續不斷的鼓手
　敲打的鼓聲宛如夢境的雜音。

由遠而近，由小而大
　鼓聲沿著泥土路而過，
親近的朋友，砲火下的齏粉
　士兵們行進，全為了赴死……

遠處軍號聲聲召喚，
　橫笛嘶鳴應和，
愉快的緋紅色縱列魚貫前行：
　生而為人，我將起而追隨。

海牙作為小型中立國首都，被選為和平會議的召開地，並且定一八九九年五月十八日為開幕日。會前的各項安排使各國的新仇舊恨一併浮上檯面。中國與日本、土耳其與希臘、西班牙與美國才剛打完仗；英國與川斯瓦的緊張情勢正在升溫，隨時有可能爆發戰爭。身為地主國與波耳人的忠實支持者，荷蘭要求邀請川斯瓦與奧蘭治自由邦（Orange Free State）與會，差點就讓會議胎死腹中。土耳其反對保加利亞參加，而義大利威脅如果讓梵蒂岡參加就表示承認梵蒂岡是世俗國家，義大利將退出會議。德國認為義大利的做法「似乎不是什麼好兆頭」，懷疑義大利可能計畫要脫離三國同盟，如果其他強權也打算退出會議，那麼德國也將退出。但上述的問題一一獲得克服，各國陸續指派代表參加。

議程的選定反映出議程的模稜兩可，會議雖然想推動以仲裁解決爭端的和平模式，另一方面卻又要求規範戰爭行為。沙皇的宣言其實從未提及仲裁，而穆拉維約夫的議程卻涵蓋了仲裁，從此以後在民眾心中，仲裁便成了會議的主要目的。從三月到四月，波士頓和平十字軍每週開會，要求美國支持設立「二十世紀常設法院」的目標。當時美國國會正陷入投票通過對西和約的危機，總統麥金利受到各方要求，希望任命哈佛大學校長艾略特擔任會議代表，藉此緩和反帝國主義情緒。然而艾略特不太可能聽命於人，因此麥金利屬意另一個比較安全的人選，前康乃爾大學校長安德魯．懷特（Andrew White），他當時擔任駐柏林大使。從歷史教授成為社會賢達，懷特是個努力工作、品德高尚之人，而且堅持做正確的事。在海牙，懷特很快就與剛和美國結束戰爭的西班牙代表德杜安公爵（Duke of Tetuan）建立友誼，兩人都「熱愛天主教建築與管風琴音樂」。除了懷特之外，美國還派了另一名代表，這名代表鐵定會努力維護美國的利益，而且必將以冷靜而非同情的角度面對這場會議，這個人就是海軍上校馬漢。馬漢的名字出現在清單上，加深了德國對會議的疑慮。「我們最偉大也最危險的敵人，」德皇陰鬱地說。

美國代表首先接到的指示就是反對會議的最初目的。限武「討論不可能得到有利的結果」，因為美國的軍備遠不及歐洲列強，因此在限武議題上，主動權在歐洲國家身上。至於對新武器進行限制，一般認為「就算能達成國際協議，其成效也令人懷疑」。美國代表支持讓戰爭法更符合人道精神，而且提出設立仲裁法院的特別計畫。美國代表也接到指示提出海上私人船隻有豁免捕獲的權利，然而這個看似平凡無奇的建議卻包藏無窮的危機。

法國任命前總理與仲裁之友萊昂・布儒瓦擔任代表，布儒瓦在一八九五年到一八九六年擔任總理期間曾不顧參議院的強力反對，頑固地推動累進所得稅。投票結果以些微之差落敗。後來的德雷福斯事件對政府構成極大的威脅，布儒瓦因此有很大的機會重回政府，為了不讓布儒瓦返回中央，海牙和平會議便成了將他從政府支開的大好良機。根據布儒瓦的政治同事（雖然不是他的朋友）的說法，布儒瓦「和藹、優雅而且口才便給」，「臉上的烏黑鬍鬚十分好看，他能用圓潤的嗓音表達淺顯易懂的看法」。

法國因為德雷福斯事件而愛國主義高漲，加上俄國事前並未知會法國就發布宣言，法國感覺受到侮辱，因此法國決心不接受維持現狀的要求，對於和平會議，法國也跟其他國家一樣不樂見其成。「在某種意義上，放棄戰爭就等於放棄自己的國家，」這是一名法國軍官對沙皇宣言的評論。亞當夫人（Mme Adam）是甘必大的朋友與支持對德「復仇」的女性領袖，當貝爾塔・馮・蘇特納邀請她去聽演講時，她回道：「我？去聽和平演說？當然不。我支持戰爭。」儘管對和平會議意興闌珊，法國還是在布儒瓦之外又派了一名忠實的和平信徒擔任代表，這個人就是德斯圖內勒・德・康斯坦男爵（Baron d'Estournelles de Constant）。德・康斯坦在四十三歲之前一直是個職業外交官，在從事外交工作期間，他對於國際局勢越來越感到憂心，直到一八九五年的某一天，他眼見一場小爭端可以演變成毫無意義的戰爭威脅，飽受震撼之餘，他決定辭去外交官的工作，轉而投入政壇，在國會中推動和平運動。德．康斯坦相貌堂堂、舉止優雅，他身為法國官方代表，為和平會議注入了和平運動的活力與聲音。

身為會議的倡議者，俄國指定駐倫敦大使德．斯塔爾男爵（Baron de Staal）擔任會議主席，德．斯塔爾是個優雅的老紳士，留著白色的長鬢鬚，戴著方形的德比帽。威爾斯親王說他是「世界上最好的人……從不說假話」。這個特質對於他身負的責任來說也許不見得適當，但卻有用。俄國代表團的實際領袖是費奧多爾．德．馬騰斯（Feodor de Martens），他是聖彼得堡大學國際法名譽教授，時時提醒眾人他在國際法領域享有歐洲頂尖法學家的名聲。威特說，他的「知識淵博，但絕不是心胸廣闊的人」。未來的總參謀長吉林斯基上校（Colonel Jilinsky）以軍事代表身分出席。

德國駐巴黎大使明斯特伯爵，整起德雷福斯事件就是從他的大使館的字紙簍裡開始的，明斯特一方面期望自己能夠擔任德國的主要代表，另一方面他對於接受這項任務卻不特別感到高興。「對著空氣揮拳是一件令人厭煩的工作，」明斯特在給朋友的信中寫道。用德國人愛用的詞來說，限武是「不可能的」（*ausgeschlossen*）。仲裁固然重要，但要達成協議恐怕希望不大。要保存俄國的顏面，這場會議不能灰頭土臉地結束，至少要為它披上一件「和平的斗篷」。明斯特是個溫文儒雅的白髮紳士，安德魯．懷特認為他是老派德國貴族的「完美典型」，明斯特曾經派駐英國而且娶了英國妻子，他最高興的莫過於被人稱為英國紳士。除了陸軍與海軍代表外，明斯特還有兩名法學夥伴，分別是柯尼斯堡大學（University of Königsberg）的措恩（Zorn）教授與慕尼黑大學（University of Munich）的馮．史登格爾男爵（Baron von Stengel）教授，史登格爾之所以能夠與會，主要是因為他剛剛出版的一本小冊子，書名叫《永久和平》(*Eternal Peace*)，這本書不僅揶揄了即將到來的會議，還讚揚戰爭的美德。雖然史登格爾的說法與其他國家許多人的意見並無太大不同，但他卻以德國人的方式粗魯而高聲地表達，而德皇迅速指定史登格爾擔任代表，已然表明德皇對這場會議的態度。當時在柏林的斯蒂德對此表示抗議，比洛吞吞吐吐地解釋，德國報紙的連環漫畫諷刺史登格爾像一頭公牛走進了鬱金香苗圃。

會議中某種不可思議的力量將眾人的輕蔑拉回現實，而且讓會議獲得英國強大代表團的支持。英國代表團團長朱利安·龐斯福特爵士是英國駐華府大使，身為世界第一個仲裁條約的協商者，他是支持仲裁的重要官方代表。這位冷靜、體格魁梧、不易動怒的達官顯貴讓人聯想到北極熊，他曾經實現過一些外交奇蹟，而他的原則只有一個：「絕不妥協與絕不冒犯。」美國國務卿海約翰說：「我總是毫不遲疑地對他敞開心房，因為他是個重視榮譽與坦誠的人。」與龐斯福特爵士一同前來的還有剛退休的下議院議長亞瑟·皮爾爵士(Sir Arthur Peel)，威嚴的他出席會議，使一些想惹麻煩的人不敢輕舉妄動。有人說：「當皮爾生氣的時候，就像在海上遇到風暴。他可以忍受無聊的人，但卻痛恨無賴，無論這個無賴穿著講究還是衣衫襤褸。」

至於陸軍與海軍代表，索爾茲伯里勳爵政府從陸軍與海軍高階軍官中選了兩名經歷非凡的人物擔任。陸軍少將約翰·阿達格爵士(Sir John Ardagh)在都柏林三一學院取得希伯來文與數學的優等成績之後，決定放棄教士之路轉而從軍。之後他在普法戰爭與俄土戰爭中擔任觀察員，並且在埃及與蘇丹服役，目前則擔任軍事情報局局長。

阿達格爵士的海軍同僚是當時最桀驁不馴的個人主義者，擁有常人少有的活力與衝勁。海軍中將約翰・費雪爵士把精力全投入在海軍的現代化上，試圖重建英國的海上霸權。費雪除了海軍之外還有另一項狂熱，那就是跳舞，從號管舞曲到華爾滋，只要一有機會他就跳，如果現場沒有女士，他就拉著其他軍官上場跳舞。費雪爵士致力解決「英國海軍長年以來」暮氣沉沉的問題，而他的任務就是無情地掃除海軍陳舊的船艦與顢頇的人事。他比整個時代早二十年要求以燃油取代燃煤，以槍砲訓練取代刀劍訓練，以引擎與工程訓練取代索具與船帆訓練，他還引進驅逐艦，更新火砲、裝甲與戰艦設計。在砲轟亞歷山卓期間，當需要一列裝甲火車運送登陸部隊時，費雪便發明了一列。費雪曾經擔任魚雷學校校長、海軍軍械局局長、海軍造船廠總監、第三海軍大臣、海軍監督官，目前則擔任大西洋艦隊指揮官。

費雪出生於馬來亞（Malaya），他有一張鬍子刮得光溜溜的平滑而奇怪的臉孔，他為數眾多的敵人紛紛暗指他的祖先很可能是東方人。當費雪在他的旗艦上「像豹一樣踩著固定節奏的步伐四處巡視時，整個後甲板都陷入騷動，所有船員也戰戰兢兢起來。當有人高喊：『注意，傑克來了！』所有人趕緊立正站好，等待費雪通過與離去」。費雪提出的一連串想法，讓觀念傳統的海軍人員感到吃驚與憤怒。當他提出一些新構想或計畫時，他會睜大眼睛盯著同僚，每講一句話就用拳頭敲打自己的手心來強調事情的重要性。當他寫信時，他會在某個字下面劃一條、兩條、三條或四條線，在信的結尾，他不僅會寫「緊急」，還會寫「十萬火急」，或者加註警語：「看完燒掉！」費雪喜歡引用拿破崙的名言，「我要嘛就下令，要嘛就閉嘴」（"*J'ordonne ou je me tais*"），但費雪無法做到下半句。

在英國與法國因法紹達事件而可能爆發戰爭之際，費雪已經擬定計畫以海軍突襲魔鬼島綁架德雷福斯，然後讓他在法國上岸，藉此羞辱法國陸軍並且讓法國內部陷入紛爭。費雪為一艘驅逐艦選擇的格言是「放馬過來！」（*Ut Veniant Omnes*）他訂定一連串戰爭原則，包括「不留活口，不留戰俘，擊沉所有船隻，毫不留情，攻擊要快狠準，勇敢、勇敢、勇敢往前衝！」然而這些原則只是用來提振士氣，而非真正的戰術。當索爾茲伯里勳爵任命費雪擔任海牙和平會議的海軍代表時，他表示傑基．費雪一定會在會議上奮戰。費雪日後說道：「我會奮戰，但不是為了和平。」

以海牙作為開會地點證明是個明智的抉擇。豪斯登堡宮（Huis ten Bosch，森林之家）是奧蘭治王朝（House of Orange）的避暑行宮，也是和平會議召開的地點，這裡離代表們下榻的濱海城市斯赫弗寧根（Scheveningen）只有輕鬆的半小時車程，荷蘭政府的款待與荷蘭民眾的熱情歡迎，加上夏日的天氣與百花盛開的鄉間景色，即使最憤世嫉俗的人也能放鬆心情。黑白花紋的乳牛在路旁草地上安詳地吃草，運河映照著藍天的倒影，風車葉片和緩地轉動著，帆船看似航行在草地上，水道隱藏在高高的草叢之後。原本寧靜的城鎮，「未曾因時代而變化的美麗」磚房與鵝卵石街道，突然間擠滿了歡迎的人群。沉穩的旅館外觀裝飾著各國國旗，窗戶被擦得明亮，門階洗刷乾淨，公共建築物重新清潔整修。各國訪客的到來為海牙重新注入生機，海牙就像個睡美人，從十七世紀的沉睡中醒來。

豪斯登堡是一座紅磚與白色窗框的皇家城堡，位於城鎮郊外的公園中。打開城堡窗戶，可以看到草地與玫瑰花園，噴泉與大理石女神像。在森林裡（豪斯登堡這個名稱就是源自這片森林），代表們在會議的休息時間可以來此散步閒聊，道路兩旁種滿了成排巨大的山毛櫸，這裡到處可以聽見鳥鳴聲，還有從樹葉空隙灑落的陽光。

全體出席的會議在挑高三層的中央大廳舉行，大廳裡懸掛著金色的大馬士革織物，牆壁上的壁畫描繪坐在寶座上與騎在馬上凱旋而歸的歷任親王統領（Prince Stadtholders）。天花板上彩繪的邱比特、裸體的維納斯與眼神不帶好意的死神骷髏，正俯視著下方擺放好的一排排桌子，桌上鋪了綠色毛呢，來自二十六個國家的一百零八名代表在桌子前坐定。除了軍服、土耳其人的紅色菲斯帽與中國代表穿的藍色長袍，其餘的人清一色穿著黑色外套。會議的實際工作由各小組委員會在眾多小型沙龍中進行，這些沙龍裡擺設了許多臺夫特陶器（Delft）與麥森瓷器（Meissen），牆壁貼著中國壁紙與懸掛著淺色的波斯地毯。每天，地主國荷蘭都會在白色餐廳的水晶枝形吊燈下提供豐盛的午餐、上好的紅酒與雪茄，讓代表們可以在這裡進行「非正式」的會面與討論。一切的安排都極具品味與尊榮，上等的利口酒，環境優美，晚間的舞會與完善的接待，逐漸地，會議一開始瀰漫的鄙視情緒開始軟化。

安德魯．懷特抵達會場時發現，他從未見過有哪一場會議的與會者「對於達成好結果這麼不抱希望」。德國的蒙森教授是當代最具聲望的歷史學家，他預言人們會把這次會議當成「世界歷史的一次印刷錯誤」。就連馮．蘇特納男爵夫人的一些朋友也不抱希望。馮．蘇特納邀請西皮奧．博爾蓋塞親王（Prince Scipio Borghese）以觀察員的身分出席會議，親王表示，沒有任何事比花時間與「從事和平的上流人士」（"*un groupe du high-life pacifique*"）為伍更吸引人的，然而可惜的是，親王五月必須到匈牙利參加妹妹的婚禮，因此無法出席。會議主席德．斯塔爾開幕致詞時，聲音時而顫抖時而堅定，而且還不慎讓手中的小木槌掉到地上，這隨即引發熱心人士的解讀，認為這代表了不祥的預兆。德．斯塔爾「可悲地」表現出俄國人典型的對議會程序的無知，以及他盲目樂觀地接受規則與動議，這些看在懷特眼裡，都預示著「無可救藥的混亂」。

圖十七 海牙會議，1899年

會議分成三個委員會，分別是軍備委員會、戰爭法律委員會與仲裁委員會，每個委員會又區分出幾個小組委員會。第一委員會主席是奧古斯特．貝爾納特（Auguste Beernaert），他是比利時前首相與代表團團長，比利時國王利奧波德二世曾說他是「比利時王國最憤世嫉俗之人」。貝爾納特早年是個爭名逐利的政治人物，他是比利時國王在剛果（Congo）建立廣大事業的得力助手，而且協助國王為比利時鞏固邊防抵禦入侵。但到了晚年，貝爾納特的性格大變，他成為一個和平主義者而且定期參加和平會議。身為比利時國會議長，貝爾納特依然擁有政治權力。俄國的德．馬騰斯教授是第二委員會主席，萊昂．布儒瓦則是第三委員會主席。

代表們不安地意識到世人的良知正壓在自己的肩上，這些良知的代表就是大批前來海牙擔任觀察員的「從事和平的上流人士」。由於預期會議最後可能得不出任何結果，所以主辦單位決定採取閉門會議，不接受新聞記者入內採訪。然而這項操作完全是徒勞，因為斯蒂德自己就以《曼徹斯特衛報》（*Manchester Guardian*）通訊記者的身分在會場中進行採訪。藉由緊迫盯人的訪問與廣大的人脈關係，斯蒂德在海牙主要報紙《日報》（*Dagblad*）獲得一個專頁，由他每日發表會議的相關消息。代表們爭相閱讀報導，其他通訊記者也仰賴這項消息來源，和平宣傳者則向國內民眾散布這些訊息。眼看消息封鎖不住，主辦單位最後決定開放記者採訪。

觀察員當中有幾位重要人物，首先是馮．蘇特納男爵夫人，她同時也是維也納《新自由報》的通訊記者。馮．蘇特納深信五月十八日是「世界史上一個劃時代的日子」，她在下午茶時間認真地與其他代表談話，同時也與德斯圖內勒、貝爾納特與其他朋友商議策略。伊萬．布洛赫從俄國帶了大量自己的書籍到會場發放。他演講時會搭配幻燈片進行說明，在宴請代表享用豐盛晚餐時，也不忘拿出圖片與圖表解釋當前武器的發展。班傑明．特魯布拉德博士（Dr. Benjamin Trueblood）是美國和平協會（American Peace Society）的貴格會（Quaker）秘書，他來自波士頓．，夏爾．里歇（Charles Richet）是《科學期刊》（*La Revue Scientifique*）主編與法國和平協會（French Peace Society）會長，他來自巴黎。羅馬尼亞王后以筆名卡門．席爾瓦發表了一首詩獻給和平會議。慕尼黑的塞倫卡夫人（Mme Selenka）帶來一份由十八國婦女連署的和平請願書，其中比利時請願書有十萬人連署，荷蘭請願書有二十萬人。安德魯．懷特收到民眾寄給他的大量「各式各樣的計畫、構思、妙計、觀念與突發奇想」，還有成堆的小冊子、書籍、信件、佈道文、決議文、祈禱文與祝福的話。儘管絕大部分都是些古怪的說法與建議，但懷特認為這全是民眾追求和平的鐵證，「這些情緒強烈與廣泛的程度遠超過我的想像」。

另一方面，明斯特伯爵則對眼前看到的一切感到厭惡。他在寫給比洛的信上表示：「會議吸引了全世界的政治投機分子，以及像斯蒂德這種最糟糕的新聞記者，此外還有像布洛赫這種受洗的猶太人與德．蘇特納夫人這種狂熱的女性和平主義者……這些烏合之眾在青年土耳其人、亞美尼亞人與社會主義者的積極支持下進行政治交易，他們在俄羅斯的贊助下公開進行磋商。」明斯特認為斯蒂德「明顯是俄國收買的間諜」，而整場會議全是俄國用來瓦解德國軍事優勢的陰謀。然而就連在德國，這些明斯特口中的「烏合之眾」也得到共鳴，因為帝國議員、教授與作家組成的委員會都敦促支持和平會議的目標。他們雖然反對「任何可能損及德國優越地位的安排」，但仍希望會議能達成些許成果，讓歐洲軍事稅收的負擔能夠減輕，同時防止戰爭的爆發。

代表們察覺自己成為世人寄託希望的所在，他們的內心也開始產生某種不願讓世人失望的期許。在經過兩個星期的討論之後，龐斯福特表示，代表們「改變了原先的想法，開始對議題產生興趣」。有些代表想讓會議成功，荷蘭代表凡．卡內貝克（van Karnebeek）表示，這些代表不為別的，至少「自尊心」（*"amour-propre"*）驅使他們這麼做。有些人看到會議上雲集了眾多國家的代表，開始產生建立「歐洲聯邦的願景……這是在海牙和平會議上產生的夢想。歐洲只有兩條路可走，不是建立聯邦，就是陷入無政府狀態」。

關於仲裁的討論出現了一線希望，但在限武方面，無論是現有軍力、預算還是新式武器的討論則毫無進展。儘管俄國人持續努力，加上小國與許多民眾代表的支持，限武或暫停軍購的各項提案對大國的軍事代表來說仍屬「不切實際」。此時，俄國吉林斯基上校提出五年暫停軍購的提案，將限武議題推升到不得不做出決定的階段，他慷慨陳詞，要求各國能夠免除龐大的軍備負擔，否則龐大的軍事開支將會壓垮歐洲人的生活。荷蘭的登．比爾．波圖加爾將軍（General den Beer Portugael）發言支持吉林斯基的說法，他認為各國政府「就像阿爾卑斯山的登山者，彼此被軍事組織的繩子綁在一起」，而且正逐漸滑向深淵的邊緣，要扭轉這個局勢，必須用上「很大的力氣」。德國軍事代表格羅斯．馮．史瓦茲科夫上校（Colonel Gross von Schwartzkopf）起身，他像一把冰冷的鋼刀，瞬間切斷了對方的發言。他說，德國人民「不會被軍備支出的重擔打倒……他們並未走向精疲力盡與毀滅」。相反地，他們過得富足，生活福祉與水準正在提升。史瓦茲科夫說得太起勁，居然當著大家的面明白表示德國有責任反對暫停軍購，此話一出，其他國家的代表都鬆了一口氣，因為他們可以藉此擺脫這個棘手的任務。由於德國無論如何都會反對暫停軍購，因此暫停軍購案通過的機會微乎其微，其他國家於是能安心投票將暫停軍購案送到小組委員會做進一步討論。約翰．費雪爵士在解釋投票時表示，這樣既不會傷害俄國的感情，民眾也不會認為是英國故意阻礙暫停軍購案的討論。

在委員會裡，費雪表現得出乎意料的謹慎；在官方未授權下，他一直謹守本分。「戰爭人道化！」費雪反駁說，「你何不說人道化的地獄！」這是他對一名「蠢貨」說的話所做的回應，對方表示「文明戰爭應顧及對方的感受，準備熱水給戰俘泡腳，給他們吃麥片粥」，而費雪說的話被認定為不適合對外發表。斯蒂德在他親筆撰寫的作品上提到：「英國海軍的首強地位，是世界和平的最大保障。」斯蒂德住在斯赫弗寧根的庫爾豪斯飯店（Hotel Kurhaus），根據他的描述，這間飯店相當合他的意：「這裡總是人來人往。樂隊在早餐演奏，中餐演奏，甚至晚餐也演奏！巨大的行李持續送到，搬運工像野獸一樣忙進忙出。鐵路、電報與郵局，飯店裡應有盡有！」在海軍代表中，費雪最受人們的崇拜與敬重，在開會期間，他晉升為地中海艦隊總司令，「更是讓所有外國人讚嘆不已」，其中甚至包括馮．蘇特納男爵夫人，她對於費雪未能出席德．斯塔爾舉辦的舞會深感遺憾，因為她知道費雪是個「美妙的舞者」。費雪被稱為「跳舞的海軍中將」，加上他為人親切沒有架子，斯蒂德說：「在海牙，沒有人比他更受歡迎。」費雪與德國代表接觸的經驗使他相信，德國而非法國才是英國未來的敵人。德國海軍代表告訴他，戰時所有的英國船艦將毫無用處，德國將使用大批魚雷艇擊沉它們。

英國對於限制海軍樂觀其成，因為這將約束德國的海軍計畫與維持現狀。然而，要限制海軍必須有一套檢查與控制的方法，而費雪認為這「絕對行不通」。俄國認為這要仰賴各國政府的善意，費雪對此不以為然。法國代表很不客氣地表示，俄國應該要坦白承認，它真正的目標只是要確保未來三年不會發生戰爭。德國人再次表示不支持限制海軍，而日本方面，根據英國的報告：「日本願意限制海軍，條件是當日本合乎海上強權的標準之後，意思是，日本絕不接受限制。」

強硬的現實主義者馬漢上校不是在公開場合而是在私底下明確表達美國的立場。馬漢告訴英國人，美國政府無論如何都不考慮限制海軍；相反地，接下來要爭奪中國市場，美國太平洋分遣艦隊勢必需要「大規模」擴編，而這也將影響至少五個國家的利益。在每個委員會與討論上，馬漢的出現彷彿是一種基於良知說「不」的呼聲；然而，這個良知並非為了和平，而是為了讓國家肆無忌憚地交戰。一名觀察員寫道，馬漢「比任何人都更嚴肅看待此事」。

馬漢的觀點與美國政府的傳統立場相左，後者認為海上私人船隻有豁免捕獲的權利。馬漢認為，有些條件在美國是弱小中立國時對美國有利，一旦美國成為強權，這些條件對美國就不再有利。捕獲權是海權的本質，特別是英國的海權，馬漢相信，美國今後的利益與捕獲權息息相關。因此，馬漢主張美國應該更進一步爭取交戰國的權利，而非僅以中立國的權利自足。

當懷特遵照政府指示，試圖將豁免捕獲的權利放入議程時，費雪跟馬漢一樣表示反對。費雪舉中立國的煤為例：「你說我不能捕獲這些運煤船。但我要說的是，如果我沒有別的辦法可以阻止中立國的煤落入敵人手中，那麼我只好捕獲這些運煤船或將它們擊沉，無論你或其他國家怎麼說都沒有用。」與英國對立的德國，則顯然支持美國豁免捕獲的提議。這是德國在會議中唯一支持的提案，明斯特伯爵利用這個機會運用「德國強大的影響力來支持這項原則」，比洛則樂於批准明斯特基於「人道利益」採取行動。然而德國的海軍代表席格爾上校（Captain Siegel）卻潑了兩人冷水，他的推論讓人聯想起耶穌會訓練出來的棋手思維。他向德國政府指出，海軍的目的是保護國家的海上貿易。如果同意私人船隻有豁免捕獲的權利，那麼海軍的功能就喪失了。民眾將會要求減少戰艦而且拒絕支持帝國議會撥款給海軍。簡言之，席格爾上校明確表示，如果德國海軍想擁有存在的理由，就必須開放私人船隻的捕獲權，即使這麼做對敵方有利。

這方面的討論刺激與吸引了許多參與者。戰爭行為比防止戰爭更能引起人們的興趣。當限制新式武器或禁止研發新武器的提案進行討論時，陸軍與海軍代表，例如警覺性很高的席格爾上校，馬上起而捍衛他們使用與研發武器的自由。俄國提議各國同意「在一定期間內不要劇烈改變火砲類型或增加火砲口徑」，然而這項提議卻可能因為檢查與控制的問題而無法執行。約翰．阿達格爵士指出，我們無法阻止一個國家製造新型步槍並且儲存在軍火庫裡以備不時之需。俄國代表拉法洛維奇先生（M. Raffalovitch）聽了之後激動表示，「輿論與國會」可以充當適當的守門人。考慮到這種話是從俄國人的嘴裡說出來的，代表們都不敢苟同。馬漢也反對限制海軍火砲口徑、裝甲厚度與彈速的提案。馬漢表示，任何形式的國際控制都構成對主權的侵犯，他的說法獲得代表們的一致同意。

在辯論是否要將一八六八年日內瓦紅十字公約（Geneva Red Cross Convention）擴大適用於海戰時，有人提出戰後救助落水水兵的問題。之前提到費雪非常憤怒地談到給戰俘吃麥片粥，就是在討論這個問題時發生的。辯論結束後，費雪的長官上臺報告時表示：「感謝約翰．費雪爵士不懈的努力與堅持，所有可能約束或妨礙交戰國自由行動的原始條文已悉數刪除。」

非武裝人員面對敵人武裝入侵是否具有防衛權，針對這個問題進行的討論產生了令人不安的爭議。阿達格提議修正，把民眾對抗入侵者的「自由」改成「責任」，而且又補充一段文字：「以一切具正當性的手段進行最有力與最具愛國情操的抵抗」——小國代表紛紛報以熱烈響應。史瓦茲科夫上校「全力反對」這項條文，而且獲得俄國人唯一一次對德國的支持。阿達格在報告時表示，德國人與俄國人的「艱苦抵抗完全反映了這項條文的精神」，但卻導致這項修正案無法過關。委員會在下列問題上較為成功：間諜與戰俘的處置；禁止使用毒物與有毒武器；背叛與詐術；休戰、投降、停戰與占領敵國領土的旗幟的相關規定。

在限制新式武器的委員會上，反對的潮流變得有點尷尬。大家的目光都轉移到達姆彈或擴張型子彈的問題上，這麼做不僅可以將某種武器列為禁止對象，也能藉機宣洩反英情緒。達姆彈是英國人為了對付部族民眾狂熱衝鋒而研發的武器，約翰·阿達格爵士嚴詞捍衛這種武器的必要性，在所有代表中，只有美國軍事代表陸軍上尉克羅澤（Captain Crozier）支持英國，因為美國正打算使用達姆彈來對付菲律賓人。阿達格向聚精會神的聽眾解釋，在對抗蠻族的戰爭中，「使用最新式的小口徑子彈，即使一個人連中好幾發，子彈也只會留下乾淨的小孔」，中彈的人還是有能力繼續衝鋒到很近的距離。因此必須研發新的武器來阻止他們。「文明國家的士兵中彈之後，他們知道自己受傷，也知道自己越早受到治療就能越早康復。他們會躺在擔架上被抬離戰場，送到野戰醫院，然後根據日內瓦公約的交戰規定，由醫生或紅十字會為他們敷藥包紮。」

「至於狂熱的蠻族，就算同樣受到槍傷，卻還是拿著長矛與刀劍繼續往前衝；在你有時間向他們解釋他們的行為已經公然違反我們認為傷者該有的反應之前，他們已經把你的頭砍下來了。」透過這幾句戲謔的話，阿達格想明確傳達戰爭是一件痛苦的事，雖然他的說法比費雪客氣一點，但同樣顯示所謂的文明戰爭有多麼荒謬。然而代表們並不領情，最後會議以二十二比二通過禁止使用達姆彈，反對的兩票就是始終不屈服的英國與支持使用的美國。

全體無異議通過遲遲未能出現，最後終於在一個議題上產生：從氣球上投擲投射物或爆炸物。這是一種幾乎還沒有人嘗試過的武器，幾乎每個代表都同意禁止，特別是俄國人，對他們來說，任何為戰爭添加新維度的做法都是不可忍受的。吉林斯基上校近乎哀傷地說，「俄國政府認為，現在用來傷害敵人的各種武器已經夠用。」至於空戰方面，絕大多數代表都同意針對永久禁止空戰武器進行投票。委員會歡聲雷動。到了下一場會議，克羅澤上尉在徵詢了馬漢上校的看法與仔細思考之後，突然提出反對意見。他表示，大家提議永久禁止一種人類尚未有使用經驗的武器。新武器的發展與發明可能很快就能讓人類能駕駛飛船，飛船在裝上發動機之後能夠飛行於戰區上空，在關鍵時刻造成決定性的影響，長期而言很可能減少人員傷亡與快速結束戰爭。禁止這類武器的發展是否真的合乎人道利益？克羅澤上尉提議，不要永久禁止，而是設定五年的禁令，五年後，人類會對飛船的作戰能力有更清楚的認識。這一次他的說法打動了代表，投票順利通過。

只差一票，禁止使用窒息性氣體就能獲得全體無異議通過，這一票是馬漢上校投的。馬漢堅決不撤回反對票，理由是美國不喜歡限制「有發明天賦的民眾提供戰爭武器」。馬漢認為，目前還沒有人發明這類武器，就算有，窒息性氣體也不會比潛艇攻擊來得不人道與殘酷，而會議也未宣布潛艇是非法的。

儘管如此，代表們還是無視馬漢的反對，宣布禁止使用窒息性氣體。

在海牙以外的世界，中國民族主義分子在「義和拳」的旗幟下攻擊北京的外國人，波耳人與英國人在南非已瀕臨戰爭邊緣，美國人已經對菲律賓人宣戰，義大利發生勞工暴動，警察在西班牙射殺抗議民眾，比利時因為成年男子普選而爆發國會危機，而每個人都在談論法國總統在賽馬場遭到攻擊的事件。一名愛國的《時報》通訊記者沉思道，「如果沒有法國，歐洲會有多無聊啊！」布儒瓦火速趕回法國，試圖介入這場危機，但最後決定放棄政府的重擔，饒勒斯曾酸溜溜地評論說，「仲裁天使又飛回海牙，等到危險結束再回來。」

在風光明媚的豪斯登堡，人們起初漫不經心地認為這次會議不會出現正面的結果，但隨著時間流逝，與會者逐漸對於民眾的反應感到焦慮，特別是象徵著社會「罪惡感」（awful conscience）的社會主義者的反應。如果會議最終只是行禮如儀地結束而未能產生任何成果，大家擔心社會主義者會大肆宣揚會議失敗，並且以此做為政府無能的證明，從而宣稱自己才是真正對抗壓迫者的人民代表。會議代表們彼此分享了德斯圖內勒男爵的故事，德斯圖內勒男爵離開巴黎時，饒勒斯對他說，「去吧，你在海牙能做什麼就做什麼，但不管你怎麼做都是徒勞。你在那裡不會取得任何成果，你的構想將會失敗，而我們將會勝利。」一名代表說道，整個夏天，社會主義者環伺著海牙，就像貓繞著鳥籠轉圈一樣。在阿姆斯特丹，社會主義者組織了三千人的大型集會，抨擊各國政府只做表面工夫，並且宣稱只有將群眾組織起來對抗資本家才能獲得真正的和平。

這年夏天，一名匿名的《時報》通訊記者留下生動的紀錄，他問道：「為什麼沒有人在會場大門寫下，彌尼、提客勒、烏法珥新？」＊看著荷蘭漁夫的孩子在街上玩耍，成雙成對面帶微笑的女孩賣弄風情地走過，記者寫道：「如果這次大會無法達成和平目的，國與國之間的愚蠢對立總有一天會像鐮刀一樣掃過這些年輕人，他們將陳屍在戰場上，數以百萬計。」

現在，對會議的希望完全寄託在仲裁委員會上。大國的主要代表，龐斯福特、懷特、布儒瓦、明斯特與德・斯塔爾全在這個委員會；委員會的一舉一動成為眾人目光聚集的焦點；委員會成員在輿論監督下異常賣力地工作；在委員會裡，討論極其熱烈，而成員也投入極大的感情。英國、俄國與美國各自提出設立常設法院的草案；龐斯福特並未要求一旦發生爭端就必須提交仲裁，他的計畫因此在大家同意下成為討論的基礎。明斯特伯爵在兩名教授陪同下，從一開始就表明德國反對任何種類與形式的仲裁。明斯特告訴懷特，仲裁這個想法不過是個「騙局」而且對德國「有害無益」，明斯特毫不諱言地解釋，因為德國「對戰爭的準備比任何國家都要來得周全，而且德國也更有能力做到這點」，德國可以在十天內完成動員，遠比法國、俄國或其他任何國家來得快。把最終可能導致戰爭的爭端提交仲裁，等於讓敵國有時間趕上德國，抵銷了德國能快速動員的優勢。「沒錯，」德皇在明斯特報告的空白處寫道，「這就是這場騙局的目的。」

只要提到仲裁，德皇整個人就會發狂，他認為仲裁侵害了他個人至高無上的權威，也認為仲裁是個

＊《聖經・但以理書》5:24-28：「因此從神那裡顯出指頭來，寫這文字。所寫的文字是，彌尼、彌尼、提客勒、烏法珥新。講解是這樣，彌尼就是神已經數算你國的年日到此完畢。提克勒就是你被稱在天平裡顯出你的虧欠。毗勒斯（與烏法珥新同義）就是你的國分裂，歸與瑪代人與波斯人。」——譯者註

陰謀，企圖剝奪德國所向無敵的軍隊取得的成果。儘管如此，龐斯福特、懷特與布儒瓦還是決心取得一定成果，委員會也持續努力想設計出某種形式的仲裁法院。民間代表抨擊政府與軍事代表的頑強反對，後者無法忍受條文上出現一丁點強制性的內容。他們對於主權與軍事優勢寸步不讓，這種態度讓會議完全看不到任何前景。有一天，海風吹來，馮．蘇特納男爵夫人在日記裡寫道：「冷，那是一種直抵心窩的冷，就像草案一樣，冷風穿過了嘎嘎作響的窗戶，我整個骨子裡都透著一股寒意。」

最後，必須向民眾呈現一定成果的壓力還是占了上風，委員會試探性地、逐步地往前推進，雖然在大家同意下推出的仲裁法院權限弱小，但終究還是成形。畢竟此時若提議賦予仲裁法院處理涉及「榮譽或核心利益」這類重大爭端的權威，勢必會讓整個提案破局。奧國代表表示，仲裁法院處裡的爭端如果是「郵政或公共衛生」這類微小事務，那麼奧國沒有反對的理由，但如果超過這些層面，奧國必定反對。巴爾幹各國代表，包括羅馬尼亞、保加利亞、塞爾維亞與希臘共同提出的要求則引發了危機，他們表示，如果條文裡保留「調查委員會」的規定，他們將拒絕同意。在極度困難下，一次只能通過一個協定，仲裁法院的權力與程序這才確定下來，但最後也不是全體無異議通過。

德國什麼都不同意。其他國家不喜歡仲裁概念，卻又不願明白表示，只好仰賴德國每天投下反對票來代替他們完成該做的工作。懷特絕望地寫道，一個未能獲得德國支持的仲裁法院，看在世人眼裡將是「一場失敗，也許還是一場鬧劇」。懷特每天苦口婆心地勸說德國代表，他認為，德國的反對只會讓沙皇成為世人的偶像，而德皇會成為世人憎恨的對象。德國代表沒有權利讓他們「高貴而聰穎」的領袖淪落到這種地步。懷特反覆提到德斯圖內勒男爵故事裡饒勒斯說的話，當這麼做似乎產生了一點效果時，懷特又在給比洛的信上說了一次，並且找到了斯蒂德，告訴他「面對所有的人」都用這一招。斯蒂德遵照懷特的建議，充滿熱情地到處宣傳，措恩教授因此抱怨「斯蒂德與蘇特納從事的是新聞報導的恐怖主義」，他提醒德國政府提防各方聯手渲染德國的危險與將德國說成是「和平的唯一麻煩製造者」。德國駐聖彼得堡大使警告比洛，如果和平會議最後無法得出任何成果，沙皇個人將受到侮辱，而全世界都會把「失敗的責任與怨恨歸咎到我們頭上」。

壓力開始產生影響。當柏林發來急件，德皇明確表示自己「強烈與堅決」反對仲裁時，明斯特感到猶豫不決。在絕望下，懷特說服明斯特派措恩返回柏林，他自己則派美國代表團秘書弗雷德里克・霍爾斯（Frederick Holls）親自向德皇與大臣們報告這個議題。原定星期五召開的仲裁委員會延期，等到措恩與霍爾斯星期一回報後再召開。懷特返回下榻飯店後，發現有人來訪，原來是湯瑪斯・里德，這個「世界頂尖人物，他龐大的體格、貼心、精明」與充滿趣味的談話幫助他度過了焦慮的週末。

在柏林，德皇不願接見來訪者，但他還是看了比洛的報告，比洛遺憾地勸告，「廣受歡迎」的仲裁觀念已經掌控整個會議，而且獲得英國、義大利、美國乃至於俄國的支持，使得反對的德國陷入孤立。德皇在報告的空白處寫下各種難聽的字眼，表達自己的厭惡。「我接受這所有荒謬無稽的事，只是為了不讓沙皇在歐洲面前丟臉，」德皇用潦草的字跡寫道。「然而實際上，我仰賴的只有上帝與我鋒利的寶劍！他們所有的決定對我來說只是一坨屎。」

兩天後，海牙收到德國願意簽署仲裁協定的消息，顯然這被認定為德皇宅心仁厚的決定。終於，會議獲得了成果，人們終於可以擺脫毫無建樹的可怕幽靈與社會主義的勝利陰影。代表們努力擬定出有六十一條規定的公約，但另一方面又以「令人膽寒的熱忱」抹去條文中一切帶有強制性的內容。大家已經準備好要在會議閉幕前一個星期進行最後表決，卻猝不及防地被美國人打了回票。代表們感到震驚。懷特極為困窘地表示，他的代表無法簽署第二十七條，這條規定是由法國人提出的，要求一旦有國家發生爭端，締約國有「責任」提醒這些國家把爭端提交仲裁法院處理。

懷特痛苦的尷尬處境是馬漢上校造成的，而馬漢上校是因為斯蒂德才間接做出這樣的反應。在斯蒂德過於熱情的報導影響下，《曼徹斯特衛報》讚揚仲裁公約的擬定是促進和平的偉大手段，並且認為如果該公約在一八九八年就能獲得施行，歐洲各國就有責任要求西班牙與美國接受仲裁，如此就能防止兩國發生戰爭。馬漢讀到這篇文章之後感到吃驚。如此一來，「正當衝突」很可能無法發生。放眼未來，馬漢發現美國一旦要邁開大步向前走，就會有一張網子纏住美國的雙腳。馬漢召集代表團成員，他堅信第二十七條將使美國有義務干預歐洲事務，反之亦然，一旦簽署，美國參議員很可能拒絕批准仲裁法院。代表團被馬漢堅定的說理影響與說服，雖然代表團的工作成果可能因此受到危害，但懷特與其他代表還是同意馬漢的看法。如果美國拒絕對協議的一部分簽字，其他國家也許會退出協議，結構原本就相當脆弱的公約很可能應聲崩解。懷特趕緊試著說服法國人放棄第二十七條，或至少對「責任」一詞進行修正。但布儒瓦與德斯圖內勒連逗號都不願意改。全面失敗似乎近在眼前。閉幕典禮定於隔天，也就是七月二十九日舉行。懷特拚命想找出折衷方案。在最後一刻，美國同意簽字，但附加了一個條件，那就是美國否認自己有義務「介入、加入或干涉」歐洲政治。在千鈞一髮之際，仲裁公約終於順利問世。

海牙會議總共簽署三個公約、三個宣言、六個對未來成果的「期許」與一個決議。三個公約是仲裁公約；陸戰法規與慣例公約；日內瓦公約規則延伸適用於海戰公約。三個宣言是禁止從氣球上投擲投射物宣言；禁止使用窒息性氣體宣言；禁止使用擴張型子彈宣言。會議在決議文中表示，限制軍事支出與限制新式武器「對於人類的道德與物質均極為有益」，應該成為各國「深入研究」的主題。這份決議文等於為俄國提案中未實現的部分唱起虔敬的輓歌，但各國代表似乎還沒準備好要讓海牙會議的理念長眠土中。無論這些代表一開始如何嘲諷和平會議，無論他們對於最後完成的成果有多麼訝異，絕大多數人都不由得感受到自己參與了一場重要事件，而且希望自己奠定的基礎能永久長存。各國代表將這份感受記錄在「期許」中，期望未來還會有第二次和平會議——雖然這個想法不見得每個人都認同。明斯特伯爵臨行前還惡意丟下一句，他不想看到國際會議像「有害的雜草」一樣持續蔓生下去。

和平會議後過了三個月，英國在南非開戰。一名曾經參與和平會議的代表哀嘆說，先是德雷福斯事件吸引世人的目光，冷落了和平會議，現在則是爆發了波耳戰爭，完全違反了和平會議的精神。安德魯·懷特勉為其難地向難以相處的同事馬漢上校致敬時，他寫的頌詞竟無意間成了和平會議的墓誌銘：「當馬漢說話時，千禧年也變得毫無希望。」

———

到了一九〇七年，第二次和平會議再度於海牙召開的時候，戰爭、革命、新同盟、新政府、新領袖與最重要的新世紀，早已如火如荼地展開。二十世紀毫無疑問完全屬於現代，也就是說，到了二十世紀，人類完全沉溺於以最大的精力追求物質，但卻不像十九世紀那樣充滿自信；人類已經忘記了衰頹，卻越來越感到懷疑。機械能與物質商品急速增長而且宰制了一切，但人類對於自己是否過得更好卻產生了疑問。進步是十九世紀最確信不疑的事，到了二十世紀也變得沒那麼確定了。

十九世紀結束而二十世紀初始之際，人類對此感到恐懼，彷彿上帝正伸手為人類的命運翻過一頁。午夜，柏林傳來砲響，標誌著世紀交替的時刻，有人在聽見砲聲後「感到一陣顫慄：我們知道十九世紀發生的一切已經過去，卻不知道二十世紀將帶來什麼」。

一開始，二十世紀帶來的是暴力。新世紀在喧鬧聲中誕生，只不過此時庚子拳亂、菲律賓、南非等地的騷動依然處於邊陲地帶。一九〇〇年，整個法國充滿了不安與受挫的怒氣，《潘趣》預測法國在萬國博覽會閉幕後會馬上向英國宣戰，「因為法國被壓抑了太久，所以一定會鋌而走險」。同樣是一九〇〇年，德皇鼓勵前往北京討伐的德國軍隊要像匈人（Huns）一樣兇狠。在平定拳亂的過程中，德皇體驗到因為過於熱心推動軍火事業而造成的種種不便。當他得知德國砲艦被中國要塞裝備的最新式克虜伯火砲擊中十七發砲彈時，他憤怒地發電報給弗利茨．克虜伯（Fritz Krupp）：「這種事怎麼可以在我派軍隊去打黃色野獸，設法在這種艱困狀況中賺錢的時候發生。」

金錢與龐大是這個時期的主流。一九〇〇年，摩根收購卡內基鋼鐵公司，與洛克斐勒（Rockefeller）和其他一百家公司共同組成大型企業集團美國鋼鐵公司，這是世界上第一個總資產達到十億美元的控股公司。比利時國王利奧波德是歐洲的摩根，光是比利時仍無法滿足這位建立者的野心，利奧波德在剛果創建了一個專門賺錢的帝國，他的賺錢方法讓忙著殺害波耳人與菲律賓人的英、美兩國也感到不齒。據說，「掌控整個歐陸經濟命脈」的只有三百個人，而這三百個人還「彼此熟識」。

一九〇〇年，四十四歲的奧斯卡．王爾德像座臃腫的廢墟一樣在巴黎死去，而五十五歲陷入瘋狂的尼采則在威瑪（Weimar）去世。葉慈寫道：「到了一九〇〇年，每個人都不再自以為是，因此沒有人發瘋，沒有人自殺，沒有人加入天主教會，如果有，我大概也忘了。維多利亞主義煙消雲散。」有些人表示歡迎，有些人感到惋惜，但消散的事實千真萬確。而彷彿要為維多利亞主義標記出終點似的，維多利亞女王自己也不可思議地於此時撒手人寰。

一九〇〇年傳達出來的力量感與能量感，推動整個世界往前狂奔。亨利．亞當斯感受到這股趨勢，因此提出歷史的「加速法則」。他覺得這種感覺就像在香榭麗舍大道（Champs Elysées）開車不可能不發生車禍，或者是站在官員附近不可能不碰上炸彈一樣。「只要進步的速度一直維持著，那麼這些炸彈的威力與數量將會每十年增加一倍……力量從每個原子一躍而出……人類再也無法駕馭它。相反地，這股力量會抓住人類的手腕，任意地拋擲，人類彷彿緊緊抓住一個活蹦亂跳的傢伙或一輛揚長而去的汽車。」

亞當斯的比喻相當貼切，因為汽車是二十世紀影響未來社會變遷的兩個最重要的因素之一；另一個是人類的潛意識。雖然當時人們還未能認識到潛意識的各種可能，但一九〇〇年一名維也納醫生西格蒙德．佛洛伊德（Sigmund Freud）發表的作品《夢的解析》（*The Interpretation of Dreams*）已經開始有系統地說明潛意識。《夢的解析》在當時幾乎未受到注意，而且前後花了八年的時間才賣出六百本，但潛意識一詞的出現卻成了明確表示維多利亞主義已經死亡的信號。

一九〇〇年，萬國博覽會在巴黎市中心占地二百七十七英畝的會場舉行，從四月到十一月，博覽會向來訪的五千萬名遊客展示新世紀的能量。法國人為了讓這次博覽會的建築物能與上次博覽會完成的艾菲爾鐵塔（Eiffel Tower）媲美，因此以相同的拚勁興建了亞歷山大三世橋（Pont Alexandre III），這座工程學與美學的新奇蹟，只使用低垂而優雅的單一拱形就橫跨了塞納河。亞歷山大三世橋被譽為「舉世無雙」，而在塞納河右岸則新建了兩棟常設展覽館，分別是大皇宮與小皇宮（Grand and Petit Palais），人們一致認為這兩座建築物「不僅適合展出而且宏偉華麗」。協和廣場（Place de la Concorde）上的紀念門（Porte Monumentale）得到的評價則不是那麼正面，一名觀察者表示，這座建築物使用的似乎是木板條、灰泥、碎玻璃、油灰、老舊的蕾絲窗簾與膠水一類的建材。矗立在紀念碑門頂端的不是傳統的進步女神像或啟蒙女神像，而是一個身穿晚禮服的巴黎女人灰泥塑像，只見她張開雙臂歡迎來自世界各地的遊客。雖然有些人覺得紀念碑門代表了歡愉與時髦，但一般大眾看到這座建築物卻普遍搖頭嘆息，他們認為紀念碑門正是新世紀新庸俗的縮影。夜裡，五顏六色的電燈照著高聳的電動噴泉；新蓋好的地下鐵及時通車營運；位於萬塞訥（Vincennes）的博覽會附屬會場也鋪設了汽車測試道與賽車道。在博覽會的所有奇觀中，民眾最喜愛的是電動步道，這是環繞會場的雙重自動步道，步道分成兩半，其中一半的移動速度是另外一半的兩倍快。在臨時展場中，建築師為了引人注目而完成的成果，看在某些人眼裡可能是令人興奮且具有原創性的作品，但在另一些人眼中則可能是「充滿放蕩意味的粉飾灰泥」。在機械宮、電宮、土木運輸宮、礦冶宮、化工紡織宮展出的工業產品，顯示了過去十年的非凡進步。

在各國展覽館中，最受歡迎的是俄國館，這座充滿異國情調的拜占庭宮殿，其展覽主題是西伯利亞鐵路，遊客可以坐在奢華的火車車廂裡，飽覽移動的全景景觀。維也納館是新藝術運動（*Art Nouveau*）的幻想作品，陽臺以鏤空的方式呈現捲曲的蔓藤，陶器與家具上雕刻著新風格的蜿蜒線條。美國館展出的物品數量最多，但德國館的展出最壯觀，在品質與安排上明顯更加優秀。德國顯示出想超越其他所有展覽者的強烈意志。德國館的發電機是最大的，尖塔是最高的，探照燈是最亮的，餐廳是最昂貴的。據說德皇親自下令使用最好的瓷器與銀器，最精緻的玻璃餐具，最奢華的服務，如一名遊客所言，這樣才能讓用餐的客人感受到真正的「威廉二世」風格。

在博覽會中，最大的兩個單一展覽是施耐德—克魯梭的長程火砲與維克斯—馬克沁兇猛的速射機槍。觀眾凝視這些武器，心裡產生了嚴肅的想法。特別是一名英國通訊記者，他在觀看這些武器之後，對於博覽會揭櫫的新時代的真正意義進行了哲學思索。他認為，施耐德的大型火砲對巴黎博覽會展示的花花世界構成威脅，而且顯示戰爭的進行已經從競技層面轉變為科學層面，現代武器的製造完全仰賴人類的智巧才得以成功。他寫道，如果能有一段短暫平靜的時刻，那麼與和平有關的技藝很可能會復興，「但此時的巴黎萬國博覽會告訴我們，現代世界的勝利完全屬於力學」。

力學的勝利仍在繼續。一九〇〇年，馬克斯．普朗克（Max Planck）打破牛頓古典物理學的鏈結，建立了量子力學。一九〇五年，愛因斯坦（Albert Einstein）在瑞士蘇黎世大學提出相對論而取得博士學位。一九〇一年，大西洋兩岸開始有無線電報連通，戴姆勒（Daimler）用汽車取代無馬馬車。一九〇三年，裝上發動機的可駕駛飛行機器成功在小鷹鎮（Kitty Hawk）上空飛翔。不過，每個時代都存在著不同的聲音。科學與力學幾乎每天都創造出新的奇蹟，對亨利．亞當斯來說，這是一種威脅，對另一些人來說，卻表示社會正義即將取得進展。維也納的年輕知識分子史蒂芬·褚威格認為：「在幾十年內，我們將可看到邪惡與暴力的最後遺跡被徹底消除。」

一九〇〇年，德國海軍法迫使英國加快放棄光榮孤立的傳統。該法規定要在未來二十年建造十九艘新戰艦與二十三艘巡洋艦，德國挑戰英國海上霸權（這是英國存在的根本）的意圖可謂昭然若揭。德國的舉動使英國深信自己需要盟友。一九〇一年，海約翰—龐斯福特條約為英、美友好關係建立基礎。一九〇二年，英國正式與日本結盟，結束英國自立自強的光榮孤立傳統。一九〇三年，新任英國國王愛德華七世前往巴黎進行國是訪問，他的得體與沉著為英、法和解建立基礎。一九〇四年的英法協約（Anglo-Franch Entente）是英國新政策的巔峰，兩國揚棄舊日的爭端，建立新的友好關係，並且從根本上確立歐洲的均勢。

在此同時，英國為了因應世界的新挑戰，開始重新調整軍力。英國陸軍在實際作戰中已經顯現出過時而不夠現代的缺點，英國首相貝爾福於是設立帝國國防委員會來擬定戰略並且重新組織與現代化武裝力量。貝爾福任命約翰·費雪爵士擔任帝國國防委員會三名委員的其中一員，他原本想在阿克頓勳爵（Lord Acton）死後任命馬漢上校擔任劍橋大學近代史欽定講座教授，但遭到愛德華國王反對，國王的理由是英國有的是歷史學家。貝爾福平日的行為總讓人感到高深莫測，但他對這兩名曾經參加海牙會議的強硬派成員的欣賞，或多或少顯示出他自身的立場。一九〇四年，貝爾福任命費雪擔任第一海軍大臣。這位海軍的新長官心中已經有了宏大的計畫。

同年，俄國與日本開戰，但不久就打了一連串敗仗，陷入戰爭泥淖。先是一九〇五年一月俄軍於旅順港投降，之後三月俄軍又在瀋陽遭遇敗績，這場敗仗雖然不具決定性，卻極為屈辱。三個星期後，摩洛哥危機為歐洲敲響了警鐘。

英法協約承認摩洛哥屬於法國的勢力範圍，此舉惹惱了德國。現在俄國無法援助法國，比洛與霍爾斯坦決心進行一場力量測試，他們相信這麼做必能暴露出英法協約的弱點。一九〇五年三月三十一日，儘管可能引發緊張，但德皇依然出人意表地訪問丹吉爾（Tangier），這項舉動看在各國眼裡無疑是一種挑釁。在衝擊影響下，整個歐洲為之震動，德國的意圖也明確暴露在各國面前。德皇的舉動讓德國從克留格爾電報以來的一切行為獲得完整的解釋，德國的鄰邦因此深信德國終將發動戰爭，各國為此必須進行比協約更為明確的準備。「捲起這幅歐洲地圖吧，」這是九十九年前拿破崙贏得奧斯特利茨戰役時皮特在絕望中說的話。但這回英國秉持不同的精神，反而攤開了歐洲地圖。英國與法國進行軍事對話，提供盟國軍火，而且在滑鐵盧戰役後首次決定派遠征軍前往歐陸協助特定的盟友對抗特定的敵人。

一九〇五年五月，俄國波羅的海艦隊在對馬海峽發生的這場世界史上現代主力艦首次在公海正面對決的海戰中遭遇致命挫敗。雖然俄國艦隊遭到殲滅，但海戰的失敗卻未能結束戰爭，這證明了布洛赫的主張，儘管當時幾乎沒有人了解這點。布洛赫認為現代戰爭是國家總體資源的戰爭，因此戰場上的勝利不再具有決定性。日本的勝利震驚了舊世界，也警醒了新世界。對馬海戰後過了三個月，一九〇五年七月，美國總統主動要求為日、俄調停，他這麼做與其說是為了解救俄國人，不如說是制止日本人，他認為日本人已經獲得過多的戰果。日、俄同意調停，並且派代表前往新罕布夏州（New Hampshie）樸茨茅斯（Portsmouth）。八月，兩國在美國總統主持下協商和平條約。這是西方歷史的一個重要時刻。因為要麥金利、克里夫蘭或哈里森扮演調停人的角色是不可想像的，但此時的美國已經成為新的強權，而掌權的又是新的強人總統，調停就這樣水到渠成地發生了。

「西奧多！雖然他有許多缺點……」這是紐約《太陽報》在前一年總統大選中針對自己屬意的總統發表的一句社論。當時的總統候選人，也就是現在的美國總統，正生氣勃勃地主掌一個繁榮興盛的國家。美西戰爭刺激了產業景氣，一八九〇年代的經濟衰退、失業與嚴重勞工問題逐漸減緩，麥金利—布萊恩的總統選戰造成的苦澀階級情緒也因為「滿滿的飯盒」而平靜下來。進步派人士成為新左派，而他們同時也是擴張主義者，相信美國正走向「康莊大道」。領導美國前進的羅斯福總統解決了煤礦工人罷工、「取得」巴拿馬、開始開鑿運河、挑戰托拉斯、用「扒糞者」來稱呼窮追不捨的記者、威嚇沙皇遠離委內瑞拉，而當摩洛哥盜匪綁架一名據稱是美國公民的民眾時，羅斯福派美國艦隊前去營救，而且喊出響亮的要求（出自海約翰之口）：「佩迪卡里斯（Perdicaris）如果沒活著，那麼萊蘇里（Raisuli）就只有死路一條！」

羅斯福的朋友法國大使朱爾・朱瑟朗（Jule Jusserand）表示：「總統總是精神抖擻、興高采烈。」他的精神能量就像間歇泉一樣強大，但他也有著一般人的缺點。羅斯福的司法部長菲蘭德・諾克斯（Philander Knox）相當欣賞總統忽視他的建議的方式，他曾說：「總統先生，為什麼要讓這麼好的行動在合法性上出現瑕疵呢？」哈佛大學校長艾略特不欣賞羅斯福，不過當羅斯福於一九〇五年返回他已經畢業二十五年的母校探視時，艾略特還是覺得自己必須邀請他到家中住宿。羅斯福抵達之後，汗流浹背的他需要梳洗，他於是脫掉外套，然後把外套捲一捲扔到臥房的另一邊，但因為用力過猛把床上的枕頭打落到地板上。羅斯福從口袋裡掏出一把大手槍，然後丟在梳妝檯抽屜裡再猛地關上。洗完澡後，「羅斯福衝下樓，彷彿不這麼做就會沒命似的，」而當艾略特問他，「你要跟我一起吃早餐嗎？」羅斯福回道：「不了，我已經跟勞倫斯主教約好吃早餐，喔，天啊！」他用右手打了一下自己的大腿，「我忘了拿槍！」美國總統找到槍後，隨即衝出屋子去見主教，哈佛校長嚇了一跳，因為麻州法律禁止攜帶槍枝，他喃喃自語地說：「無法無天，真是無法無天。」

或許手槍代表的不是目無法紀，而是當時流行的信條：生命是一場戰鬥。關於這點，體會最深刻的莫過於羅斯福自己。羅斯福對於托爾斯泰「人類永遠都不應該發動戰爭的愚蠢理論」嗤之以鼻，他相信「一個無法在真正的戰爭中保衛自己的國家，最終將失去一切」。和平主義者把文明的進步等同於「戰鬥精神的衰微」，羅斯福對此感到憤怒，他認為戰鬥精神的衰微只會讓落後的國家消滅先進的國家。羅斯福把渴望和平與膽怯懦弱混為一談，耐人尋味的是，他似乎喜歡談論這個話題：「我討厭愛德華・埃弗瑞特・哈爾（Edward Everett Hale）這種人，也討厭《紐約晚郵報》與《國家》這類報刊，對他們而言，人類絕對不喜歡危險與艱困，因此他們總是歇斯底里地抨擊與恐懼戰爭。」羅斯福對於自己環顧四周所看到的一切感到哀嘆，「人們的性格普遍軟弱、自私與追求奢華，只想放鬆標準」，特別是「充斥著反帝國主義精神」。每當有人提到羅斯福的名字，德皇都會說，「我們是同一種人」。

沒有任何總統比羅斯福更敏銳地意識到自己的公共關係。一九〇二年，德斯圖內勒男爵懇求羅斯福出手協助，讓仲裁法院能開始運作，羅斯福聆聽他的請求。「你會是世界的危險還是世界的希望，完全取決於你是支持侵略還是支持仲裁。」德斯圖內勒表示：「世人認為你傾向於支持暴力。請你證明事實並非如此。」

「我該怎麼做？」總統問道。

「讓海牙法院開始運作。」羅斯福立刻指示國務卿海約翰找出案子提交仲裁，海約翰也盡責地找到美國與墨西哥之間關於教會財產的一樁陳年舊案，這件案子便成了啟動仲裁法院的第一件案子。在海牙會議期間，海約翰擔任美國的國務卿，他傾向於支持仲裁，而且想為仲裁法院樹立威望，於是他決定將委內瑞拉的債務爭議提交仲裁法院審理。海約翰擔心總統可能會接受德國的提議，由德國單獨調停這起爭端，海約翰於是在房間裡一邊來回踱步一邊叫嚷著：「我都安排好了，我都安排好了。只要泰迪（Teddy）在明天中午之前不做任何回應就行了！」他的目標終於順利達成，仲裁法院又接到一件重要案子。

個別國家之間的仲裁條約緩慢取得進展。一九〇四年，英、法加入協約，兩國同意簽訂仲裁條約，一九〇五年，挪威與瑞典也簽訂仲裁條約，挪威不發一槍就取得獨立地位，這起事件受到世人的讚揚，認為這證明了人類可以不斷取得進步。當時還有兩起國際爭端也送到仲裁法院，一件是俄國與英國的多格灘事件（Dogger Bank affair），另一件是委內瑞拉債務爭議，充分證明仲裁法院是保留顏面與安撫輿論的重要手段。海牙和平會議的理念似乎正在成長茁壯。

一九〇四年夏，各國議會同盟在聖路易斯萬國博覽會（St. Louis Fair）所在地召開大會，會中通過決議，要求美國總統舉行第二次和平會議，討論海牙和平會議延宕未決的問題，並且進一步將仲裁法院擴大為常設國際法院。在白宮，羅斯福親自收下決議文，他也接見了馮・蘇特納男爵夫人，馮・蘇特納私底下與他交談，談到了「我個人非常重視的話題」。她覺得羅斯福友善、誠懇，而且「充分認識到討論的話題的重要性」。馮・蘇特納在日記裡寫道，羅斯福對她說：「世界和平即將到來，它必將到來，但必須一步一步來。」以當時的局勢來看，這句話幾乎不可能實現，但真心信仰和平的人總會聽到自己想聽到的東西。

羅斯福發覺在世界舞臺上扮演重要角色確實深具吸引力，他也認為與沙皇相比，自己可以成為稱職的和平會議召集者。於是，一九〇四年十月二十一日，海約翰指示美國駐外使節向各國政府提議，再度在海牙召開會議。他表示，雖然第二次會議跟第一次會議一樣，在召開期間同樣有戰爭正在進行，但不需要解讀成不好的預兆。

各國紛紛同意，但條件是和平會議必須在日俄戰爭結束後才能召開。然而，日俄戰爭一結束，摩洛哥危機隨即爆發。羅斯福總統再次扮演決定性的角色並且運用自己的影響力，這一次，他私下說服德皇同意針對摩洛哥問題召開一場國際會議。一九〇六年一月，會議在阿爾赫西拉斯（Algeciras）召開，美國也參與這次會議，但結果卻令德國感到困窘，使德國更傾向於採取戰爭手段。國際緊張關係並未因此舒緩。

在阿爾赫西拉斯會議前三個月，一九〇五年十月，英國無畏號（H.M.S. Dreadnought），同時也是無畏級的第一艘戰艦，安放龍骨。無畏號的艦砲與裝甲分別由不同的軍火公司製造，準備在不為人知的狀況下以史無前例的速度進行建造，僅僅一年又一天後，無畏號就建造完成，並且取得了最大的軍事優勢——令對手大吃一驚。在費雪設計下，無畏號的龐大、快速與火力都是戰艦中前所未有的。排水量一萬八千噸，配備十門十二英寸主砲，動力採用新型蒸汽渦輪引擎，無畏號的出現使現有的各國艦隊（包括德國）都成了過時之物，也證明英國擁有自信與能力改造自身的艦隊。德國現在不僅要將自己的船艦提升到與英國相同的水準，還要疏濬港口與拓寬基爾運河。

與克里蒙梭一樣，在費雪心中，敵人只有一個。一九〇四年，費雪半開玩笑地表示，德國海軍艦隊必須「哥本哈根化」，亦即必須以突襲轟炸的方式加以殲滅，愛德華國王聽了震驚地回道：「我的天啊，費雪，你一定是瘋了！」同年，德皇在基爾的公開發言讓比洛感到不悅，他把德國海軍的建立歸因於自己幼年時對英國艦隊的崇拜，他曾在「慈祥的阿姨與友善的海軍將領」陪同下造訪英國艦隊。比洛斥責說，因為這種情感上的理由，就要人民支付數百萬稅金來進行這類國家發展，恐怕無法鼓勵帝國議會通過預算。「啊，那個該死的帝國議會！」德皇回了這麼一句。

在此同時，海牙和平會議的邀請函再度由沙皇而非由羅斯福發出，因為沙皇覺得有挽回顏面的必要，他不想讓美國這個暴發戶搶盡鋒頭。一九〇五年九月，日俄戰爭剛結束，沙皇便向華府暗示希望由他來召開和平會議。羅斯福從善如流，將召開的權利讓給沙皇。他覺得樸茨茅斯條約能夠簽訂已經是很大的成果，而在幾個月後，他也將因此獲頒諾貝爾和平獎。羅斯福在寫給新任國務卿埃利胡．魯特*的信上說道：「我尤其『不』想成為像戈德金或舒爾茨這類和平支持者。」羅斯福的退讓令和平支持者感到不滿，其中一名和平主義者表示，俄國「不在文明的貨運列車上」。而這一點可以從一九〇五年俄國爆發革命清楚看出。沙皇在危機下不得不同意立憲與設立國會，然而令外國自由派人士震驚的是，沙皇一旦重新控制局面，便立即撕毀承諾解散國會。

整個局勢看起來不利於和平會議的召開，但此時出現了一個激勵人心的發展，那就是英國的政府輪替，傳統上傾向於和平的自由黨上臺。新任首相亨利．坎貝爾—班納曼爵士，一般都稱他C.-B.，他出身蘇格蘭富商家庭，性格謹慎可靠，留著短髮，曾因為批評英國在波耳戰爭期間設立集中營是一種「野蠻行為」，而受到朝野一致的憎惡。儘管如此，愛德華國王還是不得不試著熟悉這個人，而如同兩人共同認識的朋友所言，坎貝爾—班納曼是個「坦率、溫和、聰明而且充滿幽默感」的人，任何與他相處過的人都不可能不喜歡他。愛德華欣賞坎貝爾—班納曼的機智、得體與處事圓滑，這兩位紳士有許多共同的喜好，兩人很快就發現彼此意氣相投。他們每年都到瑪麗安巴德做水療，兩人都喜愛法國，而且都與加利費侯爵有特殊交情。坎貝爾—班納曼雖然是自由黨員，但讓國王驚訝的是，他「對於外交政治也頗為了解」。他的法語比任何英國人都要流利，他喜歡到巴黎購物、吃法國菜與閱讀法國文學，安那托爾．佛朗士是他喜愛的法國作家之一。

* 海約翰於一九〇五年七月去世。——作者註

身為老派的自由黨員，坎貝爾─班納曼自然傾向於限武*，在擔任首相的第一次公開演說中，他略嫌輕率地要求自由黨在即將來臨的和平會議上努力推動限武，完全沒注意到沙皇此次的邀請函與一八九八年不同，沙皇刻意忽略了限武這件事。儘管如此，坎貝爾─班納曼還是繼續推動限武，此外也主張仲裁法院應常設化。坎貝爾─班納曼問道：「除了擔任和平同盟的領袖，英國還有什麼更高貴的角色可以爭取？」這個觀點已經有點超出他的內閣中幾個強硬派分子所能容忍的限度，這些人包括阿斯奎斯、霍爾登（Haldane）與格雷，他們身為自由黨內的帝國主義分子，並不像坎貝爾─班納曼那樣支持和平。坎貝爾─班納曼雖然已經七十歲，卻出乎意料地強悍，他粉碎了強硬派將他送進上議院好讓阿斯奎斯成為下議院領袖的企圖。坎貝爾─班納曼討厭這些強硬派分子，而且對於自己的勝利感到高興。

不久，成為執政者必須面臨的兩難局面也糾纏上了坎貝爾─班納曼的政府。自由黨長年批評保守黨是戰爭販子，等到他們執政之後，突然發現自己必須為英國的安全負責。自由黨雖然在選舉中誓言削減陸海軍支出，然而一旦在大選中獲勝順利執政，自由黨便不急著停止保守黨啟動的軍事現代化過程。坎貝爾─班納曼稱帝國國防委員會的三個委員費雪、埃舍爾勳爵與喬治．克拉克爵士（Sir George Clark）──大概是依照這個順序──是可惡的、跋扈的與專橫的，然而他卻承襲了他們所有的計畫，包括無畏級的造艦計畫。戰爭大臣霍爾登砍掉了三百萬英鎊的陸軍預算，但在此同時，透過全面的改革，為陸軍取得了更有效率的作戰武器，這與費雪先前在海軍進行的改革並無不同。霍爾登設立了總參謀部，而且建立了後備部隊，稱為國土防衛部隊（Territorials）。公學與大學組織軍官訓練團，由政府提供武器、軍火與指導員。青年的反應相當踴躍。響亮的軍號與刺耳的橫笛有著神奇的吸引力，不過年輕人主要還是衝著軍官課程而來。國土防衛部隊招募的下層士兵在開始的前幾年人數反而是縮減的。

無畏號於一九〇六年服役，對自由黨來說，這是一項五味雜陳的成果，而費雪也要求在一九〇七年建造另外三艘無畏級戰艦。他威脅如果這項要求遭到拒絕，他會辭職，而且將偕同海軍部委員會（Board of Admiralty）另外三名成員一起離職。自由黨陷入痛苦的兩難局面，但並非沒有解決之道。自由黨政府堅稱海軍是防衛性的（如果海軍必須執行海上封鎖的任務來看，這麼說是有疑問的），因此同意讓費雪繼續建造無畏級戰艦，同時也安撫了自由黨的良心。

跟上次一樣，各國一方面覺得自己有義務前往海牙開會，另一方面卻不希望會議達成任何成果。整個一九〇六年到一九〇七年上半年，各國不斷推遲這場令它們不適的會議的開會時間，同時也提出各種雜亂無章的討論議程。一九〇六年四月傳出俄國計畫以仲裁與戰爭法為討論主題，而且依然絕口不提限武。俄國剛走出對外戰爭失敗與國內革命的陰影，因此關心的是增加軍備而非縮減軍備，而俄國召開會議的主要目的其實只是想從美國手中取回主導權。對俄國外交大臣伊茲沃爾斯基來說，限武是「猶太

---

* 限武（limitation of armaments）才是和平會議的主題，而非裁軍（disarmament），但disarmament這個單字念起來比較不拗口，因此成為當時的一般用語，本書也依照當時的用法，使用disarmament這個字。——作者註

人、社會主義者與歇斯底里的女人的狂熱追求」。然而，在英國自由黨上臺後，限武就成了難以迴避的問題。把一八九九年捨棄的限武重新放入議程之中，如同強行架起一具死屍，但不放入議程，又等於承認會議沒有成功的可能，而且將引來大眾的指責。一九〇六年四月，在各國議會同盟大會上，坎貝爾—班納曼敦促與會代表「以人道為名」對自己的政府施壓，使其能認真帶著削減陸海軍預算的意圖到海牙開會。但這場大會開得並不如意，開幕當天，當代表們聚集在一起為剛成立的俄國國會自豪的議員們慶祝時，突然傳來沙皇解散杜馬的消息。要在大會上發表歡迎演說的坎貝爾—班納曼對此事感到震驚，他因此發言挑戰俄國的決定，「杜馬終究會以某種形式再次恢復。我們可以坦白地說，『杜馬已經死了；杜馬萬歲！』」坎貝爾—班納曼的直言招來了俄國官方的抗議。

對於限武，德皇明確表示，如果真的把限武列入討論，那麼他的代表將會退出會議，而他「衷心希望這件事不會發生」。德皇已經因為在阿爾赫西拉斯採取退讓而非對抗的態度而在國內遭受好戰的泛德意志同盟與擁護皇太子的人士批評，德國外交人員也向各國大使暗示，如果德國被迫同意和平會議通過的任何形式的限武，德皇甚至可能遭到罷黜。為了維繫皇室關係，英王愛德華必須定期訪問德國，但兩人的會面通常是不歡而散，然而這一次這對甥舅在討論即將到來的和平會議時，卻出現難得的融洽，或許因為兩人在這件事上的立場相近。德皇在給羅斯福的信上寫道，英王「完全不同意」這場會議，「他還主動告訴我，他覺得這場會議是個『騙局』」。愛德華國王自己的報告顯示，他曾說和平會議毫無用處，因為實際上沒有人會理會會議決定，而且更危險的是，會議反而會帶來更多摩擦而非和諧。

對羅斯福來說，當前的德國顯然「充滿警覺心與侵略性，擁有強大的軍隊與工業力量……輕視海牙會議與海牙會議所有的理念」。羅斯福擔心英國自由黨政府會「被情緒影響而在海牙會議上走極端」。他對英國新任駐美武官同時也是英王親戚的格萊興伯爵（Count Gleichen）提到，他希望霍爾登與格雷不會「感情用事」。他擔心他們可能「會被自己的黨影響而朝限武的方向進行……但別讓他們這麼做」。羅斯福清楚向格萊興表示，他認為限武應該針對戰艦的大小而非海軍預算。羅斯福完全沒察覺到，相較於樸茨茅斯造船廠裡興建中的龐大戰艦，他提出的戰艦排水量上限一萬五千噸顯然已經過時，但他仍舊解釋，他希望維持目前英國、歐洲與日本海軍之間的戰艦比例。格萊興把羅斯福的訊息傳達給英王，而且提到自己在羅斯福位於牡蠣灣（Oyster Bay）家中與羅斯福共進午餐時，發現羅斯福的生活「極度粗劣」，只有兩名黑人僕人服侍，當他抵達火車站時也沒人迎接，所有的安排都極為粗糙。

一旦英國無畏號戰艦開始服役，美國海軍也不能落於人後，一九〇七年一月，在羅斯福要求下，國會授權建造兩艘新級別的戰艦。羅斯福在寫給哈佛大學校長艾略特的信中表示，「要維持和平」，海軍「比所有和平協會都要有效得多」，而巴拿馬運河要比海牙會議來得重要。在談到海牙會議時，羅斯福提到，「我最大的麻煩來自那些不可思議的和平空想家，他們總是瘋狂地追求不可能的事。」

其中一位就是安德魯・卡內基，他的鋼鐵公司的產量占全美四分之一，約略等於英國全年產量，他於一九〇〇年將公司賣給摩根，取得了二億五千萬美元的債券。卡內基不像諾貝爾那麼靦腆，他在世的時候就已經將事業的獲利投入於改善人類的福祉。除了提供圖書館讓人類變得更加睿智，卡內基也希望讓人類變得更加和平，於是在安德魯・懷特建議下，他捐贈一棟大樓給海牙仲裁法院。

卡內基現在頻繁奔走於白宮與白廳之間，努力倡議和平會議，但羅斯福在英國拒絕考慮他提出的限制戰艦規模的提案後，已對會議失去興趣。羅斯福一方面向各國高層提出對方想聽到的觀點，另一方面卻避免做出任何承諾。他寫信給德皇與英王時，總是輕鬆地稱呼對方「我親愛的威廉皇帝」與「我親愛的愛德華國王」。

此時，除了英國首相坎貝爾—班納曼與美國國務卿魯特，幾乎已經沒有任何國家的官員願意討論限武問題。魯特認為就算討論不出結果，也應該對限武問題進行討論，他表示，總是要經歷失敗才能產生結果：「失敗為成功之母。」坎貝爾—班納曼也覺得各國應該繼續嘗試。坎貝爾—班納曼沒有子女，他最親近的伴侶，也就是他的妻子，最近才剛去世，而他自己的壽命也僅剩一年，但他依然努力不懈。一九〇七年三月，身為首相，坎貝爾—班納曼相當不尋常地撰文評論當前的政治問題。文章標題是〈海牙會議與限武〉("The Hague Conference and the Limitation of Armaments")，該文發表於剛在倫敦創刊的自由派週刊《國家》的創刊號上。坎貝爾—班納曼寫道，第一次和平會議以來，雖然軍備與戰爭的引擎持續擴增，但和平運動也同樣成長，現在已變得「史無前例的強大與更加團結合作」。他認為，如同仲裁一樣，我們也該給限武一次機會，使其能獲得進展，尤其限武現在已經取得「一八九八年無法想像的道德權威」。他指出，英國已經縮減陸海軍支出（如果不把建造無畏級戰艦的計畫涵蓋在內的話，那麼確實是如此），如果其他國家能夠跟進，那麼英國還願意縮減更多。不可否認，這麼做並不會影響英國海軍至高無上的地位，因為限武只是維持現狀，但首相堅持一項論點，那就是英國海軍決不會挑戰任何國家或任何一群國家。坎貝爾—班納曼的論點試圖在良知的礁岩與政治現實的淺灘間找到一條狹窄的出路，然而沒有人樂於接受這個看法。德國人認為這充分證明英國與法國、俄國合謀，要在德國的戰艦性能趕上英國無畏號戰艦之前，在海牙會議中限制德國的軍備發展。比洛在帝國議會公開宣示，德國將拒絕在海牙會議討論限武議題。對愛德華國王來說，首相支持限武，就跟首相過去支持女性參政權一樣，兩者都令他感到憤怒。「我想他下星期就會支持英法海底隧道法案了！」英王嫌惡地說，但坎貝爾—班納曼毫不在乎。

外交大臣愛德華・格雷爵士公開表示，他隨時可以在海牙會議上討論限制預算的問題。霍爾登認真對美國外交官亨利・懷特談到縮減軍備的必要，而且在一九〇六年前往德國摸索雙方達成協議的可能。但在這些會談背後，存在著嚴酷的事實，無論是英國還是其他國家，都不願意對自己增添軍購加諸限制。唯一提到軍火製造商角色的是義大利國王，他認為限武將招致軍火商的「強烈反對」，而且他很確定德皇絕對不可能同意「剪掉克虜伯的翅膀」。當德・馬騰斯教授代表俄國，像已經過世的穆拉維約夫一樣，訪問各國首都彙整各方意見時，美國駐柏林大使對此下了直截了當的結論：「德・馬騰斯不相信，其他人也不相信……下一次海牙會議有任何可能朝實質縮減軍備更進一步。」

這些都是外交人員私底下的對話，但限武可不能在民眾面前這麼粗魯地被搪塞過去，至少在英國與美國是如此。廣大、沉默、不為人知且被動的群眾並不構成問題。畢竟，有誰會知道群眾當中存在著什麼意見呢？群眾的意見往往隨著環境的風向而形成，尤其戰爭的叫囂比和平更容易影響群眾。然而，具有思考能力的民眾發表的意見——特別是和平運動的支持者——卻會因為限武議題被排除於海牙議程之外而感到憤慨。和平會議（Peace Congresses）每年召開一次，一九〇一年在格拉斯哥（Glasgow），一九〇二年在摩納哥（Monaco），一九〇三年在盧昂（Rouen）與勒阿弗爾，一九〇四年在波士頓，一九〇五年在琉森（Lucerne），一九〇六年在米蘭，通過的決議文要求各國政府必須努力在限武上達成共識。一九〇五年獲頒諾貝爾和平獎的馮．蘇特納男爵夫人，以及她在和平協會與每年在美國莫洪克湖（Lake Mohonk）開會的同仁們，對於各國不願討論限武議題極為不滿。一九〇七年，珍．亞當斯出版了《最近的和平理想》（*Newer Ideals of Peace*），這本書讓羅斯福感到不悅，同時也為和平運動增添強有力的聲音。

卡內基利用坎貝爾－班納曼提出的和平同盟（League of Peace）理念——或者是國際聯盟（League of Nations），卡內基有時會用這個詞彙來稱呼和平同盟——認為德皇是建立和平同盟的最佳人選，「我覺得他是世界上那位該為戰爭負責的人」。喜愛百萬富翁的德皇曾經數次邀請卡內基到德國訪問，卡內基決定前去說服德皇，讓他了解自己的職責所在。在出發前，卡內基寫信給德皇，說明德皇如何能為自己贏得「和平締造者」這個歷史美名，此外又寫了一封說明信給美國駐德大使：「德皇與我們的總統如果願意一起為和平努力的話，他們可以組成一個團隊。」一九〇七年六月，卡內基抵達德國。在基爾，他兩度與德皇共進晚餐，還有一次是與另外一名聆聽者，而會面的結果竟與斯蒂德與沙皇、馮．蘇特納男爵夫人與羅斯福的會面有異曲同工之妙。卡內基覺得德皇是個「很好的人，開朗，風趣，臉上掛著甜美的微笑。我覺得他是可以信任的人，他應該會為和平而努力……他非常有魅力，非常，我想每個人都會忍不住喜歡他」。甜美的微笑一離開視線，卡內基這才想起此行的任務，他隨即寫信給德皇，希望他能在海牙會議中做出偉大的宣示，讓世人相信他才是真正的「和平使徒」。

這種形式的話語與行為是和平支持者常見的弱點，他們的宣傳即使對民眾產生效果，也只帶有自欺

圖十八　貝爾塔・馮・蘇特納男爵夫人，Carl Pietzner攝，1906年

欺人的性質。在此同時，政治領袖只告訴民眾符合道德與良善的一面，卻避而不談嚴酷的現實。只有一個人試圖告訴民眾正視戰爭。已經晉升為海軍少將的馬漢，依然持續發表文章談論自由行使戰鬥力量的必要性，特別是在和平會議召開之前，有人再度提出海上私人船隻應擁有豁免捕獲的權利，他認為這種主張十分危險。馬漢表示，軍事職能不應該受到不懂軍事的非軍事人員的觀點影響。他在國外進行訪問之後，便憂心忡忡地寫信給羅斯福：「大多數國家的民眾都存有一種偏見，他們對戰爭問題的看法往往『輕率』且錯誤。」

正是這種偏見使民眾要求英國與美國政府支持把限武列入會議議程中。格雷與羅斯福都不認為限武討論可以得出任何實際成果，而在與各國大使討論時，兩人也解釋他們之所以必須堅持限武議題是「為了顧及輿論」。德國、奧國與俄國決心排除限武議題，因為他們擔心一旦進入討論，很可能讓他們陷入不利的處境。在經過幾個月複雜的外交協商之後，終於宣布會議議程不包括限武議題，而且各國也附加了各種保留權利，因此會議看起來似乎很可能因為其中某項條件不符就隨時破局。英國、美國與西班牙保留了把限武議題提交討論的權利；德國、奧國與俄國保留了提及限武時棄權或退出的權利；其他國家保留的權利則介於上述兩個集團之間。

在沉重壓力下，各國於一九〇七年六月十五日齊聚舉行會議。新世紀的第一個十年已經過了四分之三，而且已經出現三個重要特徵：快速增長的經濟，藝術上充滿活力與創造性，以及戰鼓頻催，「敲打的鼓聲宛如夢境的雜音」。有人對於鼓聲渾然不覺，即使是聽見鼓聲的人，也不見得對鼓聲感到害怕。根據德國海軍的傳統，軍官們會為「開戰日」舉杯慶賀。在拜魯特（Bayreuth）附近的一處水療聖地，一群德國大學生與年輕海軍軍官與一名英國觀光客成了朋友，他們「用最友善與最親切的方式與我討論兩國即將到來的衝突」。他們認為每個帝國都會有衰亡的一天。英國的衰弱是注定的，就像西班牙、荷蘭與法國一樣。能夠接替王座的，只有強大、睿智、高貴與具有天賦的國家，這個國家已經在十九世紀嶄露頭角，現在則「準備好要開創英雄事業」。德國不是唯一躍躍欲試的國家。日本與美國也展現出新興且具侵略性的力量，使歐洲深信這兩個國家未來將會發生衝突。加州排外法（California Exclusion Act）在日本引發軒然大波之後，美、日兩國開始相信彼此的衝突勢不可免。「整個趨勢是走向戰爭，」國務卿魯特寫道，「但不是現在，而是未來幾年。」

面對戰爭的可能，許多統治階級只是把它當成一項事實，內心毫無悲慘的感覺。蘭斯敦勳爵在上議院反對老人年金法案（Old Age Pensions Bill），認為成本就跟一場大戰一樣，把錢花在南非戰爭上還算是比較好的投資。「一場戰爭，儘管結果是可怕的，但無論如何都能提升國家的道德品格」，至於我們目前討論的法案，反而會讓國家道德淪喪。戰爭讓為工人階級發聲的人感到驚恐，但暴力本身卻不會。一九〇八年，喬治．索雷爾在《反思暴力》（*Reflections on Violence*）裡主張，無產階級為了階級戰爭的利益而訴諸暴力，是「美好的英雄事蹟」，也是讓世界脫離野蠻主義的文明行為。

與第一次相比，第二次和平會議的規模較大、時間較久、成果也較多，此外則大致相同。第二次會

議從六月開到十月，前後共四個月，第一次則是兩個月，第二次會議簽署了十三個公約，第一次則是三個。由於美國堅持讓拉丁美洲國家與會——歐洲各國對此相當不滿——第二次和平會議參與的國家因此達到四十四國，代表有二百五十六名，第一次則是二十六國與一百零八名代表。人數的龐大使會議必須在位於海牙市中心的荷蘭國會所在地騎士廳（Ridderzaal）召開，而非在擁有美麗公園的豪斯登堡。許多代表參與過第一次會議，但也有許多名人這次並未出席。法國的布儒瓦與比利時的貝爾納特再次擔任本國代表團團長，明斯特、龐斯福特與德・斯塔爾已經去世；安德魯・懷特未能出席；馬漢與費雪雖然沒有參加，仍十分關心這次會議。新任會議主席依然是俄國人，內里多夫（Nelidov）與前任主席一樣是個年老的外交官，他的聲音與舉止顯示他並不支持這場會議，而且他絕大多數時間身體欠安，因此把俄國代表團的指揮權交給了自命不凡的德・馬騰斯教授，偏偏德・馬騰斯自己罹患了痛風，因此大部分時間都待在房間裡休養。俄國代表團內部似乎出現意見不和的狀況，成員們分住在不同的旅館裡。

德斯圖內勒男爵，他在兩年後將與貝爾納特共同獲得諾貝爾和平獎，此時也再次代表法國出席，另外還有來自德國的措恩教授，不過此時的他看起來面黃肌瘦，相當憔悴。第一次出席會議的有義大利代表托尼耶里伯爵（Count Tornielli），法國總統盧貝在奧特伊遇襲那天，他的妻子就坐在法國總統旁邊，另外還有惡名昭彰的索維勒侯爵，他代表葡萄牙出席。索維勒侯爵是英王愛德華的密友，他在倫敦上流社會有「藍猴子」的稱號，據說「他跟所有最美麗的女子做過愛，而所有最好的男人都是他的朋友」。絕大多數的新面孔都是來自拉丁美洲「無懈可擊的一流人物」。

龐斯福特過去在會議裡的堅定形象受到大家的懷念。他在一九〇二年去世時，羅斯福將他的遺體送上巡洋艦，讓他死後能返回家鄉英國，羅斯福說：「我這麼做不是因為他是大使，而是因為這傢伙真的是一個非常好的人。」英國代表團團長的位子由一名法官接任，不過他並未獲得充分授權，愛德華．弗萊爵士（Sir Edward Fry）是個身材矮小而且不諳世事的貴格會信徒，他已經八十二歲，他甚至不諳世事到想將團長的權力交給另一名團員薩道義爵士（Sir Ernest Satow）。薩道義爵士是個經驗豐富的外交官，曾擔任駐北京公使，能說流利的法語，而弗萊則不會說法語。

掌控整個會議的是美國與德國代表團的團長：約瑟夫．霍吉斯．喬特（Joseph Hodges Choate），他已經七十五歲，下巴留著白鬍鬚，看起來宛如十九世紀的化身；馬夏爾．馮．畢伯斯坦男爵（Baron Marschall von Bieberstein），圓滑而且跟得上時代，雖然只比喬特年輕十歲，卻顯然屬於新時代的人物。喬特親切而精明，出了名的健談，他於一八九九年到一九〇五年擔任駐英大使，他也是個執業律師，曾於一八九五年在最高法院針對財產權做出精采的辯護，讓所得稅的徵收又延緩了十八年。他在斯塔克布里吉（Stockbridge）有一棟由斯坦福．懷特（Stanford White）設計的避暑別墅。喬特的銀白頭髮與散發光澤的絲質帽子，成了會議期間整個會場的地標。

馬夏爾男爵是德國駐君士坦丁堡大使，身材高大，相貌英挺，臉頰上有兩道在海德堡大學時代與人決鬥留下的傷疤，他總是擺出一副「聰明高傲的神情，彷彿輕視一切人類的愚蠢，令人不敢親近」。馬夏爾會下棋與彈琴，他栽種玫瑰，總是菸不離手，偶爾他會彈掉落在外套翻領上的菸灰，他的動作似乎表示他對世人關心的事物毫不在意。他輕視輿論，他說那都是報紙編出來的。政府如果無法控制報章雜誌，那麼這個政府就沒有資格享用民脂民膏。馬夏爾建議，控制報紙的最好方式，就是「當著對方的面，把門狠狠關上」。他對其他代表的看法也同樣直接：德．馬騰斯「不懂裝懂……腦袋完全不行」；巴西的巴巴羅薩（Barbarosa）「最無趣」；弗萊是個「完全缺乏現代生活經驗的慈祥老頭」；托尼耶里「高尚而溫和」；日本的都筑馨六是個「優秀」的人，曾留學德國，能說德文，「對天皇陛下無上景仰」；俄國軍事代表米榭爾松上校（Colonel Michelson）在演說中提到戰爭是可怕的，我們必須盡一切努力以仲裁來阻止戰爭，這種說法是錯誤的，如果這些話是出自馮．蘇特納男爵夫人之口還可理解，但一個上校說出這種話則是「醜聞」；在代表中，喬特是「最令人印象深刻的」，他有「過人的智慧，淵博的法律知識，與高超的政治能力」。

馬夏爾男爵也撼動了整場會議，在對限制埋設地雷的提案進行討論時，他提出警告，為戰爭行為立法是愚蠢的，在「事實法則」下，這些法律將毫無作用。從他的話引申的含意，引起了報章雜誌的熱烈評論，包括桂冠詩人阿爾弗雷德．奧斯汀寫給《泰晤士報》的一封信。奧斯汀因為過於生氣而詩不成句，他寫道，馬夏爾的話是德國未來將發動侵略的清楚警告，德國的所有鄰國，荷蘭、比利時、法國與奧匈帝國都必須留意。「預先獲得警告」的英國應該實行徵兵，奧斯汀在詩的末尾借用了前任桂冠詩人丁尼生的句子：「列隊！列隊！步槍兵，列隊！」

與上次會議一樣，全球各地的和平支持者全齊聚海牙，包括貝爾塔．馮．蘇特納與斯蒂德，而斯蒂德再次以獨立記者的身分出席。斯蒂德依然每天刊載會議過程、對各國代表的描述、各項議題與私底下的交易，這一次他發表在四頁日報《和平會議郵報》（*Courrier de la Conférence*）上。布洛赫已經去世，安德魯．卡內基接替他的位置，他捐贈了一百二十五萬美元，為和平宮（Peace Palace）的興建奠定基礎。

各成員國同意捐贈能代表國內最優秀產品的建材給和平宮，以表達「全世界的善意與希望」。跟上次會議一樣，社會主義者，這一次還包括無政府主義者與錫安主義者，也在會議期間於阿姆斯特丹舉行國際大會，讓世人也能注意到他們的宗旨。荷蘭牧師與和平主義者多梅拉．紐文惠斯（Domela Nieuwenhuis）成功結合無政府主義與宗教，並且努力貫徹自己的信念，他毫無私心地抨擊卡內基與各國代表，認為他們是販賣死亡的商人，一方面修建和平的廟宇，另一方面又接受軍火訂單，「就連日本人」也成了他們的交易對象，紐文惠斯的指控也許時機不對，但無疑相當精確。他大聲疾呼：「全世界的工人，無論屬於哪個國家，都該對宣戰罷工，如此一來，世界就不會有戰爭！」

與上次會議一樣，第二次會議的工作分成幾個委員會進行，分別是仲裁、陸戰法規與海戰法規，此外增加了第四個委員會討論海事法問題。布儒瓦與貝爾納特跟上次一樣，分別擔任第一與第二委員會主席，托尼耶里擔任第三委員會主席，而德．馬騰斯擔任第四委員會主席。在開幕典禮上，內里多夫的歡迎演說未能喚起代表們的熱情；剛開始的幾天，會議的氣氛低迷，議程安排與任務分配雜亂無章，全體會議的音響設備不良，導致代表們一度熱烈爭論到底最後一個講者說的是英語還是法語。

英國人堅持一定要討論限武，他們認為唯有如此才能向大眾證明限武不可行，也才能向大眾顯示他們確實有討論限武的誠意，最後，英國人終於在會議中提出限武議題。沒有任何國家的代表走出會場，因為愛德華．格雷爵士事先已做了解釋，無論他的說明有多麼模糊，但還是足以讓人留下清楚的印象，英國絕不會以令人不適的方式探討這個議題，而事後也證明是如此。愛德華．弗萊爵士針對限武做了嚴肅而動人的演說，並且提出動議，希望做出決議對限武進行「更深入的研究」，這一招在一八九九年就已經使用過，其實等同於以後再說。內里多夫也認為，限武的時機在一八九九年尚未成熟，在一九〇七年也是一樣，於是各國代表無異議通過弗萊的決議。限武議題前後只花了二十五分鐘就討論完畢。斯蒂德對於這場「可悲而可恥的失敗」感到憤怒，就連美國國務卿魯特也認為，格雷只是佯裝支持限武議題，實際上只是為了「安撫英國輿論」。

世人對弗萊的「葬禮演說」（馬夏爾的說法）感到厭煩，就連記者也不感興趣，之後，會議開始針對戰爭法律與戰爭技術進行嚴肅討論。一旦議程進入到各國代表實際負責的業務內容，例如中立國的權利與義務，武力索償國際債務，以及開啟戰爭的法規，這類理所當然把戰爭視為人類生活事實的事務時，代表們便開始專心投入，全力草擬條約與處理爭端。其實，第二次會議的代表工作得比第一次還賣力，彷彿戰爭不只是生活的事實，也是迫近中的事實。委員會會議一天召開兩次，代表們必須閱讀大量文件，檢視專家意見，擬定新的草約，而且要不斷進行閉門會談才能做出妥協。「除了準備律師考試，過去六個星期是我工作最努力的時候，」馬夏爾在給比洛的報告中如此寫道。

從氣球上投擲投射物或爆炸物的規定又重新被討論一次，各國同樣還是不願做出極端自我設限的規定，最後代表們決定再延長五年禁令。中立國領土是比利時特別敏感的議題，各國最後同意中立國領土不得侵犯，並且訂定公約規定了二十五條條文，建立各項程序規則防止中立國遭到侵犯。鑑於一九〇四年日本不宣而戰突襲俄國，會議於是針對這個議題進行了嶄新而有趣的討論。各國最後擬定公約，各締約國同意，除非以宣戰或載明宣戰條件的最後通牒形式進行預先而明確的警告，否則不能開啟戰爭。各國也通過另一項公約，規定了五十六條條文重新界定陸戰法規與慣例。一九〇二年的委內瑞拉事件促使各國訂定公約，各國同意，除非債務國拒絕仲裁，否則禁止以武力索償國際債務。這個公約使國際法往前邁進了一大步。

海戰成為爭論最激烈的議題，其核心焦點在於海上商船的捕獲權。英國堅持捕獲權不應設限，因為這是進行海上封鎖的基本武器。德國則反過來堅持應由國際捕獲法院或其他干預措施對捕獲權設限。至於潛水艇與水雷這類反封鎖武器，德國表示要捍衛這類武器的使用權，而英國則主張限制。關於海上私人船隻豁免捕獲的權利，如果美國代表團在第一次會議上未能從馬漢的見解中得到教訓，那麼在第二次會議上至少格雷把馬漢說的話聽進去了。格雷告訴團員，英國不能接受一個「如果根據邏輯推演下去，將會得出廢除貿易封鎖的結論」的原則。他以十分為難的語氣說明其中的理由，當然這種兩難的心態馬漢是絕對不會有的。他寫道，英國無法同意任何可能「限制戰爭的不利，以致於讓民眾忘記戰爭有害」的事物。簡單地說，格雷認為英國不應該同意任何可能限制戰爭損害的事物，因為這麼做會讓民眾未能以嚴肅的心態看待戰爭。英國自由黨認為，即使要提出自利這個再自然不過的原則，也要找到符合道德的理由，而在這方面，沒有人做得比愛德華·格雷爵士好，他能把話講得極度完美，卻又極度模糊。

關於海戰議題，各國最終訂定了八個公約，針對各種傷害敵人的可能方式制定了規則、權利與限制：訂定十三條條文禁止敷設自動觸發水雷，但敷設後一小時自動失效的水雷不在此限；訂定十三條條文管制海軍岸轟；訂定五十七條條文設立國際捕獲法院。其他公約規定了捕獲權、違禁品的性質、中立國在海上的權利義務，然而內容未盡人意，因此隔年又在倫敦召開海軍國會議解決這些問題。

至於仲裁方面，由於龐斯福特已經去世，因此推動的力量主要來自美國，由曾經擔任執業律師的國務卿魯特背地裡給予喬特強有力的支持。魯特的目標是把一八九九年設立的仲裁法院，從訴訟當事人同意選擇仲裁時才成立的法院，轉變成常設性的國際法院，擁有常設的法官，在「具備司法責任感之下以司法方法」根據國際法進行判決。羅斯福總統雖然支持這個想法，但心裡其實不是很在乎這件事，他在會議期間向魯特坦承：「我不是很關心海牙的事。」在跟自己的朋友德國駐美大使史佩克．馮．史登布爾格（Speck von Sternburg）談話時，羅斯福會更強烈地表達自己的看法，不知何故，他跟德國人交談時總是如此。羅斯福告訴史佩克，他無法適切地對海牙會議表達支持，因為他對於那些以支持和平為業之人的荒謬言論「感到全然地嫌惡」。

美國要求設立常設仲裁法院的提案遭受強烈反對，其中一個阻礙是巴西堅持四十四國都要有代表派駐法院。一名評論者提到，讓「土耳其或波斯這些衰弱腐敗的東方國家……或中南美洲的混血律師」為他們做出判決，歐洲各主要國家對於這種想法十分排斥。然而實際上真正的阻礙還是強制仲裁這件事。馬夏爾在向柏林回報時表示：「一九〇七年的會議會是和平會議還是戰爭會議？」最後的答案將由這個議題來決定。由於德國完全不接受強制仲裁，馬夏爾很可能已經心裡有數。儘管如此，馬夏爾並未像第一次會議的德國代表那樣犯了讓自己陷入孤立的錯誤。相反地，喬特提到，馬夏爾一方面表示支持仲裁原則，另一方面卻反對仲裁原則的實際適用。會議試圖列出強制適用的無害清單，藉此說服各成員國同意，但最後還是有八個國家投下反對票。最後，會議簽訂和平解決國際爭端公約，包含九十六條條文，但強制原則完全被排除在外。結果，常設仲裁法院未能獲得設立。

最後還剩下一項議題：是否召開第三次會議。海牙和平理念的支持者希望看到國家相互合作的原則能具體落實在常設組織與定期會議上。他們相信國家做為主權單位的時代已經過去，因此希望在會議結束前看到各國承諾召開第三次會議。不接受海牙和平理念的國家，主要是歐洲各國，他們不希望自己的行動自由遭受更進一步的限制，也不願見到強制和平解決爭議的觀念進一步侵害他們的主權。歐洲國家抗拒第三次會議，更主要的原因在於背後施壓的國家是美國。美國國務卿魯特堅信持續的失敗必然能迎來成功，他認為每次會議產生的成果，必定有助於推動下一次會議，因此他指示喬特在會中通過第三次會議的決議。魯特在敦促各國的同時，也企圖從俄國手中奪取會議的主導權與控制權。喬特努力勸說，但其他國家的代表就是不願意，最後喬特威脅內里多夫，如果未能達成協議，他會在全體大會提出動議，對決議公開進行表決。反對派讓步。各國代表接受決議的建議，下次會議將在「本次會議與上次會議相隔差不多的時間後」召開，也就是八年後。

魯特在寫給羅斯福的信上表示，達成這樣的成果，至少「讓國家的實際行動能與他們宣稱的和平渴望一致」。對和平的渴望確實是真實的。這份渴望引領著世界各國兩度來到海牙。人類內心存在的自我監督的渴望擊敗了不願受到監督的傾向。在新國際秩序的目標下，各國願意放棄自己的戰鬥自由以換取仍需努力爭取的法律保障。喬特日後說道，海牙會議在這方面取得的進展，必定是「漸進的、試探性的與需要小心維護的」。

他衷心期盼一九一五年的第三次會議能有更大的進展。

第六章 「尼祿主義已隱約可見」：德國，一八九〇年到一九一四年

這位十九、二十世紀之交前衛而奔放的音樂家，創新了音樂形式，提出現代而大膽的音樂概念，有著卓越的執行力，有時不免落入俗套，他是德國音樂氣候的晴雨表，他是理查·史特勞斯（Richard Strauss）。史特勞斯的每件新作品，通常首演都是由他親自指揮，總是讓音樂廳擠得水洩不通，聽眾們帶著高昂的興致前來，樂評家則摩拳擦掌準備大作文章。一八八九年到一八九九年這十年間，也就是史特勞斯二十五歲到三十五歲的時候，他創作了六部作品，分別是《唐璜》（*Don Juan*）、《死與變容》（*Tod und Verklärung*）、《提爾惡作劇》（*Till Eulenspiegel*）、《查拉圖斯特拉如是說》（*Also Sprach Zarathustra*）、《堂吉訶德》與《英雄的生涯》（*Ein Heldenleben*），這些作品創造出新的形式，或者如樂評家所言，「毫無形式」。這些樂曲被稱為交響詩，是濃縮版的歌劇，但沒有歌詞。《唐璜》首演時，聽眾呼喊了史特勞斯五次，希望他回到臺上，重新再演奏這首曲子一次。《英雄的生涯》首演時，樂曲中描繪戰爭的段落激怒了一些聽眾，甚至讓他們憤而離席，有些聽眾「在聆聽時還因為有人突然起身渾然不覺地做出粗暴的動作而受到驚嚇」。如果對某些人來說，史特勞斯是純音樂藝術的渲染者與敗壞者，而對某些人來說，史特勞斯是新音樂時代的先知，甚至是「新藝術的發明者」，那麼至少有一件事是確定的：在理查·華格納為德國樂壇創造巔峰之後，理查·史特勞斯便繼承了德國樂壇至高無上的地位。他是「理查二世」。

某方面來說，這使得史特勞斯成為德國文化生活最重要的人物，因為音樂是唯一一個德國人相信自己的優越不證自明，且外國人也願意承認德國人確實優越的領域。在德國人眼中，德國文化是希臘與羅馬的繼承者，與現代各國的民眾相比，德國人的教育程度最高，也最有教養，有趣的是，外國人卻不完全認同德國人的想法。除了一些德國教授與哲學家外，只有華格納贏得外國人的尊敬，只有拜魯特，華格納慶典劇院（Wagner Festspielhaus）的所在地，才能吸引外國人造訪。巴黎依然是歐洲藝術、娛樂與時尚的中心，倫敦是上流社會的中心，羅馬是古代遺跡匯聚之處，義大利引誘著追尋陽光與美的旅人。文學界的新運動與刺激，如自然主義、象徵主義與社會批評；文學巨擘如托爾斯泰、易卜生與左拉，從杜斯妥也夫斯基到哈代的偉大小說，完全不是來自於德國。英國在偉大的維多利亞時代之後，再度於一八九〇年代出現一批傑出新人，如史蒂文森（Robert Louis Stevenson）、王爾德、蕭伯納、康拉德（Joseph Conrad）、威爾斯、吉卜林與葉慈。俄國則再度出現一名無可匹敵的人性詮釋者契訶夫。畫家在法國發光發熱。德國在繪畫上少有建樹，唯一知名的只有馬克斯．利伯曼（Max Liebermann），他是分離派領袖，但他的成就也只讓他當上普魯士藝術學院院長。在文學方面，德國的傑出作家有劇作家格哈特．霍普特曼（Gerhart Hauptmann），他是易卜生的旁枝，還有詩人施特凡．格奧爾格（Stefan George），他是波特萊爾（Baudelaire）與馬拉美的旁枝。

然而，在音樂領域，德國卻產生了世界級的大師。在一連串大師名單上，華格納位於最頂端，他的藝術融合的信條，成為外國人渴望加入的信仰。從聖彼得堡到芝加哥，各地華格納協會紛紛出資為大師的音樂戲劇提供適合的表演場地，「拜魯特理念」也在德國境外帶來思想的動盪。德國人相信他們的音樂將永遠保持至高無上的地位，任何國家都無法真正撼動他們。雖然許多德國人，包括德皇在內，討厭史特勞斯的現代音樂，但史特勞斯的崇高使他們開心地相信，德國音樂將永遠處於不敗之地。

在德國，不僅大城市，凡是人口具有一定規模的城鎮，都設有歌劇院、音樂廳、音樂學校、管弦樂團與各式各樣的音樂協會。幾乎每個德國人都參加了唱詩班或樂團，而且每個晚上都會練習巴哈的神劇，直到酒過數巡才停止。法蘭克福（Frankfurt-am-Main）在一八九〇年代是個人口不到二十萬的城鎮，規模大約等同於海牙、諾丁漢（Nottingham）或明尼亞波利斯（Minneapolis），卻擁有兩所音樂學院，學院的師資優秀，吸引許多國家的學生來此就讀，還有一間「歐洲最美麗的」新歌劇院，歌劇院每星期演出六場，博物館協會管弦樂團擁有一百二十名成員，演出交響樂與室內樂，有兩個經常舉行音樂會的大型合唱團，許多來訪的音樂家會在此舉辦獨奏會。除了在柏林、慕尼黑、科隆、德勒斯登、萊比錫、斯圖加特與其他城市有許多音樂活動，德國各地也經常舉辦作曲家或特定主題的音樂慶典，時間往往長達一個星期。

自從華格納去世之後，拜魯特的音樂季就開始帶有一種要求人們崇敬的壓迫氣氛。搭載觀光客前往慶典劇院的出租馬車，會在座位上方釘上牌子，上面寫著「歷史座位」，指大師華格納曾經坐在這裡。表演開始時會先響起一陣號角聲，彷彿在命令觀眾準備進行禱告。中場休息時間，觀眾可以享用香腸與啤酒，而後又是一陣號角聲；第二幕結束後，又是香腸與啤酒，又是號角聲，第三幕結束後，同樣的事又再重來一次。一八九四年，年輕的西貝流士（Jean Sibelius）來到拜魯特，渴望獲得美好的體驗，但最後卻落荒而逃，他表示，在音樂會中，信徒們全神貫注聆聽大師的作品，「彷彿在領受聖餐一樣」。一八九九年，二十歲的湯姆斯·畢勤（Thomas Beecham）抵達拜魯特，他發現崇拜者內部出現了裂痕。不滿者宣稱整個慶典已經腐敗，他們批評華格納的遺孀科西瑪夫人（Frau Cosima）大權獨攬，而且要求撤換藝術總監華格納的兒子齊格飛（Siegfried）。他們認為齊格飛的管理能力不足而且平庸，歌手表現極差，表演節目拙劣，但忠於「Wahnfried」（華格納宅邸）的人則反唇相譏，認為反對者的指控完全是陰謀與嫉妒心作祟。

現在，史特勞斯已成為新的英雄，這點可以從他的自畫像作品《英雄的生涯》中看出。史特勞斯從小在優渥的環境下長大，總是像外交官一般穿著得體，他身高六英尺三英寸，身材修長，有著寬闊的肩膀與細心呵護的雙手，柔和而無皺紋的臉龐，在淡黃色的八字鬍下，有一張像小孩一樣稚嫩的嘴，一頭捲曲的淡黃色頭髮，高額頭上的髮際線已經後退，史特勞斯既不是貝多芬那種普羅米修斯式的人物，也不像舒曼那樣充滿詩意，史特勞斯就是史特勞斯：一個事業成功的藝術家。從十二歲起，他的作品就獲得演出；身為指揮，他帶領過所有一流的管弦樂團。史特勞斯冷靜沉著，他知道自己有著過人之處，但他的高傲卻不會予人不適的感受，這大概是因為他是巴伐利亞人，而非普魯士人的緣故。

巴伐利亞末代國王路德維希二世喜愛華格納，最後在瘋癲中去世，他生前曾於一八六六年支持奧地利對抗普魯士。慕尼黑的文化更傾向於維也納而非柏林。慕尼黑重視藝術而且認為自己是現代的雅典，與普魯士這個現代的斯巴達形成對比，後者的地主貴族（Junkers）就像古代的斯巴達人一樣，輕視文化與鄙夷舒適的生活。巴伐利亞人居住在德國南部，絕大多數是天主教徒，他們喜愛舒適的生活，重視物質的豐裕與審美的愉悅。在慕尼黑，施特凡·格奧爾格身為「為藝術而藝術」這個信仰的大祭司，

圖十九 理查・史特勞斯，Joseph Gaylord Gessford攝，1904年

他於一八九二年為追隨他的門徒編輯了一份文學評論《藝術期刊》(*Blätter für die Kunst*)，企圖以德國人的角度來回答藝術、靈魂與風格的問題。幽默作品在慕尼黑擁有立足之地，一八九六年，慕尼黑出現了諷刺雜誌《阿呆》(*Simplicissimus*)，另外漫畫雜誌《趣味》(*Lustige Blätter*) 也開始發行。超級表演秀 (*Überbrettl*) 這種帶有諷刺性的咖啡廳娛樂活動也在慕尼黑盛行，而且專以嘲諷柏林為樂。

身為慕尼黑人，史特勞斯深受當地反普魯士文化的影響，但到了一八七一年，七歲的史特勞斯成為德國人，他也伴隨著德意志帝國的新民族主義成長。史特勞斯生於一八六四年，比德皇、德雷福斯與西奧多·羅斯福小五歲，他的家庭也依序結合了啤酒與音樂這兩項慕尼黑重要的職業。史特勞斯的外祖父是個富有的釀酒人，他喜愛音樂的女兒嫁給了弗朗茨·史特勞斯 (Franz Strauss)，弗朗茨當時是慕尼黑宮廷管弦樂團的法國號首席，也是皇家音樂學院教授。據說弗朗茨是華格納唯一感到忌憚的人物。雖然弗朗茨能「美妙地」吹奏華格納的音樂，但他討厭華格納的音樂，而且強烈反對華格納作品對法國號的種種要求，儘管如此，他的高超技巧還是讓華格納無話可說。在《紐倫堡的名歌手》(*Die Meistersinger*) 排練之前，華格納懇求指揮漢斯·里希特 (Hans Richter) 跳過法國號獨奏的部分，他擔心弗朗茨會宣稱這段是無法吹奏的。雖然弗朗茨始終無法接受兒子脫離古典音樂形式，但史特勞斯彷彿是為了向父親致敬似的，他在樂曲中對法國號的運用往往到了出神入化的地步。弗朗茨曾被問到他如何證明自己是世界最好的法國號手，他回道：「我不證明，我承認這點。」

史特勞斯的父母在史特勞斯四歲時讓他學習鋼琴，六歲時，他就開始作曲。史特勞斯還沒認識字母之前，已經學會閱讀與譜寫樂譜。他在學校裡向宮廷管弦樂團的指揮學習小提琴、鋼琴、和聲與對位法。史特勞斯有著「過剩的精力」，他同時創作歌曲、各種樂器的獨奏曲與奏鳴曲，而精力充沛也成為他這輩子最知名的特質。史特勞斯十二歲時，學校演奏了他的《慶典進行曲》（*Festival March*, Op. 1），之後這首曲子對外發表。史特勞斯的作品首次公開演奏是在他十六歲的時候，一共演奏了三首曲子。史特勞斯十七歲時，他的《A大調弦樂四重奏》（*String Quartet in A*, Op. 2）獲得公開演奏，同年，慕尼黑音樂學院在熱情的聽眾面前演奏了他的《D小調交響曲》（*Symphony in D minor*, Op. 3）。十八歲時，他寫了一首管樂器組曲，由於深受好評，因此獲得漢斯．馮．畢羅（Hans von Bülow）的委託，要他另外再寫一首管樂器組曲。畢羅是邁林根宮廷管弦樂團（ducal Orchestra of Meiningen）的領導人，是相當傑出的指揮家。在畢羅訓練下，邁林根成為德國管弦樂團的寶石，樂團成員完全在心裡熟記自己演奏的部分，而且像獨奏者一樣起立演奏。史特勞斯寫了一首《十三管樂器小夜曲》（*Serenade for Thirteen Winds*），畢羅邀請他未經排練在午後音樂會上指揮這首曲子。這位二十歲作曲家從未在公開場合指揮過，結果他的演出「讓人昏昏欲睡」。史特勞斯成為畢羅的弟子，在畢羅指導下，他擔任莫札特（Mozart）協奏曲的鋼琴獨奏，二十一歲時，他被任命為邁林根管弦樂團的音樂總監，並且向畢羅學習指揮。在作曲方面，史特勞斯當時喜愛的典範是莫札特，他在二十一歲之前創作的四重奏與管弦樂有著極大的魅力，風格上也屬於古典傳統。

一八八〇年代樂壇充斥著古典主義與浪漫主義的黨同伐異。人們聆聽新的音樂作品不是為了作品本身，而是因為他們是古典主義的支持者或浪漫主義的追隨者。作曲家、樂評家與一般大眾，圍繞著對手布拉姆斯（Brahms）或華格納的圖騰柱永無休止地跳著戰舞。對布拉姆斯的忠實支持者來說，於一八九七年去世的布拉姆斯是古典主義最後一位大師，而華格納是反基督，李斯特（Liszt）則是排名第二的撒但。「李斯特的」（*Lisztisch*）是最糟糕的輕蔑字眼。另一方面，華格納的支持者則認為布拉姆斯古板保守，在他們心目中，華格納是兼容並蓄的先知，是樂壇的彌賽亞與拿破崙。史特勞斯做為弗朗茨的兒子與莫札特的學習者，原本傾向於反華格納，但在畢羅教導下逐漸改變立場。畢羅對華格納歌劇的推崇，並未因為華格納拐跑了他的妻子而有所改變。史特勞斯也受到亞歷山大．里特（Alexander Ritter）的影響，里特起初是邁林根管弦樂團的小提琴手，因為娶了華格納的姪女為妻而擁有更多的名望，里特讓史特勞斯相信，「未來音樂」（*Zukunftsmusik*）將屬於白遼士（Hector Berlioz）、李斯特與華格納的後繼者。里特表示，「我們必須好好研究布拉姆斯，這樣我們才會知道他沒什麼了不起。」

史特勞斯覺得里特的影響「就像風暴一樣」，加上史特勞斯到義大利旅行的各種體驗，更加強了這個效果。義大利的陽光與溫暖對史特勞斯的影響就像易卜生與其他北方人前往義大利的感受一樣，史特勞斯在此獲得的靈感使他寫下第一部嶄新形式的作品《來自義大利》（*Aus Italien*）。《來自義大利》是一首擁有四個樂章的「交響幻想曲」，每個樂章都有一個描述性的標題，依序是：「在坎帕尼亞」（"In the Campagna"）、「在羅馬遺跡中」（"Among the Ruins of Rome"）、「在蘇連多海岸」（"By Sorrento's Strand"）與「拿坡里人的生活景象」（"Scenes of Popular Life in Naples"）。第二樂章的副標題是「消失榮光的驚人景象；陽光下，交雜著憂鬱與輝煌的感受」；此外還標記著「很有精神的快板」（*allegro molto con brio*），相對於副標題裡的憂鬱，這似乎是個古怪的表現方式，但「很有精神的」（*molto con brio*）將成為史特勞斯音樂的一項特徵。

《來自義大利》從李斯特與白遼士止步的地方出發。李斯特與白遼士也曾實驗過敘事性與描述性樂曲，不過他們採取的仍是傳統的主題與發展模式。傳統模式下，標題音樂有時會被延伸成奇怪的形式，例如德國作曲家約阿希姆．拉夫（J. J. Raff）的森林交響曲，根據一名樂評家的說法，在這首曲子的最後一個樂章中，夜幕居然低垂了三次。為了避免這個問題，史特勞斯索性拋棄傳統模式。他描述卻不發展，讓聽眾驚鴻一瞥，吊足他們的胃口，卻不給予最後的解決。結果，史特勞斯在慕尼黑親自指揮《來自義大利》的首演，卻換來大量的噓聲與喝倒采，「聽眾莫不感到驚異與憤怒」。

史特勞斯不願更改自己選擇的道路，接下來，如同白遼士以李爾王（King Lear）為主題，而李斯特以哈姆雷特為主題，史特勞斯則是以馬克白為主題創作管弦樂作品。史特勞斯想表現的不是劇作裡的事件情節，而是馬克白內在靈魂的衝突，他試圖以繁複的複音音樂與豐富的樂思來呈現這點，而這部作品也為他贏得極高的評價。在此同時，畢羅辭去工作，史特勞斯於是接替成為邁林根管弦樂團的指揮，一八八九年，他前往威瑪接掌李斯特三十年前曾經擔任過的職位。史特勞斯結合古典作品與「極度現代」的作品，包括李斯特尚未獲得人們欣賞的交響詩，並且提出嶄新而令人興奮的計畫，此舉為他贏得大批的聽眾。史特勞斯與朋友討論時，朋友表示自己偏愛舒曼與布拉姆斯，史特勞斯回道：「喔，他們只是模仿者，日後終將遭到遺忘。除了華格納之外，真正的大師只有一位，那就是李斯特。」

一八八九年十一月十一日，史特勞斯在威瑪指揮他的《唐璜》首演。這首曲子根據的詩作，原作者是尼古拉斯．雷瑙（Nicholas Lenau）。雷瑙表示這首詩的主題不是「一名四處追求女性的熱情男子」，事實上，他描述的男子「想找尋的是一名能作為全世界女性化身的女子，只要能跟這名女子在一起，就等於擁有全世界的女性，否則光憑他一個人，真的要擁有全世界的女性是不可能的。然而，這名男子不斷周旋於無數女性之間，卻始終找不到這樣的女子，最後厭惡感找上了他，正是這種厭惡感，也就是魔鬼，奪走了他的性命」。

經由這個主題，史特勞斯讓音樂產生非音樂性的功能：讓音樂描述性格、情感、事件與哲學，而這些原本都屬於文學的範疇。史特勞斯不使用歌手或歌詞，只用器樂（instrumental music）來完成歌劇或華格納所謂「樂劇」（music drama）的工作。在這方面，沒有人比史特勞斯更有能力完成這項任務。史特勞斯藉由指揮而了解了每個樂器的特性，加上他過人的天賦、豐富的創意與高超的作曲技巧，使他如同馬戲團的馴獸師一般，讓音樂成為一隻受過訓練的海豹，能夠超越本性表演出令人目瞪口呆的奇蹟。《唐璜》證明是一首迷人的十七分鐘樂曲，有含情脈脈的旋律與激昂的熱情，有雙簧管吹奏的憂鬱曲調與狂亂的高潮，最後在讓人醒覺的詭譎而不和諧的小號聲中結束。然而，樂曲未發展的主題令人困惑，而插曲的形式也打斷了音樂到敘事的連貫性。儘管如此，畢羅仍宣稱這是「史無前例的成就」。愛德華．漢斯力克（Eduard Hanslick）是樂評界的大人物，他同時為《新自由報》與維也納其他報紙撰稿，只要不是布拉姆斯或舒曼，他都抱持著嫌惡的態度，他曾批評《唐璜》是「醜陋的」，只有片段的旋律與未發展的樂思。

漢斯力克象徵著樂壇裡長年未解的仇恨，他前後大概罵了華格納一千次「醜陋的」，全世界的「醜陋的」都被他罵光了，最後華格納乾脆把漢斯力克寫進《紐倫堡的名歌手》中，讓他成為劇中令人不悅的貝克梅瑟（Beckmesser），讓他名留青史。布魯克納（Anton Bruckner）在交響曲上追隨華格納的腳步，漢斯力克不斷惡意批評他，讓他不堪其擾。當奧國皇帝弗朗茨．約瑟夫接見布魯克納並且問他有什麼要求時，布魯克納只是低聲說：「制止漢斯力克。」現在，史特勞斯崛起成為必須壓制的新血，每當他有新作品出現，漢斯力克與他的黨羽就開始磨刀霍霍，準備展開新一波的謾罵。

但史特勞斯還是走自己的路。畢羅稱他「理查二世」，第二年，他發表了更具野心的作品《死與變容》。這首曲子描述一名臨終發燒的男子恍惚中重新回想自己的人生，從純真的童年，到成年的奮鬥與挫敗，然後到死前的痛苦。最後，「天上傳來開啟的聲音，他定睛一看，看見了自己在人世間努力追尋的東西」。《死與變容》根據的是史特勞斯自己的想法而非文學作品（不過他的導師亞歷山大．里特事後特別寫了一首詩來搭配他的曲子），這麼做避免了描述對象過於明確的問題，也讓作品有更大的空間在管弦樂團的支持下演奏出更撼動人心的旋律。史特勞斯當時二十五歲，他的作品已經能讓李斯特相形見絀。

史特拉斯繼續指揮、鼓吹與演出當代作品，同時也譜寫自己的第一部歌劇《貢特拉姆》(*Guntram*)，但這部作品卻被聽眾認定是模仿華格納而遭到排斥，聽眾早已深受華格納作品的薰陶，他們知道真正的華格納歌劇是什麼樣子。史特勞斯指揮《漢澤爾與格蕾太爾》(*Hänsel und Gretel*) 時投入的熱情，與指揮《崔斯坦與伊索德》(*Tristan und Isolde*) 不相上下，但他這麼做不是因為前者的作者洪佩爾丁克 (Engelbert Humperdinck) 也是華格納的支持者。洪佩爾丁克當時只是法蘭克福音樂學院一個名不見經傳的教師，當他寄樂譜給史特勞斯時，史特勞斯很喜歡這部作品，他在給洪佩爾丁克的信上寫道：「親愛的朋友，你是個大師，你給了德國人一部我們幾乎配不上的作品。」史特勞斯將這部歌劇引介到威瑪，使洪佩爾丁克一夕成名，也讓他很快致富。

一八九四年，史特勞斯前往慕尼黑擔任宮廷歌劇院的指揮，畢羅死後，又在一八九四年到一八九五年的冬季擔任柏林愛樂（Berlin Philharmonic）音樂會的指揮。同年，他成為拜魯特的客座指揮。「這麼年輕，這麼現代，卻又將《唐懷瑟》（*Tannehäuser*）指揮得這麼好，」科西瑪．華格納嘆息道。這年夏天，史特勞斯開始投入他個人的樂曲創作，他表示，陽光燦爛的日子裡，他的工作狀況是最好的。在樂季期間，史特勞斯在德國各個城市擔任客座指揮，而且與柏林愛樂一起巡迴歐洲各地。從一八九五年到一八九九年，史特勞斯先後在馬德里、巴塞隆納、米蘭、巴黎、蘇黎世、布達佩斯、布魯塞爾、列日（Liège）、阿姆斯特丹、倫敦與莫斯科指揮樂團演出。精力充沛的他曾經連續三十一天指揮三十一場音樂會。在指揮臺上，史特勞斯不會做出浮誇的動作或扭曲自己的肌肉，他只是打著簡單而明確的拍子，有時做出比較大一點的動作，提醒團員聲音漸強時，則會快速地彎起膝蓋。「他用膝蓋指揮」，葛利格說道。史特勞斯對團員的要求十分專橫，但對於表現優秀的獨奏者，哪怕只是演出很短暫的時間，也不吝於表達讚美，而在演出結束走下指揮臺時，史特勞斯總是與團員們握手。他不再是那個「有著一頭濃密頭髮的害羞年輕人」，西貝流士當時是在柏林深造的音樂系學生，他在《唐璜》早期的演出中看到史特勞斯從聽眾席中起立，接受大家的掌聲。他的髮線已經後退，而且完全看不出他過去的羞澀模樣。此時的史特勞斯三十出頭，而畢羅已經去世，他成為德國最知名的指揮與最能打動人心的作曲家。

一八九五年到一八九八年，史特勞斯又創作了三首新樂曲，除了大膽地加強交響詩的描述性，也毫不猶豫地針對交響詩的主題做出前所未有的嘗試。複音音樂的複雜程度更加令人吃驚，未解決的不和諧音也更令人不安，某些段落使用的音樂似乎是刻意刺激聽眾的情緒。

從來沒有任何樂曲像《提爾惡作劇》一樣，如此巧妙、詼諧、靈光一現與出人意表。法國號輕快舞動的動機，引領這位中世紀民間故事主角——德國版的培爾．金特（Peer Gynt）——踏著無賴的步伐持續前行，史特勞斯用各種樂器描繪主角在各地的探險，他騎馬在市集裡奔馳，打翻了鍋碗瓢盆，然後喬裝成教士，與女人作樂，最後在宮中迎來糟糕的結局，隆隆的鼓聲宣判了他的死刑。單簧管像鳥兒般恣意鳴叫，表現出他在絞刑臺上的最後反抗，微弱的顫音帶走了他最後一口氣，只剩他的雙腳在空中擺盪。史特勞斯此次的音樂會節目單寫得比較具體：他在某個段落上寫道，「那是個糟糕的妖精，」或者是「在一群市集婦女面前跳上馬背！」或者是「愛情洋溢」（"*Liebegluhend*"）。隨著提爾來回回喬裝成不同的樣子，聽眾逐漸對提爾的動機感到熟悉，進而陶醉其中。提爾的動機是一段充滿吸引人的小把戲的音樂，就像一名機智而靈巧的魔術師在進行表演一樣。提爾的動機雖然沒有發展，卻讓人心情舒暢。它表現出不斷湧現的想像力與難以超越的技巧，不過漢斯力克顯然不這麼想，他依然以違反正統為由加以抨擊，宣稱這是「頹廢的產物」。

史特勞斯的下一個主題轉而關注他所處時代的核心。一八九六年，弗里德里希．尼采（Friedrich Nietzsche）已擁有一定名聲。生活在孤獨與幻滅中，長年服藥對抗失眠使他腦袋昏昏沉沉，這位與眾不同的德國人圍繞著超人這個核心觀念寫下了大量作品，往後超人將在他的國家行經的走廊上不斷迴盪。史特勞斯早一步回應了《查拉圖斯特拉如是說》的影響，並且決定讓尼采這部作品成為交響詩的主題。

尼采提出了吸引人的概念，「由最優秀的人統治」，新貴族將帶領人類走向更高的層次，而追求更高實現的人將成為超人，他的說法刺激了歐洲人的想像。超人的概念促使人們渴望人類進步，但在此同時也對民主感到幻滅。尼采反對所有人都享有平等權利的民主觀念，認為這會妨礙天生的領導人物充分發揮才能。索爾茲伯里勳爵擔心民主導致政治墮落，查爾斯·艾略特·諾頓認為民主將使文化衰敗，尼采則主張民主是束縛人類發展的腳鐐。尼采看到群眾的品味、意見與道德偏見逐漸居於主導地位，認為這是一種「奴隸道德」。人類的領袖應該超越一般的善惡概念，以「主人道德」為依歸。人類演化的目標是超人，是更高層次的人類，是「藝術家天才」，超人相對於一般人，就像一般人相對於猴子。

在《查拉圖斯特拉如是說》之後，尼采毫無顧忌地抒發自己的主張，陸續完成該書的續篇《善惡的彼岸》(*Beyond Good and Evil*)、《權力意志》(*The Will to Power*) 與最後的《瞧！這個人》(*Ecce Homo*)。他的觀念奔騰翻攪如同風暴的雨雲，既美麗又危險。他呼籲要完全順從善本身的驅力，不要理會傳統的道德觀。法律與宗教壓抑這樣的驅力，阻礙人類的進步。基督教是用來安慰弱小、溫順與貧窮之人的東西。超人不需要上帝，他是他自己的法律；超人的任務是自我實現而非自我否定；超人掙脫傳統與歷史的枷鎖，卸下過去不可容忍的重擔。尼采陳述他的信條，使用的不是邏輯性的敘述語言，而是如《詩篇》(*Psalms*) 般的散文詩，迂迴而晦澀，時常提及山巔與日出，鳥兒歌唱與女孩跳舞，結尾則回歸意志、歡愉與永恆，以一千個多彩的隱喻與象徵帶領探索靈魂的查拉圖斯特拉走向人類的目標。

尼采於一八八〇年代發表作品時，只能用乏人問津來形容。尼采鄙視德國人未能欣賞他的作品，於是離開德國輾轉漂泊於法國、義大利與瑞士，根據格奧爾·布蘭德斯 (Georg Brandes) 的說法，尼采這麼做是為了鍛鍊自己，「讓自己克服面對同胞時的恐懼」。最終讓尼采擺脫沒沒無聞的是外國人格奧爾·

布蘭德斯，他是丹麥人也是猶太人，他評論尼采的文章經過翻譯刊登在一八九〇年的《德意志評論》(*Deutsche Rundschau*)上，尼采的名字這才被引介回德國，並且聲名大噪。然而此時尼采已經瘋了，而《墮落》的作者馬克斯．諾爾道也發現這件事，於是便以尼采作為他書裡的重要例證，透過尼采來藉題發揮，對於世紀末的各種頹廢現象大加撻伐。由於諾爾道的作品被翻譯成各國文字而在歐美大為風行，因此也讓尼采成為家喻戶曉的人物。尼采被人們當成預言家來推崇，也有人抨擊他是無政府主義者，英國、法國與德國的評論期刊則開始仔細閱讀與討論他的作品。許多詩文與章節喜歡引用尼采的格言作為標題，尼采自己則成為博士論文的研究主題與一連串追隨者仿效的對象，此外也吸引了大量的諂媚與攻擊文章。雖然尼采痛斥德國人粗俗、物質主義與缺乏教養，因此在法國大受歡迎，但這依然無損德國人對他的崇拜。德國境內開始掀起風潮，德國人急切地回應尼采提出的強者有權凌駕於弱者之上的理論。尼采在作品中都是以詩意的語言暗示與探索這些強凌弱的權利，卻被輕率地當成絕對的箴言，而被德國人視為命令與不證自明的道理。到了一八九七年，「尼采崇拜」已經成為公認的詞彙。在威瑪，臥房裡有個男人倚靠在枕頭上，他凝視著一個與他格格不入的世界，眼神流露著悲傷與空洞，正是這個男人讓整個時代為他著迷。

對於現實世界的「藝術家天才」來說，《查拉圖斯特拉如是說》的魅力難以抗拒。在巴黎，當某個朋友朗讀書中的段落給農民出身的雕刻家羅丹聽時，這位當代藝術形式的偉大推動者感到興致盎然，於是他每晚都來找這個朋友，直到朋友把整本書都朗讀完畢為止。羅丹一直靜靜地聆聽，直到最後說道：「這真是一個製作青銅像的好主題！」同樣沉迷於這本書的還有史特勞斯，他也想到用音樂表現這個主

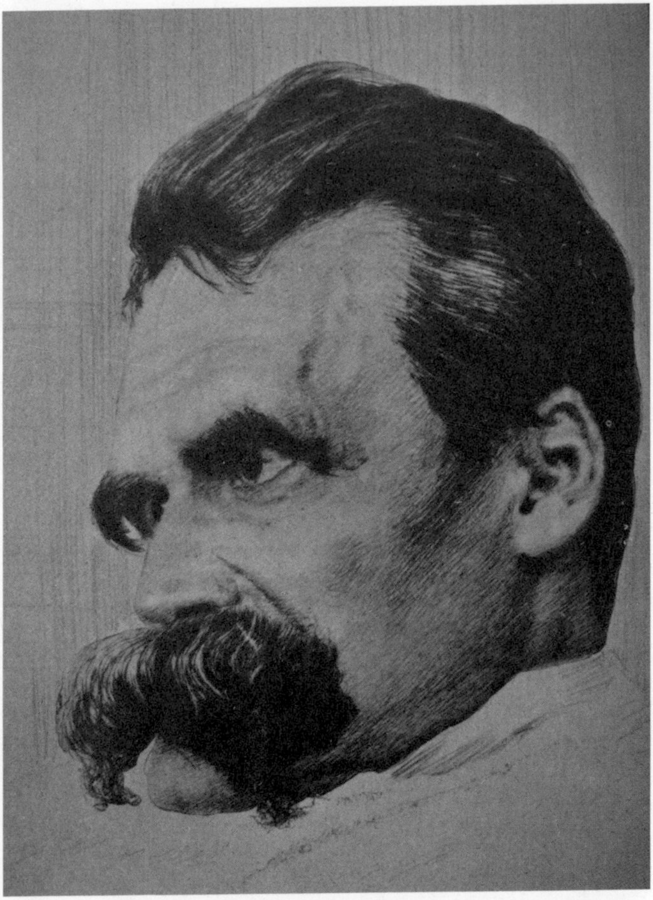

圖二十　尼采，Hans Olde繪，1899-1900年

題，事實上，尼采自己曾經提到，《查拉圖斯特拉如是說》這本書「可以當成一首曲子」。史特勞斯無意在樂曲中添入尼采的文字，而是想適當地「透過音樂傳達人類發展的觀念，呈現從人類創始以來，歷經各種不同的發展階段，包括宗教與科學層面，一直到尼采的超人階段」。整首曲子是為了「向尼采非凡的才華致敬」。

當人們得知德國最優秀的作曲家在德國最優秀的哲學家激勵下正著手譜寫交響詩時，崇拜者都感到緊張，而批評者則開始磨利他們的筆尖。一八九六年，史特勞斯花了七個月的時間完成這首曲子，他編排了三十一個木管樂器與銅管樂器、定音鼓、大鼓、銅鈸、三角鐵、鐘琴，在一般弦樂器旁擺了兩個豎琴與一臺管風琴，演奏時間三十三分鐘，幾乎是《提爾惡作劇》的兩倍。在曲子完成後三個月，史特勞斯親自指揮首演。曲子由小號開場，而後逐步擴大成為整個樂團合奏的讚歌，雖然史特勞斯在節目單上將這個段落描述成日出，但聽眾的感受卻更像是創世的時刻。這首曲子的壯闊令人屏息。結尾在低音管鐘十二次敲擊聲中逐漸轉弱成弦樂器與管樂器的顫音，最終則是高音的B大調和弦與低音的陰暗神秘C大調和弦並存構成的著名「謎團」。在這當中，史特勞斯再度巧妙地運用複音音樂的效果與大量的樂思來表現眾多樂段：「學問」的主題透過包含半音階十二音的賦格來加以表現，女孩在草地上跳舞的主題則以高音長笛斷斷續續的圓舞曲韻律引入，宛如捕捉了綠色世界的所有歡愉與清新。然而，這個主題聽起來更具有維也納氣息而非酒神的風格，而管鐘與三角鐵似乎減損了優雅。首演後三天，《查拉圖斯特拉如是說》又在柏林演出，一年之內德國各大城市，以及巴黎、芝加哥與紐約也演出了這部作品，並且在樂評圈引起了一波攻擊與讚美的熱潮。對漢斯力克來說，這部作品是「令人難受且反感的」，對於美國人詹姆斯・赫尼克（James Huneker）來說則是「危險而崇高」，對於傑出音樂學者理查・巴特卡（Richard Batka）來說是「現代音樂史的里程碑」，而史特勞斯「顯然是代表我們這個時代的作曲家」。

在德國，由於表演太多，每個星期都有音樂祭，還有持續不斷的歌劇、音樂會、合唱團與室內樂，因此成功幾乎可說不費吹灰之力；曲子一完成，往往就有管弦樂團願意演奏。「德國的音樂太多了，」羅曼・羅蘭用斜體字寫道。身為觀察者，羅蘭對於音樂與德國都很感興趣，他解釋說：「這不是個矛盾的說法。對藝術來說，最糟糕的不幸莫過於過度豐富。」羅蘭認為（他的想法不可避免帶有法國的偏見）德國「釋放了音樂的洪水，而且即將溺死在音樂之中」，這種狀況勢必影響了史特勞斯。史特勞斯很早就成名，現在又執樂壇牛耳，他對於音樂充滿自信而且擁有駕馭的技巧，這一切驅使著他譜寫更令人目眩神迷的作品，而在他的下一首曲子《堂吉訶德》中，史特勞斯更是恣意馳騁他的寫實主義傾向。

寫實主義是德國人的熱情所在。拜魯特劇院裡的布倫希爾德（Brünhilde），身旁總是跟著一匹活生生的馬，也許是馬兒本身怯場，也許是受到女武神（Valkyrie）急驟奔馳的音樂影響，馬總是無法乖乖待在舞臺中央，即使來訪的外國人不介意，德國人自己也覺得無法盡情看戲。畫家菲利普・恩斯特（Philip Ernst），也就是馬克斯・恩斯特（Max Ernst）的父親，當他畫自家的花園時，覺得當中有一棵樹破壞了自己的構圖，於是刻意省略那棵樹不畫，之後他卻十分後悔，認為自己這麼做違反了寫實主義，結果他竟然動手砍掉那棵樹。當史特勞斯在《堂吉訶德》裡使用風鳴器來表現風車旋轉的風帆時，聽眾心裡不免產生一個疑問，凡事講究栩栩如生的結果，是否反而破壞了藝術的美感。史特勞斯讓銅管樂器發出顫音來表現綿羊的叫聲，這點讓樂評家嗤之以鼻，然而不可否認的是，他確實以非凡的技巧做出表現，因此聽眾們不僅會覺得那真的很像羊的叫聲，也可以感覺到或幾乎看到有一大群綿羊彼此推擠著向前移動。

樂評家的猛烈批評只是更拉抬了史特勞斯的名聲，吸引了更多民眾去聆聽他的音樂會。史特勞斯三十四歲時，英國樂評家歐內斯特．紐曼（Ernest Newman）坦承，他是「世界上被談論最多的男人」。雖然德皇不認同他的音樂，但德國首都不能沒有史特勞斯。《堂吉訶德》首演後過了六個月，史特勞斯受邀成為柏林皇家歌劇院（Berlin Royal Opera）的指揮。

柏林意謂著普魯士，是慕尼黑與巴伐利亞理所當然的對手。北德認為南德悠閒自在，缺乏自制力，因為感情用事而傾向於可悲的民主，甚至於支持自由主義。反過來說，南德認為北德傲慢霸道，沒有禮貌與隨意瞪人，在政治上反動，只重視工作，其他什麼都不在乎。

柏林是歐洲第三大城，建築雖然新穎卻談不上美麗。柏林的建築在美國可以稱之為鍍金時代（Gilded Age）風格。一八七〇年後，柏林建築或重建的重要公共建築物、街道與廣場反映了全新的國家氣象，帶有強烈的矯飾風格與大量裝飾了金箔花樣。菩提樹下大街（Unter den Linden）是一條長一英里由兩條種滿樹木的道路合併而成的大街，當初這麼設置明顯是為了讓它成為歐洲最大與最美麗的大道。菩提樹下大街的終點自然是德國的凱旋門布蘭登堡門（Brandenburg Gate）。布蘭登堡門的另一側通往蒂爾加滕公園（Tiergarten）著名的勝利大道（Sieges Allee），大道兩側是閃閃發亮的大理石人像，雕刻的全是戴著頭盔擺出勝利姿態的霍亨索倫王朝統治者。當這些人像在德皇一聲令下被安放上去時，馬克斯．利伯曼的工作室正好可以俯瞰蒂爾加滕公園，他哀嘆說：「我能做的就是戴上藍色護目鏡，但這也成了我終身要受的刑罰。」雄偉的帝國議會大樓為了彌補自身權力的渺小，因此盡可能將建築物蓋得巨大。萊比錫大街（Leipzigerstrasse）與腓特烈大街（Friedrichstrasse）上的百貨公司、銀行總行與貿易公司交易熱絡，業績蒸蒸日上。整個柏林看起來一塵不染，市民遵守秩序，一名女房東的帳單上甚至包括縫補褲子鈕扣花了三芬尼（pfennings），移除汙漬花了二十芬尼。警察很有效率，不過一名英國觀光客說他們「極為粗魯，甚至有點殘暴」。各種邪惡的誘惑被大肆宣揚，食物令人不感興趣，婦女的穿著一點也不時尚。普魯士人的儉約使他們高雅不起來。柏林的中產階級女性穿著自己縫製的衣物，格子圖案的短上衣、土黃色的裙子、類似旅行毯的寬短外套、方頭靴與毫無特徵的帽子，看起來百搭，卻又什麼都不搭。她們的體格粗壯，外型粗獷，頭髮全往後梳，編成辮子後再盤起來用別針固定住。

德國社會由於各階級之間涇渭分明少有交流，因此顯得僵固呆板。除非受封為貴族，名字被加上「*von*」的稱號，否則企業家、商人、專業人士、文學家與藝術家都不可能有進宮的機會（not *hoffähig*），而且在社交上也無法與貴族往來。事實上，這些人也與其他階層的人不相聞問。每個德國人都有屬於自己的圈子（*Kreis*），圈子與圈子之間完全沒有交集。樞密院顧問官（Herr Geheimrat）的妻子或醫生的妻子不會跟商人的妻子說話，當然也不會跟工匠的妻子說話。與圈子以外的人聚會或消遣或結婚將會造成混亂，而德國人最害怕的就是混亂。根據一份報告指出，或許是因為社會太單調無聊，有些德國人靠著一天吃七餐來解悶。

由於德國是在普魯士領導下實現統一，因此德國的統治階級主要來自於普魯士地主貴族，他們的人數眾多、貧困而且落後。符騰堡（Württemberg）與巴伐利亞的天主教貴族瞧不起普魯士地主貴族，認為他們粗鄙、沒有品味、沒有資格擔任社會領袖，但普魯士地主貴族以自信彌補自己在教育上的不足。地主貴族支配陸軍，而在德國，陸軍掌控國家，在地主貴族最偉大的典型俾斯麥去世後，地主貴族填補了絕大多數政府官職，但並未涉入首都緊湊而繁忙的商業生活。雖然地主貴族是反商階級，但他們卻願意推動商業發展，他們的政府因此成為歐洲最商業本位的政府。推崇金錢的德皇，他的圈子接納了較為富有且較不狹隘的非普魯士貴族。宮廷裡對於各項行為訂下瑣細的規則，而盛大的國宴往往伴隨著非常吵雜的音樂。猶太人除非改信基督教，否則很難獲得接見，宮廷猶太人（Court Jew）是少見的例外，例如德皇的好友阿爾伯特．巴林。雖然猶太人占了德國人口的百分之一，但德國的反猶太主義依然盛行，一八七一年德意志帝國在法律上解放猶太人後，猶太人在科學、藝術、商業與專業領域的快速崛起更是引起怨恨。儘管猶太人已經被解放，可是一旦公開自己的身分，就會被排除於政治、軍事與學術職位之外，而且無法受封成為貴族，不過對德國來說幸運的是，這樣的排除卻不致動搖猶太人成為一名忠誠的德國人。布萊希羅德（Bleichroder）是銀行家，他提供俾斯麥進行普法戰爭所需的貸款；巴林拓展了海上貿易；埃米爾．拉特瑙創立了德國通用電氣公司（Allgemeine Electrizitäts-Gesellschaft），使德國全面電氣化；弗里茨．哈伯（Fritz Haber）發明了從空氣中固氮的方法，使德國不需要進口氮源就能製造炸藥。這些人全是猶太人，他們為德國國力提升做出重大貢獻。此外，德國統治階級也獲得勤勉的中產與下層階級的支持，這些人努力工作，幾乎沒有假日。他們的教育程度整體而言也比其他國家來得高。普魯士從一八二〇年代開始強制規定七到十四歲兒童必須接受全日制教育，到了一八九〇年代，德國大學生占人口的比例已是英國的二點五倍。

統治這群興盛人民的君主，就像他的民眾一樣忙碌與充滿活力，但他鉅細靡遺的態度，顯示的卻是他內心的焦躁不安。他研究每件事，注意每件事，有時會得到有用的成果。一九〇一年，當玲玲馬戲團（Barnum and Bailey Circus）在德國演出時，德皇聽說馬戲團以極快的速度將道具設備運上火車，於是派軍官去調查他們用了什麼方法。他們發現馬戲團不是從每個車廂的側面將重裝備搬運上去，而是在每個車廂之間都放了連結的鐵製踏板，所有的裝備都從列車最末尾的車廂搬運上去，然後一路往前拖行到前面的車廂。藉由這種方式，三列火車，每列二十二個車廂，可以在一個小時之內裝運完畢。馬戲團的技術馬上就能滿足德國動員體系對於速度的巨大胃口。德皇的觀察員也提到大馬戲團的餐車比固定式的野戰廚房更有優勢，陸軍採用這種做法可以在行進間準備好食物。

德皇非常留意在每個場合穿著適當的軍裝。當莫斯科藝術劇院（Moscow Art Theatre）在柏林演出時，德皇便是穿上俄國的軍服去欣賞演出。他喜歡舉行閱兵與軍事慶典，特別是每年春天與秋天在巨大的滕珀爾霍夫閱兵場（Tempelhof Field）檢閱柏林駐軍，這個廣大的閱兵場可以讓幾個師，人數達五萬人的軍隊進行操練。德皇覺得自己不只是軍事權威，對藝術也同樣在行，即使他無法對藝術提出高明的見解，卻能提出決定性的觀點。一八九六年，當評審認為應該將席勒獎（Schiller Prize）頒給格哈特·霍普特曼的《織工》（*The Weavers*）——一部陰鬱的工人階級戲劇——時，德皇卻把這個獎頒給了埃恩斯特・馮・維爾登布魯赫（Ernst von Wildenbruch），因為他的歷史戲劇類似《威廉・泰爾》，而這種風格符合德皇的口味。當羅茲獎學金（Rhodes scholarships）設立時，德皇提名的德國人選，根據貝里歐學院一名成員的說法，這些人全是「粗俗的有錢人，不會帶來任何好的結果」。其中一人在莫德林學院（Magdalen College）公園裡射殺了一頭鹿，困窘的德皇只好下令要他回國。一九〇一年，德皇在勝利大道落成典禮致詞時表示，他喜歡把自己想成是一個「愛好藝術的君主……在他身旁圍繞著許多藝術家」，在他的統治下，藝術可以跟古典時代一樣興盛發展，「雇主可以與藝術家直接交流」。而身為勝利大道這項作品的雇主，德皇交給人像雕刻家一個「清楚而明瞭的任務」，「委託而且界定」他們的工作，但接下來就任由他們自由執行他的理念。現在，他可以對成果感到驕傲，因為它們「並未受到所謂現代潮流的汙染」。

德皇表示，藝術必須反映理想。「對我們德國人來說，偉大的理想在其他民族身上已不復見，只有我們德國人才能永遠保存這份財產。」他提到藝術對下層階級產生的教育效果，下層階級在辛苦工作了一天之後，可以藉由沉思美與理想來提升自己。但德皇也嚴正警告，「今日有一股趨勢，藝術逐漸淪落成像陰溝一樣的東西，過度渲染現實的悲慘」，這種藝術「對德國人有害無益」。身為統治者，他對於藝術大師「未能全力抵抗這場潮流」感到痛心。

一八九八年，德皇表示，戲劇也應該培養靈性文化、提升道德與「教誨民眾尊敬我們祖國最高尚的傳統」。德皇認為皇家戲劇院——德皇總是稱之為「我的劇院」——應該發揮這項功能，因此他安排了一系列自己喜愛的歷史戲劇，讓工人階級能以適當的價格前去觀賞。德皇斤斤計較場景與服裝細節的正確性，為了薩達納帕勒斯（Sardanapalus）的默劇芭蕾，他居然努力搜索世界各大博物館關於亞述戰車的資訊。

德皇喜歡出席甚至親自指導皇家歌劇院與皇家戲劇院排練。德皇會開著他的黑黃色汽車前來，在觀眾席擺一張像是辦公用的巨大桌子，桌上擺了成堆的文件與一堆鉛筆。一名身穿軍服的副官站在旁邊，每當德皇對他打手勢時，副官會舉手示意停止排練，德皇會擺出姿勢解釋什麼地方需要改進，讓演員重新排練。他提到演員時都會說「我的演員」（*“meine Schauspieler”*），有一回，其中一名演員馬克斯．波爾（Max Pohl）突然病倒，德皇對一個熟人說，「真想不到，我的波爾昨天居然生病了。」這名熟人以為德皇說他的寵物犬生病了，於是憐憫地回道，「啊，可憐的狗。」

在音樂方面，德皇的品味自然傾向於保守。他喜愛巴哈（Bach），認為他是最偉大的音樂家，以及韓德爾。至於歌劇，只要是德國人的作品他都喜歡，德皇提到，「格魯克（Gluck）是我的首選，華格納太吵了。」演出時，德皇不會離席，並且一直待到結束為止，他會指導宮裡演出的音樂會，他會親自安排曲目，也會出席排練，他希望在正式演出前能夠預演一次，讓一切流程都能順利進行。訪問挪威時，德皇把葛利格找來德國公使館當聽眾，他已經組了一個有四十個樂手的管弦樂團，他在樂團前面放了兩張椅子，一張給自己，另一張給葛利格，他希望由葛利格來指揮《培爾．金特組曲》。演出時，德皇不斷糾正葛利格的拍子與表情，並且在演奏安妮特拉（Anitra）之舞時「情不自禁地」搖擺身體做出「東方的舞姿」。第二天，完整編制的管弦樂團在皇家遊艇霍亨索倫號上又再演奏一次《培爾．金特組曲》。

德皇統治初期，讚美德皇幾乎成了全國的信仰。在祖父威廉一世的漫長統治之後，繼任者登基才三個月就病逝，於是年輕而充滿活力的君主的出現，加上他能充分享受身為君主的光采與散發君主的魅力，因此深受全國民眾的歡迎。他炯炯有神的目光、尚武的精神與英雄式的姿態，在亮麗的服裝與動人的音樂下增色不少，也讓他的臣民為之陶醉。年輕人跑去找宮廷美髮師，用特殊的捲鬍器具弄出尖翹的八字鬍；軍官與官僚練習讓自己的眼神閃閃發亮；雇主用德皇極富活力的語氣跟員工說話，如同海因里希·曼（Heinrich Mann）無情嘲諷威廉時代德國的小說《忠誠的臣民》（*Der Untertan*）裡的標題人物迪德里希（Diederich），他在繼承家族工廠後說道：「我已經掌穩了舵。我要筆直向前航行，我會帶領你們走向榮耀。願意協助我的人，我由衷歡迎；反對我的人，我將一一擊潰。這裡只有一個主人，而我就是這個主人。我只對上帝與我自己的良心負責。你們完全可以仰仗我父愛般的仁慈，革命的情感必將被我堅定的意志粉碎。」工人們看著他，驚訝得說不出話來，集合起來的家人則是充滿敬畏。

德皇統治的前半段開始於一八八八年，剛好是尼采崇拜初次盛行的時候。德皇毫不休止地從事各方面的活動，使他看起來像是一個無所不能的人，彷彿他就是尼采口中的超人，這樣的人出現在德國是理所當然的，有了他，德國十九世紀的發展才堪稱偉大，如果他不是德國的君主，誰能成為德國的君主。英雄崇拜是自然而然的結果。在《忠誠的臣民》中，迪德里希首次看到德皇，德皇當時騎在馬上，走在騎兵隊的前頭，帶著「如石頭般堅毅的神情」，前往布蘭登堡門面對工人的抗議。原本高喊「麵包！工作！」的工人，此時完全被忠誠之心沖昏了頭，他們揮舞著帽子大叫：「跟隨他！跟隨皇帝！」跟著奔跑的迪德里希絆了一下，重重地摔在水坑裡，四腳朝天，身上濺滿了泥水。德皇正好瞧見迪德里希，他拍了一下大腿，笑著對副官說：「看到了吧，保皇派就是那樣，那才叫忠誠的臣民。」迪德里希看著德皇離去的身影，「坐在水坑裡的他，嘴巴張得大大的」。

迪德里希總是殘暴地對待底下的人，並且巴結奉承上面的人，透過迪德里希，海因里希．曼無情地描繪德國人的另一個面向：霸凌的另一面就是奴性。銀行家埃德加．史拜爾（Edgar Speyer）在英國生活二十七年之後，於一八八六年回到他的出生地法蘭克福，他發現三場勝利的戰爭與德意志帝國的建立改變了德國的氣氛，而這種氣氛令他「無法忍受」。德國民族主義取代了德國自由主義。史拜爾認為，繁榮與自滿就像毒品一樣，讓德國人放棄自由，轉而接受猖獗的軍國主義與陸軍和德皇的奴役，這一切實在「太不可思議」。在他年輕的時候，德國的大學教授都是自由主義的領袖，「現在卻以最卑微的方式向權威磕頭」。在壓迫下，史拜爾在五年後放棄在德國的生活，返回英國。

蒙森試圖對史拜爾看到的狀況提出解釋。他在一八八六年寫道：「俾斯麥打斷了德國人的脊梁骨。俾斯麥時代造成的傷害遠大於帶來的利益……德國人格與德國心靈的屈從是個難以扭轉的不幸。」蒙森未能說出口的是，即使是俾斯麥也不可能改變德國人的氣質。

一八九〇年代，身為超人的信仰者，史特勞斯也跟其他人一樣推崇德皇。然而，這位柏林皇家歌劇院指揮卻因為個人的經驗而改變了態度。在指揮完德皇喜愛的曲子，韋伯（Carl Maria von Weber）優美的《魔彈射手》（*Der Freischütz*）之後，史特勞斯獲得德皇召見。「所以，你也是個現代作曲家，」德皇說

道。史特勞斯鞠躬。德皇提到他聽過的一名當代作曲家席林斯（Max von Schillings）的作品時表示：「他的曲子令人憎惡，裡面完全沒有一點旋律。」史特勞斯鞠躬說道，裡面還是有旋律，只是通常隱藏在複音音樂裡。德皇皺眉說：「你也是這些糟糕的音樂家之一。」這回史特勞斯只是鞠躬，但沒有說話。「所有現代音樂都沒有價值，」這位皇室樂評家又重複一次，「裡面完全沒有一點旋律。」史特勞斯依然還是鞠躬。德皇堅定地說：「我比較喜歡《魔彈射手》。」史特勞斯順從地回道：「陛下，我也比較喜歡《魔彈射手》。」

如果德皇不是史特勞斯先前認為的英雄，那麼不久他就找到了更好的人選——他自己。這也順理成章成為他下一部大作的主題，而他也毫不掩飾地將作品取名為《英雄的生涯》。從《來自義大利》之後，史特勞斯從未選擇心情或風景、傾頹的主教座堂或田園風光作為樂曲的主題，他選擇的一直是人：不斷掙扎與追尋、尋找存在意義、與敵人搏鬥、與自己的熱情抗爭的人，特別是三種巨大的冒險，戰爭、愛情與死亡。馬克白、唐璜與《死與變容》的無名英雄。提爾、查拉圖斯特拉、堂吉訶德都是靈魂之旅的旅人。現在，一幅藝術家的肖像畫也加入他們的行列。

戰爭、愛情與死亡這三大冒險中，史特勞斯對於前兩者有著親身體會，雖然不到史詩級的地步，卻也稱得上刻骨銘心。史特勞斯曾與樂評家論戰而且留下創傷，之後於一八九四年結婚。史特勞斯在二十三歲認識寶琳．德．阿赫納（Pauline de Ahna），寶琳的父親是一名退役將領與業餘男中音，有時會舉辦小型的獨唱會，演唱華格納的一些作品片段。在他的帶領下，寶琳在慕尼黑音樂學院學習聲樂，但一直無法成為成功的聲樂家。而在史特勞斯與她墜入愛河之後，史特勞斯的指導與追求讓她在短短兩年內就在史特勞斯的推薦下成為威瑪歌劇院的首席女高音。寶琳演出《羅恩格林》的埃爾莎（Elsa）、《魔笛》（*The Magic Flute*）的帕米娜、貝多芬的《費德里奧》（*Fidelio*）與史特勞斯自己的歌劇《貢特拉姆》的女主角。有一次，在排練《唐懷瑟》的伊莉莎白的時候，寶琳與史特勞斯爭論節奏的問題，她尖叫地罵了一堆「難聽的話」，把樂譜丟在史特勞斯的頭上，然後衝出去回到自己的休息室。史特勞斯追了上去，隔著緊閉的門，樂團成員仍可聽見女人憤怒的吼叫聲，之後便陷入漫長的沉默。眾人擔心指揮或首席女高音這兩個人當中可能有人會殺了對方，於是派了代表，一個渾身顫抖的樂手過去敲門。當史特勞斯開門時，代表發言的人結巴地說，他與其他成員被女高音的行為嚇壞了，他們覺得未來凡是有她演出的任何歌劇，樂長先生（Herr Kapellmeister，指史特勞斯）有權拒絕指揮。史特勞斯微笑地回答：「那太糟了，我才剛跟寶琳小姐訂婚。」

這種狀況在兩人的婚姻中持續上演。妻子尖叫，丈夫微笑而且顯然很享受這種被霸凌的感覺。在派對上，史特勞斯夫人不允許丈夫與其他女士跳舞。在家中，她以「無比的狂熱」來扮演家庭主婦的角色，她要求丈夫在進門前必須在三個地墊上抹去鞋底的塵土。每個來訪的客人，無論年齡身分，都會接到一個指令，「把鞋底抹乾淨」。家中的地板跟桌面一樣乾淨，僕人若是沒將壁櫥裡的織物整齊排好，勢必會遭到一陣痛罵。史特勞斯夫人不僅狂熱地懲罰別人，也熱衷於懲罰自己，她每天都會找來下手特別重的女按摩師幫她按摩，這段時間史特勞斯都會出門，避免聽到妻子受虐的慘叫聲。一八九七年，夫人為史特勞斯生下一個兒子，名叫弗朗茨，他一出生就立刻展現出「很有精神的快板」這項家族傳統，孩子的祖父母自豪地表示：「這孩子拚了命地尖叫。」

史特勞斯夫人在丈夫伴奏下演唱時，通常結尾會有一段很長的鋼琴演奏，此時夫人會揮舞一條雪紡紗綢的大手帕，並且在結束時將手帕用力一扔，讓觀眾的目光集中在自己，而非史特勞斯身上。當史特勞斯夫人詳細向賓客解釋自己的婚姻是如何與為何如此門不當戶不對時，史特勞斯在一旁露出溺愛的微笑。她說，她應該嫁給年輕瀟灑的驃騎兵，而現在她卻跟一個音樂連馬斯奈（Jules Massenet）都不如的男人綁在一起。在訪問倫敦期間，史特勞斯指揮《英雄的生涯》，在史拜爾家的晚宴上，眾人舉杯向史特勞斯致敬，此時她的妻子興奮地打斷，「不，不！」她指了指自己，「不，不！要敬史特勞斯．德．阿赫納（她把史特勞斯冠上妻姓）。」史特勞斯只是微笑，在旁觀者眼裡，他對於妻子的愛搶鋒頭似乎樂在其中。

史特勞斯夫人負責維持史特勞斯井井有條的生活習慣。他的工作桌可以作為整齊的範例，草稿與筆記本做了整理、建檔與索引，一絲不苟如同法律事務所的紀錄檔案。史特勞斯的字跡清楚工整，他的樂譜是「書法的奇蹟」，幾乎沒有任何塗銷與修正。史特勞斯會在奇怪的時候匆匆寫就他的樂曲，有時是在他指揮的音樂會或歌劇的中場休息時間，但比較長的樂曲只會在他的避暑山莊完成，一開始是在上巴伐利亞的馬夸特施坦因（Marquardstein），之後是在加爾米施（Garmisch）。在避暑別墅的工作室裡，他固定從早餐工作到午餐時間，然後根據他對訪談者的說法，通常他下午與晚上也會工作，直到凌晨一兩點為止。史特勞斯喜歡譜寫極為複雜的樂譜，過度分割的拍子與彼此交織的旋律繁複到讓聽眾無法聽出樂曲的主題。專家在閱讀史特勞斯的樂譜時，往往驚異於曲子架構的巧妙，這種音樂被德國人稱為眼睛音樂（*Augenmusik*）。當史特勞斯被人稱讚技巧高超時，他表示自己還比不上維也納一名年輕新人阿爾諾德．荀白克（Arnold Schönberg），荀白克的樂譜需要六十五排五線譜，而且需要特別印製的譜紙。史特勞斯的能力如此非凡，以至於他曾對一名訪客表示：「說吧，我可以一邊寫譜，一邊跟你說話。」一首交響詩需要花上史特勞斯三到四個月的時間，而樂譜通常是在回到柏林之後，在排練到實際上場指揮的這段時間完成。

到避暑山莊拜訪史特勞斯的客人會遇到各式各樣的安排，這些安排充分顯示史特勞斯夫人有著完全不遜色於已逝的毛奇元帥（Field Marshal von Moltke）的組織能力。山莊的大門安裝了一個傳聲管，上面有牌子告訴訪客敲響門鈴然後把耳朵湊到傳聲管上。管子傳來的聲音要求訪客報上大名，如果願意讓他入內，就會告知對方大門已經解鎖。另一個牌子指示訪客如何開門，而且要求訪客務必在入內之後關好大門。

史特勞斯夫人不允許懶散。如果她發現丈夫在屋裡漫無目的地閒晃，她會下令：「理查，馬上去作曲！」史特勞斯會遵從她的命令。如果史特勞斯工作得太辛苦，她會說：「理查，把筆放下！」史特勞斯就會把筆放下。當史特勞斯在維也納指揮他的第二部歌劇《火荒》（*Feuersnot*）的首演時，史特勞斯夫人來到奧國指揮兼作曲家古斯塔夫．馬勒（Gustav Mahler）的包廂，她看了演出之後破口大罵，馬勒夫人回憶說：「沒有人喜歡這部拙劣的作品；我們只能佯裝不知，但實際上我們跟史特勞斯夫人一樣心知肚明，這部樂曲完全不是原創。所有的內容都是剽竊華格納與其他幾位比他的丈夫優秀得多的作曲家。」馬勒夫婦沉默而困窘地坐著，不敢答腔，因為「這名悍婦會扭曲我們所說的話，而且會突然間大叫，說所有的惡評都是我們說的」。在熱情的掌聲與許多次的謝幕之後，喜不自勝的史特勞斯來到包廂問道：「寶琳，這次演出這麼成功，妳覺得怎麼樣？」

「你這個小偷！」她叫道。「你還有膽露面？我不想跟你站在一起。你差勁透了。」史特勞斯夫人快步走進馬勒的辦公室，門關上之後，又繼續破口大罵，直到史特勞斯踉蹌地走了出來，他的夫人跟在後面，用可怕的語氣說，她要回飯店，而且「我今天要一個人睡」。

「能不能至少讓我跟妳走在一起？」史特勞斯卑微地懇求。

「好，那就走在我後頭十步的距離！」史特勞斯夫人說完便昂首闊步地離開，當晚歌劇的英雄指揮則畢恭畢敬地跟在後頭。之後，看起來頹喪且精疲力盡的史特勞斯又回頭與馬勒夫婦一起吃宵夜。深夜，他拿出紙筆開始計算這場還算成功的歌劇演出為他賺進多少錢。與音樂事業的其他面向一樣，賺錢也是史特勞斯感興趣的事。

一八九八年夏天，史特勞斯寫下《英雄的生涯》，他描述這是「一首大型的交響詩……有許多法國號，處處表現出英雄氣息」。完成後的曲子，演奏時間長達四十分鐘，比他過去所有的作品都要來得長。過去經常有藝術家描繪自己，但史特勞斯或許是第一個將自己描繪成英雄的藝術家，而這也反映出當時德國的民族情緒。一八九九年三月三日，史特勞斯親自指揮《英雄的生涯》首演，而從曲子極為聳動的標題，以及音樂與節目單的性質來看，不難感受到它的龐大氣勢。《英雄的生涯》分成六個部分，分別是〈英雄〉、英雄的〈對手〉、英雄的〈伴侶〉、英雄的〈戰爭〉、英雄的〈和平功勳〉，最後是英雄的〈隱遁與生命的圓滿〉。在形式上，《英雄的生涯》是一首擴充得非常龐大的奏鳴曲，有著明顯的主題呈式部、發展部與再現部。法國號在強奏下引出驕傲的英雄主題之後，木管樂器用雜亂、

發現的所表現的器樂管銅，裡《德訶吉堂》像就「家評樂」些這示表地白明，人敵的雄英出帶音樂的笑竊

竊笑的樂音帶出英雄的敵人，明白地表示這些「樂評家」就像《堂吉訶德》裡，銅管樂器所表現的發出咩咩聲的「羊群」。小提琴獨奏以一連串的華彩樂段表現英雄的伴侶，有時誘人，有時像個潑婦，在樂譜中，史特勞斯雖然不至於說得太露骨，但也坦率地寫上「虛偽地嘮叨個沒完」（"*Heuchlerisch schmachtend*"）這類字眼，此外還加上了「瑣碎地」、「高傲地」、「深情地」，最後在熱情而動人的愛情二重奏中，也寫上了「溫柔與充滿愛意地」。就在此時，三名小號手躡手躡腳地走到後臺，突然間，遠方傳來戰鬥的號聲。激烈急切的弦樂器、短暫急促的定音鼓、響亮的銅管樂器與雷鳴般的大鼓，各種混雜的噪音漸強，顯示戰事漸趨激烈，像極了真實的戰場，彷彿所有的將領都慌亂地來回奔走。對於一八九九年的聽眾來說，這個段落聽起來實在「很吵」。在經歷這段騷亂之後，英雄主題再度以凱旋的姿態出現。英雄的和平功動取自史特勞斯早期作品的主題，這讓樂曲的自傳性質更加明顯。在和緩而莊嚴的音樂聲中，英雄的理想典型終於實現，史特勞斯之後在節目單中稱這段樂曲為「旗幟與桂冠放在英雄墓前的葬禮儀式」。

幾個星期之後，羅曼．羅蘭在科隆聆聽《英雄的生涯》的第二次演出，不久之前他的劇作《狼》的開幕演出的紛亂場面讓他興奮無比，但聆聽史特勞斯的這部作品仍讓他熱血澎湃。雖然有些聽眾喝倒采，有些管弦樂團成員甚至嘲笑這首樂曲，但「我卻牙齒緊咬而且顫抖，我的內心向這位復活的年輕齊格飛致敬」。在戰爭音樂「巨大的吵雜與喧囂」中，羅蘭聽見「城鎮遭到襲擊與騎兵的可怕衝鋒，不僅大地為之震動，我的心也悸動不已」。他認為這是「樂壇從未描繪過的一場最了不起的戰爭」。這類樂思曾經消失一段時間，但現在再度出現，雖然旋律的情感有點平庸，但「和聲與韻律的創作崇高而宏偉，

管弦樂團的表現也極為優秀」。對羅蘭來說，史特勞斯表現的意志是「英雄式的、宰制一切的、充滿渴望與強大而崇高的」。羅蘭也深受尼采精神的影響，他覺得正是基於這樣的精神才讓史特勞斯的樂曲帶有高貴的氣質，而且與當世的音樂家相比顯得獨一無二。人們可以從史特勞斯身上感受到一股支配全人類的力量。然而，羅蘭在讚美的同時，也感受到自己身為法國人而禁不住從中擷取了政治教訓。他認為，如同德國一樣，史特勞斯「已經藉由勝利證明自己的力量，他的自豪感已不受限制」。史特勞斯「精力旺盛，過度亢奮到跡近病態的程度，他努力用意志力控制自身的失衡」，從他身上，法國人看到了德國的倒影。儘管如此，羅蘭還是成為他的朋友與祝賀者。

八年前在拜魯特，羅蘭首次與史特勞斯見面，一八九九年一月，兩人第二次見面，當時史特勞斯正在巴黎指揮《查拉圖斯特拉如是說》。這首曲子釋放了尼采的酒神。「啊哈！」羅蘭寫道，「德國這個全能者無法長久維持自身的平衡。尼采、史特勞斯、德皇——遲早有那麼一天，德國將感到一陣暈眩。尼祿主義（Neroism）已隱約可見。」羅蘭認為他可以從史特勞斯其他交響詩中反覆出現的「厭惡」主題與交響詩末尾的死亡中看出德國「隱藏在強大與軍事緊繃背後的病徵」。他在《英雄的生涯》中又再度看到這一點。

羅曼藉著聆聽史特勞斯樂曲的機會，前往史特勞斯位於夏洛滕堡（Charlottenburg）的公寓拜訪，夏洛滕堡位於柏林市郊，是個時尚的區域。羅曼發現史特勞斯與其說是尼采類型的人，不如說他是個巴伐利亞人，「就像《提爾惡作劇》的人物一樣，他幽默而詼諧，說話自相矛盾而且喜愛嘲弄」。史特勞斯也跟提爾一樣喜歡激怒那些庸俗的人。他有時精力充沛，有時又變得「懶散、安靜、什麼事都不想做」。

雖然史特勞斯親切有禮地對待羅蘭，但實際上他總是懶得理人，他對人總是心不在焉，偶爾還會低聲地說：「什麼？啊，原來如此。」（“*Was? Ach, so so*”）他的餐桌禮儀很差，在用餐時翹著二郎腿，把餐盤端到下巴底下，吃甜點時總是狼吞虎嚥。在客廳，他會直接躺在沙發上，用拳頭用力敲打墊子，「完全無視在場的人」直接倒頭就睡，睡著時眼睛還睜著。

人們很難判斷史特勞斯是提爾還是超人。在一篇投稿到《巴黎評論》（*Revue de Paris*）的文章中，羅蘭描述史特勞斯是「新德國的藝術家典範，他反映出跡近狂喜的英雄式自傲，他呈現的尼采式自我主義顯露出對力量的崇拜與對弱者的輕視」。但羅蘭必須承認他的形容有點誇大。羅蘭遭遇的困難就跟麥克斯．畢爾邦（Max Beerbohm）諷刺漫畫中馬修．阿諾德（Matthew Arnold）的姪女一樣，她不得不問：「為什麼，馬修伯伯，喔，為什麼，你就不能一直保持正經的樣子嗎？」史特勞斯無法符合自身的形象，而他也隨時準備好要承認這一點。「你說的對，」史特勞斯在給羅蘭的信上寫道。「我不是英雄；我沒有足夠的力量；我不適合戰鬥……我不想努力做這種事。現在，我只想寫出甜美而愉快的音樂，而不是什麼英雄史詩。」事實上，籠罩在尼采的氛圍之中，《英雄的生涯》似乎是理所當然該寫的作品；它反映的是德意志民族的情緒，而非史特勞斯自身的心境。

史特勞斯是「時代精神」（*Zeitgeist*）撥弄的一根弦。雖然史特勞斯一直都待在最舒適的資產階級環境裡，但他還是察覺到而且在他兩首最好的歌曲中清楚傳達了工人階級的革命怨言，其中的〈工人〉（“Der Arbeitsmann”）還成為頌揚社會主義黨派的歌曲。另一首〈石工〉（“Das Lied des Steinklopfers”）則是他最喜愛的歌曲。當這兩首歌曲在史特勞斯鋼琴伴奏下由德國首席男中音路德維希．維爾納（Ludwig

Wüllner）演唱時，它們帶來如此戲劇性的力量，一名樂評家寫道：「聽到這些堅毅不屈且蔑視一切的聲音，就像聽見了明日的〈馬賽曲〉（Marseillaise）。」另一首也由維爾納演唱的〈夜歌〉（"Nächtlicher Gesang"），據說「大白天也能讓人顫抖」。

然而，忠實的推崇者也開始在《英雄的生涯》中發現史特勞斯一些深層的瑕疵。歐內斯特．紐曼認為，與華格納之後的任何音樂家相比，史特勞斯引進了更多的新觀念來充實音樂，而且「比當代任何作曲家投入了更多的精力、更強的情感張力與更深刻的思想」。但是，史特勞斯似乎無法克制內心那股毫無價值的渴望：「要讓聽眾吃驚。」史特勞斯的技巧與掌控觀念的能力如此之強，以至於他沒有無法表現的事物，他的創意也無窮無盡，但他卻無法好好控制自己的能力。在《英雄的生涯》中，當英雄的對手「竊笑、咆哮與咕噥」時，紐曼恨不得離開音樂廳，他覺得這種音樂非常「怪異」，就像《堂吉訶德》裡的綿羊一樣。他覺得史特勞斯居然用如此「醜惡」的音樂毀了「十九世紀最優美的兩首曲子」，充分顯示他的缺乏品味與粗俗。這種反應只會讓史特勞斯寫出更加怪異的音樂，用來表示他對所謂音樂之美的「不變」法則的輕視。事實上，史特勞斯堅持樂評家必須自己掏腰包進場，讓整個歐陸「叫苦連天」，但這麼做也無法改變樂評對他的批評。

對於比較年輕的樂評來說，史特勞斯樂曲中的不和諧音倒不會像他的怪異音樂一樣令人不適。美國人勞倫斯．吉爾曼（Lawrence Gilman）認為戰爭音樂的不和諧音，就像《堂吉訶德》裡描述內心混亂的音樂，「深具表現性與意義」，與惠斯勒（Whistler）說的「直接坐在琴鍵上」發出來的聲音不可同日而語。除了一些怪異的音樂，史特勞斯的作品還有許多令人吃驚的地方使他遭受嘲諷與批評，例如一些非音樂面向的部分，也就是說，他的節目單呈現的指導性寫實主義，使他成為樂評家憤怒的焦點。就像菲利普．恩斯特故意在畫中省略了一棵樹，之後反過來堅持現實中的樹必須砍掉一樣，史特勞斯則是堅持要把樹畫上去，然後還要在樹上掛一個牌子寫上「這是一棵樹」。結果，史特勞斯的做法馬上引發樂評家的異議，紐曼提到《查拉圖斯特拉如是說》的長號樂段被標記了「厭惡」，而這個樂段接在「喜悅與熱情」之後，紐曼表示：「這個樂段並不會讓人感到厭惡，正如同聽了這個樂段並不會讓人感到牙痛一樣。」史特勞斯的朋友堅稱史特勞斯希望自己的音樂被當成音樂來聆聽，他是因為受到同事與發行者的壓力而匆忙在節目表上註記，然而這樣的辯護似乎沒什麼效果。一個堅守標準的藝術家不會做出這樣的讓步，而且無論如何，這些文字註記確實存在於他的心中，當他作曲時，他也潦草地將這些文字寫在樂譜上。

在法國，德布西也創作描述性的音樂。但德布西的做法不像史特勞斯那樣平舖直述與具敘事性，他的文字晦澀而閃爍，就像繪畫裡的印象派與詩的象徵主義。象徵主義的信條是暗示而非指稱對象。史特勞斯明白指出的東西，德布西則用暗示的。「如果人們堅持想知道交響詩傳達了什麼意義，那麼我們就乾脆不寫交響詩，」德布西說道。西貝流士也不關心明確的意義。當一個朋友聽了他的第四號交響曲的唱片之後，他問西貝流士這首曲子真正的意義到底是什麼，西貝流士沉思片刻後回道：「你把唱片再聽一遍。」

然而，德布西卻相當推崇比他小兩歲的史特勞斯，他認為《死與變容》中的「變容」彷彿就「發生在我們的眼前」。當德布西於一九〇三年聽了《提爾惡作劇》之後，他覺得這首曲子對音樂法則藐視的程度幾乎如同「在精神病院裡經歷了一小時的喧鬧……你不知道該大聲地笑還是該痛苦地呻吟，當你發現所有的音符都在它原來該在的位置上時，不禁感到驚異」。儘管如此，德布西仍認為這是一部「天才」之作，也對「管弦樂團強大的自信」感到吃驚，「從開始到結束，瘋狂的韻律主宰著我們，逼迫我們參與主角的惡作劇」。德布西也在一九〇三年聆聽了《英雄的生涯》，其中最令他印象深刻的是這首樂曲「旋風般的威力」。聽眾不再是自身情感的主人：「我必須重申，它的支配力令人難以招架，要抵擋它是不可能的。」一八九〇年代，德布西根據馬拉美的詩寫成的管弦樂《牧神的午後》(*L' Après-midi d'un Faune*) 前奏曲與《夜曲》(*Nocturnes*)，也同樣獲得史特勞斯的讚美。他說，德布西「在他的領域是個傑出而獨特的天才」。

當有人寫出優美的作品時，總是會讓史特勞斯感到驚訝。在聽了戴流士 (Frederick Delius) 的作品之後，史特勞斯「以他個人獨有的風格愉悅地」對畢勤說道：「想不到除了我之外還有人能寫出這麼優美的樂曲。」普契尼 (Giacomo Puccini) 與史特勞斯是同時代的人物，但史特勞斯從未聽過普契尼的作品，他不知道《瑪儂．雷斯考》(*Manon*) 或《托斯卡》(*Tosca*)，也不曉得《蝴蝶夫人》(*Butterfly*) 或《波希米亞人》(*Bohème*)。義大利歌劇在德國不受重視。不過，史特勞斯倒是相當大方地演出其他當代音樂家的作品。由於德皇的品味主導了柏林皇家歌劇院，因此史特勞斯無法在那裡指揮現代音樂，他於是建立了自己的管弦樂團——音樂家管弦樂團 (Tonkünstler) ——來鼓勵音樂的「進步原則」。在民間金主贊助下，音樂家管弦樂團依照年代順序演出了李斯特所有的交響詩與史特勞斯自己的作品，並且將柴可夫斯基 (Tchaikovsky)、布魯克納、胡戈．沃爾夫 (Hugo Wolf) 與愛德華．艾爾加 (Edward Elgar)

的作品引介到柏林，雖然未能演出德布西的作品，但至少介紹了他的前輩夏龐蒂埃（Marc-Antoine Charpentier）與丹第（Vincent d'Indy）。有一次，史特勞斯訪問倫敦期間，在埃德加・史拜爾與愛德華・艾爾加陪同下參觀了國家美術館，一行人在丁托列托（Tintoretto）的《聖喬治與龍》（"St. George and the Dragon"）前面停下腳步，史拜爾說：「在這裡我們看到了一個革命者，他在偉大的威尼斯時代的末尾做出了種種創新。我們是否能說，丁托列托之於繪畫，正如我們的朋友理查・史特勞斯之於音樂？」史特勞斯被這句話嚇了一跳，當他們看完展覽，準備出館時，史特勞斯又走到畫前，他再度端詳良久，然後叫道：「史拜爾說得對。我就是樂壇的丁托列托！」

站在這樣的高度上，史特勞斯開始願意而且毫不吝惜地鼓勵其他較不知名的音樂家。一九〇二年，史特勞斯在杜塞道夫（Düsseldorf）聽了艾爾加根據樞機紐曼的詩創作的《傑若提斯之夢》（*Dream of Gerontius*）之後，他提議舉杯祝賀「第一位英國進步派大師愛德華・艾爾加與英國年輕進步派作曲家身體健康事業成功」。史特勞斯的致敬震撼了樂壇，也照例引發樂評家的不滿，但史特勞斯就是樂於挑釁這些人。雖然不喜歡這樣的恭維之詞，全英國還是感到受寵若驚。史特勞斯也同樣欣賞超現代的荀白克，荀白克實驗的無調性音樂讓他留下了深刻的印象，他因此協助這位年輕作曲家取得李斯特獎學金，甚至讓他擔任柏林史登音樂學院（Stern Academy）的作曲學教授。一九〇二年，馬勒《第三號交響曲》在科隆首演，史特勞斯走到臺上，在所有聽眾面前鼓掌叫好，為馬勒的成功奠定基礎。從一九〇〇年開始，史特勞斯擔任李斯特成立的德國音樂協會（Allgemeiner Deutscher Musikverein）會長，他在協會舉辦的音樂節期間邀請國外作曲家前來演出他們的新作品。一九〇〇年，史特勞斯邀請西貝流士演出《圖奧內拉的天鵝》（*Swan of Tuonela*），西貝流士發現史特勞斯「極為和善」。當史特勞斯在音樂會中親自走上指揮臺時，管弦樂團會三次號角齊鳴迎接他的到來，觀眾也會起立向他致意。

在英國與美國，史特勞斯有著很高的知名度而且被捧為名人。一九〇三年，倫敦舉辦為期三天的史特勞斯音樂節，演出他從《來自義大利》到《英雄的生涯》的所有作品。史特勞斯曾跟羅蘭提到，他「很喜歡」英國人。理由之一是英國人讓旅行變得便利舒適，例如在埃及這樣的地方，「你也可以找到乾淨的房間與現代的設施」。對史特勞斯來說，這證明了英國人是優越種族，如果根據尼采的學說，在南非戰爭期間，能獲得德國支持的應該是英國人而非波耳人。「波耳人是野蠻民族，落後，依然生活在十七世紀。英國人文明而且強盛。強者獲勝是徹頭徹尾的好事。」

在倫敦，史特勞斯得到埃德加·史拜爾的殷勤招待，史拜爾是財團的領導人，他不僅擁有女王音樂廳（Queen's Hall），也擔任女王音樂廳管弦樂團的經理。史拜爾的妻子婚前是一名職業小提琴家，婚後兩人定居於格羅夫納廣場，這裡是英國音樂與藝術上流社會的中心。在這裡，史特勞斯可以見到亨利·詹姆斯或德布西，聆聽葛利格夫人演唱她丈夫的曲子，與約翰·薩金特共進奢華的晚餐，對薩金特來說，繪畫是他的職業，但音樂與美食才是他的最愛。史特勞斯注意到有個吉普賽樂團一直遊蕩於倫敦各地彈奏西班牙音樂，他提議讓樂團參加史拜爾的派對，只是必須躲在花園裡演奏，此舉引發薩金特的好奇心，讓他在晚宴時一直想跑到窗邊查看音樂的來源。

在美國，自從一八八四年西奧多·湯瑪斯（Theodore Thomas）指揮芝加哥交響樂團演奏史特勞斯的F小調交響曲與一八八八年德國出生的埃米爾·保爾（Emil Paur）指揮波士頓交響樂團演奏他的《來自義大利》之後，史特勞斯的曲子便開始廣為人知與獲得演出。湯瑪斯與保爾之後加入紐約愛樂，他們就像一開始一樣繼續演出史特勞斯的作品，一九〇四年，史特勞斯的最新作品《家庭交響曲》(*Sinfonia Domestica*) 在美國首演，作為紐約史特勞斯音樂節的一場重要演出。史特勞斯受邀指揮這首新曲子，之後又受邀在芝加哥舉行一場音樂會。二十多年來，湯瑪斯一直是史特勞斯忠實的崇拜者，他認為史特勞斯的事業發展至今，已使他成為「當代最偉大的音樂家，以及人類有史以來最偉大的音樂先驅」。

隨著美國的商業大亨攢積了大量財富，美國也開始產生音樂與藝術的新聽眾與新觀眾，以及支持音樂與藝術的新來源。這是一段支出龐大與充滿偉大觀念的時期。當紐約三一教堂 (Trinity Church) 的教區長想要一座新的講道壇時，他請求大名鼎鼎的麥金、米德與懷特建築師事務所 (McKim, Mead and White) 為他設計一座「位置恰到好處，巨大、廣闊、寬敞、簡單卻又華麗」的講道壇。當同樣這位麥金建築師蓋好波士頓公共圖書館 (Boston Public Library) 時，人們特別豎立了一個牌匾表揚他設計出「宏偉寬敞」的空間。宏偉寬敞成了一種潮流。路易斯．蒂芙尼 (Louis Tiffany) 為自己設計了一棟房子，這棟房子有著宮殿式的階梯，樓梯旁的牆壁居然鑿空，裡面有著完整的蘇丹黑人小屋，樓梯往上通往大廳，大廳極其廣大，在昏暗燈光下，幾乎看不見天花板。在大廳中央，一座黑色煙囪高高聳立，彷彿直通天際，四座巨大的壁爐燃燒著，每一座都發出不同顏色的火焰，懸掛的蒂芙尼玻璃吊燈透著神秘的光芒，不知隱身何處的風琴手演奏著《帕西法爾》(*Parsifal*) 的前奏曲。

銅王、鐵路大亨與其他大資本家補助了幾個重要的美國管弦樂團，這些樂團為音樂會提供了門票與版稅這些重要的額外收入來源。史特勞斯樂於參加這些音樂會，而前往參加音樂會的美國民眾則屏息等待這位「當代最傑出的作曲家」能如《哈潑週刊》所言，向他們吐露「最深刻的意義」，讓他們一窺「崇高的端倪」。

《家庭交響曲》在首演時就明顯觸及到荒謬的部分。雖然史特勞斯在演出這首曲子時已決定不附節目單，讓聽眾把這首曲子當成「純粹音樂」來欣賞，但在此之前史特勞斯卻已經告訴一名受訪者，《家庭交響曲》描繪的是「我的一日家庭生活」，裡面三個人物形式分別代表了「爸爸、媽媽與嬰兒」。在首演時，這首曲子只以導奏與詼諧曲、慢板、雙重賦格與終曲的方式來呈現，但史特勞斯還是跟以往一樣，很快就被迫對隨後的演出發表一份官方說明，指出了曲子描述的各個場景，如澡盆裡的嬰兒、父母的喜悅、叔叔嬸嬸對家人之間的相似程度——「就像他爸爸一樣！」「就像他媽媽一樣！」——與其他類似內容的爭論。雖然搖籃曲與愛的二重奏堪稱史特勞斯最優美的溫柔旋律，但聽眾留下最主要印象還是重擊、尖叫與刺耳的混亂，令人聯想到瘋狂的馬戲團表演。如果這就是德國人的家庭生活，那麼就不難了解德國的歷史為什麼會如此。《家庭交響曲》的演奏時間甚至比《英雄的生涯》長，而且讓絕大多數聽眾感到震驚與冒犯。幾個月後，《家庭交響曲》在倫敦演出，一名知名但未透露姓名的指揮家對畢勤說：「就算印度所有的神象在相同的時間被趕到恆河裡，牠們發出的叫聲也沒有這個澡盆裡的巴伐利亞小嬰兒的叫聲一半吵。」澡盆的流水聲與鬧鐘的聲音不是華格納所謂的「音樂材料」。新世紀的庸俗似乎突然間被新世紀最傑出的作曲家確認。史特勞斯並未看出問題所在。「我不知道為什麼我不應該寫一首關於自己的交響曲，」他對羅蘭說道。「我覺得自己就跟拿破崙或亞歷山大一樣有趣。」

史特勞斯提到這兩名世界征服者，其實具有一定的象徵意義。在這個時期，德國在音樂上的優越表現開始令其他民族感到惱怒。「德國樂壇總是把剛竄起的德國音樂家放在臺座上，好讓自己能膜拜他，」一九〇三年，葛利格在給戴流士的信上寫道。「華格納死了，但他們一定要找個東西來滿足他們的愛國主義，就算是個代用品也聊勝於無。」一九〇五年，在當時為德國領土亞爾薩斯的首都史特拉斯堡（先前為法國所有）所舉辦的音樂節，其宗旨是要透過藝術結合法國人與德國人。然而，在三天的節目中，演出的法國曲子只有兩首，第一天開場是韋伯，終場是華格納，第二天是布拉姆斯、馬勒與史特勞斯，最後一天完全是貝多芬。音樂節從華格納作品中選出的是《紐倫堡的名歌手》的最後一幕，漢斯·薩克斯（Hans Sachs）抨擊外國人的虛假與輕佻，一名聽眾覺得這種做法相當「失禮」。

世人對德國越來越感到惱火，外國的樂評家也急著尋找證據證明史特勞斯的靈感正在衰竭。每個人都在批評《家庭交響曲》。紐曼對於「天才作曲家竟然會淪落至此」感到震驚，吉爾曼則透露德國令其他國家感到憤怒的程度。吉爾曼引用馬修·阿諾德的說法，大意是說，條頓主義總是傾向於「醜惡與低劣」，「唯有跟條頓人一樣愚蠢的條頓人」才會寫出《家庭交響曲》這種東西。

「時代精神」不需要爸爸、媽媽與嬰兒。大量物質主義醞釀的不安，正在藝術家心中產生一股撼動世界的渴望，他們想撕開與粉碎資產階級舒適的厚被子。跟以往一樣，史特勞斯感受到這股氣氛，並且做出回應。《家庭交響曲》的陳腐平庸震撼了聽眾，但現在史特勞斯覺得有必要讓聽眾不知所措與驚

骸，於是他直接從巴伐利亞的家庭生活轉向墮落而淫蕩激情的主題，根據奧斯卡．王爾德作品改編的《莎樂美》(*Salome*)。

在戲劇中，王爾德極力呈現出情慾與陰森，《莎樂美》因此表現出對純粹感官的追求，致力營造波特萊爾所說的「在腐敗中閃現的磷光」。原劇本在一八九一年以法文寫成，一年後在倫敦排演，由莎拉．伯恩納飾演莎樂美，但遭到宮務大臣（Lord Chamberlain）下令禁演，理由是這齣戲褻瀆了施洗約翰。這部劇作出版時（王爾德的朋友拿到的是以骨螺紫與銀色裝訂的版本），《泰晤士報》抨擊《莎樂美》「血腥而殘暴、病態、詭異、令人厭惡而且非常冒犯」。一八九四年，阿爾弗雷德．道格拉斯勳爵翻譯的英譯本問世，該書插圖由當時最真實的頹廢者奧伯利．比亞茲萊（Aubrey Beardsley）負責繪製，充分反映了邪惡的感官肉慾。比亞茲萊的插圖中有三幅被出版社以「下流淫穢」為由予以退回。一八九六年，當王爾德被關在瑞丁監獄（Reading Gaol）時，演員兼經理人呂涅—波埃（Lugné-Poë）在自己位於巴黎的作品劇場（Théâtre de l'Oeuvre）演出《莎樂美》，他自己飾演希律（Herod），但戲裡卻沒有伯恩納。這部頹廢的精華作品透出的腐敗氣味使其無法獲得成功。然而，在德國，《莎樂美》卻迎合了德國人對可怕事物的渴望，因此找到了立足之地。一九〇一年，《莎樂美》首次在德國的布雷斯勞（Breslau）演出，但真正的成功卻是在一九〇二年，馬克斯．萊因哈特（Max Reinhardt）在他位於柏林的小劇場（Kleines Theater）推出這齣劇作，史特勞斯就是在這裡看到了《莎樂美》。

王爾德的《莎樂美》與其說是劇作，不如說是詩，是華麗的展現，是文字的狂歡，在紙面上是成功的，但搬上舞臺卻令人困窘。《莎樂美》表現出各種奇妙的景象，莎樂美的眼睛、頭髮、四肢與身體都流露出火熱與索求的情慾與對施洗約翰（Iokanaan）的愛，希律王渴望得到他的繼女，莎樂美誘人的舞姿激起希律王的慾望並且讓她實現自己的恐怖渴求，黑色劊子手從坑中高舉粗壯的手臂，手裡拿著嘲弄莎樂美的先知血淋淋長滿鬍子的頭顱，莎樂美對著淺盤上的頭顱宣洩她的戀屍癖，最終征服了死者的嘴唇，最後的高潮是希律王在恐懼與悔恨下下令，「殺了那個女人！」士兵們於是用盾牌打死了莎樂美。肉體與血腥的演出，取悅了柏林的觀眾。王爾德的月光幻想曲在德國獲得充分的欣賞與驚人的成功，一連演出了兩百場。

羅蘭早已察覺到德國內部這種病態的暗流，到了新世紀的第一個十年，這股暗流已變得越來越明顯。隨著德國越來越富有、強大與傲慢，這股暗流也跟著成比例增強，彷彿工業如此成功與軍事如此強大的壓力正創造出一種內在反應，讓這些自制、富足、有禮與守秩序的德國人必須否定與暴露在自己內心深處不斷蠕動的蟲子與熱情。彷彿俾斯麥必然會產生克拉夫特—埃賓（Krafft-Ebing）。事實上，克拉夫特—埃賓於一八八六年完成的《性精神病態》（*Psychopathia Sexualis*）為德國戲劇——德國當時最具活力的民族文學形式——提供了大量聳人聽聞的題材。

戲劇與音樂、歌劇一樣，都是德國人的重要娛樂，從一八九〇年代開始，戲劇突然在易卜生帶領下掀起一波問題劇（problem plays）浪潮，同時在舞臺表演技藝上也出現新的表演與實驗風格。一八八九年，柏林的自由舞臺（Freie Bühne，獨立劇場）仿照巴黎自由劇場的模式成立，主張寫實主義與自然主義路線，開幕時演出了易卜生的《群鬼》（*Ghosts*），之後又上演了霍普特曼的第一部劇作《日出之前》（*Before Dawn*）。此後，劇場如雨後春筍般大量出現。社會的面具被摘下，而「人內心的獸性」——

左拉的目標——則被熱切地加以揭露。除了易卜生的作品，一些劇場也上演了史特林堡殘酷的《茱莉小姐》（*Miss Julie*）、托爾斯泰的《黑暗的力量》（*Powers of Darkness*）、左拉的《特萊絲．拉岡》（*Therèse Raquin*）、梅特林克、鄧南遮與馮．霍夫曼史塔（von Hofmannsthal）的象徵主義與新浪漫主義戲劇、易卜生的門徒蕭伯納的社會性劇作、維也納的亞瑟．史尼茲勒（Arthur Schnitzler）的世俗諷刺劇，以及大量的德國悲劇。學生的舞臺劇社團重新演出了《伊底帕斯王》（*Oedipus Rex*）與尤里比底斯（Euripides）的作品，現代劇團的巡迴演出把新戲劇帶到了各地鄉間，民眾劇場如自由人民舞臺（Freie Volksbühne）則與社會主義結盟，之後新自由人民舞臺也仿效這種作法。一八九五年，埃恩斯特．馮．沃爾佐根（Ernst von Wolzogen）在慕尼黑成立了親密劇場（Intimes Theater），他是史特勞斯歌劇《火荒》的劇本作者。一九〇二年，萊因哈特為了讓實驗性劇作也能產生同樣的親密氣氛，於是成立了小劇場，除了《莎樂美》外，他也演出了馬克西姆．高爾基的《底層》，這部作品描繪了社會渣滓的可怕樣貌。

悲劇是德國戲劇的主軸。結尾皆大歡喜的社會喜劇不是德國戲劇的主流。德國人的喜劇局限在插科打諢，不是讓人感到不快，就是讓人感到粗俗。德國人的悲劇不像易卜生那樣帶有治療作用，也不像契訶夫那樣具有同情性質，德國人的悲劇過度強調人與人之間的殘酷，著重人性傾向於自我毀滅與死亡的一面。謀殺、自殺或一些令人難以理解的死亡原因幾乎成了一八九〇年代與二十世紀初所有德國戲劇的結局。在霍普特曼的《漢內雷升天》（*Hannele*）裡，身為主角的孩子在救濟院裡因為遭到忽視與虐待而死，在《沉鐘》（*Sunken Bell*）裡，海因里希的妻子投湖自盡，海因里希自己則喝下毒酒，在《羅澤．伯恩德》（*Rose Bernd*）裡，受到誘惑又遭到遺棄的羅澤勒死自己新生的孩子，在《車伕亨舍爾》（*Henschel*）

裡，亨舍爾背棄自己死去的妻子娶了一名放蕩的女子，這名女子未好好照顧亨舍爾的孩子而讓孩子死亡，亨舍爾因此上吊自殺，在《米夏埃爾．克拉默》（*Michael Kramer*）裡，一個敏感的兒子在專橫的父親逼迫下自殺，在盛產這類父親的德國，這成了相當流行的主題。在蘇德曼的《瑪格妲》（*Magda*）裡，由於父親發生致命的中風，才讓他無法開槍打死自己與女兒，他的女兒不用說，一定是未婚懷孕，這是德國戲劇中女性主角不變的命運。在這種環境逼迫下，女主角一個接一個地陷入歇斯底里、瘋狂、犯罪、監獄、殺嬰與自殺。在蘇德曼的《所多瑪的結局》（*Sodoms Ende*）裡，雖然模式稍有不同，但結局還是一樣，一名放蕩的年輕藝術家被銀行家的妻子敗壞，導致收養的妹妹自殺，而他自己也因腦出血而死。在韋德金德（Wedekind）的《春的覺醒》（*Frühlings Erwachen*）裡，首次有劇作家試圖突破窠臼，青少年的性探索不同於成人的淫蕩好色，卻造成巨大的災難：十四歲的女主角懷孕，因為明顯不當的墮胎方式而死亡；男孩遭到退學，被父母送進感化院；他的朋友無法承受人生而自殺，並且再度出現在墓園裡，他的頭夾在自己的腋下，這個結尾的場景充滿了隱晦的象徵主義。劇中還有第三個男孩，他對著赤裸的維納斯畫像自慰，藉此宣洩他的熱情，之後他把畫像丟進馬桶裡。一八九一年，《春的覺醒》首次上演，引起了轟動，書籍則再版了二十六次。

韋德金德與史特勞斯出生在同一年，他是個深具陰暗天賦的作家，曾當過演員、記者、馬戲團公關，也曾在超級表演秀當過可怕民謠歌手，並且因為在《阿呆》雜誌工作犯了「大不敬罪」而被判入獄服刑。亨利．詹姆斯在形容自己時曾說，「我有著災難的想像力，我認為人生充滿了殘暴與邪惡」，但這句話其實反而適合放在韋德金德身上。如果以性教育為藉口，《春的覺醒》起碼還算是一種社會訊息，帶有一種憐憫的性質，但在這部劇作之後，韋德金德表現的就全然是殘暴與邪惡。佛洛伊德在審慎研究下發現潛意識的那一年，韋德金德已然對潛意識提出極為糟糕的看法，他剝除了潛意識理論的外衣，顯示潛意識是純粹的邪惡。一八九五年後，韋德金德的劇作完全沉溺於墮落與變態的內容，他不做任何說理，直言人性的邪惡。在《地靈》（*Erdgeist*）及其續作《潘朵拉的盒子》（*Die Büchse der Pandora*）的世界裡，皮條客、惡棍、妓女、敲詐者、殺人犯與劊子手圍繞著女主角露露（Lulu），露露是色慾的化身，無論是異性戀還是同性戀都想從她身上得到滿足。露露穿梭於妓院與低級酒吧，她經歷了誘姦、墮胎、虐待狂、戀屍癖與女色情狂，當時的劇評家描述露露的冒險過程是「一股性慾的洪流打在瘋狂與犯罪的嶙峋岩石上，頓時化為一攤泡沫」。性的基本功能不是創造而是毀滅，它帶來的不是生命而是死亡。露露的第一任丈夫死於中風，第二任丈夫因為露露的不誠信而割喉自殺，第三任丈夫發現露露與他的兒子偷情而被露露殺害。在歷經牢獄、墮落與賣淫生活之後，露露終於毫不意外地在色慾力量最後一次致命的爆發中，被開膛手傑克殺死，在此同時，另一個風格截然不同的劇作家蕭伯納卻稱頌這股力量是生命力量（Life Force）。

尼采的思想仍全面而深入地影響這個世界。蕭伯納的《人與超人》（*Man and Superman*）從尼采的學說中提煉出屬於自己的哲學觀念，但德國人卻對尼采的思想照單全收。尼采否定習以為常的道德，他的原意是以此為踏腳石，讓自己邁向更高的領域，但德國人卻解讀成要成為超人必須先在骯髒的底層打滾。蘇德曼引用尼采的話，「只有在野蠻的邪惡森林裡，才能征服新的知識領域」。姑且不論知識領域，至少在藝術領域上，同樣的森林誘惑了法國的頹廢派人士與英國的美學家投入這場運動，然而隨後王爾德的審判突然終止了這一切。在德國，這場運動一直延續到新世紀，韋德金德以一種受挫的殘暴將這場運動推向新的極限。它是一種反對德國全面物質勝利的叛亂形式，它察覺到在十二道菜的晚宴、壯觀的軍事檢閱、「鐵與血」的誇示背後，有事情不對勁。韋德金德這類人是窺探人性黑暗之人（*Schwarzseher*）。與主流的自信力量與好戰情緒相比，韋德金德代表的潮流可謂微不足道，但他們感受到災難的威脅，察覺到眼前的城市隨時可能付之一炬，也發現到尼祿主義已隱約可見。

史特勞斯的觸鬚捕捉著空氣中瀰漫的一切事物，這一次他鎖定了《莎樂美》——作為歌劇而非交響詩的主題。史特勞斯運用比以往更多的樂器，他寫下極為困難的樂譜並且誇大管弦樂團的不和諧，有時甚至讓樂團分裂，自己對抗自己，演奏出兩種劇烈敵對的曲調，彷彿要藉由驚嚇聽眾來表現主角的恐怖。樂器為了符合新的要求而必須加以扭曲，大提琴要達到小提琴的音域，長號要像長笛一樣躍動，定音鼓被賦予了前所未有的複雜任務。音樂的結構令人眼花繚亂。史特勞斯在聲樂上下的功夫不下於管弦樂團，隨著戲劇的情節更加墮落，歌手也必須變得更具表現力。莎樂美最後對割下的頭顱唱的歌令聽者感到戰慄，歌聲中呈現的邪惡之美足以與王爾德的文字相應：

啊，約翰，你為何不看著我！如果你看著我，你就會愛上我。我渴求你的美麗；我渴求你的身體，洪患或大水都無法澆熄我的熱情……啊！約翰，我已經親吻你的嘴，我已經親吻你的嘴。

跟倫敦一樣，柏林與維也納也基於褻瀆的理由拒絕讓《莎樂美》演出，但史特勞斯忠實的支持者，德勒斯登皇家歌劇院（Dresden Royal Opera）指揮埃恩斯特．馮．舒赫（Ernst von Schuch），卻同意在一九〇五年十二月九日演出這齣歌劇。《莎樂美》只有一幕，時間長達一小時四十分，沒有中場時間，觀眾的感官因此毫無喘息的空間。施洗約翰的頭顱，寫實地表現出死亡的蒼白，上面還點綴著些許血塊，就這樣完整地呈現在觀眾面前；莎樂美身上的七層紗，要在希律色瞇瞇的眼神注視下，逐件地褪去。莎樂美死於士兵盾牌之下，讓人有一種惡人受懲大快人心的感覺。觀眾的反應極度熱情，竟然讓演員與作曲家謝幕了三十八次。《莎樂美》隨後在德國其他城市演出依然獲得巨大的成功，對史特勞斯來說，即便遭遇禁演與審查制度的刁難，票房進帳依然十分豐厚，未受到嚴重影響。在維也納，由於大主教的反對而被下達禁演的命令，但在柏林，針對皇后的強烈反對，各方達成了妥協的方案，內容有點類似於教會處理《雅歌》（*Song of Solomon*）的方式。准許演出的條件是，當莎樂美死時，天上必須出現伯利恆之星（star of Bethlehem），用來表現施洗約翰死後戰勝了不自然的熱情。

儘管如此，德皇還是感到不悅。雖然德皇喜歡向大臣開一些人身攻擊的玩笑，讓他們困窘不已，但德皇本身的道德觀卻比英王愛德華更具有維多利亞時代色彩，而且他娶的女人還是德國資產階級的楷模。皇后奧古斯塔（Augusta），又稱多娜（Dona），是個樸素、親切的女人，她為德皇生了六個兒子與一個女兒，她對家庭以外的事物完全不感興趣，在每個場合都會戴著有羽飾的帽子，即使在遊艇上也不例外。這些帽子其實都是德皇選的，她每年生日德皇都會親自挑選十二頂帽子送她，因此她必須出門就戴這些帽子。皇后在歷史上唯一留下的紀錄是她堅持房裡必須擺雙人床，由於她在就寢時經常跟德皇討論家裡的事，導致德皇第二天心情不佳，首相比洛因此建議，為了國家好，希望兩個人分房睡。但這違背了皇后的信念，皇后堅信一個好的德國丈夫與妻子必須睡在一起，比洛的建言因此未被採納。在《莎樂美》之前，史特勞斯的歌劇《火荒》已經冒犯過皇后一次，《火荒》的主題帶有淫穢的意涵，提到處女必須獻出貞操才能讓村子有火可用，皇后要求取消《火荒》的演出，此舉導致皇家歌劇院的院長辭職以示抗議。當德意志劇院（Deutsches Theater）演出霍普特曼的《織工》為一八九〇年代中期的社會主義抗爭歡呼時，德皇也移除了該劇院的皇室紋章。十年後，當德皇還用同樣的道德理由打壓德國頂尖作曲家的歌劇時，不免要遭受《摔碎聲》（*Kladderadatsch*）與其他桀傲不遜的雜誌的尖酸嘲弄。在接受妥協方案之後，德皇表示：「我對於史特勞斯創作《莎樂美》感到遺憾。這將對他的名聲造成很大的傷害。」史特勞斯聽了之後卻表示，《莎樂美》讓他有錢在加爾米施蓋一棟新別墅。

在德國以外品味較為拘謹的地區，《莎樂美》成了「音樂世界的風暴中心」。一九〇七年一月二十二日，在紐約大都會歌劇院（Metropolitan Opera），觀眾忐忑不安地等待帷幕升起，大家心中都有「不好的預感」，不久，他們的預感成真。樂曲描繪的「精神病態實在太恐怖也太反常，令人說不出話來」，樂評家飽受折磨，幾乎無法專注看戲，這齣歌劇的音樂雖然令人讚嘆，但樂器的運用極其反常，「讓人的心智深受摧殘，神經也遭到損害」。《莎樂美》的主題並不像一般音樂素材應有的反映人性，相反地，觀眾幾乎一致認為這齣戲是「醜怪的」、「如同瘟疫一般」、「不可忍受且令人厭惡的」、「惡臭的、有毒的、邪惡的與極度妄想的」。這齣戲的「病態色情」不適合作為「潔身自愛的男性之間的交談內容」，而舞蹈本身「應該禁止西方女性觀看」。報章雜誌「基於義憤」紛紛表示《莎樂美》在德國賣座，不表示美國就必須買單，大都會歌劇院也為這場風波致歉並且中止後續的演出。

倫敦甚至要等到三年後才允許演出。一開始官方還是禁止，但在阿斯奎斯夫人協助下終於克服難關，阿斯奎斯夫人邀請柯芬園（Covent Garden，即英國皇家歌劇院）的指揮畢勤造訪他們的鄉村別墅，以尋求首相阿斯奎斯的支持。畢勤演奏了阿斯奎斯唯一知道的曲子《唐懷瑟》的進行曲，並且向他保證喜歡這首曲子絕不會讓人覺得庸俗，之後他又解釋史特勞斯是「當今最知名與眾所公認最偉大的作曲家」，這才取得阿斯奎斯的支持。在徵詢宮務大臣的意見之後，決定歌詞的內容必須改動，把莎樂美表現肉體慾望的歌詞改成尋求靈性的指引，而為了避免出現褻瀆的問題，又額外要求莎樂美最後必須對著沒有頭顱的空托盤唱歌。

史特勞斯在《莎樂美》挖到了金礦，但下一個王爾德在何處呢？此時出現了一個人選，他的作品似乎有可能超越《莎樂美》。胡戈．馮．霍夫曼史塔（Hugo von Hofmannsthal）是維也納的年輕詩人與天才，一九〇〇年，當霍夫曼史塔與史特勞斯初次見面時，霍夫曼史塔已相當有名，當時他二十六歲，史特勞斯比他年長十歲。霍夫曼史塔的祖母是義大利人，他自己則是個改信的猶太人而且被封為男爵，霍

夫曼史塔體現了維也納兼容並蓄的精神。霍夫曼史塔十六歲時，他朗讀自己的第一首韻文劇作給亞瑟．史尼茲勒聽，當時他還是文理中學的學生，史尼茲勒聽了之後覺得這是他「人生首次遇見的天才」。兩年後，一八九二年，霍夫曼史塔以筆名「洛里斯」（Loris）發表了兩篇韻文劇作《昨天》（*Gestern*）與《提香之死》（*Der Tod des Tizian*），風靡了維也納的前衛文學雜誌《青年維也納》（*Jung Wien*），他的作品蘊含的世故老成與消沉倦怠，讓年輕知識分子領袖赫曼．巴爾（Hermann Bahr）誤以為作者一定是個五十歲有頭銜的外交官。當巴爾發現作者只有十八歲時，他覺得難以置信，「一個奇怪的年輕人……只要一點點的刺激就能激發他的靈感，但他的心靈依然維持冷靜，使他能充分發揮他的智性」。霍夫曼史塔是個自我放縱的人，年輕的他儼然已經通曉世事，「然而過分的早熟卻也十分可悲」，霍夫曼史塔彷彿是愛德華時代的維特與維也納的道林．格雷（Dorian Gray）的結合體。就像王爾德一樣，霍夫曼史塔也是個語言藝術家，他驅遣德文宛如彈奏豎琴，一八九三年，他的下一部劇作《死神與愚人》（*Tod und der Tor*）確認了他是一名能讓德文聽起來也能像義大利文一樣和諧悅耳的詩人。當為文字而文字的時候，結果可能讓文字像音樂一樣動聽，但思想可能十分晦澀。一九〇五年，霍夫曼史塔寫了一篇關於王爾德的隨筆，雖然他無意間模仿了他的對象，但文章仍相當完美，「了解生命舞蹈力量的人不畏死亡，因為他知道愛可以抵銷一切」。在當時的人眼裡，霍夫曼史塔簡直是「絕對的詩的完美的化身」。當時的詩文圈以慕尼黑的施特凡．格奧爾格馬首是瞻，身為新進者的霍夫曼史塔開始潛心研究象徵問題與「面具的真相」的弔詭。身為維也納人，霍夫曼史塔也無法擺脫這個歐洲最古老帝國的首都所充斥的悲觀主義。

維也納，奧匈帝國皇帝的居城，拿破崙時代之後重新團結歐洲的會議召開地，它的榮耀已不復以往。數百年來，維也納一直是各種族混居的中心，也是內心不安的各民族勉強效忠的對象，這座奧匈帝國首都面臨太多與太難解決的政治生活問題，為了逃避這些問題，於是將精力轉移到其他事物上：文化與藝術鑑賞，調情，強調修養與優雅，看重音樂勝於一切。步調緩慢，態度輕慢，抱持著享樂主義與漠不關心的宿命論。維也納是食蓮者的國度，是「心靈的卡普阿（Capua）」。*一九〇五年，奧匈帝國皇帝已經七十五歲，在位五十七年來，他一直致力統合難以治理的帝國各領域。他的皇后精神不太穩定，卻不幸遭無政府主義分子刺殺身亡。他的宮廷不斷退縮，最後完全由貴族組成，而且每個大臣的祖先四代全是純粹的貴族。從各方面來看，這個地方顯然即將步入終點；每個人都心知肚明，但沒人點破。維也納瞧不起柏林，認為後者是暴發戶，粗鄙而沒有文化，這種情緒充分表現在流行歌曲上：

世上只有一座帝都，
它的名字是維也納；
世上只有一處賊窩，
它的名字就叫柏林。

在這座貝多芬的城市裡，音樂與歌劇的地位至高無上，街上的民眾討論在普拉特遊樂園（Prater）

* 前者指麻醉自己逃避現實。後者指心靈的沼澤。——譯者註

演奏的幾個樂團彼此間的優缺點。藝術與藝術家都受到重視。維也納對於在政治、政府與道德層面「表現不佳的人有著較多的包容……但在藝術層面則是不假辭色，因為事關城市的榮譽」。這項榮譽由資產階級與有教養的猶太人加以維持，他們是藝術活動的新贊助者。弗朗茨．約瑟夫從不讀書，而且對於音樂感到厭惡。貴族不僅與藝術和知識生活保持距離，甚至恐懼與輕視它們。儘管如此，在歐洲，奧國貴族擁有最傑出的社交手腕，當西奧多．羅斯福被問到，在歐洲之行中，他覺得哪一類人最談得來，他回道：「奧國紳士。」

在國內事務上，最強大的政治情感是反猶太主義，雖然人們對於這種想法毫不避諱，但與其說是熱烈倡議，不如說是一種生活態度。卡爾．魯格（Karl Luger）相貌英俊，留著金色鬍子，他是維也納市長，也是基督教社會黨（Christian Socialist party）的領袖，他領導反猶太主義，不過這比較像是官方的態度，而不是他個人的立場。他曾說：「誰是猶太人，由我決定。」魯格又稱為「美麗的卡爾」，他是維也納最受歡迎的男人，他在一九一〇年的葬禮是維也納的重大活動。儘管面臨種種不利條件，占維也納一成人口的猶太人卻是維也納文化的重要養料。他們在新聞、戲劇、音樂、文學、金融、醫學與法律上居於領導地位。維也納宮廷歌劇院的指揮與奧國重要作曲家古斯塔夫．馬勒是猶太人，維也納最真實的鏡子亞瑟．史尼茲勒也是猶太人。

與契訶夫一樣，史尼茲勒也是一名醫生，他有著與契訶夫相同的憂鬱氣質，使得他的文字傾向於諷刺與嘲弄。除了在悲劇《伯恩哈迪教授》（*Professor Bernhardi*）提到猶太醫生雖然接受同化，但同化得不夠徹底的悲慘故事外，史尼茲勒劇作的主人翁基本上是風流男子或追尋愛情、藝術與生活意義之人，而這些人最終都會跟維也納一樣，對於追求的一切感到有些倦怠。這些人物深具魅力、善良、聰明而且世故，他們機智、善變、有禮、不講道德，他們是典型的維也納靈魂，與維也納一樣困乏。《出路》(*Der Weg ins Freie*) 的主角與情婦前往西西里島度過一段「憂鬱且相當乏味」的旅程，之後兩人分手，主角返回維也納後過了六個月，他提醒自己自從回來之後就沒有做什麼正經事，「他在巴勒摩 (Palermo) 起風的早晨聽著海浪拍打沙灘的聲音」，然而此時的他就連傳達這份意境的「悲傷慢板」都寫不出來。他一直執著於「生活在夢境裡漫無目的的存在方式」。討論到地方議會的激烈辯論時，他對一個問題做出回應：「激烈?嗯，要說激烈也沒錯，但我們奧地利說的激烈，指的是表面上說些冒犯的話，但心裡面卻漠不關心。」

首次與史特勞斯見面之後，霍夫曼史塔寄了一部芭蕾舞劇的韻文劇作給史特勞斯，在這部劇作裡，他從沒有對白的舞蹈動作中發現了「酒神之美」。霍夫曼史塔對於純粹藝術並無興趣，也不在意是否能與史特勞斯建立關係，他只希望大師能為他的劇本歌詞譜上音樂。然而，史特勞斯當時正忙著《火荒》與其他計畫而無暇顧及。為了追尋酒神的足跡，霍夫曼史塔開始留意希臘主題，超自然與野獸的關係，悲劇當中的「陽具崇拜」與「病理學和犯罪心理學」這類再度獲得舞臺關注的內容。從中他發現到的不是十九世紀熟知的如大理石般純淨的傳統古典希臘，而是尼采眼中的邪惡希臘，其所蘊含的罪惡、仇恨

與沾染血跡的禁忌熱情促成悲劇的誕生。人類內在具有一種難以控制，不斷鞭策自己走上毀滅的驅力，悲劇便是最早關於這種驅力的陳述。埃斯庫羅斯（Aeschylus）、索福克里斯（Sophocles）與尤里比底斯描寫的核心悲劇，主要涉及阿特柔斯（Atreus）家族的一連串罪惡，從伊菲革涅亞（Iphigenia）被獻祭、阿加曼農（Agamemnon）被謀殺，到厄勒克特拉（Electra）與俄瑞斯忒斯（Orestes）最終的弒母。霍夫曼史塔也遵循這樣悲劇模式，但他的《厄勒克特拉》比較接近愛倫．坡（Edgar Allan Poe）而非尤里比底斯，是一場哥德式恐怖的惡夢，而非人類命運的戲劇。

霍夫曼史塔的舞臺指示描述日落時的宮殿庭院，「斑駁的紅光穿過無花果樹，像血漬般灑落在地面與牆上」。霍夫曼史塔的人物在很多方面超越了莎樂美，對痛苦與慾望的誇張表達；想同時殺死克呂泰涅斯特拉（Clytemnestra）與埃癸斯托斯（Aegisthus）的可怕念頭；回想阿加曼農敞開的傷口；在性慾的意象中，仇恨宛如一名「眼神空洞、吐露著有毒氣息」的新郎，厄勒克特拉將他帶進自己的臥榻，好教導自己「男人與妻子要做的事」。相互的仇恨讓彼此沖昏了頭，母親與女兒像瘋狗一樣繞起了圈子。厄勒克特拉是個發狂的復仇女神，用自己的身體餵食復仇的兀鷹，日落之後，匍匐在阿加曼農墳墓的沙土中，她「為自己的父親嚎哭」，跟狗群一起嗅聞被埋葬的屍體。克呂泰涅斯特拉整個人幾乎已經腐爛，「她的臉浮腫泛黃」，眼皮腫到必須花「極大的力氣」才能睜開。她穿著一身紫色，上面覆蓋著珠寶與護身符，她倚靠著一根象牙拐杖，在後頭提著她的裙裾的是「一個黃色人物，長著一張埃及人的臉孔，擺出了類似蛇的姿勢」。恐怖、惡夢與揮之不去的淫慾讓她生病，她執著地認為必須潑濺鮮血，驅趕獸群前去獻祭，希望若能流淌正確的鮮血，她就能從惡夢裡那些無以名狀的恐怖中解脫。沒有任何話語，沒有任何疼痛哽住了她；事實上，什麼都沒有，但卻讓她如此恐懼，使她的靈魂「渴望吊死自己，她的每一個神經都大聲地呼喊要求死去」。

一個活生生的人，能像一具腐壞的屍體一樣腐壞嗎？
一個完全沒有病的人，身體能夠四分五裂嗎？
神智完全清楚，身體卻像被蛀蟲吃掉的衣服一樣碎裂？

克呂泰涅斯特拉似乎是對歐洲的諷喻，而整齣劇則是窺探人性黑暗之人的高潮，一個災難的末日異象。克呂泰涅斯特拉急於擺脫惡夢，她要厄勒克特拉告訴她，誰必須流血與死亡才能讓她一夜好眠，厄勒克特拉得意洋洋地叫道：「誰必須流血？妳自己的喉嚨！……陰影與火炬該用它們的黑色與緋紅色的網子將妳網羅起來。」

一九〇三年，馬克斯·萊因哈特在柏林演出了《厄勒克特拉》，就在前一年，他演出了《莎樂美》。霍夫曼史塔察覺到這齣戲的可能性。能讓史特勞斯採用為歌劇劇本，就等於「獲得當代最頂尖的名聲」，於是他不斷向史特勞斯請求，希望能將《厄勒克特拉》列為他的下一個計畫。雖然這部劇作吸引了史特勞斯，但由於題材與《莎樂美》類似，因此讓史特勞斯感到猶豫，他決定先尋找其他將人性逼迫到可怕極端的主題。「像切薩雷·波吉亞（Cesare Borgia）或薩佛納羅拉（Savonarola）這類真正狂野的人物才是我現在追尋的對象，」一九〇六年三月，史特勞斯在給霍夫曼史塔的信上如此寫道。史特勞斯在造訪海牙之後，對於林布蘭（Rembrandt）的〈掃羅與大衛〉（"Saul and David"）念念不忘，他打算把「胡言亂語的掃羅」列為可能的計畫。十天後，史特勞斯突然提出另一種想法，「要不要考慮換成法國大革命這個主題呢？」霍夫曼史塔已經完成劇作，他不斷地修改《厄勒克特拉》，雖然上面明顯帶有王爾德的痕跡，但他還是堅持這部劇作真的很不一樣。急於合作的霍夫曼史塔不斷地說服，史特勞斯只好屈服。在此同時，史特勞斯也與主流陣營合作，他為德皇寫了五首華麗的軍隊進行曲，並因此獲頒三等皇冠勳章。

正當史特勞斯創作歌劇《厄勒克特拉》時，一樁重大醜聞傳了開來，將高層的腐敗公諸於世。歐伊倫堡事件涉及的同性戀者處於最靠近德皇的圈子，但這起事件關注的與其說是他們的性向，不如說是高層裡充斥的惡意、陰謀與私人恩怨，讓人看到了德國聳人聽聞的一面。三年前，克虜伯的領導人弗利茨·克虜伯因為被社會黨報紙《前進報》（*Vorwärts*）指控與侍者和男僕有同性戀的行為而自殺。這一次的中心人物是菲利普·歐伊倫堡親王（Prince Philipp Eulenburg），曾在一八九四年到一九〇二年間擔任駐維也納大使，他是個圓滑而有教養的貴族，是德皇來往最久也最親密的朋友，曾在鋼琴伴奏下為德皇演唱美妙的歌曲，也曾給他明智的建言。歐伊倫堡是唯一一位對德皇有著正面影響的大臣，因此自然成為比洛與霍爾斯坦嫉妒的對象，他們懷疑德皇有意任命他擔任首相。這起醜聞的發難者是馬克西米利安·哈登（Maximilian Harden），他是《未來》（*Die Zukunft*）週刊令人恐懼且無所畏懼的主編，據說德國一切腐敗的事物與一切良善的事物都會出現在《未來》的版面上。報導的原因與動機與德國在阿爾赫西拉斯會議的外交挫敗有關，外交挫敗導致大臣間彼此指責，最後使得幕後操縱的霍爾斯坦去職。霍爾斯坦將自己的去職歸咎於歐伊倫堡，但其實他的去職是比洛暗中搞鬼。復仇心切的霍爾斯坦，多年來一直保留了秘密警察檔案，上面記錄了他的同事的私人習慣，此時的霍爾斯坦決定與哈登聯手毀了歐伊倫堡，哈登相信，歐伊倫堡一直勸說德皇以和平方式解決爭端，因此他的影響是有害的。拿到霍爾斯坦的檔案之後，哈登先是嘲諷擔任德皇侍從官的三名年邁伯爵是同性戀，之後逐漸將話題轉移到歐伊倫堡與庫諾．毛奇伯爵（Count Kuno Moltke）的關係上，毛奇綽號圖圖（Tutu），他是「將領中最柔弱纖細的一位」，擔任騎兵旅指揮官與柏林衛戍司令。德皇立即捨棄他的朋友並且逼迫毛奇控告哈登誹謗，而這正是哈登要的，他想藉此毀掉歐伊倫堡。從一九〇七年十月到一九〇九年七月，歷時兩年與四次審判，性變態、敲詐與私人怨恨的證據都呈現在不知所措的民眾面前。證人包括小偷、皮條客與智能不足之人，他們全一口咬定近衛軍有「令人作嘔的雜交派對」，而且表示過去二十年來歐伊倫堡與毛奇一直有著不正常的行為。一名著名的病理學專家講述了醫療細節，毛奇離婚的前妻懷恨在心，她出庭作證，於是又加上了教唆偽證的指控。首相比洛自己則被維護同性戀法律權利的狂熱分子指控為性變態，逼得比洛也必須提出告訴。第一審判決哈登勝訴，但第二審逆轉了第一審判決，到了第三審又再度逆轉，歐伊倫堡生病、失寵又遭到逮捕，他在住院期間硬是被帶到法庭上。民眾對於正義受到傷害感到不安，《未來》的讀者產生一種到處都存在著性變態的印象，德皇與宮廷的威信因此大受打擊。在此同時，在維也納，奧國皇帝的弟弟路德維希—維克多大公（Archduke Ludwig-Viktor），又稱路奇—伍奇（Luzi-Wuzi），也捲入一場與按摩師的醜聞。

在英國，奧斯卡．王爾德的三場審判如火如荼地展開，但不到兩個月就結案；整個體制背棄並且摧毀了王爾德。在德國則是體制本身受到審判。在歐伊倫堡事件審判期間，一九〇八年十月，德皇威廉接受《每日電訊報》採訪，他在談論外交時嚴重失態，發表了比以往更為輕率的看法，而這些看法又被比洛不經意地流出，因此引發各國的憤怒與訕笑，國內有人開始質疑德皇精神是否正常，甚至有人要求他退位。比洛以為自己處理得恰到好處，實際上卻是在帝國議會裡為德皇的行為致歉，德皇為此無法原諒他。受創與憤慨的德皇躲到朋友弗斯滕貝格親王（Prince Fürstenberg）的莊園避風頭，晚宴時，軍事內閣首長許爾森．海瑟勒伯爵（Count Hülsen-Haeseler）穿著粉紅色芭蕾舞裙，頭戴花環，出現在眾人面前，他的「舞姿優美」，大家都看得很開心。結束之時，他突然倒地不起，因心臟病過世。等到醫生抵達時，將軍的屍體已經僵硬，因此眾人費了很大的勁才將他身上的芭蕾舞服脫下，換回原來的軍服，讓他能恢復體面的樣子。對德皇來說，這一年並不好過，儘管六個月後他終於可以逼迫比洛辭職，但一切還是讓他不順心。

統治階級的形象受創，反而使統治階級更加耀武揚威。隨著德皇的威望下跌，支持皇儲的極端好戰分子開始積極運作，皇儲心高氣傲，阿諛者都說他像極了腓特烈大帝（Frederick the Great），事實上只有臉像。自古以來，現任的國王與皇儲總是處於對立狀態，威廉二世與「小威利」（little Willy）也不例外，兩人總是試圖在言語上勝過對方。皇儲說，「我穿上亮晃晃的鎧甲，昂首而立」，德皇也在同一時期說出類似的話。德國民眾意識到自身的力量，在這種情緒下，自然能接受這種毫無節制的大話。德國人知道自己擁有世界上最強大的武力，知道自己是最有效率的商人，最忙碌的銀行家，分布在各個大陸，資助土耳其人，迅速興建從柏林到巴格達的鐵路，在拉丁美洲進行貿易，挑戰大英帝國的海權，在「學問」(*Wissenschaft*) 這個概念下，在智性領域有系統地組織了各個分支的人類知識。德國人有資格也有能力統治這個世界。由最優秀的人進行統治，這件事必須獲得實現。一九〇九年，布蘭德斯提到，在這個時期，尼采對於德國人的心靈有著「無可置疑的影響力」。德國人缺乏與渴求的就是世人能承認他們擁有支配的權力。一旦這一點遭到否認，德國人的挫折感就會越來越強烈，伴隨而來的就是透過武力逼迫世人承認的慾望也會跟著高漲。談論戰爭因此成了德國人的家常便飯。當德皇那批領取羅茲獎學金專惹麻煩的學者喝醉時，他們威脅牛津的同事，「德國陸軍會攻打你們，教訓你們一頓」。一九一二年，德國當時最重要的軍事理論家伯恩哈迪將軍，在他深具權威與廣受推崇的著作中提出下一場戰爭的必要性，而這本書的書名就叫做《德國與下一場戰爭》(*Germany and the Next War*)。

另一個德國，智性與情感的德國，也就是自由主義的德國，這個德國早在一八四八年就已經消失，從此退出競技場，再也未能東山再起，這個德國只以口頭上鄙視軍國主義與物質主義為滿足，而且只會躲在優越精神價值的帳篷底下生悶氣。自由主義德國的代表人物是教授、教士、醫生與律師階級，他們以精神貴族 (*Geistaristokratie*) 自居，認為自己比庸俗的富人、庸俗的貴族與庸俗的群眾來得優越。這些人不關心社會問題，不過問政治，他們只想躲在家裡大談自由主義，他們不想與人爭論，只會提出抽象的理論來反對當權者，他們雖然瞧不起德皇，但也只能在《阿呆》雜誌上畫幾幅反軍國主義漫畫。最能代表他們的人物就是哲學教授格奧爾格．齊美爾 (Georg Simmel)，他講課的教室剛好可以俯瞰菩提樹下大街，講課的時間也恰恰碰上了衛兵換哨的時候。當軍樂隊的樂聲響起，齊美爾會突然停止講課，他會站著一動也不動，「擺出傲慢嫌惡與忍受痛苦的樣子，直到這個野蠻的噪音消失為止」。然後才又開始講課。

一九一〇年，柏林大學慶祝創校百年，校內的學術社群發現留著尖銳八字鬍的德皇穿戴著近衛軍的金色胸甲與金鷹頭盔，身旁的侍從穿著鮮豔的軍服，在長號樂隊的華麗吹奏通報下，大剌剌地走進校園，兩個德國便在此時相遇。校內人士發現德皇的「模樣比諷刺漫畫還醜惡」，內心感到滿足，他們安慰自己，至少往後一百年不會再出現這種侵門踏戶的狀況。

在發行商逐頁收件下，史特勞斯終於在一九〇八年九月完成了《厄勒克特拉》的歌劇樂譜。發行商預期這齣歌劇又會「因為醜聞而賣座」（*succès de scandale*），所以便花了二萬七千美元買下，幾乎是《莎樂美》（一萬五千美元）的兩倍，史特勞斯一九〇八年的音樂收入因此達到了六萬美元。德國民眾已經習慣了聳動的劇作，胃口也變得越來越大，有四座城市競相爭取首演的榮譽。為了感謝舒赫當初的鼎力相助，史特勞斯決定把首演的權利給予德勒斯登，而德勒斯登也規劃了史特勞斯音樂節來表達對史特勞斯的敬意，包括連續五晚演出《莎樂美》、《火荒》、《家庭交響曲》與兩場《厄勒克特拉》。

新歌劇在喧鬧的氣氛中進行排練，一切都變得更大規模、更吵鬧、更有活力。樂譜需要的管弦樂團規模是迄今為止最大的，六十二個弦樂器，包括八個低音提琴，四十五個管樂器，包括六個低音小號與一個低音號，六到八個定音鼓與一個大鼓，總計大約一百二十人。這齣歌劇只有一幕，持續時間達兩小時，沒有中場休息時間，厄勒克特拉將會一直待在臺上。厄勒克特拉演出的時間將比《尼伯龍根的指環》（*The Ring*）的布倫希爾德總共的出場時間還長，而她的歌唱音程也被認為是「不適合演唱的」。飾演克呂泰涅斯特拉的舒曼—海因克夫人（Mme Schumann-Heink）發覺「飾演這個角色實在太吃力，我差點沒命」，她之後絕不再唱。在一些段落，舒曼—海因克夫人的歌聲必須蓋過非常強的管弦樂團的樂聲，此時坐在前座聆聽的史特勞斯大聲吼叫，蓋過現場所有的吵雜聲，「大聲一點，大聲一點！我還是可以聽見海因克的聲音！」

由於這場傳說戲劇的年代設定在西元前一千五百年，因此史特勞斯希望一切都能「精確而寫實」，他堅持克呂泰涅斯特拉獻祭時必須使用真正的牛羊。「我的天啊！史特勞斯，你瘋了嗎？」舞臺監督驚訝地大叫。「想想成本！還有危險！一旦你的兇暴的音樂開始演奏，這些牛羊會怎麼樣？」牠們會四處逃竄，衝向管弦樂團，撞死音樂家，甚至撞壞貴重的樂器。史特勞斯仍堅持己見。舒赫被叫了進來，他也加入反對的行列。在經歷一場激烈的爭論之後，史特勞斯終於同意不用真牛，但羊必須留下。史特勞斯的音樂也同樣做到了寫實，事實上，史特勞斯差點取代了霍夫曼史塔身為作詞者的角色。克呂泰涅斯特拉手鐲的叮咚聲可以藉由敲擊樂器聽見；當克律索忒彌斯（Chrysothemis）談到暴風雨的夜晚時，管弦樂團演奏出風暴的肆虐；當獸群被驅趕著去獻祭時，牠們的蹄子發出的聲音讓底下的聽眾忍不住想讓路；當描述鮮血匯聚成滑溜的池子的時候，管弦樂團也營造出血泊的景象。史特勞斯對於樂器技巧的掌握似乎已經超凡入聖，而他也比以往更加大膽地破壞音樂法則。他曾說：「我已經把和聲與心靈的複音音樂，以及目前聽眾耳朵的接受度，推到了極限。」

一九〇九年一月二十五日，首演之夜到來，來自各國的觀眾齊聚德勒斯登，包括歐陸各國的歌劇院監督，以及根據一名被現場氣勢嚇到的記者的說法，「兩百名傑出的樂評家」。「全歐洲都在這裡，」飯店行李員自豪地向來自維也納的赫曼．巴爾說道。

沒有序曲或前奏曲，帷幕升起的同時，管弦樂團便奏起雷鳴般的阿加曼農主題，宛如末日之鎚敲在邁錫尼（Mycenae）巨大的獅子門上。過去從來沒有任何歌劇以如此驚人的方式開場。在經過兩小時激烈而充滿魔力的演出之後，帷幕落下，驚魂未定的觀眾呆坐在座位上什麼話都說不出來，直到「史特勞斯信徒」回過神來，大家才開始熱烈鼓掌。反對者噓聲不斷，絕大多數觀眾怯於表態，但最後還是喝采的人占了上風，他們高聲要求謝幕，並且最終向史特勞斯歡呼。歌詞的殘酷與對音樂形式的冒犯一如以往引發了爭議。對有些人來說，《厄勒克特拉》的音樂已經不是音樂。「事實上，許多心態嚴肅的人認為理查．史特勞斯瘋了，」一名看到呆住的聽眾寫道。但是在第二次觀賞之後，以及在首演後四個星期之內於柏林、慕尼黑與法蘭克福的演出，史特勞斯的樂曲在傳達恐懼與迫近的威脅乃至於最終的謀殺所表現出來的精湛技藝，讓人不得不心服口服。

赫曼．巴爾聆聽《厄勒克特拉》時，他感覺到這齣歌劇表現出眼前這個時代某種不祥的氣息，一種發端於無窮力量的自傲，視秩序如無物，最後在「誘惑下走向混亂」，而在克律索忒彌斯身上，卻能看到對單純寧靜情感的渴望。雖然心神不寧，但他仍覺得那是「非常精彩的一晚」，他回到維也納時，依然覺得興奮與精神抖擻。這正是尼采給的藥方。

一年後，一九一〇年二月，當《厄勒克特拉》準備在倫敦上演時，惡劣的名聲比作品早一步抵達，音樂還沒響起，音樂戰爭就已如火如荼地開打。史特勞斯親自指揮兩場演出，每場的指揮費二百英鎊。《每日郵報》的樂評家對於史特勞斯指揮時的冷靜持重感到印象深刻。「一個有著光滑額頭、高大而蒼白的男子」，鐵藍色的眼珠有時會掠過歌手或樂手，他指揮時，頭部完全靜止不動，手肘彷彿固定在身體上。「他像是個掌握最高知識的數學家，有條不紊地在黑板上寫下公式。」表演結束後，《泰晤士報》認為《厄勒克特拉》「的可怕在歌劇史上是難以超越的」，《每日電訊報》則報導，「英國皇家歌劇院從未出現過如此難以抵擋的熱情景象」。《厄勒克特拉》引發的爭議反而促使民眾要求畢勤能延長該劇的演出時間。畢勤認為，除了幾個月後英王愛德華七世去世之外，《厄勒克特拉》是「該年度討論最熱烈的事件」。事實上，在這個時期，在德國以外演出《厄勒克特拉》很難不予人政治上的聯想。蕭伯納認為，很多人是基於歇斯底里的反德情緒才攻擊《厄勒克特拉》，他自己則反過來傾向於另一個極端：他在《國家》撰文指出，如果過去他可以說：「我們只需要貝多芬這個名字就可以阻止傻子與貨幣兌換商讓我們捲入與德國的戰爭，那麼時至今日我會用相同的自信說出另一個人的名字，那就是史特勞斯。」蕭伯納認為《厄勒克特拉》是「最高藝術的最高成就」，它的上演是「英國藝術史的歷史時刻，我們這輩子很可能不會再看到第二次」。

史特勞斯知道《莎樂美》與《厄勒克特拉》的風格已經是他的極限。突然間，就像《英雄的生涯》

結束之後一樣，史特勞斯厭倦了這種華麗的演出方式，他決定要給聽眾一齣風格類似莫札特《費加洛的婚禮》(*Marriage of Figaro*) 的喜劇歌劇換換口味，藉此證明史特勞斯什麼樣的曲子都能寫。霍夫曼史塔同意撰寫劇本，並且從一九〇九年初開始構思一個以十八世紀維也納為背景的「完全原創」的場景，「充滿諷刺滑稽的處境與人物」，其中不乏抒情的旋律與幽默的橋段。看過開場之後，史特勞斯覺得這是一齣令人愉快的戲，他回道：「我會把它完美地跟音樂融合在一起，就像油與融化的奶油一樣。」從一九〇九年到一九一〇年上半年，劇本家與作曲家透過通信相互合作，兩人共同寫出的新歌劇取名為《玫瑰騎士》(*Der Rosenkavalier*)。

少年主角將由一名裝扮成男子的女人演唱。女性反串是戲劇的一種傳統手法，莫札特曾用這種方式來表現凱魯比諾（Cherubino），但霍夫曼史塔與史特勞斯處理奧克塔文（Octavian）的概念卻相當不同，不得不說其中帶有一種挑逗的意味。當史特勞斯的歌劇前奏曲以獨特的寫實方式描述性愛的愉悅，此時帷幕升起，元帥夫人（Marshallin）與她的年輕愛人還躺在床上，觀眾發現兩個人都是女性時，很容易產生一種特殊的感受，這一點霍夫曼史塔與史特勞斯想必早已料到。這個點子是霍夫曼史塔想出來的。史特勞斯日後表示這個手法是必要的，因為由男性來飾演奧克塔文的話，年紀不能太大，但年輕男性卻缺乏傑出演員具有的經驗。「此外，」史特勞斯更坦白地說，「為三名女高音寫曲是一項挑戰。」但史特勞斯克服了這項挑戰，特別是在最後一幕，三名女高音合唱了一首優美的歌曲。在《厄勒克特拉》中，男性角色只占一小部分，在《玫瑰騎士》裡，唯一的男性角色是一個粗俗的好色之徒，他出場時要不是令人不快，就是充滿荒謬。歐克斯男爵（Baron Ochs）代表了德國人的喜劇觀念。史特勞斯在作曲時寫信告訴霍夫曼史塔，他忽略了「真正的喜劇處境——每個地方都很有趣，但不是喜劇式的」。他希望觀眾大笑：「大笑！而不只是微笑或抿著嘴笑。」

這齣戲依然少不了有動物出場，分別是一隻狗、一隻猴子與一隻鸚鵡。史特勞斯要求霍夫曼史塔為蘇菲（Sophie）與奧克塔文寫一場愛情戲，好讓他能寫一段「較為熱情的二重唱……照你目前的寫法，顯得有點太溫順、太守規矩與太羞怯」。霍夫曼史塔怒氣沖沖地回道，這兩個年輕人「不是女武神，也不是崔斯坦與伊索德」，他會不計代價阻止他們「出現像華格納歌劇中帶有色情意味的尖叫」。這幾乎不能算是一個得體的回應，作曲家與作詞家之間的性格不和也因此浮上檯面。事實上，歌劇裡確實有一點崔斯坦的味道，更不用說有些段落借用了莫札特，甚至也有約翰．史特勞斯（Johann Strauss）的影子。此外，史特勞斯也明顯違背了年代順序，把十八世紀尚未出現的維也納圓舞曲當成主要的主題。

一九一〇年四月，史特勞斯還沒收到第三幕的歌詞，就已經先將《玫瑰騎士》第二幕的總譜送到印刷廠。原本設想的令歐克斯男爵感到困窘的處境，霍夫曼史塔最後根據《溫莎的風流婦人》（*The Merry Wives of Windsor*）加以改編，不同的地方在於，歐克斯男爵無法跟福斯塔夫（Falstaff）一樣，最終他還是未能受人喜愛。到了一九一〇年夏末，歌劇終於完成，一九一一年一月二十六日，也就是《厄勒克特拉》首演的兩年後，《玫瑰騎士》也在德勒斯登首演。《玫瑰騎士》自從演出之後，就一直成為歌劇院的熱門戲碼。史特勞斯與霍夫曼史塔為這齣戲灌注了維也納極富教養的一面。戲裡的銀玫瑰閃閃發亮，銀玫瑰也因此成為這齣戲的象徵。史特勞斯的技巧，既機智又大膽，這樣的二元性完全體現在樂譜上。他在音樂表達上的過人天賦，使他能夠表現十八世紀貴族晨間見客時的喧鬧景象、年輕人彼此相愛的甜美場景、決鬥時略帶喜劇的恐怖氣氛、元帥夫人決心割捨時甜蜜而悲傷的情感，以及在此同時在劇中經常出現的粗俗笑話與帶有性暗示的幽默。史特勞斯給了這個世界一朵銀玫瑰，美麗、閃閃發亮而且逐漸黯淡。

一九一一年，史特勞斯處於樂壇的巔峰地位，是當時最知名的作曲家，音樂家傳記作家理查．史佩希特（Richard Specht）寫道：「少了史特勞斯，我們無法想像我們能有什麼樣的精神生活。」雖然史特勞斯與霍夫曼史塔隨即開始創作新歌劇《阿里阿德涅在納克索斯島》（*Ariadne auf Naxos*），但史特勞斯已經達到自身的巔峰，很難有再創新局的能力。

一九〇八年，謝爾蓋．達基列夫（Sergei Diaghilev）的俄羅斯芭蕾舞團（Russian Ballet）就像一隻美麗的熱帶鳥類飛進了西方世界，一下子就成為眾人矚目的焦點。俄羅斯芭蕾舞團在表演季呈現的狂野奔放與異國情調為它贏得了成功，它是另一道「來自北方的閃電」。與古典芭蕾一成不變令人厭煩的表演方式不同，俄羅斯芭蕾舞團引進了當代俄國作曲家創作的嶄新而優美的樂曲、新的劇本、具想像力的編舞與精采的現代舞臺設計，這一切組合起來就像一座鑲滿珠寶的臺座，讓舞者在上面展現璀璨的舞姿，散發活力與光芒。男舞者是明星，他不再只是負責舉起女舞者的搬運者，他是一陣風，讓活力與熱情橫掃整個舞臺。其中的佼佼者就是瓦斯拉夫．尼金斯基（Vaslav Nijinsky）。當他令人吃驚地躍入空中，幾乎在空中停頓不動時，觀眾因為如此完美的動作而興奮不已，他們知道自己看到了有史以來最偉大的「氣球」舞者（如氣球般輕盈地停留在空中）。他是天使，是天才，是躍動的阿波羅（Apollo）。他俘獲了所有人的心。整個俄羅斯芭蕾舞團如暴風般席捲整個巴黎。芭蕾舞劇的追隨者預測歌劇將會沒落。「芭蕾舞劇彷彿是創世第七天被額外增添的新東西」，諾埃伊伯爵夫人寫道。

藝術的新運動在各地風起雲湧。一九〇五年與一九〇六年，在秋季沙龍（Salon d'Automne），馬諦斯（Henri Matisse）領導的野獸派（*Fauves*）以放蕩不羈的顏色與扭曲的線條展現他們獨立於自然的繪畫信條。一九〇七年到一九〇八年，畢卡索（Pablo Picasso）與布拉克（Georges Braque）透過幾何形式發現本質的現實，由此創立了立體主義（Cubism）。雷捷（Fernand Léger）從立體主義出發，進一步讚揚機械，一連串的藝術家也追隨他的腳步。在德國，出現了表現主義（school of Expressionists）的新觀念，他們透過誇大或扭曲自然來尋求情感上的衝擊。兩名美國人打破了舊模式：在美國國內的法蘭克．洛伊．萊特（Frank Lloyd Wright），與一九〇四年到一九〇八年遊歷歐洲的伊莎朵拉．鄧肯（Isadora Duncan），鄧肯將情感引進到舞蹈中。羅丹描述自己的職業，但其實說出了所有藝術的新目標，他曾說：「古典雕塑探索人體的邏輯，我探索的是人體的心理。」馬塞爾．普魯斯特（Marcel Proust）也探索心理，一九〇六年，他把自己關在四周鋪滿橡木的房間裡，開始著手寫作《追憶似水年華》（*Remembrance of Things Past*）。湯瑪斯．曼（Thomas Mann）在《魂斷威尼斯》（*Death in Venice*）進行探索。在布魯姆斯伯里（Bloomsbury），里頓．斯特拉奇（Lytton Strachey）準備撰寫新形式的傳記。莫斯科藝術劇院展示了全新的表演形式。愛爾蘭文藝復興在葉慈與約翰．米林頓．辛格（J. M. Synge）身上達到巔峰，辛格的《騎馬下海的人》（*Riders to the Sea*）與《西方世界的花花公子》（*The Playboy of the Western World*）證明他是莎士比亞之後唯一能同時創作傑出的悲劇與喜劇的作家。這個時代縈繞著對新形式與新領域的探索。一九〇九年七月二十五日，布萊里奧（Louis Blériot）飛越英吉利海峽，鞏固了萊特兄弟（Wrights）開啟的事業，也進一步拓展疆界，歐洲人對於他的成功「產生的亢奮情緒，就像飛機一樣飆升到了天際」。

這個時期所有的狂熱與創新，似乎都被俄羅斯芭蕾舞團捕捉到了。帝俄一向予人一種野蠻與老耄的印象，因此俄羅斯芭蕾舞團的出現，就像沙皇主動要求限武一樣令人意外。法俄同盟開始讓人對俄國事物產生興趣，一九〇〇年巴黎博覽會讓充滿進取心的達基列夫產生靈感，驅使他在一九〇六年在巴黎舉辦了一場俄羅斯藝術展覽。在弗拉基米爾大公、俄國大使伊茲沃爾斯基（Izvolsky）與格雷富勒夫人贊助下，帝國與私人收藏還有博物館答應出借的繪畫、雕刻、聖像、教士織錦與令人吃驚的法貝熱（Fabergé）珠寶飾品足足用了十二個房間展出。隔年，為了引進俄國音樂，達基列夫舉辦了一系列精采的音樂會，包括由林姆斯基—高沙可夫（Rimsky-Korsakov）指揮自己的作品，拉赫曼尼諾夫（Sergei Rachmaninoff）演奏自己的鋼琴協奏曲，約瑟夫．霍夫曼（Josef Hofmann）演奏斯克里亞賓（Alexander Scriabine）的協奏曲，著名的男低音夏里亞賓（Chaliapin）演唱鮑羅丁（Alexander Borodin）《伊果王子》（*Prince Igor*）與穆索斯基（Modest Moussorgsky）《鮑里斯．戈杜諾夫》（*Boris Godunov*）的片段。達基列夫發現俄國音樂在法國獲得熱烈迴響，於是打算乘勝追擊，藉由舉辦芭蕾舞劇季與俄國歌劇季來獲得更大的成果。俄羅斯帝國芭蕾舞團（Imperial Russian Ballet）派出他們的重要成員，包括安娜．巴甫洛娃（Anna Pavlova）、尼金斯基、阿道夫．波姆（Adolph Bolm）與塔瑪拉．卡莎維娜（Tamara Karsavina），以及編舞家米歇爾．福金（Michel Fokine）。在舞臺設計與服裝方面，達基列夫獲得了擁有高超與野蠻天賦的萊昂．巴克斯特（Léon Bakst）支持，此外還找來幾位傑出畫家協助，如蘇德金（Serge

Soudeikine）、洛里奇（Nicholas Roerich）、亞歷山大．伯努瓦（Alexandre Benois）等人。第一個季度大戲是《克麗奧佩脫拉》（*Cleopatra*），樂曲由至少五名俄國作曲家共同寫成。俄羅斯主題混和了埃及、波斯甚至包括尼羅河本地的女巫，然而即使如此，還是無法與伊妲．魯賓斯坦（Ida Rubinstein）令人陶醉的美貌與身形匹敵，只見她坐在肩輿上，四周圍繞著快速旋轉與狂亂交錯的面紗與玫瑰葉，事實上，這麼做全是為了不讓人看出她其實是個尚未受過訓練的舞者。巴黎人覺得她「太美麗，像濃郁的香水」。

往後六年，每年俄羅斯芭蕾舞團都會推出全新且熱情洋溢的戲碼，無論是編舞還是舞臺設計都做出革命性的改變。芭蕾舞曲由完整編制的管弦樂團演奏，場面因此顯得更加氣派，指揮則由皮耶．蒙特（Pierre Monteux）擔任。曲目除了原有的《伊果王子》與《鮑里斯．戈杜諾夫》，又增添了其他歌劇，如穆索斯基的《霍萬斯基叛亂》（*Khovantschina*）、林姆斯基的《薩德科》（*Sadko*）與《恐怖伊凡》（*Ivan the Terrible*）。巴甫洛娃後來離開了俄羅斯芭蕾舞團，不過她在一九〇九年時參與了《仙女們》（*Les Sylphides*）的演出，巴甫洛娃之於舞蹈，就如同「拉辛之於詩」，至於卡莎維娜則「完美結合了古典傳統與革命藝術」。芭蕾舞團的音樂部分，兩首蕭邦（Frédéric Chopin）的鋼琴曲，《夜曲》與《華麗圓舞曲》（*Valse Brillante*），由林姆斯基—高沙可夫的弟子，當時只有二十六歲的史特拉汶斯基（Igor Stravinsky）編寫成管絃樂曲，一九〇八年，達基列夫在聖彼得堡聽了史特拉汶斯基首次的管弦樂曲演出後，就決定聘請他擔任這項工作。《伊果王子》的野蠻的波洛維茨人之舞（Polovtsian dances）與古典纖細的《仙女們》大異其趣，福金在編排這齣戲的舞蹈時，加入了韃靼蒙古主題來呼應音樂，而且還找了一群狂野的亞洲舞群與灰紅色的單調場景對照，舞臺上擺了幾個低矮的圓型蒙古包，冉冉上升的煙柱朝著無邊無際的大草原地平線延伸而去。

芭蕾舞劇長久以來一直缺乏情感表現，巴克斯特於是運用挑起慾望的肢體動作與令人陶醉的色彩來呈現情感的衝擊。《一千零一夜》(*Arabian Nights*) 裡蘇丹後宮的天堂美女，希臘花瓶上的酒神女信徒，穿著靴子的俄國貴族，義大利即興喜劇 (Commedia dell'Arte) 裡的丑角，以褐紫紅色、綠色與金色的森林生物來表示「閃亮而美麗的斑紋巨蟒」，還有穿著現代服飾的網球選手，這些都成了舞臺上的主要角色。巴克斯特給予了保羅．普瓦列 (Paul Poiret) 靈感，甚至影響女性時尚長達五年之久。巴克斯特與同事一起規劃林姆斯基─高沙可夫的《舍赫拉查達》(*Schéhérazade*) 時，滿頭紅髮的他，穿著優雅而散發香味的衣服，他突然跳上椅子，用他帶有喉音的口音與清楚明確的動作，解說蘇丹的侍衛該如何把每個人砍成碎片：「每個人，包括蘇丹的妻妾，與妻妾的所有黑人情人！」巴克斯特為《舍赫拉查達》設計了一個場景，用來顯示「慾望與殘忍的可怕行為」，福金則熱情地以黑奴之舞來詮釋，蘇丹的妻妾說服宦官把黑奴從金色籠子裡放出來，這些黑奴於是在「慾望的驅使」下，衝進渴求他們的後宮裡，跳起了縱欲之舞。性是俄羅斯芭蕾舞團最喜歡的主題。針對《塔瑪女王》(*Thamar*)，高加索的女王，俄羅斯版的克麗奧佩脫拉，巴克斯特設計了一座在河邊的中世紀城堡，之後，不被認可的戀人就在這裡投河自盡。卡莎維娜飾演過各種誘惑男人的角色，樂評家表示，這位如花兒般美麗的嬌柔女性，「讓人真切見識到什麼是邪惡」。

當林姆斯基於一九〇八年去世時，史特拉汶斯基寫了一首《送葬之歌》(*Chant Funèbre*)，並且在聖彼得堡舉辦了一場紀念音樂會。這場音樂會讓達基列夫留下比以往更為深刻的印象，他要求史特拉汶斯基根據俄國伊凡王子與火鳥的童話創作一首芭蕾舞劇音樂。這部童話的場景是一座森林，裡面有個邪惡的巫師與十三名被下了咒語的公主，童話引發史特拉汶斯基的靈感，使他運用想像力寫下混合了各種韻律、優雅旋律與詭異而震撼的魔鬼之舞的樂曲。由波姆飾演王子，卡莎維娜飾演火鳥，這齣芭蕾舞劇於一九一〇年六月首演，這是史特拉汶斯基第一部獨力完成而且在俄國以外演出的作品。德布西衝到後臺擁抱他。觀眾很高興能在欣賞當代音樂的同時又不會感到不適，達基列夫則獲得各方的祝賀。達基列夫馬上委託史特拉汶斯基創作下一季的芭蕾舞劇。在此之前，史特拉汶斯基已經為彼得魯什卡(Petrouchka)的冒險故事做了曲子，彼得魯什卡是個「永遠不死與不快樂的人偶，是每個國家每個市集的主角」。當史特拉汶斯基彈奏其中一段鋼琴曲與管弦樂曲給達基列夫聽時，達基列夫馬上就入迷了。在兩人合作下，陸續完成了芭蕾舞劇的各個場景：公共廣場的嘉年華會、群眾與攤位、變戲法的魔術師、吉普賽人與受過訓練的熊、表演人偶戲時人偶有了生命、彼得魯什卡徒勞地愛上舞者、彼得魯什卡死在對手摩爾人手裡。

《彼得魯什卡》是充滿力量與活力的樂曲，民謠的旋律，迴盪著手搖琴、幽默、諷刺與深刻的悲傷，令俄國人感到親近。與史特勞斯一樣，史特拉汶斯基也輕視主題的發展，但他承襲的是來自俄國「五人組」的傳統，而非德國。傳統上，音樂的性質取決於發展與重複，但史特拉汶斯基幾乎悖反了這項原則，他簡練而直接，他曾說，他的目標是「以最簡單的形式做出直接的表達。在戲劇音樂上，我從未『思考與解決』。本質上的做法就是去感受，然後去傳達內心的感受。」

就這點來說，《彼得魯什卡》成功了，巴黎人接受了先前德布西的擁抱所象徵的認可：一名原創且重要的作曲家出現了。尼金斯基飾演的人偶令觀眾心碎。被主人丟到黑色箱子裡，四處奔跑揮舞著僵硬的手臂，因為愛情而陷入悲慘，在嫉妒驅使下變得狂亂，對倫敦音樂季而言，他的表演成功來得相當及時。

英國對俄羅斯芭蕾舞團的熱烈歡迎與法國不相上下。一九一一年夏天，光輝的加冕典禮，「民眾感到莫名的興奮」。氣溫創了新高，節慶的歡樂氣氛到了頂點，飛機降落在鄉村草地上，每個人都對飛行感到激動，但「最讓人亢奮」的莫過於俄羅斯芭蕾舞團。他們重新讓舞蹈回復到「原本的貴族地位」，愛蘭．黛麗（Ellen Terry）寫道。他們是藝術和諧的天啟。上流社會，知識分子，任何自認有品味的人，「夜復一夜」湧進英國皇家歌劇院，讓自己陶醉其中。尼金斯基讓所有前來觀賞的人如癡如醉：他是笨拙的人偶，他是《舍赫拉查達》中穿著銀色褲子的黑奴，他是丑角，在舒曼的音樂下，在點燃蠟燭的花園裡追逐著飾演蝴蝶的舞者，他是藍色的神祇，在普魯斯特的朋友雷納多．阿恩（Reynaldo Hahn）的曲子伴奏下，從中國池塘的蓮花中冉冉升起，他是玫瑰花魂，身上穿著花瓣，他著名的向窗外一躍，觀眾禁不住以為他的身子是空氣做的。尼金斯基不會說英文，也幾乎不會任何法文，他成了晚宴裡的寵兒，他不說話，只是微笑。

與史特勞斯一樣，達基列夫在成功的驅使下，必須嘗試創作新的大戲，於是在一九一二年季度，達基列夫成功震撼了巴黎人。他推出兩齣由法國人作曲的新芭蕾舞劇。莫里斯．拉威爾（Maurice Ravel）專為芭蕾舞劇而寫的《達夫尼與克羅伊》（*Daphnis et Chloé*）獲得史特拉汶斯基的肯定，認為這是「法國作曲家最優美的一件作品」。德布西《牧神的午後》已廣為人知，但因為非音樂的因素而成了醜聞。尼金斯基穿上貼身的緊身衣，上面畫上動物的花紋，緊身衣上有個迷你尾巴，尼金斯基還要戴上用金線製作的緊密捲曲的假髮與兩根捲曲的小短角。在持續十二分鐘的芭蕾舞劇中，牧神追逐著穿著希臘長袍的寧芙（nymphs），最後一個寧芙掙脫了他，留下了面紗，牧神把玩著面紗，做出各種充滿性暗示的動作。這個場面是由尼金斯基親自編舞。帷幕在呵斥聲、噓聲與罵聲中落下，但也有人高喊「太棒了」（"*épatant!*"）與「再來一遍，再來一遍！」（"*Bis, bis!*"）。不得已，舞團只好在「難以形容的混亂」中再表演了一次。第二天早上，《費加洛報》主編加斯東．卡爾梅特（Gaston Calmette）在頭版發表署名社論，標題是〈一場失誤〉（"Un Faux Pax"）。卡爾梅特在文中抨擊「該劇令人吃驚地展示了淫穢的獸性與不雅的動作」並且要求必須禁止該劇繼續演出。雖然沒那麼情緒化，但《高盧報》也同意最後的動作「太過分」（"*de trop*"），《時報》則以一貫的高尚態度表示法國民眾「有理由」對於這種「令人遺憾的大膽行徑」表達「不滿」。不久，坊間開始流傳，在卡爾梅特要求下，警察總長已經下令禁止繼續演出。在夜總會、沙龍與國會休息室，大家談的都是這齣戲；一時間，巴黎再度分裂成兩大陣營。易怒的俄國大使伊茲沃爾斯基想知道《費加洛報》是否在攻擊法俄同盟。第二天，《晨報》（*Le Matin*）刊登羅丹的一封信，他捍衛尼金斯基，要求讓舞蹈擁有「表現本能與人類情感的自由」。這場爭議轉移到羅丹身上，支持他的人發表了宣言，朱爾．勒梅特與莫里斯．巴雷斯在這件事上與安那托爾．佛朗士和奧克塔夫．米爾博立場相同，此外前總統盧貝、前總理克里蒙梭、萊昂．布儒瓦與白里安，俄國大使伊茲沃爾斯基與德斯圖內勒男爵都表示支持。頑固的佛蘭在《費加洛報》發表了一幅反羅丹的諷刺漫畫。第二場的票全數以高價賣出，但冒犯的動作遭到禁止，牧神只能帶著愁容凝視著面紗。

同一個季度，在維也納，由於巴爾幹戰爭的緣故，當地存在著反斯拉夫的情緒，票房不佳幾乎是難以避免的事。在排練時，原本可以輕鬆達成任何要求的維也納皇家歌劇院管弦樂團，卻在演奏俄羅斯音樂時明顯表現出不滿與故意犯錯。蒙特無計可施，憤怒的達基列夫大聲怒罵這些人的行徑就像「豬」一樣，結果音樂家們紛紛放下樂器離開舞臺。直到第二天，在設法要求達基列夫道歉之後，危機才解除。在柏林，德皇出席了《克麗奧佩脫拉》與《火鳥》的演出。德皇比較偏愛《克麗奧佩脫拉》，他召見達基列夫時表示，他會派他的埃及學家去看這齣戲，顯然他覺得巴克斯特奇妙的舞臺布景更符合真實，而俄國的混成曲更像托勒密時代埃及的真正音樂。

史特勞斯也觀看了演出，之後稱讚了史特拉汶斯基，還給了他一些特別的建議。他提到《火鳥》一開場有個神秘的無聲段落，用來表現王子騎馬進入迷惑人的森林，史特勞斯表示：「你用非常弱的曲調開場，這是個錯誤；聽眾不會仔細聽的。你一開場應該用迅雷不及掩耳的聲浪驚嚇他們。之後他們就會跟隨你，你愛怎麼樣就怎麼樣。」

俄羅斯芭蕾舞團的下一個任務，顯然就是讓史特勞斯為他們作曲，而舞團此時的聲望也讓霍夫曼史塔感興趣，於是由他來進行協商。在得到達基列夫開出的資金條件之後，霍夫曼史塔建議史特勞斯寫一齣關於俄瑞斯忒斯與復仇女神（Furies）的芭蕾舞劇，由尼金斯基飾演做出「可怕行為與遭受可怕磨難」的俄瑞斯忒斯，最終則由復仇女神「跳起恐怖與凱旋的」毀滅之舞。這個想法其實並不嶄新，但霍夫曼史塔講得很動聽，他說這是個發表「美妙、陰鬱、宏偉音樂」的好機會，「請好好考慮，不要拒絕」。霍夫曼史塔隨信還附上達基列夫「自行決定的」薪酬條件。當史特勞斯一口回絕時，霍夫曼史塔馬上提出替代方案，也就是他與哈利．凱斯勒伯爵（Count Harry Kessler）根據約瑟（Joseph）與波提乏（Potiphar）妻子的故事撰寫的芭蕾舞劇劇本。凱斯勒是一名德國文學家、業餘的政治人物與藝術的贊助者，就像其他自由派德國人一樣，凱斯勒無法在政府任職。為了給史特勞斯壓力，霍夫曼史塔寫道，如果他拒絕的話，達基列夫喜歡這個劇本，他打算把這個劇本委託給一名俄國或法國作曲家來作曲。這個方法奏效。「約瑟很棒」，史特勞斯回道。「我要接下這個委託。我這就開始準備。」

然而麻煩很快就找上門。這部由兩名老練作者構思的劇本，宛如形上版的施洗約翰與莎樂美，約瑟是尋求上帝之人，「他的秘密在於成長與變化，他的神聖在於創造與繁衍，他的完美在於事物尚未成就」。約瑟遭遇了一名淫蕩的女子，這名女子因為「看到了神聖，卻又無法將其征服」，最終因而墮落。這些觀念光用音樂已經難以表現，更何況是舞蹈。史特勞斯感到侷促不安，他抱怨說：「守貞的約瑟完全不合我的胃口，如果一個題材讓我覺得無聊，我就很難為它寫曲。」他還抱怨在芭蕾舞劇中，約瑟什麼事也不做，只是不斷地抗拒王后求愛：「這個尋求上帝之人肯定要讓人花上不少工夫。」霍夫曼史塔小心翼翼地解釋說，約瑟的抗拒是「男人的理智不斷努力對抗著」，不讓女人的慾望吸引他墮落，然而這個解釋無法減輕史特勞斯對這份工作的厭煩。一九一二年十二月，史特勞斯演奏初稿給霍夫曼史塔聽，聽了之後，霍夫曼史塔感到「不安」，他覺得「史特勞斯跟他之間好像有什麼地方不對勁，這個問題最終恐怕一定會浮上檯面」。眼下他只能先懇求史特勞斯不要拘束於舞蹈的需要，而是寫出「不受限制、純粹的史特勞斯」，「盡可能自由地構思複音音樂，以你想要的大膽與奇異的方式來表現現代主義」，藉此表現自己的性格。然而，約瑟依然必須守貞，而史特勞斯依然毫無靈感。在此同時，達基列夫已經為一九一三年季度準備好新戲的首演。

這齣戲是史特拉汶斯基的《春之祭》(*Le Sacre du Printemps*)。它的主題是原始的，呈現出春天大地的復甦。它的形式是對異教儀式的讚頌，獻祭的處女要不斷跳舞直到死去為止，使大地能夠重生。相對於《約瑟》令人厭煩的詭辯，史特拉汶斯基的場景提供的只是一個給舞者與音樂的架構。《春之祭》的開場並未依照史特勞斯的建議出現一聲巨響，而是由木管樂器緩慢地吹奏出顫音，彷彿暗示著萬物萌芽的奧秘。當帷幕升起，舞臺上出現部族的競技與舞蹈，音樂伴隨著原始的節奏，變得充滿活力而狂亂，小號反覆地高唱，機械般的強勁敲擊，活潑喧鬧的拍子，不留餘地的鼓聲，樂器的使用從未如此強力而毫無節制。樂曲不斷提升強度與興奮的情緒，使其來到熾烈的高點，從而預示了新時代的來臨。《春之祭》因此成為二十世紀的化身。它一個大步走到了現代音樂的頂端，從此將支配往後的世代。《春之祭》之於二十世紀，如同貝多芬的《英雄》(*Eroica*) 之於十九世紀，就像《英雄》一樣，之後的作品再也沒能超越它。

一九一三年五月二十八日，蒙特指揮的《春之祭》首演，幾乎在劇場裡掀起了暴動。放棄已知的和聲、旋律與結構，整首曲子宛如陷入音樂的無政府狀態。聽眾覺得自己聽到的是對音樂的褻瀆，作曲家似乎想把做為藝術的音樂徹底摧毀，他們因此在臺下咆哮、喝倒采與發出嘲弄的笑聲。反抗議的人士大聲挑釁。一個年輕人因為太興奮，開始有節奏地用拳頭敲打一名美國聽眾，而這名美國人也因為情緒太亢奮，「有一段時間，我居然沒發覺他在打我」。包廂裡一名身穿美麗衣裳的女士起身，賞了隔壁包廂發出噓聲的男性一耳光。聖桑 (Saint-Saëns) 憤而離席；拉威爾大喊「天才！」騷動中，臺上的舞者幾乎聽不到音樂，負責編舞的尼金斯基站在側廳用力敲打著韻律，他拚命大喊，「一、二、三！」（“*Ras, Dwa, Tri!*”）。蒙特絕望地看了達基列夫幾眼，達基列夫示意他繼續指揮，並且對觀眾大吼，要他們安靜看戲。「先聽再噓！」法國籍劇場經理加布里埃爾．阿斯特魯克（Gabriel Astruc）氣急敗壞地叫道。節目結束之後，觀眾魚貫而出，將戰火延燒到咖啡廳，樂評家則是在報章雜誌上開戰，然而幾乎沒有幾個人聽清楚樂曲的內容，因此絕大多數的意見都是情緒性的。直到一年後，一九一四年四月，《春之祭》在巴黎第二次演出，這齣戲才真正獲得聆聽與評價。《春之祭》的演出總結了十年來藝術的創新，往後五十年藝術的主要潮流都在這齣戲裡獲得奠定。

一九一四年夏天，史特勞斯完成了《約瑟》。霍夫曼史塔在威尼斯與達基列夫和巴克斯特會面，他計畫舉行一場「人們所能想像最奢華而美麗」的演出。這齣戲演出的地點將不會在埃及，而是在丁托列托與委羅內塞（Veronese）的威尼斯，凱斯勒伯爵解釋說，「過於要求精確，反而會妨礙想像的自由。」

忙著創作好幾部新作品的史特勞斯成了新聞焦點。七月，他為合唱團與管弦樂團完成了《德意志經文歌》（*Ein Deutsches Motette*），為此還有人以電報通知了《紐約時報》。為了慶祝十一月維也納新音樂廳落成，史特勞斯創作了《慶典前奏曲》（*Festival Prelude*），需要的管弦樂團規模是史無前例的：一百五十名樂手，包括八個法國號、八個鼓，六個額外的小號與一臺管風琴。這首曲子也適合在令全國民眾感到自豪的年度演奏，例如在萊比錫慶祝擊敗拿破崙百年紀念與德皇登基二十五周年。

勝利百年紀念這年，一本名叫《武裝的德國》（*Germany in Arms*）的作品出版，德國皇儲為這本書寫了導論，他在書中提到：「德國比其他國家負有更多的神聖責任，陸軍與海軍必須處於最高度的準備就緒。唯有如此，在我們的刀劍支持下，我們才能保存陽光下的土地，那些我們應得卻不讓我們取得的土地。」雖然各國的「大火」一旦引發就不容易撲滅，但這不應該成為德國人不能碰觸刀劍的理由，「因為直到世紀末日，刀劍依然是決定一切的因素」。

比較有事實根據的說法出自德意志銀行（Deutsche Bank）總裁卡爾・赫弗里希（Karl Helfferich）出版的《德國的經濟進展與國家財富，一八八八年到一九一三年》（*Germany's Economic Progress and National Wealth, 1888-1913*），裡面針對過去二十五年來德國「猛烈與成功向上提升」提出了深具說服力的數據。赫弗里希表示，德國人口增加超過三分之一，德國的人口自然成長率超過其他國家，僅次於俄國，經濟機會與勞動需求增加的幅度超過人口，德國工人的生產力與被雇用的人口比例也在提升，德國國力的增長可以充分從生產、運輸、消費、資本總和、投資、儲蓄銀行存款與經濟生活的其他各種要素的統計數據看出。赫弗里希的書上不斷吟詠著「龐大發展」、「巨大進步」、「驚人擴張」、「巨量增長」等詞彙。

同年，一名到亞爾薩斯—洛林旅行的英國人在梅斯問一名服務生，他認為自己是哪一國人。「肯定是普魯士人」（"*Muss-Preussen*"），服務生回道，而在接下來的旅程中，英國人一直聽到他的旅伴不時低聲地說：「肯定是普魯士人——我們不久也肯定要變成普魯士人了。」

在英國維多利亞女王登基六十周年那年，吉卜林因為擔心英國人犯下傲慢這個淵遠流長的罪名，因而寫下〈衰退〉（"Recessinoal"）這首詩，如今，偶爾也會深思熟慮的德國人瓦爾特・拉特瑙（Walther Rathenau）也產生相同的擔憂，這位內省而帶有文學氣質的德國通用電氣公司繼承人在《未來》發表了一首長詩〈慶典之歌〉（"Festal Song"），抗議為了百年紀念而進行組織動員。拉特瑙也看到了末日的景象，他在詩的開頭引用《以西結書》（*Ezekiel*），「人子阿，主耶和華對以色列地如此說，『結局到了，結局到了地的四境。現在你的結局已經臨到。看哪。來到了。』」拉特瑙沒有再引用下去，但讀者如果回去翻看《以西結書》，就會發現泰爾（Tyre，《以西結書》譯為推羅）遭受什麼樣的審判：「你靠自己的聰明智慧得了金銀財寶，收入庫中。你靠自己的大智慧和貿易增添資財，又因資財心裡高傲。所以主耶和華如此說，因你居心自比神，我必使外邦人，就是列國中的強暴人，臨到你這裡，他們必拔刀砍壞你用智慧得來的美物，褻瀆你的榮光。他們必使你下坑，你必死在海中，與被殺的人一樣。」

拉特瑙沒有勇氣在詩的末尾簽上他的大名，只用了假名發表，他的聲音並沒有得到重視。在這種民族情緒之下，霍普特曼為了紀念勝利百年而創作的《慶典劇》（*Festspiel*），由馬克斯．萊因哈特演出，仍遭到民族主義者的攻擊，並且在皇儲的要求下被迫停演，理由是他的戲強調解放，而非強調用來戰勝拿破崙的寶劍。這種民族情緒在扎伯恩（Zabern）事件達到高峰，扎伯恩是亞爾薩斯的一座小鎮，德國駐軍與當地居民之間的對立，導致德國軍隊攻擊與逮捕平民。這起事件鬧得沸沸揚揚，造成當地民眾對德國的敵視。當扎伯恩的指揮官赫伊特上校（Colonel Reuter）被軍法審判並且被判無罪時，陸軍權力凌駕於平民權利之上成為德國的一項重大政治爭議。在帝國議會，一名中間黨派議員說道，如果陸軍軍官可以不受法律約束，「那麼就是德國的末日（*finis Germaniae*）。」這位議員獲得議會絕大多數人的歡呼，但赫伊特上校卻獲頒三等紅鷹勳章與收到皇儲發給他的賀電，上面寫著：「繼續保持下去！」

大家引頸期盼的理查·史特勞斯與俄羅斯芭蕾舞團合作的好戲，將於一九一四年五月首演，由史特勞斯親自指揮。美國人勞倫斯·吉爾曼試圖總結史特勞斯迄今為止的成就，他在一月時提到史特勞斯有一種令人困惑的二元性，事實上，這點確實也讓史特勞斯自己國家的歷史學家感到費解。吉爾曼寫道，史特勞斯最好的作品，例如《查拉圖斯特拉如是說》的開場、《堂吉訶德》的終曲、《英雄的生涯》的愛的段落、俄瑞斯忒斯與厄勒克特拉的相認，都是「可怕的喜劇式崇高」的音樂，而他的傑作《厄勒克特拉》遲早會被認定是「世上最好的音樂作品之一」。不過，史特勞斯也顯露了「令人難以置信的壞品味，經常弄出令人惱火的噪音」，最令人生氣的是「他習慣自以為是」地寫出毫無一貫性、理性或邏輯的樂曲。史特勞斯總是搞得大家一頭霧水，一下子想出很好的點子，一下子又提出毫無價值的看法，但他的做法是無可置疑的。吉爾曼尚未聽過《春之祭》，他認為史特勞斯「在樂壇上無人能出其右，他能引起大家的注意……他是最具活力、最大膽與最荒謬的作曲家……他也是華格納之後最能領導樂團的音樂創作者」。

四月，史特勞斯抵達巴黎進行排練。歌劇中的主角原本是為尼金斯基量身訂作，但尼金斯基因為婚姻問題引起達基列夫的妒火而遭到開除。尼金斯基未能參與演出，只好由一名來自俄羅斯帝國芭蕾舞團的年輕新舞者，纖細、才剛滿十七歲、有一對褐色大眼的雷歐尼德·馬辛（Léonide Massine）取代他的位置。伊妲·魯賓斯坦飾演王后，西班牙畫家何塞·塞爾特（José Maria Sert）負責協助巴克斯特進行設計。在帕拉底歐式（Palladian）的大廳裡，有噴泉、金色柱子、大理石地板、裝滿水果的水晶寬口壺，波提乏的妻子戴著緋紅色手鐲，四周圍繞著穿著粉紅與金色服裝的奴隸，還有一名身型巨大的黑白混血侍衛，他戴著黑色羽飾，手裡拿著金色鞭子。這裡出現的動物是兩隻俄羅斯獵狼犬。充滿異國情調的舞者努力取悅王后，想喚起她「對生命的熱情」，卻徒勞無功，此時一個牧羊的男孩約瑟，在沉睡中被包裹在黃色絲綢裡送進宮來，醒來之後，他跳起了追尋上帝之舞，隨即讓王后燃起了熱情與渴望。王后試圖引誘約瑟，卻遭到拒絕，王后轉而斥責約瑟，準備讓侍衛折磨與殺死他，但約瑟在悠揚的天國旋律中被大天使救出，至於波提乏的妻子最後則是用珍珠項鍊勒死了自己。

雖然許多人認為劇本相當荒謬，而音樂只能稱得上史特勞斯的二流水準，但演出的排場豪華壯觀，演員的舞姿挑逗，每個人都很喜歡。這一夜最終也有一個美好的結尾，史特勞斯在拉呂餐廳（Larue）設宴款待從德國、奧地利與義大利前來觀看首演的朋友。在享用過初摘的草莓與美味的葡萄酒之後，每個賓客都從侍者手上接到了分攤的帳單。

五月底，俄羅斯芭蕾舞團前往倫敦，接下來的兩個月，他們獲得「非凡的成功」。飾演恐怖伊凡的夏里亞賓被評為「最優秀」的演員，林姆斯基最後的歌劇作品《金雞》（*Coq d'Or*），與史特拉汶斯基的新作《夜鶯》（*The Nightingale*）都大受歡迎，「超現代的」《約瑟》於六月二十三日演出，史特勞斯再次親自指揮，引發熱烈的期待。卡莎維娜取代伊妲．魯賓斯坦飾演王后，在與卡莎維娜排練時，史特勞斯親自示範他希望卡莎維娜如何表演她的誘惑之舞。從卡莎維娜化妝室遠處的角落開始，史特勞斯一面唱歌，「一面跑著，雙腳重重踩在地上，就這樣穿過整個房間，來到象徵約瑟臥榻的沙發前」。

表演當晚，德魯里巷皇家劇院（Drury Lane）坐滿了珠光寶氣的貴客，「他們懷抱著興奮的心情，準備好要迎接這場音樂盛事」。一名年輕人身處在這堆摩肩擦踵的人群之中，四周全是愉快的笑聲，每個人似乎都認識彼此，彷彿這是「一場龐大但只有特定人士才能參與的派對」。當英國首相與首相夫人、俄羅斯芭蕾舞團與名作曲家史特勞斯現身時，整個劇院似乎「成了國際矚目的場合」。當掌聲響徹整個劇院時，這名坐在二樓前座的年輕人傾身向前，他看到高大「厭世」的德國作曲家步上管弦樂團前方的指揮臺，「精神抖擻且冷靜沉著」。

就算《約瑟》未為他贏得新的桂冠，史特勞斯此趟英國之行仍讓他個人感到滿意。他依照自己的計畫指揮了女王音樂廳管弦樂團與莫札特的音樂，而且被大家推崇為這個季度最好的音樂會。六月二十四日，史特勞斯穿上「最美麗的博士服」——音樂博士特有的緋紅色絲綢與奶油色錦緞——在牛津大學獲頒榮譽博士學位。

一個月後，七月二十五日，俄羅斯芭蕾舞團以共同演出史特勞斯的《約瑟》與史特拉汶斯基的《彼得魯什卡》作為該季度最後的表演節目。就在當天晚上演出的時候，在貝爾格勒（Belgrade），塞爾維亞對奧國最後通牒做出的回覆遭到奧國大使的拒絕，奧國大使宣布與塞爾維亞斷交並啟程返國。

第七章 權力轉移：英國，一九〇二年到一九一一年

索爾茲伯里勳爵於一九〇三年去世，他未能親眼見到新世紀第一次大選中民主的運作，但他對於結果應該不會感到驚訝。社會的新階層正在興起，雖然還無法取代貴族，但透過壓力與代議士卻足以排擠貴族。人民的時代正逐漸來臨。

這種趨勢可以從「豬尾巴！」（指清代中國人留的辮子）這個口號看出，在一九〇六年大選中，「豬尾巴」迴盪在各個選區，它是個帶有惡意的詞彙，但與這次大選似乎沒什麼關連性。沒有任何議題比「中國奴隸」更容易操弄，就像保守黨在一九〇〇年利用愛國主義口號贏得卡其大選一樣，自由黨也想利用「中國奴隸」打贏這場選戰。這裡的奴隸指簽下契約的中國工人，他們在保守黨政府同意下被進口到南非挖金礦。競選廣告牌上貼滿中國人被套上枷鎖、中國人被踢與中國人被鞭打的照片。身上掛著廣告牌的人把自己打扮成中國奴隸的樣子到處遊街。諷刺漫畫畫著在波耳戰爭中陣亡的英軍鬼魂指著一塊被柵欄圍起來的地方，裡面關了一堆中國人，他們問道：「我們是為這個而死的嗎？」工人階級群眾聽說保守黨如果勝選，就會引進中國工人到英國，有一幅圖片上面畫著留辮子戴草帽的苦力，標題就寫著「托利黨的英國工人」。格雷厄姆．華萊斯（Graham Wallas）是自由黨支持者，他提到在政治集會上，當這些中國苦力的圖片被投放到大型屏幕上時，「底下馬上發出憤怒的吼聲，民眾紛紛痛罵貝爾福」。民眾

也分不清自己是基於人道的義憤而咆哮，還是害怕廉價勞工的競爭而吼叫。華萊斯覺得在這兩種情感之下還存在著某種更根本的東西，他認為是對外國人的恐懼，這些留著豬尾巴的中國人正好引發這層焦慮。這些醜陋的黃色臉孔「立刻引發對蒙古人種的敵視，而這種敵視又轉移到保守黨身上」。從民眾的咆哮中，華萊斯聽到公共事務中的非理性力量。

新人訴諸於新選民，而如同黃色新聞（yellow press）一樣，新選民的出現也容易喚起新人的參與。民眾的識字率提高，表示資訊更容易傳遞，但民眾也因此更容易受騙。每份半便士的《每日郵報》發行量超過五十萬份，超過《泰晤士報》的十倍。汽車使候選人能接觸更多的民眾，城市的成長也讓聆聽政見的民眾增加。非理性的力量不必然是錯的，它也有可能歪打正著。非理性的力量也不必然局限在馬修．阿諾德所說的平民大眾（Populace）身上，但因為平民大眾的數量較多，所以產生的影響也較大。

一九〇二年波耳戰爭結束後，亞瑟．貝爾福順利從索爾茲伯里勳爵手中接下首相之位，然而改變的浪潮已經開始拍打他的雙腳。商業依然暢旺，但來自國外的競爭已逐漸威脅英國在外貿上的領先地位，有些則已經打進英國市場，甚至在新興產業方面超越英國。在國內，上層階級的生活依然愜意，但失業、飢餓與匱乏，疾病、不公義與不平等，這一切總稱為社會問題，開始在民間形成一波波的不滿，不斷地衝擊特權堡壘，其嚴重的程度已不容忽視也不可壓制。新的時代充滿各種需求，與過去相比，政府必須採取更多行動、發揮更多想像力、提出更積極的想法與措施。十年未能執政的自由黨，認為這是他們的機會，他們相信自己可以滿足這樣的需求。

自由黨不是個組織緊密的團體，而且從一開始就不是如此。自由黨的核心思想，如同自由主義的一貫主張，傾向於變動與改革，然而內部存在的上千種觀念與社會背景，卻讓整個黨看起來支離破碎。自由黨員的背景龐雜，從自由黨貴族羅斯伯里勳爵，到鄉村士紳愛德華·格雷爵士，到富商坎貝爾—班納曼，到沒有地產的知識分子阿斯奎斯與莫萊，以及出身凱爾特激進派、特立獨行與人格格不入的暴發戶勞合·喬治。有些人是小英國主義者，用約翰·布萊特的話說，他們認為帝國是「提供貴族戶外休閒的巨大體系」，有些人跟保守黨一樣是充滿熱忱的帝國主義者。有些人屬於英格蘭教會，有些人是非英格蘭教會派，有些人主張愛爾蘭自治，有些人堅決反對愛爾蘭自治。有些人是熱情的激進派，主張財富與政治權力重分配，有些人是產業鉅子，專注於賺錢致富。有些人是基於自己的信念，而非基於家族傳統或政治考量成為自由黨人，這些人覺得自己與保守黨之間存在著「跟過去一樣難以跨越的鴻溝」；如赫伯特·薩繆爾（Herbert Samuel）所言，一個介於「寂靜主義者與改革者」之間的鴻溝。充滿改革熱忱的薩繆爾認為，自由主義的原則「不過就是將宗教精神貫徹在公共事務上」。有些自由黨人是真誠的，有些是投機分子，有些是宣傳家，有些人則像勞合·喬治一樣集三者於一身。自由黨人是在野人士，渴望進入政府，他們已經準備好要回應新時代的需求。

自由黨的對手在波耳戰爭之後就因為一連串國內政策爭議而出現嚴重紛爭，甚至陷入分裂。非英格蘭教會派對當權者的敵視與嫉妒因為一九〇二年教育法（Education Act of 1902）而延燒成為全國性的騷動。這項法令是由貝爾福支持而且大部分由他親自草擬，除了小學教育外，該法也將中學教育納入國家義務教育的範圍，目的在於讓每個學童都能接受中學教育，並且讓所有中小學都依照統一的標準管理。與一八七〇年初等教育法（Compulsory Education Act of 1870）一樣，一九〇二年教育法也具有經濟目的：如果國家再不著手提升學校水準，未來將在市場競爭中持續落後。就促進國家進步來看，一九〇二年教育法或許是二十世紀第一個十年最重要的立法，但該法採取的方法過於偏頗。一九〇二年教育法偏重英格蘭教會學校，事實上給予了這些學校財務支持，卻要求將地方管理的寄宿學校廢除，這種做法觸怒了傳統屬於自由黨的非英格蘭教會派。而這也讓自由黨內部因為波耳戰爭與愛爾蘭自治而分裂的帝國主義派與激進派得以重新團結起來。下議院的辯論演變成高教會派與低教會派的戰爭，循道宗教士在報紙上發表憤怒的公開信，一九〇二年教育法被稱為「耶穌釘十字架以來最大的背叛」，各村落發起抗爭，民眾組成同盟，企圖效法圓顱黨（Roundheads）拒絕向英王查理繳稅一樣拒繳學校稅。過去一直主張威爾斯的英格蘭教會必須解散的勞合．喬治也以戲劇性的演說鼓勵同盟抗稅。民眾熱情投入這場運動，像是在重演一場宗教戰爭，也像是為了追求刺激，這或許是波耳戰爭養出來的胃口，但英國實際上只有不到百分之二的人實際體驗到這場戰爭。

「婦女參政權」的口號帶來更多的麻煩，而高呼口號的人也坦承自己是「好戰分子」。一九〇三年，婦女們在潘克斯特夫人（Mrs. Pankhurst）領導下組織起來反對費塞特夫人（Mrs. Fawcett）的選舉權團體，後者認為要以說服的方式取得投票權。潘克斯特夫人的團體首次嘗試擺出好戰的姿態，但一開始只局限在政治集會上詰問候選人與展示旗幟標語，法蘭西絲．貝爾福夫人表示，雖然這些行動還不成氣候，但已能證明「新的風潮正席捲整個社會」。

在此同時，南非蘭德的礦場主要求取得進口中國工人的執照，因為在波耳戰爭後，非洲工人已能找到其他工作餬口，礦場面臨人力不足的問題。然而，礦場曾有虐待契約工人的名聲，因此政府不太願意開放，但礦場主十分堅持，他們表示若不開放，礦場就無法重新開工，投資將會受阻，蘭德的股價將會下跌，經濟學家也明白表示，這完全是錢的問題。「英國人或其他國家的人，如果擁有川斯瓦礦場股份達到兩億英鎊而且想連本帶利取回，那麼他們必須正確地處理勞工問題。」

政府勉為其難地同意了，中國人被引進與居住在圍場裡；過去自由黨人也曾引進契約工人到英屬蓋亞那，但此時卻對政府的決定大發雷霆。中國工人居住的地方就跟英國陰暗、破爛的貧民窟一樣糟糕，二十五個家庭要共用一個水龍頭與一間廁所，而且每張床租給三個人睡，床底下則租給兩個人睡。但人道主義的本能會隨著距離而漸趨強烈，距離遙遠會讓人忘記原本的動機，畢竟要在非洲建立耶路撒冷要比在國內容易得多。此外，中國工人議題充滿了銅臭味，事實上，波耳戰爭的爆發，本質上就是錢的問題。這點戳破了帝國主義分子喜歡為帝國擴張覆蓋的道德外衣。

除了這些議題，還有約瑟夫．張伯倫在關稅改革上釀成的災難。當他提出保護關稅時，在保守黨內引發很大的爭議，此舉不僅違背英國人根本的自由放任精神，也讓民眾想起過去令人憎恨的穀物法（Corn Laws），大家擔心這麼做可能導致糧食價格上漲。張伯倫的提案除了讓自由黨人逮到機會高喊「自由糧食」，也造成保守黨內部舊派與新派、重視土地與重視金錢的對立。製造業者與商人是赫伯特．喬治．威爾斯所說的「商業帝國主義的典型，充滿進取心與精力」，這些人支持保護關稅。張伯倫身為帝國主義分子與商人，認為保護關稅是將母國與屬地結合在一個巨大的帝國關稅體系裡的手段，不僅可以促進帝國內部的貿易與國內的繁榮，還能鞏固帝國的紐帶關係，增加社會立法所需的歲入，更重要的是，能使他成為英雄人物。在英國的內閣中，張伯倫就像列國之中的德國；充滿活力，懷抱野心，關注權力與能力，一心追求最高的職位，並且對於這樣的職位被人搶占感到惱火。當初他與首相職位失之交臂，關稅改革就是他用來篡奪這個職位的手段。然而這項政策卻毀了內閣。張伯倫決定以辭職來換取自己的政策獲得執行。五名主張自由貿易的內閣成員辭職，包括德文郡公爵與財政大臣。在國會中，一名充滿幹勁的新任議員，溫斯頓．邱吉爾，他揮舞自由貿易的大旗，最後脫離保守黨加入自由黨，保守黨人痛斥他是「叛徒」。優惠關稅、補貼、傾銷與其他財政措施引發無止盡的辯論。民眾幾乎無法了解這些議題，只能單純選邊站，自由糧食同盟與反學校稅同盟都迅速獲得支持；英國人很快就變得跟法國人一樣喜歡爭吵。

身為首相，貝爾福依然採取圓融而保留的立場，不願堅守任何政治信條，也拒絕採取固定的觀點，一方面是因為他認為兩邊都沒有堅強的理由，另一方面是因為他相信不走極端才能讓他的黨不致分裂，從而讓他的政府繼續執政。貝爾福認為自由貿易教條式的堅持並無好處，倒是選擇性的保護關稅確實能讓英國產業獲得一些優勢，儘管如此，貝爾福也無意對張伯倫的計畫照單全收。貝爾福只堅信一件事，那就是由保守黨繼續領導英國要比自由貿易或保護關稅來得重要，而這是他決心維持的事。面對同事彼此爭論、大臣紛紛辭職與黨內有人背叛，貝爾福巧妙閃躲了壓力，他冷靜地告訴下議院，「如果我心裡沒有明確的定見，卻告訴你們我有」，那他才是沒有善盡自己的職責。貝爾福在這些議題上灌注哲學性的懷疑，接著又在這些懷疑上灌注自己的權威，幾乎催眠了兩邊的議員。當有人要他解釋與保守黨內自由貿易派與保護關稅派的關係時，貝爾福用「輕蔑訕笑的高明手法轉移了下議院的注意力」。他運用自己對國會的熟稔，一個會期接著一個會期地操縱政府，就這樣撐過了兩年，他似乎總是能從困難的任務

圖二十一 亞瑟・貝爾福，Lawrence Alma-Tadema繪，1891年

中找到樂趣。但貝爾福的手法讓他的追隨者感到不安。他們希望黨的領袖能夠領導，而不是像哈利．克斯特說的，「只是坐在牆上觀望」。

然而，貝爾福這麼做其實是為了一個嚴肅的目的。他想盡可能在首相位子上待久一點，好讓他有足夠的時間鞏固英法協約，以及完成帝國國防委員會的工作，特別是在一九〇五年丹吉爾危機之後。貝爾福已經下令讓砲兵裝備新的速射砲，也就是十八磅砲，而他日後解釋時提到，他決心「在首相任內盡可能投入更多開支，這樣日後自由黨上臺的時候就無法輕易放棄這項計畫」。另一方面，張伯倫則是繼續堅持自己的關稅政策。隨著保守黨內部不滿的聲浪越來越大與反對黨越來越急於取得政權，貝爾福也越來越難以保持平衡。

最後，最值得注意的是社會問題。一九〇〇年後的調查與報告都清楚顯示物質財產極度不平等的現象與造成的後果。一九〇一年，班傑明．西博姆．朗特里（B. S. Rowntree）的《貧困：都市生活研究》（*Poverty: A Study of Town Life*）；一九〇三年，查爾斯．布斯（Charles Booth）的《倫敦民眾的生活與勞動》（*Life and Labour of the People of London*）的最後一冊；一九〇五年，里歐．基奧扎．曼尼（L. Chiozza Money）的《富有與貧窮》（*Riches and Poverty*）；皇家勞工委員會（Royal Commission on Labour）的報告，以及費邊社（Fabian Society）對貧困、疾病與精神失常的研究，這些研究累積的證據顯示英國這個全世界最富裕的國家竟有三分之一的人口「長期生活在貧困中，無法滿足最基本的維持生命所需的生活」。基奧扎．曼尼表示，經濟不平等在英國特別普遍。法國的人口與英國相當，但擁有五百到一萬英鎊地產的人口是英國的兩倍，而在英國，擁有超過五萬英鎊地產的人口是法國的三倍，擁有超過二十五萬英鎊地產的人口是法國的四倍。

調查者提出各項事實：英國民眾的睡眠、飲食、衛生、隱私，甚至呼吸的空氣，都不符合人類基本需求。赫胥黎（Huxley）教授曾經計算，每個人理想的空間是八百立方英尺。即使是濟貧院也能提供每個人三百立方英尺。但在貧民窟裡，三個人共用一間七百立方英尺的臥房，如果有小孩的話，則是八到九個人共用一千二百立方英尺的空間。他們住的地方到處都是老鼠、蝨子，地上的一張紙就可以充當廁紙，八口之家每星期的蛋白質來源就是星期日吃魚，每人只能吃到二點五盎司的魚肉。孩子長得矮小蒼白，滿口蛀牙，就算他們上學，也只是呆呆地坐在書桌前，或趴在桌子上睡覺。無知與缺乏反應，跟不健康一樣，都是貧窮的產物；貧民窟是個泥淖，許多人都只能在這裡庸庸碌碌地過完一生。在鄉村，過度擁擠的問題也同樣嚴重。在牛津郡某個農舍，八口之家睡在兩張床上，只有兩件單薄的毯子；在約克郡某個農舍，丈夫、妻子與五個女兒睡在閣樓的兩張床上；在索美塞特郡（Somerset），母親與三個子女睡在一個房間裡，另外五名子女都已經十九歲，不分男女一起睡在另一個房間。

無技術與無組織的勞工，工作狀況與貧民窟無異。一八九七年，也就是維多利亞女王登基六十周年，在格拉斯哥的肖菲爾德化學工廠（Shawfield Chemical Works），工人每小時的工錢是三到四便士，一天工作十二小時，一個星期工作七天，整天暴露在有毒的蒸汽中，連午餐時間都不得休息。他們只能站在火爐旁吃午餐，如果他們星期日缺勤，就會被罰第二天的薪資。奧佛頓勳爵（Lord Overtoun）是這間工廠的老闆，也是一名慈善家，他每年都會捐助一萬英鎊給慈善團體，他同時也是主日教規協會與主日安息協會的成員。在其他產業，工人會因為無故缺勤而被逮捕。如果工人請假，老闆可以拒絕給假；

如果工人無論如何都要請假，那麼工人通常的下場就是被關進監獄一天。技術工人可以參加英國的同業公會，這也是歐洲最古老的工會，他們會受到比較好的待遇。技術工人大約占了英國所有成年男性工人的五分之一，是所有國家中比例最高的，技術工人有自己的保險與年金制度，這些制度後面有著龐大的基金做保證，技術工人也能在工會的合作社裡買到價格較低廉的商品。儘管如此，技術工人面對資本家還是只能處於守勢，而且難以驅散的失業陰影一直跟在他們身後，使他們也成為脆弱的一群人。

一九〇〇年之後，英國經濟已經逐漸從一八九〇年代的衰退中恢復，而且整體而言是繁榮、活躍且擴張的。船運與造船公司、銀行與工廠業務增加，煤礦開採量達到滿載，雖然化學、電力與其他新產業的競爭力比不上外國公司，但絕大多數企業儘管起起伏伏，大致上仍表現優異。然而利潤分配的差距非但沒有縮小，反而擴大。富人過著奢侈生活的同時，工人薪資的購買力卻不斷下降，身體條件也持續惡化。英國陸軍募兵的身高標準在一八八三年是五英尺三英寸，到了一九〇〇年卻降低為五英尺。

這個體制似乎出了問題。過去幾年雖然機械與物質取得了重大成就，但整個社會卻因此扭曲變形。在美國，物質發展的過程也持續加速，這種現象促使托斯丹·韋伯倫（Thorstein Veblen）投入對企業的研究，也讓許多扒糞記者著手調查貧民窟、牲畜飼養場與標準石油（Standard Oil）檔案。在英國，改革者、作家、充滿抱負的記者、費邊社、社會主義者、激進的自由黨人都急欲尋求解決之道。赫伯特·喬治·威爾斯厲聲警告，缺乏計畫的物質進步終將導致他在一八九九年的作品《當睡者醒來時》（*When the Sleeper Wakes*）描述的未來，更高的建築物、更大的城鎮、更邪惡的資本、更受壓迫與更絕望的工人，在這個未來裡，「一切都更大、更快、更擁擠」……簡言之，就是「當前趨勢更加誇大後的結果」。就像冠藍鴉一樣不斷啄食與叫嚷文明的病症，威爾斯在一九〇〇年的《預想》（*Anticipations*）與一九〇五年的《現代烏托邦》（*A Modern Utopia*）中要求建立一個計畫社會的新共和國，並且熱情闡述人類透過科學改良社會的可能。

和平、撙節與改革長久以來一直是自由黨的信條，但時至今日，這些信條已不合時宜。十九世紀樂觀的自由主義已經過去。「憤慨的悲觀主義」激勵了查爾斯．馬斯特曼（Charles Masterman）於一九〇二年寫下《來自深淵》（*From the Abyss*），之後又於一九〇五年完成《面臨變革的危險》（*In Peril of Change*）。身為年輕的自由黨記者、《每日新聞》（*Daily News*）的文學主編、虔誠的高教會派信徒，而且娶了利特爾頓家族的女子為妻，妻子的叔叔還是貝爾福內閣的成員，馬斯特曼可以說是一個不尋常的自由黨員。對於當前潮流走上與十九世紀截然不同的道路，馬斯特曼感到困惑與不安。另一位受到激勵的則是孤獨的經濟學家約翰．阿金森．霍布森（J. A. Hobson），他在一九〇一年寫了《社會問題》（*The Social Problem*）一書。霍布森認為早期自由主義的光明希望已經被適者生存的學說掩蓋，而追求進步的精力也完全投入在物質成長上。霍布森主張政治經濟學已經無法解決社會問題，要有新的社會科學來為「社會進步的方式提供令人滿意的基礎」。他鎖定失業做為社會問題的核心，並且把失業視為人力資源的浪費，他甚至把閒散的富人也納入這項浪費之中。根據一八九一年的人口普查，英國二十歲到六十五歲的男性有二十五萬人完全沒有工作或職業。消費不足是失業的必然結果，也是造成麻煩的主要根源，霍布森不認為帝國主義是白人的高尚負擔，相反地，帝國主義是一種經濟驅力，用來彌補消失的國內市場。霍布森的觀點表現在一九〇一年的《極端民族主義心理學》（*The Psychology of Jingoism*）與一九〇二年的《帝國主義》(*Imperialism*) 中，他的說法具有影響力，但也同時冒犯了帝國主義分子與信奉帝國主義的費邊社。霍布森從未獲得重要大學的教席，也無法在費邊社創立的倫敦政經學院 (London School of Economics) 任教，他因此未能建立自己心目中的新社會科學。

費邊社要的是沒有馬克思或者不需要革命的社會主義，就好像沒殺過人的馬克白一樣——他們想靠腦袋、努力與不斷關注韋布夫婦的主張，以及蕭伯納出色的常識，來推動一個有思想、值得尊敬、漸進、現實、務實、如同「空氣與水」的英國社會主義。費邊社成立於一八八〇年代，透過費邊社期刊闡述計畫與論點。費邊社是一個思想遊說團體，企圖引導既有的政治體制朝社會主義這個最終目標邁進。碧翠絲·韋布 (Beatrice Webb) 把人區分成A與B，A指貴族、藝術家與無政府主義者，B指慈善人士、資產階級與官僚，費邊社的成員屬於B。費邊社不嘗試拓展工人階級基礎，根據威廉·莫里斯的說法，他們傾向於「透過自身的主張逐漸影響那些有教養的人士」，並且逐漸地影響政府來實現他們的目標。他們順利將自己的理念傳達給與他們階層相同的人，但他們始終局限在學術圈裡，總數不過七、八百人。費邊社雖然努力想改善工人階級的生活，但他們卻與工人階級毫無交流。在英國，受過教育的階級不進入工會，也無法進入工會。費邊社懷疑馬克思信條主張的階級戰爭勢不可免，費邊社相信勞工與受雇者必然能在資本主義體系中獲得利益，因為工人之所以有工作做，完全是雇主的剩餘資本導致的。在「反駁」馬克思的演講中，高大削瘦、紅髮的蕭伯納，看起來引人注目、挑釁而且大膽，他連續一個半小時以簡單明瞭的句子滔滔不絕地講述他的觀念，底下的聽眾只是聚精會神地聽著。一九〇五年十二月首演的《芭芭拉少校》(*Major Barbara*)，貝爾福也到場觀賞，蕭伯納在這齣戲裡藉由軍火大亨安德夏夫特（Undershaft）之口談論「貧窮的罪」。「你說的犯罪根本不值一提，無論是殺人還是竊盜都一樣。這些犯罪有什麼了不起的？它們不過是生活的意外與疾病：整個倫敦可能找不到五十名真正的專業罪犯，但倫敦卻有數百萬窮人，悲慘的民眾，骯髒的民眾，吃不飽穿不暖的民眾。他們在道德與物質上毒害我們：他們破壞社會的幸福；由於擔心他們起來造反，拉著我們一起跌下萬丈深淵，我們不得不放棄自己的自由，用不自然的殘酷方式對付他們。只有傻子才害怕犯罪：我們害怕的是貧窮。」

韋布夫婦用堆積成山的報告與英國人慣用的社交辭令與對話來抨擊犯罪。他們下了冷酷的決心要改善社會，他們本質上是威權主義者，對於民主的過程感到不耐。他們支持保護主義、約瑟夫．張伯倫（碧翠絲一度與他論及婚嫁）與一切能鞏固國家取得更多歲入，以建立更多下水道、施粥所與失業保險的做法。他們認為自由黨毫無用處，因為自由黨不理解帝國主義與社會主義對新時代的要求，他們不信任未受過教育的工黨，認為工黨沒有能力貫徹自身的意志。我們需要的是一個強大的政黨，不會提出荒謬的看法，能務實而有效率地滿足國家的需求，要像一名家庭女教師一樣掌控國家的未來，讓它穿上乾淨的衣物、為它洗臉、幫它擤鼻涕、要求它在餐桌前正襟危坐並且只吃適當的飲食。韋布夫婦認為，唯有經由張伯倫重建的保守黨才能成為這樣的政黨，也才能給予英國托利社會主義的剛強祝福。

正統社會主義的代表是海德門領導的社會民主同盟（Socialist Democratic Federation），海德門是從伊頓公學與劍橋大學三一學院畢業的富家子弟，他與威爾斯親王同一年進入劍橋念書。社會民主同盟在虔誠信奉馬克思主義的同時，卻與工人階級疏遠，因此同盟雖然表現出歐陸社會主義強烈的革命信條，卻因為缺乏追隨者而只能淪為空談，無法採取任何行動。海德門曾說：「我總是想著下星期一早上十點會爆發革命，我都是靠著這個想法來支撐自己。」海德門只能祈禱革命能從天而降，因為在他的計畫裡，工人無法成為革命的發動者。海德門公開表示：「奴隸階級無法由奴隸自己來解放。領導力、主動性、理論、組織，這些只有奴隸階級以外的人才能具有，因為他們從小就受到訓練而能獲得這些能力。」海德門抱怨英國統治階級有一套獨特的手法來吸收這些崛起的勞工領袖，這些勞工領袖一旦「從小康的社會主義分子身上獲得教育」，就馬上轉身將自己出賣給支配的少數人（也就是自由黨），完全無視「社會主義者為他們做出的犧牲」。對於海德門的朋友來說，海德門的這些說詞正好可以說明海德門自己的遭遇，海德門原本是個板球球員，他之所以擁抱社會主義，只是出於自己無法入選劍橋板球校隊的怨恨。海德門與《號角》的主編羅伯特·布萊奇福德還有其他熱心人士一起合作，他在集會、文章、報導與演說中持續追求他沒有能力實現與工人階級不想要的革命。

一九〇一年，不穩定的政治權力平衡出現決定性的時刻。上議院作為上訴法院對塔夫谷（Taff Vale）案做出判決，要求工會必須賠償罷工造成的損害，工會成員的年金與退休基金因此受到嚴重影響。統治階級的這項舉措使英國工人階級相信自己必須擁有政治上的代表權。在這項判決出爐之前，英國工人一直採取以工會直接對抗雇主的做法，而未嘗試透過國會進行政治行動。英國工人在政治上效忠自由黨，他們不支持社會主義政黨，也不贊成階級戰爭。克里蒙梭因此表示：「英國工人階級是資產階級。」歐陸的工人團體認為英國工會大會（English Trade Union congresses）無聊且毫無啟發性，因為成員們只關心眼前的利益，對於觀念的討論毫無興趣。一名訪問英國的人士表示，對法國人來說，取得利益是為了集結力量進行社會革命；對英國工人來說，利益就是他們的目的，「基本的原則與永恆的道理只會讓他們惱怒」。莫萊說，英國工人對於新的社會體制不感興趣，「他們只在意眼前的事能不能得到公平的處理」。

一八九二年，永恆的道理終於在一名擁有先知般熱忱的蘇格蘭礦工組織者身上發出聲音。基爾．哈迪（Keir Hardie），當時三十六歲，他的個子矮小但相貌堂堂，褐色的眼睛炯炯有神，頭髮往後梳，露出半球狀的額頭。哈迪出生在拉納克郡（Lanarkshire）煤礦區一個只有一間房間的村舍裡，這間房間住了兩個大人與九個小孩，他的母親有時會教他識字，七歲時，他到烘焙麵包的店裡當跑腿的小伙計。到了每週一次的發薪日，哈迪的父親外出工作，剛生孩子的母親躺在床上，家裡沒有食物，年紀還小的哈迪是家中唯一負擔生計的人，他在雨中走了兩英里來到工作的地方，他遲到了十五分鐘，他已經連續兩次遲到。「師傅要你上樓，」櫃臺後方的女孩說道。進到房間裡，雇主與他的家人坐在桃花心木的早餐桌旁，桌上放著冒著蒸汽的咖啡與熱麵包捲。他被告知被解雇了，而且為了懲罰他遲到，他這星期的工資也被沒收。哈迪就這樣兩手空空地回家，同情他的女僕默默遞給他一個麵包捲。

哈迪自始至終都相信階級戰爭。對他而言，自由黨與保守黨沒什麼兩樣，只是雇主階級的另一張臉。一八八八年，哈迪首次以獨立勞工候選人的身分參加拉納克郡中區的選舉，自由黨候選人喬治．屈維廉爵士（Sir George Trevelyan）向他解釋，如果他們兩人同時出來競選，保守黨會漁翁得利，這是多麼令人遺憾的事，他提議說，如果哈迪願意退選，自由黨保證會在下次選舉時給他一個安全席次而且幫他支付競選費用，而且這段期間還會給他每年三百英鎊的薪水，相當於一名國會議員的收入。哈迪這輩子從未賺過這麼多錢，但他還是拒絕了。雖然這次他落選了，在總數七千票中他只拿到了六百一十七票，但四年後他在南西漢姆（South West Ham）以獨立候選人的身分競選時卻順利勝選。當哈迪穿著粗毛呢戴著布帽在下議院就座時，他的服裝顯然與其他議員格格不入，其他議員都穿著上等黑呢，這是他們在議場交流時的固定服裝，哈迪的出現，彷彿在國會揚起了紅色旗幟。他從未屈服於資本主義的誘惑。當議員們辯論失業議題時，沒有人對餓肚子的民眾吐露任何關懷之語，坐著聆聽的哈迪越聽越火大，他終於脫口而出：「你們這些腦滿腸肥的傢伙！」還有一次，一名議員抨擊失業者都是些不想工作的懶惰流浪漢，哈迪反唇相譏地說：「每天也可以看見一樣多的流浪漢戴著大禮帽穿著鞋罩在騎馬道（Rotten Row）無所事事地閒晃。」當哈迪在集會上演說時，他站起來就像一座用花崗岩粗略雕刻的被解放工人像，他的頭往後仰，身體站得直直的，似乎想表現「平等、自由與自主的驕傲」，這也是他想灌輸給工人階級的精神。沒有薪水也沒有政治基金，哈迪只能靠自己從事新聞工作賺來的錢養活自己、妻子與三個子女，他曾經賺過的最高年薪是二百一十英鎊。

一八八九年，絕望的碼頭工人為了爭取時薪六便士而發起罷工，由此開啟了將無技術工人組織成產業工會的運動。組織工會的運動持續到了一八九〇年代，組織者多半懷抱著「宗教熱情」，即使仲裁可以讓工人得到比參與激烈罷工更好的待遇，但工人依然堅持組織工會，因為「透過罷工可以讓他們受壓迫的情緒獲得紓解」。

在倫敦市中心發起的碼頭工人罷工，使工人戰爭的現實清楚呈現在首都居民面前，也促使赫伯特·薩繆爾這樣的年輕人參與政治。薩繆爾的哥哥競選倫敦郡議會議員時，薩繆爾前往白教堂區為他的哥哥拉票，當時他對於罷工者的處境與當地的血汗工廠與骯髒的居住環境感到吃驚，「從那時起」，他就決定下議院將是「我的目的地，而推動社會立法將是我的目標」。碼頭工人罷工也讓一名活躍的工會分子開始受到矚目。約翰．伯恩斯（John Burns）是火車駕駛聯合會（Amalgamated Engineers），也就是火車駕駛工會的成員，很多人叫他「紅旗男」，因為他在集會演說時總是隨身帶著紅色旗幟。雖然伯恩斯不屬於碼頭工人工會，但他卻協助碼頭工人領袖湯姆．曼與班．蒂利特管理罷工活動。伯恩斯與警察維持良好的關係，安排好食物配額，而且成功達成協商，為碼頭工人爭取到時薪六便士（"dockers' tanner"）的條件。這令克魯泡特金頗為失望，他認為失去了一次革命的大好良機。克魯泡特金寫道：「如果伯恩斯率領了八萬人卻無法發動革命，那是因為他害怕這麼做會掉腦袋。」然而，即使身處擾攘的社會主義時期，伯恩斯的行事風格還是太英國，他不認同革命，因此他不像哈迪那樣絕不與資本主義妥協。伯恩斯會視情況與人結盟，來為工人謀取利益，當他當選倫敦郡議會議員時，他便採取與自由黨合作的策略。根據碧翠絲．韋布的說法，伯恩斯對基爾．哈迪的敵視，「幾乎已經到了瘋狂的程度」。

在一八九三年的工會大會上，儘管伯恩斯反對，但哈迪依然在獲得足夠支持下成立了獨立工黨而且被提名擔任黨主席。工黨明白表示將遵循馬克思的目標，將「所有生產、分配與交換工具」公有化，而為了確保這項目標獲得實現，工黨也將「掌控這場由經濟條件引導的革命」。不意外地，各同業公會給予的資金援助少之又少。兩年後的一八九五年大選，這場大選讓索爾茲伯里勳爵上臺並成立政府，獨立工黨推出的二十八名候選人卻無人當選。「這是拿破崙之後耗資最大的一場葬禮，」伯恩斯評論說，同樣感到不滿的還有韋布夫人。她表示，工黨堅持獨立參選造成三方競選的狀況，簡直就是「自殺」。不過保守黨主編詹姆斯．路易斯．加文（J. L. Garvin）卻認為，儘管遭遇慘敗，獨立工黨已經證明它「在英國政壇逐漸成為一個強大而令人不安的因素」。

在此同時，為了對抗勞工要求而成立的雇主協會數量越來越多，他們彼此達成協議，只雇用非工會的工人。為了建立「後備隊」來對抗罷工，他們成立了自由勞工登記所（Free Labour Registries），其實就是招募破壞罷工的人，只是換個名字罷了。一八九七年，雇主協會擊敗了歷史悠久且強大的火車駕駛聯合會，後者為了爭取八小時工作制而持續罷工三十週，卻未能成功。雇主協會也以停工做為反擊罷工的手段，他們推出按件計酬的工作而且拒絕給予加班費，成功擊敗其他工會。有時政府還會出動軍隊支援雇主。為了釜底抽薪，雇主協會於一八九八年成立雇主國會會議（Employers' Parliamentary Council），只要一看到有妨礙他們利益的立法出現，就會予以消除。

一九〇〇年，一些工會開始勉為其難地涉足政治領域，這些工會大約代表了全體工會四分之一的成員，他們加入獨立工黨與海德門的團體，共同組成勞工代表委員會（Labour Representation Committee），並且提出政治候選人參與選舉。費邊社也冷淡而暫時地加入他們的行列。委員會選擇由三十四歲的蘇格蘭人拉姆齊．麥克唐納（Ramsay MacDonald）擔任幹事，麥克唐納出身寒微，曾參與創立獨立工黨，大家都認為他有著敏銳的政治直覺。海德門發現知識分子在委員會中無法左右政策，於是與他的團體退出委員會。費邊社也發現委員會的路線「與我們不同」，也不熱衷參與。煤礦、棉花與一些歷史較悠久的同業公會彼此的關係依然劍拔弩張。一九〇〇年大選中，委員會提出的十四名候選人，只有哈迪與伯恩斯兩人當選。

接著出現的是塔夫谷的「巨大打擊」。在這個判決影響下，雇主們開始針對損害提起告訴，工會也接連輸掉好幾場官司；工會必須用自己的基金賠償損失，在這種狀況下，原本已經獲得承認的罷工權形同具文，而經過辛苦集體協商取得的成果也突然變得岌岌可危。工會對於過去主張的直接行動原則感到挫折與幻滅，他們只能訴諸政治，只有一個方法能翻轉塔夫谷的判決：透過國會。勞工代表委員會的工會成員在兩年內增加到原來的兩倍以上，隨著工會資金的挹注，委員會在一九〇二年與一九〇三年贏得三次補選，包括一場在達拉謨（Durham）的三方競選的選舉。威爾．克魯克斯（Will Crooks）在濟貧院長大，曾經當過桶匠與自治市鎮議員；亞瑟．亨德森（Arthur Henderson）是鑄鐵工人；大衛．沙克爾頓（David Shackleton）是紡織工，三人在下議院，也就是「倫敦最好的俱樂部」取得了席位。

此時整個社會確實出現了新的風向。但這陣新吹來的風還不至於讓保守黨代表的階級感到煩惱。整體而言，他們對於現狀依然感到滿意。保守黨的哲學把剩餘勞動力視為利潤制度的支柱，認為這是自然的經濟法則，不能用立法加以介入。上層階級仍繼續過著舒適愉快的日子，當《泰晤士報》以沉著的語氣提到「社會秩序存在著瑕疵」時，他們並不覺得有改革的急迫性。一九〇一年，基爾．哈迪在下議院首次提出社會主義議案，他花了二十分鐘講述利潤制度的危害，認為這個制度造成了波耳戰爭、拳亂與倫敦貧民窟，他表示土地與資本的公有制可以解決這個問題。「貝爾福剛吃完晚餐回來，他愉快地對議長微笑，內心堅信這個制度在他生存的時代仍將持續不變。」

隨著一九〇五年大選逐漸迫近，讓步成了必須採取的手段。為了吸引勞工選票，保守黨成立了皇家勞資爭議委員會（Royal Commission on Trades Disputes），針對重新建立免責原則進行討論。保守黨甚至允許可能逆轉塔夫谷案的勞資爭議法案（Trades Disputes Bill）進入委員會審議並且在下議院通過二讀，不過最後並未施行。保守黨雖然未能大膽面對失業問題，但至少做了充分的應對，他們制定了失業工人法（Unemployed Workmen's Act），依法成立勞工局（Labour Bureau）來登記失業人數、協助失業者找到工作與根據特定狀況支付補償金。然而，失業工人法只適用於倫敦，而且該法的精神只是為了做有限的修補。保守黨並未提出真正能進行救濟的計畫，因為他們根本不想救濟。

身為少數黨，自由黨需要勞工支持才能獲勝，尤其需要大幅領先才能讓他們擺脫愛爾蘭的夢魘。對自由黨來說，獨立工黨候選人的出現將會是一場災難。三方競選會造成票源分散，面對這樣的危險，自由黨現在需要的不只是支持，而是結盟。工黨代表拉姆齊．麥克唐納已經準備好要聆聽自由黨的條件。一九〇三年，麥克唐納與自由黨黨鞭赫伯特．格萊斯頓（Herbert Gladstone）達成秘密協定，自由黨同意讓出三十五席以換取未來當選的工黨議員能在國會中與自由黨同盟投票。事前未獲徵詢的基爾．哈迪認為，這項安排不僅是背叛而且多餘。他相信自由黨遲早會發現，沒有工人階級的選票，他們根本不可能當選；自由黨屆時要不是向工黨靠攏，就是「改走托利黨路線」。

一九〇六年一月中，為期兩個星期（這是當時的習慣）的大選開始了。中國奴隸、保護關稅對自由貿易、學校稅、塔夫谷案，過去三年來曾出現的爭議，此時又再度提起。中國工人來威爾斯山區？勞合．喬治誇張而大聲地叫道：「我的天啊，千萬不要！」煽動家的聲音與非理性的力量只是把一般人的印象突顯出來，那就是保守黨執政太久了，而這一次煽動家與非理性是對的。民眾希望改變，而他們也如願以償。

自由黨壓倒性獲勝。他們以史無前例的五百一十三席對一百五十七席的懸殊差距重掌國會。這些席次不完全是自由黨的。工黨總共贏得五十三席，其中二十九席是勞工代表委員會提名的人選，工黨首次以一個獲得承認且擁有自己黨鞭的政黨地位進入下議院。剩餘的二十四席是工會代表，這些人又稱為自由黨—工黨協議代表（Lib-Labs），他們在下議院接受自由黨黨鞭指揮，直到一九〇九年才隸屬工黨。工黨的五十三席，加上自由黨的三百七十七席與愛爾蘭議會黨的八十三席，他們的優勢是絕對的，遠遠超過對手三百五十六席。即使沒有愛爾蘭議會黨與工黨，自由黨本身的席次也比保守黨多二百二十席，這使自由黨能夠免於任何團體的掣肘。這是自由黨第一次取得格萊斯頓一直想要的地位，也就是自由黨不需要愛爾蘭議會黨的協助就能獨自取得多數，一名保守黨員把這種狀況稱為「令人厭惡的反常現象」。

工黨的戰果甚至更令人吃驚，而其中的意涵也不可小覷。阿爾梅里克·費茨洛伊爵士的一個朋友喪失了在蘭開夏的席次，他把自己的失敗歸因於工黨的興起，他不認為關稅與其他議題造成敗選的結果，而是「工人階級第一次產生了信念，他們相信自己的社會救贖掌握在自己手裡」。

為了反映這個政治場景的新形勢，約翰·伯恩斯被提名為地方政府委員會主席，成為首位擔任內閣大臣的工人。當新任首相坎貝爾—班納曼任命他擔任大臣時，伯恩斯回道：「我要祝賀你，亨利爵士，這會是你決定的最受歡迎的任命案。」事實上也是如此。在享受了一個星期統治階級對他的簇擁之後，伯恩斯對碧翠絲·韋布說：「我跟一個星期之前的我完全不一樣了。」伯恩斯對於自己能夠擔任內閣大臣喜形於色，他讓愛德華·格雷爵士想起了自然學家吉爾伯特·懷特（Gilbert White）說的一句話，「每到六月，烏龜會十分興奮，變得趾高氣揚」。

對保守黨員來說，這場選戰是他們記憶中最慘烈的失敗。在選舉中，就連貝爾福自己也失去席位，此外還有他的弟弟傑拉德．貝爾福、他的兩名內閣成員，阿爾弗雷德．利特爾頓與聖約翰．布羅德里克，他的表弟休．塞西爾勳爵（Lord Hugh Cecil）也都落選。《潘趣》哀嘆說，「命運最悲慘的首推」英國鄉紳亨利．查普林，他丟掉了長達三十九年的議員席位。這些人之後都在補選中獲勝，但在此時，則是由擁有絕對多數的「新民眾」（"new Demos"）統治。

大選之前，當貝爾福忙著在曼徹斯特競選拜票時，生性超然的他，在這個決定自己能否繼續擔任首相的重要時刻，居然撥出時間回應一個歷史悠久但並不急迫的問題。一九〇三年，錫安主義代表西奧多．赫茨爾向約瑟夫．張伯倫求助，希望能讓猶太人取得特許在西奈半島殖民。張伯倫無法說服英國駐埃及當局同意此事，但他認為猶太人會是推動英國殖民事業的重要幫手，因此提議以東非的烏干達（Uganda）做為巴勒斯坦（Palestine）的替代方案。當俄國發生反猶騷亂時，即使東歐猶太人拚命地想逃離歐洲，錫安主義代表大會依然拒絕了張伯倫的提議，貝爾福想知道箇中原因。貝爾福長久以來一直關注「基督宗教與文明虧欠猶太教甚多」的說法，並且把烏干達問題放在心上，就在選戰正酣的時刻，他向他的政治助理德雷福斯提起此事。德雷福斯於是引薦一個朋友，他是熱誠的錫安主義分子，出生於俄羅斯的猶太柵欄區，他是三十二歲的哈伊姆．魏茨曼博士（Dr. Chaim Weizmann），在曼徹斯特維多利亞大學擔任化學講師。在曼徹斯特某間飯店的競選總部，貝爾福特別挪出十五分鐘給這位訪客，結果卻

聆聽了一個多小時。魏茨曼想到要在十五分鐘內，用他蹩腳的英語向這位著名的政治家解釋猶太人所有的歷史與希望，遭遇的分裂與橫流，內心禁不住緊張起來。「我全神貫注滔滔不絕地講述錫安主義運動的意義……唯有透過現代政治語彙表達的深層宗教信仰，才能讓錫安主義運動繼續保有活力，而這個宗教信仰必須以巴勒斯坦而且只能以巴勒斯坦為基礎。任何不是巴勒斯坦的地方，都是一種偶像崇拜……我拚命地想找出比較不沉悶的方式來表達我內心的想法……突然間我說道：『貝爾福先生，假使我建議你選擇巴黎，而非選擇倫敦，你會接受嗎？』

「他坐直了身子，看著我，然後回道：『但魏茨曼博士，我們擁有倫敦。』

「『這話說得沒錯，』我說道，『但我們擁有耶路撒冷的時候，倫敦還只是一片沼澤。』他把身子往後一倒，一直盯著我看……我再次見到他已經是一九一四年的事。」提到日後以他為名的宣言，貝爾福在臨終時表示：「回想起來，這件事整體而言算是他做過最值得做的事。」

敗選後的隔天早上，貝爾福拜訪一個朋友，這個朋友生平頭一次看到貝爾福「如此狼狽」。然而，貝爾福帶了一本書上床睡覺，第二天午餐時間才下樓，看起來「神清氣爽而且心情愉快」，下午，他打高爾夫球，然後隔天也是如此，他似乎完全樂在其中，對於接下來的選舉結果漠不關心，「甚至完全不看報紙」。貝爾福把選舉的失敗歸因於工黨的興起與民眾渴望改變。他注意到實際的議題對選情影響不

大，聽眾根本不想聆聽候選人說理。

貝爾福表面上看起來無憂無慮地打著高爾夫球，事實上他一直在思索。他在選後第二天寫信給國王的秘書法蘭西斯．諾利斯（Francis Knollys），信上提到，「一九〇六年選舉開啟了一個新的時代」，工黨的突然興起就是個明顯的事實。這是工人努力爭取權力的結果。在選後第二天與第三天寫給幾個朋友的信中，貝爾福有了新的理解：不僅是「政黨輪替」，還有其他的事正在發生⋯⋯「這當中發生的一切，與我們過去三年爭吵的事情毫無關係」。坎貝爾—班納曼「只不過是在急流上跳舞的軟木塞，他無法控制這個急流的走向」，這齣戲的完整意義只能「從這條急流的走向」去觀察才能理解，「它導致了聖彼得堡的大屠殺、維也納的暴動與柏林的社會主義遊行」。貝爾福表示，他已經預見這個新發展的意義，就在自由黨大勝的時刻，「我認為，這個新發展也將導致自由黨的衰微。」貝爾福向諾利斯保證，新型態的戰鬥只會讓他更有活力，而不是更沮喪，他無意退出政壇，因為「我對現在正在發生的事深感興趣」。

貝爾福很清楚感受到權力已經開始轉移，不只是從執政黨到在野黨的政治轉移，而是更深刻地轉移到新的階級手中。雖然這個新階級距離掌握權力還有一段很長的路要走，但他們對掌權者施加的壓力已足以讓整個社會動盪不安。

在此同時，貝爾福已經沒有席位。「我鐵定不會像一個沒工作的第二男僕一樣跑遍全國，到處跟人說我誠實又勤勞，」貝爾福說道。他隨後取得倫敦市席位，重返下議院成為反對黨領袖。

除了貝爾福之外，其他人也從自由主義的勝利中瞥見自由主義崩解的前兆。對社會主義者而言，自由主義崩解是馬克思立下的誡命。羅伯特．布萊奇福德預測，自由黨會試圖執行「言不由衷的政策，來討好他們的溫和派追隨者」。如果自由黨推動真的具有救濟性質的社會立法，那麼他們將失去資本家的支持，資本家將倒向保守黨。如果自由黨不進行社會改革，那麼原本投票給他們的激進派將不再支持他們。無論從哪個狀況來看，都會是自由黨最後一次執政。「在我們可以得到的各種好消息中，最確定的就是自由黨一定會面臨瓦解的命運。」

一九〇六年國會讓保守黨察覺到社會主義的興起，也認為接下來特權階級將面臨直接的威脅。在此之前，地主貴族與鄉紳一直相信他們可以為人民發言，他們與人民的國家利益是相同的，因此從這層意義來看，他們與人民是一體的。他們相信保守黨領導下的民主體制可以在不破壞既有秩序下推動慈善工作。他們依然以他們認知中的農民與僕人階級來看待平民大眾。喬治．溫德姆在貝爾福內閣擔任愛爾蘭大臣，他是狂熱而忠誠的保守黨員，在一九〇六年時順利連任議員，他在給母親的信中寫道，他相信自己勝券在握：「因為工人喜歡我。我獲得他們的衷心支持……所有我的歌曲唱的都是帝國之內皆兄弟，公平對待外國人，讓孩子了解帝國的光榮，在我們的學校裡簡單地宣導基督教……我對所有的人敞開心胸，我們熱愛彼此。我因為托利主義、帝國與財政改革而勝選。愛爾蘭人投票給我，漁夫投票給我，士兵投票給我，工匠投票給我！原因很簡單，我們熱愛彼此，我們熱愛過去的傳統與未來的光榮。」

溫德姆描繪的充滿魅力的十八世紀景象，即使這種景象確實存在於他的愛爾蘭選區，但在英國，乃至於一九〇六年世界其他地區，這些景象早已跟攝政王（Prince Regent）一樣煙消雲散。農業階級正消失而且滲入到城市之中，至於正在取代農業階級的工業無產階級，他們與貴族之間並無喜愛之情也無共同利益。溫德姆這類貴族階級根本不了解礦工、工廠工人與生活在長排單調城市屋子裡的民眾。溫斯頓．邱吉爾生於布蘭尼姆宮，當他與朋友到曼徹斯特拜票，他們走進一條特別單調無生氣的街道，邱吉爾說：「不可思議，生活在這些街道上，從未看過美麗的事物，從未吃過美味的東西，從未說過任何睿智的話語！」承擔這種命運的人就是英國新一代的選民。

自由黨三百七十七名議員中，一百五十四名或四成是商人，八十五名是訟務律師與事務律師，六十九名是「士紳」，二十五名是作家與記者，二十二名是軍官，剩下二十二名有大學教授、老師、醫生與各種運動分子。敗選的保守黨，人數最多的依然是士紳，占了三成，之後是商人，占了百分之二十五，軍官則占了兩成。下議院將近半數，也就是有三百一十人是從未當過議員的新人。一名貴族勳爵參訪新成立的國會時，發現大家還是規規矩矩穿著正式服裝，這才鬆了一口氣，但《潘趣》的資深通訊記者亨利．露西爵士發現下議院說話的語調、性格與社交行為都有了「革命性的變化」。愛爾蘭人是個性強悍的團體，他們出了名的沒有禮貌，而且常常刻意違反下議院的傳統。由於下議院是英國的事物，因此他們痛恨下議院，由於自由黨光靠自己就取得多數，不需要愛爾蘭人的協助，失去協商價值的愛爾蘭人無計可施，只好靠著發出噪音與搞一些小動作來阻礙與愛爾蘭自治無關的立法，藉此來宣洩他們的挫折感。愛爾蘭人長久以來一直致力於推翻英國人統治與爭取愛爾蘭人自治，自由黨的大勝，非但未能協助愛爾蘭人打贏這場歷時長久的艱苦戰爭，反而使他們陷入泥淖。

當貝爾福重返國會時，敵視他的多數黨公開表明他們不歡迎貝爾福擔任少數黨的領袖與象徵。根據奧斯汀．張伯倫的說法，新議員「不包容他，對他很粗魯……他們奚落他，持續打斷他的發言」。貝爾福不為所動，還是跟以往一樣圓滑，他仍然是辯論場上的大師，而且在一年之內就重建他的權勢，贏得對手的尊敬，他們認為「貝爾福讓下議院與眾不同」。雖然新政府有許多成員是貝爾福的私人朋友，但坐在貝爾福以前坐的位子，隔著議長桌與貝爾福相望的那個人，卻與貝爾福毫無瓜葛。一名同事說道，坎貝爾—班納曼對貝爾福「過去至今的魅力」無動於衷，「他就是感受不到這一點」。在會期剛開始的時候，坎貝爾—班納曼試圖打破貝爾福的魔咒。當被要求陳述他的黨對於反對關稅改革的決議抱持何種立場時，貝爾福依然跟過去一樣顧左右而言他，首相對此感到憤怒。坎貝爾—班納曼突然激動地說：「夠了，不要再做這種蠢事了。」前任首相「就像過去的波旁王室（Bourbons）一樣，完全沒學到教訓。他回到下議院，還是帶著同樣虛浮的優雅，同樣不可捉摸的辯詞，面對重大問題還是一樣輕佻不莊重，他完全不了解新下議院的性格，他以為同樣的方法依然管用。我要說，夠了，不要再做這種蠢事了！」坎貝爾—班納曼的話鏗鏘有力，獲得許多人的稱道，但還是無法驅散貝爾福的光環。

能夠代表新下議院真正性格的人物，既非貴族貝爾福，也非老派自由黨員坎貝爾—班納曼。新政府的兩名主要人物，他們之後接續擔任首相，對他們來說，政府不是世襲的職位，而是專業的事業。這兩個人，一位是赫伯特·亨利·阿斯奎斯（H. H. Asquith），非英格蘭教會派約克郡羊毛商人之子，另一個是大衛·勞合·喬治，威爾斯學校老師之子。阿斯奎斯與勞合·喬治的背景與性格大不相同，兩人唯一相同的地方就是他們都是經由從事法律工作而進入國會。

勞合·喬治是最具活力的新閣員，被任命為貿易委員會主席的他，擔任的雖然不是內閣裡的重要職位，卻因此有機會坐在前排座位。阿爾弗雷德·加德納（A. G. Gardiner）是《每日新聞》主編，對於政治人物的性格有著獨特的洞察力，他在勞合·喬治身上看到了「新時代的徵兆——他是平民掌握權力的象徵」。勞合．喬治雖然尚未掌握最高權力，但他明顯正朝這個方向邁進，他就像雞籠裡的狐狸，很清楚自己要做什麼。四十二歲的他，比阿斯奎斯年輕十一歲，比邱吉爾年長十一歲。一八九〇年，勞合．喬治在威爾斯競選議員，他以威爾斯民族主義為號召，成功進入國會。勞合．喬治屬於非英格蘭教會派，主張解散威爾斯的英格蘭教會，他也是個激進派，主張社會改革。勞合．喬治年輕時的政治聖經是《悲慘世界》(*Les Misérables*)，無論走到哪裡，他總是隨身帶著一本廉價版。勞合．喬治反對波耳戰爭，不惜自己可能遭遇職業杯葛或遭受人身傷害，充分展現了道德勇氣與勇往直前的精神。勞合．喬治有強烈的政治原則，但不顧忌手段。勞合．喬治的身材矮小但相貌英俊、大膽、無情、甜言蜜語，他有一對淺藍色的眼睛、褐色的八字鬍與旺盛的精力，他不斷追求與吸引女性，並且巧妙地規避偶爾發生的法律後果。身為演說家，勞合．喬治宛如政治舞臺上的莎拉．伯恩納，他以凱爾特人輕快的語調與強烈的感情俘獲聽眾的心。對勞合．喬治而言，在公開場合，再怎麼花言巧語都不算是誇大，再怎麼煽動民眾都不構成極端。然而，一旦回到辦公室，他就變得謹慎而精明，總是神智清醒，他曾說，「英國仰賴商業」，沒有任何政黨可以光靠討好勞工就能存活下去。他最厲害的天賦在於他能敏銳、直覺、精確地察覺當下該做什麼事，而且他相信唯有他才能完成這些事。勞合．喬治「像老鷹一樣看到機會就猛撲」，並且將機會牢牢抓在手裡，政黨的領袖不得不重用他，即使他跟保守黨的張伯倫一樣會反過來利用他們。

在勞合．喬治之前擔任財政大臣的是阿斯奎斯，而緊追在後的則是溫斯頓．邱吉爾，邱吉爾因為從保守黨投奔自由黨，因此被任命為副殖民地大臣做為酬謝。阿斯奎斯是一部專業的思想機器，他受過

圖二十二 勞合・喬治，Harris & Ewing攝，1919年

的訓練與判斷事物的基準，使他不在乎任何基礎且根本的信念，而傾向於權宜與速效。他在邏輯上毫不退讓，在辯論時也令人難以反駁。有一次，當貝爾福輕輕鬆鬆將自由黨人駁得毫無招架之力的時候，坎貝爾—班納曼下令，「把長柄大鎚叫過來」，於是他們找來阿斯奎斯上場應戰。阿斯奎斯就讀牛津大學時取得最優異的成績並且獲得了獎學金，加德納提到，阿斯奎斯是貝里歐學院培育的頂尖人才，該學院一向不鼓勵學生擁有過多的熱情，「儘管學院要求學生研讀偉大的思想，卻也希望學生質疑這些偉大的思想」。阿斯奎斯有著很強的理解力，但沒有創造力。他的個性堅定，但缺乏熱情，他其實有可能成為一名法官與一名完美的委員會主席。阿斯奎斯起初是個訟務律師，事業相當成功，他在一八九二年受格萊斯頓之邀進入內閣，被大家視為後起之秀，不過阿斯奎斯並不習慣上流社會的排場，因此往往挽著他的妻子參加晚宴。這個困境一直等到妻子去世才解決，一直在物色後起之秀的瑪歌．田南特（Margot Tennant）決定嫁給阿斯奎斯。阿斯奎斯順利融入菁英圈中，一名女性朋友表示，阿斯奎斯「不自我中心，不嫉妒他人，也不愛慕虛榮」。他聰明過人，卻不會引起反感。民眾從未對他留下任何印象或貼上任何標籤，他成為歷史上一個沒有臉孔的人。

新政府也網羅了幾名貴族，但這些貴族都不是大地主，其中包括年邁的里彭侯爵（Marquess of Ripon），他後來辭職；特威德茅斯勳爵（Lord Tweedmouth），他因為「精神失常」辭職；克魯勳爵（Lord Crewe），羅斯伯里的女婿，他因為習慣穿著外套而非晨禮服進上議院，而「驚嚇到」當時的威爾斯親王（後來的英王喬治五世）。大貴族的唯一代表是叛逃過來的保守黨員溫斯頓．邱吉爾。邱吉爾不只是因為自由貿易的問題而加入自由黨，他在一九〇四年改變政黨時已經預見保守黨將失去政權。渴望進入政府任職的邱吉爾不想等待，而且也沒有本錢等待。邱吉爾雖然貴為公爵的孫子，卻必須自食其力。記者與作家的工作可以讓他得到薪酬，卻無法提供他想要的機會。在美國，一個像邱吉爾一樣擁有抱負的人會選擇從商，但對於像他這種擁有貴族頭銜的英國人來說，政府才是能讓他發光發熱的地方。

認識到社會問題帶來的挑戰，邱吉爾相信自由黨可以面對這項挑戰，而他希望自己能在當中扮演重要角色。除了受到野心的驅使，邱吉爾對於社會問題的重視也源自於他對於家中老保姆埃弗勒斯特太太(Mrs. Everest)的愛。邱吉爾從她身上深刻感受到失業老人孤苦無依的命運，「他們有許多人得不到照顧，在生命快結束的時候孑然一身一無所有」。一九〇四年，邱吉爾看到機會，他抓住契機，做出正確的決定，並且為自己贏得機會。從那時起，邱吉爾在演說中都會強調，自由主義是「被忽略的數百萬人應該追求的目標」，工人階級應該擁護的是自由主義，而非毀滅性的社會主義。邱吉爾就職之後發現，除非自由黨能從興起的工黨手中搶到工會的選票，否則自由黨將免不了崩潰的命運。邱吉爾於是開始著手爭取工人選票，他與勞合．喬治合作，兩人一起起草制定關於工資、工時、退休金與社會保險的立法。一九〇六年十月，在格拉斯哥的演說中，邱吉爾概略描述的計畫，實際上採取了費邊社的福利國觀念，這個觀念遠遠超前了政府，而邱吉爾當時不過是政府內部的小成員。「我們想畫出一條民眾生活與勞動的最低基準線，」邱吉爾大膽地宣稱，他還提議政府應扮演勞工的「後備雇主」的角色，此外還要規定最低標準與鐵路國有化。碧翠絲．韋布非常高興：「溫斯頓很清楚韋布計畫，」她在日記裡寫道，邱吉爾若能實現這項計畫，民眾會認定他是個「能力超群」的人物。

在新時代下應運而生的最露骨的投機分子出現在保守黨。他是弗雷德里克．埃德溫．史密斯(F. E.

Smith），三十三歲，新任國會議員，日後他將受封為伯肯黑德勳爵並且擔任大法官一職。一九〇六年，史密斯首次在下議院演說，讓人對這位新科議員留下最深刻的印象。與阿斯奎斯一樣，史密斯也是一名訟務律師與靠自己努力成功之人，他同樣靠著爭取到獎學金完成牛津的學業，身為牛津大學辯論社的明星，他在社裡學到了辯論所需的各種訣竅、開場與攻擊。身為一名冒險家，史密斯並無龐大的土地奧援，他只能憑藉自己的聰明才智、大膽、野心與厚臉皮力爭上游。當他首次在下議院，在保守黨慘敗後意氣消沉的殘存議員面前演說時，大家看到「一名年輕人，服裝精心打扮，身材瘦長，鬍子刮得乾乾淨淨，臉形瘦削，眼神輕蔑，頭髮梳得油亮」。史密斯站著，雙手插在口袋裡，臉上露出蠻不在乎的神情，他用平和而自信的聲音發表了一場「傲慢而惡言相向」的演說。他的語氣充滿嘲諷，但表達得又十分流暢，聽眾幾乎沒察覺到他的演說完全缺乏內容。史密斯的演說是一連串的譏嘲、諷刺與個人的暗示，他就像把一串鞭炮丟到在座自由黨員的腿上一樣。保守黨員坐直了身子，他們既感到吃驚，又感到愉快。史密斯引用勞合．喬治競選時提到中國奴隸出現在威爾斯山區的話，然後又在上面加油添醋，此時坐在前排座位的勞合．喬治打斷他的話，「我可沒那樣說」。史密斯不為所動，「我知道人有時是健忘的」，他繼續接著說，「我手上有一份一月十六日的《曼徹斯特衛報》」，他根據報上的文字，把剛才他引用的話又再說了一遍，然後非常無禮地說：「我寧可相信記者的報導，也不願相信這位尊敬的紳士說的話。」

整場表演是經過縝密計算後獲得的勝利。史密斯認為當前需要進行攻擊來提振失敗方的士氣。從此以後，史密斯成為一股持續擴大的力量。然而，史密斯缺乏一套政府的中心思想，因此他雖然發展快速，卻找不到方向。史密斯的聰明與蘭斯敦的禮貌一樣引人側目，瑪歌．阿斯奎斯表示，史密斯的聰明使他變得驕傲自滿。史密斯對觀念與原則不感興趣，他只在意物質力量的運作，而他也極為自信自己的能力可以操縱這股力量。日後流傳了一則故事，提到史密斯在牛津念書時，曾與約翰．西蒙爵士擲銅板決定誰該參加哪個派對，因為沒有任何一個派對能夠接受他們兩個人同時參加。雖然這則故事不一定是真的，但坊間持續流傳且繪聲繪影，顯示這則故事有其象徵意義。邱吉爾在結束一場向勞工拜票的演說後，史密斯公開表示：「社會主義者聽到邱吉爾先生的說法最好不要高興得太早，因為他很可能會趁他們洗澡的時候偷走他們的衣服，如果社會主義者真的會洗澡的話，我個人對此感到懷疑。」這是個不可原諒的嘲諷，但也顯示一個新型態的政治人物正在步步高陞。邱吉爾反擊說：「史密斯先生還是一如以往的粗俗」，不過這並不影響兩人成為最好的朋友。

政黨輪替重啟了舊衝突。當自由黨控制下議院時，保守黨如果真的感受到威脅，還可以仰賴上議院的否決權，就像一八九三年他們阻擋格萊斯頓的愛爾蘭自治法案一樣。如索爾茲伯里勳爵預見的，在支持改變的人與支持不變的人之間，在改革政策與守舊政策之間，終將發生另一場衝突。索爾茲伯里勳爵對此曾做出言簡意賅的解釋：「我們要推動立法，就必須同時讓雙方的階級與群眾感到滿意。要讓雙方的階級感到滿意尤其困難，因為立法不可避免要改變現狀，而有些人並不希望改變現狀。」當改變現狀

帶來太大的威脅時，上議院就會進行否決，不是因為上議院議員是貴族，而是因為他們是維護現狀的後備部隊。不斷進行否決來阻擋下議院的意志，將造成憲政危機。「只要我還在」，索爾茲伯里勳爵說道，「就不會發生這種事。我很清楚上議院的狀況。但是，一旦我不在了，錯誤一定會發生：上議院將與下議院發生衝突。」

貝爾福甚至在國會開議前就已經採取行動。敗選當晚，貝爾福在諾丁漢的演說中表示，保守黨「無論執政或在野，都必須確保自己仍控制著大英帝國的命運」，這是全體保守黨員的責任。阿斯奎斯事後審視這項聲明，認為保守黨是想透過上議院來重新掌控權力。無論是否如此，後續的影響很快就出現了。一九〇六年四月，自由黨政府提出自己的新教育法案，試圖廢除一九〇二年教育法中幾個令人不快的條文。一九〇六年教育法廢除國家對英格蘭教會學校的支持。高教會派政黨對此的反應就跟一九〇二年非英格蘭教會派的反應一樣強烈。這項爭議隨即演變成上下兩院開戰的局面。埃舍爾勳爵寫道：「大臣們可能覺得他們所有的立法將被上議院宣布無效，因此他們認為自己若能早一步反抗，對他們越有利。」

貝爾福與他的舅舅索爾茲伯里勳爵有相同的顧慮，他擔心上議院在遭到挑釁之下會做出錯誤判斷。他立即提醒保守黨上議院領袖蘭斯敦勳爵，政府的策略是送出內容極端的法案，讓上議院修正或否決法案。等到有一天上議院終於做出對上議院本身不利的決定時，自由黨就會訴諸民眾，要求限制上議院的否決權。貝爾福表示，這是上議院首次必須扮演「如此重要、棘手卻又困難」的角色。

從上議院辯論教育法案時的氣氛來看，感受不到上議院議員對這件事有所警戒，而當下議院送來複數投票法案（Plural Voting Bill）時，上議院更是完全失去了冷靜。複數投票法案旨在終止地主在多個選區擁有土地便可在多個選區投票的古老規定。「有事情要發生了」，勞合．喬治說道，我們幾乎可以想像他摩拳擦掌的樣子，「我可以向你保證，接下來好戲就要上場。」十二月，一如勞合．喬治的預期，同時也實現了索爾茲伯里勳爵的不祥預感，上議院退回了教育法案與複數投票法案。不過，值得注意的是，雖然自由黨希望上議院這麼做，但上議院並未攔阻另外一件也讓他們感到不快的勞資爭議法案。逆轉塔夫谷判決的勞資爭議法案先前在下議院審議時，其實政府並不希望通過，幾位大臣更是公開反對，但最後在工黨與激進派議員支持下還是在下議院順利通過。「我們不可能違逆多數人的決定」，自由黨戰爭大臣霍爾登坦承說。在蘭斯敦謹慎主導下，上議院同意讓勞資爭議法案通過，因為他們不希望與工人階級為敵，也不希望工人階級因此與自由黨結盟。

阿斯奎斯藉著教育法案與複數投票法案遭到否決的機會，嚴厲抨擊這種做法「不可忍受」，他警告，我們必須「讓人民透過民選代表展現的意志得到伸張」。

阿斯奎斯公然提出挑戰，上議院這才開始醒悟。上議院是英國五百四十四名世襲貴族開會的地方，包括二十二名公爵，以及與公爵同列的主教與上院法官。上議院議場是個挑高、陰暗、牆壁鑲著橡木嵌板的房間，長九十英尺，兩旁羅列著裹著紅色皮革的長椅。窗戶上的彩繪玻璃描繪了征服者威廉以來的王室肖像。牆壁與天花板全是雕刻精美的哥德式裝飾線條與紋章圖案。窗戶與窗戶之間擺放著提出大憲章（Magna Carta）的男爵雕像，這些人無意間創立了國會制度，並且以一種略顯嚴肅的眼神俯瞰著自己建立的一切。在議場的一端，金色華蓋之下有兩張國王與王后的寶座，寶座旁矗立著高聳的分枝燭臺，看起來就像是立正站好的衛兵。在寶座之下，大法官坐在議長座位上主持會議，議長座位是一個有軟墊的方形長椅。走道上與兩旁長椅交叉的座位，是王室親王與不屬於任何政黨的貴族的專屬座位。英國歷史上的君主與法官，隱隱約約出現在牆壁高處的壁畫上。議場內光線柔和，整體的氣氛讓人感到莊嚴卻又昏昏欲睡。

下議院可能進行反擊開始在上議院引起討論，一般而言上議院議場平日只有稀稀疏疏四十到五十名貴族開會。蘭斯敦鼓勵自己的追隨者發言的同時，也不忘留意發言的議員在表達支持時語氣是否符合像他這種大地主該有的優雅與禮貌。寇松勳爵在辯論時發表的精采演說，「讓其他貴族相形見絀，很難相信在此之前他曾經犯過錯」。自由黨新任大法官洛爾本勳爵（Lord Loreburn）是個能鼓舞人心的人物，他讚揚上議院議員在他坐在議長座位上時都能精神抖擻認真開會。洛爾本勳爵原是羅伯特．里德爵士（Sir Robert Reid），人稱「好鬥的鮑伯」，他是蘇格蘭人，也是著名的板球選手，曾為牛津大學奪得獎盃。洛爾本勳爵是一名強烈反對自由黨帝國主義派的激進派分子，在下議院經常發表「激烈言論」，但到了上議院則有了一百八十度的變化，他的「語氣幾乎可以讓罪人哭泣」，並且用「最能說服人的方式讓人接受最具爭議性的說法」。在歌劇《艾俄蘭西》（*Iolanthe*）中，托洛勒勳爵（Lord Tolloller）展現風度，向蒙塔拉拉特勳爵（Lord Mountararat）表示退讓，寇松勳爵也像劇中的托洛勒勳爵一樣，他以吉朋（Gibbon）的口吻讚揚洛爾本勳爵本人是「謙恭的代名詞，口才便給的化身，他的高尚受眾人推崇」。

在中立議員座位上，自由黨的卸任首相羅斯伯里勳爵正在發火，他已辭去自由黨的領袖職務。身為一名帝國主義者與愛爾蘭自治的反對者，當坎貝爾—班納曼成為自由黨領袖時，他曾表示：「我斷然、明確、永遠不會接受他的領導。」羅斯伯里在伊頓公學時期就因為優秀、聰明與魅力而深獲肯定，他贏過德比賽馬大賽，而且因為娶了羅斯柴爾德家族的女兒而致富。羅斯伯里太習慣成功，因此不願為了別人屈就自己，用莫萊的話說，羅斯伯里一直是「放飼廄裡的黑馬」。當羅斯伯里生氣時，他會「惡狠狠地瞪」自己的朋友，用諷刺的話傷害他們；當他開心時，他會讓自己沉浸在讚美中。羅斯伯里的反覆無常使民眾對他失去信任，也讓人想起加德納說的鄉下人的故事，當這個鄉下人被問到華茲沃斯（Wordsworth）是不是不喜歡小孩子時，他回答說：「有時是這樣，但小孩子也不是很喜歡他。」

在愛爾蘭自治危機期間，羅斯伯里是推動上議院改革運動的領袖，他希望調整世襲原則，而且曾三度提議實現這項目標，他認為上議院自發性的改革可以避免否決權受到質疑。現在，改革運動再起，領導人是寇松勳爵。愛管閒事的邱吉爾也在《國家》發表文章提出建議，他的標題是〈圓滿處理貴族問題的方法〉（"A Smooth Way With the Peers"）。他提議建立制度，上議院在每個會期都要重新任命貴族來反映下議院多數黨席次，上議院的席次不得超過二百五十席。這麼做可以去除「輕佻的、死氣沉沉的、不聽從指示的或名聲不好的分子」。絕大多數的改革建議都認為新制度必須讓貴族彼此選舉產生上議院議員，而且必須要有能力或曾經擔任官職才有被選舉的資格。但許多貴族比較喜歡簡單的原則，而這也一度讓墨爾本勳爵（Lord Melbourne）表示，他喜歡嘉德勳章（Garter），「因為不需要完成什麼該死的功勳」。貝爾福同意勳爵的說法。他勸告蘭斯敦：「一旦承認古老的世襲原則不足以成為進入上議院的條件，將造成致命的後果，因此絕對不能承認這一點。如果古老的世襲原則是不足夠的，就表示古老的世襲原則根本不構成進入上議院的條件……出身這種純屬意外的資格，雖然有些人說這是赤裸裸的荒謬，但我認為這個資格反而比出身加上擔任官職更站得住腳。」自由黨政府並不鼓勵對上議院進行改革，因為自由黨政府根本不希望上議院改革，他們要的是爭議，然後藉著爭議限制上議院的否決權。

面對一連串令人興奮的可能，勞合．喬治開始對自己選區的民眾一味地推動威爾斯民族主義感到不耐，他不智地對選民表示：「我要對我家鄉的同胞這麼說，如果他們發現政府把砲兵調動到戰鬥位置，準備對上議院發動攻擊，而威爾斯人此時卻只是擔心政府把心思完全放在攻陷敵方堡壘上，無暇顧及他們的事，那麼我認為這些人全應該關進禁閉室。」這種軍事語言相當耐人尋味，勞合．喬治的演說引發廣泛的憤恨，一時大意犯下錯誤的他趕緊回到威爾斯，他把手按在胸口上說：「我會出賣我愛的土地嗎？上帝知道我有多愛威爾斯！」

一九〇七年六月，坎貝爾—班納曼告訴下議院，時機已到，該向那些自命不凡的貴族提出挑戰，這些貴族背後有貝爾福撐腰，「只要他號角一吹，上議院的吊門馬上就降下來」。勞合．喬治的隱喻也同樣鮮明。他說，上議院不是憲法的看門狗，而是「貝爾福先生的貴賓犬」。坎貝爾—班納曼提出動議並交付表決，他表示，為了讓「人民的意志」生效，「上議院對於下議院通過的法案進行修改或予以否決的權力必須以法律加以限制」，如此，無論在哪個議院存續期間，下議院的最終決定都能勝出。工黨立刻提出修正案，提議廢除上議院。從提出決議而非提出法案可以看出，政府的目的顯然是為了宣傳而非真正採取行動，在決議獲得採納之後——工黨的修正案未獲得採納——政府就沒有更進一步的行動。

同年夏天，第二次海牙會議召開。一九〇八年四月，坎貝爾—班納曼預料自己死期將近，於是辭去首相職位，之後不到一個月便去世。接任首相的阿斯奎斯重新組閣，使其更符合自己的形象。在一群非常幹練的副大臣中，有四位被晉升為大臣，包括富有的船東之子沃特．朗西曼（Walter Runciman），猶太銀行家庭之子赫伯特．薩繆爾，與阿斯奎斯一樣都曾在貝里歐學院拿過第一名；倫敦公務員之子雷金納德．麥克納（Reginald McKenna），就讀劍橋時曾在數學取得優異成績。麥克納取代特威德茅斯勳爵成為第一海軍大臣，讓莫萊想起他在一八九二年時曾向格萊斯頓推薦某人擔任這個職位，格萊斯頓神情嚴肅地揮手說：「關於海軍部，我認為我們需要所謂的『士紳』！」而「現在是這個樣子」，埃舍爾勳爵看著新內閣嘆氣說，「幾乎都是中產階級。」

內閣最重要的變動是由勞合．喬治遞補阿斯奎斯財政大臣的遺缺，而勞合．喬治留下的貿易委員會主席職位則由溫斯頓．邱吉爾接任，他是第四位獲得晉升副大臣。邱吉爾的政治生涯差點止步於此，當時基於一個不成文的規定，國會議員要成為內閣大臣必須獲得選民的認同，邱吉爾因此必須參加曼徹斯特的一場補選。這是一場艱苦的選戰，由於受到婦女參政團體的騷擾，邱吉爾敗選，保守黨的報章雜誌歡聲雷動。邱吉爾的失敗顯示，鐘擺開始從一九〇六年自由黨的異常大勝擺向保守黨，因此自由黨更迫切地需要工人票。不久，邱吉爾在丹地（Dundee）取得他需要的席次，他堅持主張，唯有獲得工人的支持，自由黨才有辦法抵擋得住保守黨越來越強大的反對力量，讓立法在上議院順利通過。「有你們的支持，我們將擊敗他們……我們必須得到這份支持。」

事實證明，在勞合．喬治與邱吉爾的強大團隊推動下，沒有任何一項社會立法受到上議院的阻攔。建立礦工八小時工作制的煤礦法（Coal Mines Act）、為血汗產業建立最低薪資的產業委員會法（Trade Boards Act）、規定雇主必須對職災負責的工人補償法（Workmen's Compensation Act）與老人年金法都順利通過，團隊也開始擬定與失業和健康保險相關的全民保險法案（Nation Insurance Bill），這將是自由黨最重要的一項福利立法。所有這些立法都未受到上議院的反對，理由就跟當初勞資爭議法順利通過一樣。儘管如此，上議院與下議院對抗的態勢並未改變。

衝突帶來的所有挑戰、抵抗與情感，就像棉火藥（gun-cotton）一樣一口氣填充在一項新立法上，這項立法就是許可經營法案（Licensing Bill）。這項法案是自由黨禁酒運動改革者二十五年來一直追求的目標，這些改革者絕大多數是非英格蘭教會派，他們希望下層階級減少飲酒，而這項法案也是自由黨政府選前對非英格蘭教會派選民許下的承諾。許可經營法案的目標是依照固定人口比例，透過撤銷執照的方式，在未來十四年減少三萬家酒館。由於酒館的擁有者通常是釀酒廠與蒸餾酒廠，因此許可經營法案顯然對既得利益者不利，更不用說讓廣大的飲酒民眾不悅。每個土地所有人都與酒廠結盟；許可經營法案開始呈現出與愛爾蘭自治法案一樣不祥的徵兆，也跟社會主義一樣讓人感到威脅。貝爾福宣稱許可經營法案直接侵害了財產權，保守黨回應法案的方式則與工人階級反對中國奴隸如出一轍。保守黨貴族在蘭斯敦位於伯克利廣場的宅邸召開特別會議。鄉村貴族，或者一般稱為「偏遠林區居民」（“Backwoodsmen”），通常除了郡裡的事，沒有人會徵詢他們的意見，但這一次他們卻被找來參加會議。有些人從未在上議院發言過，有些人甚至連上議院都沒去過，還把蘭斯敦的宅邸誤認為上議院，他們以為法案當下就已經確定了。「我們當中有些人……才剛在獵場碰過面，我們可以比較過去一季的成績，討論來年春季讓磅賽可能的贏家。」所有人都同意法案必須否決，然後一夥人「轉移陣地前往卡爾頓俱樂部享用美味的午餐」。

在許可經營法案上，保守黨獲得鄉村的支持，這點可以從佩卡姆（Peckham）的補選看出，法案爭議成為這場補選攻防的重點。結果，原本自由黨在佩卡姆擁超過兩千票的多數，法案爭議卻讓保守黨反過來贏了自由黨兩千票。當時，自由黨在意的不是票數，而是原則問題。蘭斯敦主掌的上議院靠著黨團會議這種專斷的方式處理許可經營法案，讓自由黨大為光火。一九〇八年十一月，當法案正式遭到上議院否決時，邱吉爾「非常憤怒」，他在私下交談時透露，自由黨已經決定做出回應。「我們會在六月送上預算」，他說道，「屆時將會嚇壞他們，他們已經發起階級戰爭，他們最好小心一點。」事實上，許可經營法案與階級戰爭毫無關係，自由黨失敗的原因不光只是階級戰爭，而是新時代累積的壓力。

一九〇九年，預算大戰的一年，自由主義面臨的現實世界已變得十分艱困，建立耶路撒冷幾乎成了不可能的事。自由黨的計畫不是爭取工人階級的支持。相反地，工黨與自由黨逐漸分道揚鑣。工黨在一九〇六年大選中察覺自己的實力，因此變得越來越具侵略性，工會因為勞資爭議法通過而重新獲得行動自由，之後便再次進行罷工。屬於雇用階級的自由黨員反應就像雇主一樣。現在，自由黨與工黨已無合作關係，一九〇七年的兩次三方競爭補選都由工黨奪得勝利。瘋狂的社會主義分子維克多・格雷森（Victor Garyson）在約克郡西萊丁（West Riding）勝選，引發廣泛的恐懼。格雷森曾經學習神學，他有很高的演講天分，也喜歡喝酒，他在宣揚社會主義時，把社會主義視為窮人的救贖，他的熱忱像火一樣橫掃整個工業城鎮。格雷森在下議院做出狂野而古怪的行為，兩度引發人們的懷疑，也吸引了整個歐洲的目光。據說德皇曾經提議以一到兩個軍的陸軍入侵英國，他打的口號是，他不是以敵人的身分而來，而是以維多利亞女王外孫的身分前來解救英國，「讓英國免於遭受社會主義暴徒的統治」。他會與英王愛德華合作，他會解散國會，在英國重建專制的君主國家，讓英國向德國稱臣。

英國人逐漸感受到德國的威脅。一九〇八年，埃舍爾勳爵在給朋友的信上表示：「如今我們面臨的危險是，在歐洲，我們有一個競爭者，這個競爭者的人口、智力與教育程度，都是迄今為止最難對付的。」面對德國的威脅，自由黨的信條也遭受挑戰。當阿斯奎斯與內閣主導外交政策的帝國主義分子同意讓約翰·費雪爵士建造四艘新的無畏級戰艦時，自由黨便違背了傳統上主張和平的自由主義。而保守黨仍對此不滿，他們高喊口號：「我們要八艘，我們不想等。」霍爾登的國土防衛部隊也同樣受到自由黨內和平主義者的憎恨，他們宣稱國土防衛部隊花太多錢，將排擠到社會改革的經費。不過在國王大力支持下，國土防衛部隊得以排除萬難順利成軍。「我們顯然生活在一個艱困的時代」，英王愛德華哀嘆說，「儘管如此，我仍希望和平能夠維持——這也要歐洲懂得『懼怕』戰爭才行。」

入侵的話題一直在官方與民眾的內心縈繞。一九〇八年，帝國國防委員會成立了入侵調查小組，他們找來前任首相，請他對小組收集的證據發表看法。貝爾福說了一個小時，論證嚴密且「淺顯易懂」，「無論是形式還是語言都無懈可擊」，委員會成員埃舍爾表示，貝爾福的闡述令阿斯奎斯、格雷、霍爾登與勞合·喬治「啞口無言」，他們竟想不出任何問題來問他。「大家都認為，針對這個問題，貝爾福提出的觀點是最好的。」

委員會的結論是德國不可能成功入侵英國，但民眾並不知道這點，光是入侵英國這個話題就足以讓民眾產生各種可怕的想像。一九〇三年，厄斯金·奇爾德斯（Erskine Childers）一本引人入勝的小說《沙洲之謎》（*The Riddle of the Sands*），使人們注意到德國入侵的可能，一九一〇年，威廉·勒克由

（William Le Queux）的小說《一九一〇年入侵》（*The Invasion of 1910*），雖然藝術水準不如《沙洲之謎》，卻更引人注目，這本書其實是一九〇六年開始在《每日郵報》連載的小說集結而成，透過身上掛著廣告牌的人——他們身上穿著普魯士藍軍服，頭上戴著釘盔——在倫敦四處宣傳而聲名大噪。一九〇九年，蓋伊·杜·莫里埃（Guy du Maurier）的劇作《一個英國人的家》（*An Englishman's Home*）描述「北方皇帝」的軍隊入侵，該劇在溫德姆劇院（Wyndham's Theatre）首演，往後連續十八個月在各家戲院上演，場場爆滿。入侵的念頭不斷縈繞，幾乎讓人精神失常。亨利·詹姆斯住在萊伊（Rye），這是位於英國南方的濱海城鎮。一九〇九年，詹姆斯在給朋友的信上緊張地說，他覺得自己「暴露」在危險中。他擔心「當（他不是說『如果』）德國皇帝對英國開戰時，從海上一定的距離就能看見我家的煙囪頂帽，我家很可能成為德皇第一個目標。」

面對可能的戰爭，正統自由主義的一切主張都難有實現的機會，自由黨政府不得不對此做出調適。而在此同時，性別戰爭也在英國國內如火如荼地展開。查爾斯·馬斯特曼認為婦女參政運動是「被壓抑的能量獲得宣洩的出口」，而這場運動也確實釋放出令人難以理解的性別仇恨浪潮。赫伯特·喬治·威爾斯所說的相互「對抗的怒火」，正好可以形容這場在二十世紀第一個十年延燒全英國的奇異而激烈的爭端。威爾斯認為，婦女參政運動者是一群「極度惱怒之人」，她們的主要動力源自於「報復」，由於長期受到男人自以為優越的傲慢心態打壓，這種不平在一夕之間突然爆發。她們幾乎是在自由黨上臺後不久就全面開戰，因為自由黨政府不斷地拖延與拒絕制定選舉權法案，促使她們不得不採取行動。由於無法透過法律手段取得滿意的成果，這群婦女只好訴諸本質上屬於「行動宣傳」的戰術，而她們的精神也趨近於無政府主義——行動宣傳的原型。儘管守門人十分小心，還是無法阻擋這群婦女出現在每個政治集會上，她們搖晃著鈴聲，掩蓋講者的聲音，並且尖叫著要求婦女參政權。她們包圍國會大廈與白廳的政府機關，攻擊走在門階上的大臣，有一次，她們打倒了教育大臣伯雷爾（Birrell），而且猛踢他的脛骨，她們用鐵鎚打破百貨公司的窗戶，在郵箱裡放火，潛入下議院，妨礙議事，把自己鎖在女士旁聽席（Ladies Gallery）的鐵柵欄上，不斷叫喊著「婦女參政權！」

一九〇九年，自由黨執政期間，發生了第一起對囚禁的婦女參政運動者進行強制餵食的事件，整個過程令人作嘔，受害者因為絕食抗議而遭到強制餵食，而負責強制餵食的官員則努力要讓受害者就範，雙方就像動物一樣痛苦扭動著。要強制餵食必須使用橡皮管，從嘴巴或有時從鼻子插入，直接通到胃。先把犯人固定在椅子上，警衛或女性監獄人員則負責壓制犯人，接著便用洗胃的方法，強行將液體食物經由管子灌進犯人的胃裡。在監獄外面的街上，婦女參政運動者高舉標語牌，上面寫著：「停止強制餵食！」一名婦女在國王接見賓客時直接衝到國王的腳邊大哭：「陛下，請您不要再折磨婦女了！」在監獄裡，婦女參政運動者仍繼續絕食抗議，而獄方也繼續強制餵食。非理性的氣氛正逐漸蔓延。

為了安撫婦女參政運動者，阿斯奎斯曾承諾給予投票權，但上臺之後卻未能信守承諾，屢次拖延。一九〇九年後，女性主義者破壞國家美術館的畫作，縱火燒毀板球運動員的更衣間、賽馬場的正面看臺、度假旅館，甚至連教堂也不能倖免。她們打斷聖保羅大教堂與西敏寺的禮拜儀式，在國王接見時強行向國王請願，她們「費力而痛苦地」與警察爭鬥，逼迫警察逮捕與拘禁她們。她們以瘋狂的毅力忍受飢餓與痛苦，她們招致羞辱與殘暴的對待，最後甚至有人因此死亡，一九一三年，埃米莉．戴維森

(Emily Davison）在德比賽馬大賽上，因投身於馬蹄之下而被踩踏而死。雖然婦女參政運動的各種極端行為要到一九一〇年至一九一四年間才會出現，但一九〇九年時她們的做法與精神已相當激烈。

男人平常表現得像是循規蹈矩的公民，但面對婦女參政運動者的行為，他們也反映出醜惡的一面，如同星期六晚上喝得醉醺醺的丈夫，發狂似地痛打自己的妻子。一九〇八年十二月，當勞合．喬治在阿爾伯特音樂廳（Albert Hall）的集會上發表演說時，好戰分子突然衝了進來，她們大喊：「要行動，不要空談！」一邊喊著，一邊脫掉外套，露出裡面的犯人服裝。根據《曼徹斯特衛報》的報導，在場的工作人員「氣急敗壞地衝向這些婦女，對她們施以令人唾棄的殘暴行為，抓著她們去撞音樂廳的座位，把她們推下樓梯，拉扯她們的頭髮將她們拖出去」。在另一場政治集會裡，這群婦女則被有意地朝胸部毆打。這群男性之所以如此憤怒，可能是因為這些婦女拋棄了女性的魅力，以攻擊做為她們滿足慾望的手段，致使她們完全失去了女性的樣子。他們認為這群婦女已經越過了底線。「這群潑婦，這群男性化的瘋婆子，這些二足動物！」一名非英格蘭教會派大臣厲聲罵道，光這麼一句話已經超過了各大報紙社論的尺度。婦女爭取參政權引發的不可思議的憤怒，成了自由黨執政時期最令人不安的現象。

一九〇九年，與日俱增的悲觀情緒籠罩在自由黨員與他們的盟友身上。當時擔任副內政大臣的馬斯特曼寫道，「一千個悲傷與難解的謎團」不知何故取代了簡單的政治事實。一九〇九年，馬斯特曼出版了《英國現狀》（*The Condition of England*），書中充滿了沮喪之詞。他認為整個世界從縱切面來看，「分成了國家與全副武裝的國家」，從橫切面來看，分成了富人與窮人。「進步的未來依然充滿懷疑與不確定。人類充其量不過是遭遇船難的船員，蜷縮在露出水面的狹窄礁岩上避難，飽受風吹浪擊；我們不知道當長夜過去、晨曦降臨，有多少人能倖存下來。」

馬斯特曼從周遭的人身上看到了一個自我滿足的社會，沉溺在安全的幻覺之中，「二十世紀初所有的幻覺，其中最引人注目的就是安全」。然而馬斯特曼看到的卻不是安全，而是「各種巨大而新穎的力量，機器的發明、民眾的騷動、社會的不滿……缺乏自我控制的文明卻掌握了大規模毀滅性工具」，「物質進展已經凌駕於道德進步之上」。

詹姆斯．布萊斯是自由黨政府的另一名成員，他是愛爾蘭大臣，一九〇七年後擔任駐華府大使，他也對自己人生的核心主題，也就是民主的過程感到沮喪。一九〇九年，他在耶魯大學以〈好公民的阻礙〉（"Hindrances to Good Citizenship"）為題發表了系列演說，他坦承民主的實踐離理論還有一段距離。過去七十年來，能夠閱讀與投票的人數增加了二十倍，然而，「雖然教育更普及，選舉權也更擴大，但在投票前能夠深思熟慮的人還是少之又少」。民主的前提在於民眾在面對公眾事務時能夠展現自身的智慧，但現實上，「一般人」在面對公共事務時卻不是如此。一般人對於賭馬的興趣遠高於投票。階級仇恨、腐敗、軍國主義，這些歷史悠久的邪惡反覆不斷地出現，而此時又出現了新的邪惡。雖然不可否認當前的世界要比過去好，但十九世紀的信仰，相信民有與民治的政府擁有最高的智慧，卻面臨了「各種令人失望的挫折」。對於曾經自稱是「專業的樂觀主義者」的布萊斯來說，耶魯的演說簡直成了一場痛苦的懺悔大會。

自由主義哲學家在環顧四周之後，也同樣痛苦地發現，自由放任這個自由主義的核心信條顯然不管用。自由放任造成了血汗工人、失業與貧困等邪惡，自由主義不願接受費邊社夢想中的全面國家干預，但自由主義本身也無法解決這些問題。自由黨在二十世紀初獲得了政黨歷史上最多的人民託付，但執政三年依然無法實現一九〇六年做出的偉大承諾。到了一九一〇年，民眾參與罷工的數量達到一八九三年以來的新高。「我們開始慢慢失去工人對我們的信心」，霍爾登坦承說，而且「這種狀況逐漸地越來越明顯」。社會計畫的經濟與道德哲學家約翰．阿金森．霍布森與倫納德．特里勞尼．霍布豪斯（L. T. Hobhouse）得出結論，認為人與社會都沒有獲得適當運作。在一九〇九年出版的《自由主義的危機》（*The Crisis of Liberalism*）中，霍布森表示，如果自由主義無法讓自己轉換成較積極的角色，那麼「它終將與絕大多數歐陸國家的自由主義一樣無能」。

霍布豪斯與幾名調查人員對於人類無法依照自己的最佳利益做出理性的行為感到好奇。民眾對於政治缺乏明智的看法，報章雜誌喜歡報導聳動的新聞，以及民眾熱衷於觀賞運動競技，這些都讓人感到不安。亨利．柏格森認為人類受到他所謂的「生命衝力」（*élan vital*）驅動，他的說法促使社會心理學這個新學科出現，此後也開始有人探索情感與本能這兩種人類行為基礎扮演的角色。關於人在面對公共事務時內心的運作過程，英國在這方面最具影響力的研究是霍布豪斯在一九〇四年出版的《民主與回應》（*Democracy and Reaction*）。霍布豪斯原本是牛津大學教授，他對勞工運動有深厚的興趣，因此決定離開大學到《曼徹斯特衛報》工作。霍布豪斯認為，一般人「沒有時間思考，就算有，也不願費神去思考」。他的意見充分反映在「流行的小報與叫賣的報童上……要求街上與路面電車上的新群眾運用理性是不可能的」。

事實上，過去高喊「豬尾巴！」的就是這些群眾，他們的從眾行為（herd behavior）也在一瞬間成為可辨識的現象。首先發現這種現象的是外科醫生威爾弗里德·特羅特（Wilfred Trotter），他為這種現象取名，讓這種現象成為科學研究的主題，並且在首次進行社會學研究之後低調地做出結論，他的說法就跟其他人一樣悲觀。在朋友眼中，特羅特是個「內向文靜的人」，對哲學、文學與科學有著廣泛的興趣。一九〇八年，特羅特三十六歲，三十年後，他將被評價為「本世紀英國最偉大的外科醫生」。特羅特「長著一副學者的臉，看起來很拘謹，然而只要微笑，就能讓人感受到他的魅力與真誠」。一九〇八年，特羅特在《社會學評論》（*Sociological Review*）發表兩篇談「從眾本能」（"The Herd Instinct"）的論文，他發現人類的社會行為源自於相同的那口黑暗而不祥的潛意識之井，一旦揭開了井蓋，就標誌著維多利亞時代的終結。特羅特認為潛意識是一股完全缺乏「個別性、意志與自我控制」的力量。潛意識是「非理性的、喜歡模仿的、怯懦的、殘酷的……與容易受影響的」。由於人類有尋求群體肯定的內在慾望，因此人類容易受這種非理性力量操控，也容易受從眾反應影響。克魯泡特金在《互助論》提到，從眾本能可以帶來良善，但特羅特不認為如此，他主張從眾本能是一種危險要素，因為從眾本能的運作是在不知不覺中進行而且是非理性的。特羅特在結論中表明：「只要稍加想像就能看出，人類很可能只是大自然又一件失敗的作品。」

一九〇八年，還有兩名學者也潛心研究從眾本能，分別是威廉·麥獨孤（William McDougall）的《社會心理學》（*Social Psychology*）與格雷厄姆·華萊斯的《政治中的人性》（*Human Nature in Politics*）。華萊斯在一九一四年出版的作品《大社會》（*The Great Society*）幾乎總結了他在此之前的人生與思想。除了蕭伯納與韋布夫婦之外，華萊斯是費邊社第四位創始人，但他在一九〇四年因為不滿費邊社支持關稅改革而退出費邊社。華萊斯是倫敦郡議員、倫敦教育委員會（London School Board）主席、倫敦政經學院的創立者與政治學教授，他自稱是「工人思想家」。威爾斯形容他「不修邊幅、有點學究氣息、品格高尚」。他留著八字鬍，戴著夾鼻眼鏡，他的演說雖然緩慢且過於講究細節，卻「深具洞察力與啟發性」。另一個學生喬治．道格拉斯．霍華德．科爾（G. D. H. Cole）則說，華萊斯是「我所聽過最具啟發性的老師」。華萊斯在《政治中的人性》提出證據表示，人類並非如同一般假定的依照理性行事。他希望心理學與社會學的新方法，能讓人類以更明智的方式追求自利。

華萊斯不想接受從達爾文主義引申出來的說法，也就是人類生來不可避免帶有侵略性，人類因此注定要進行無情的鬥爭才能獲得進步。但華萊斯也預見到，除非非理性的力量獲得控制，否則各國將會捲入帝國與帝國之間的一連串戰爭，最後將只剩下英國與德國，或美國與中國。接著，「在太平洋進行最終的海上決戰之後，只有一個帝國會倖存下來」，全球的居民將減少一半，一切都將重新來過。這個過程似乎已經開始，「德國與我們正朝著世界大戰的恐怖進軍」，而原因只是在成為國家與帝國之後，「我們的善意已經被他們拒於門外。」

勞合．喬治的一九〇九年預算案是一場重大爭端的導火線，而且還被故意點燃，一名參與者說道，這場爭端將使自由黨執政時期成為「前所未有愛唱反調與令人不快的時期」。隨著自由黨聲望不斷下

滑，政黨領袖意識到，如果沒有引起大家注意的議題，自由黨很可能輸掉下次大選。加德納提到，民眾已經開始估計，「一旦大選到來，自由黨會輸多少。」

身為財政大臣，勞合．喬治必須為一九〇九年提供額外歲入一千六百萬英鎊，其中三分之一給政府同意興建的八艘無畏級戰艦，三分之二用來實施老人年金法。勞合．喬治想透過對富人徵稅的計畫來取得這筆收入，計畫本身不能說不健全，而且也沒有採取沒收的手段，但在設計上卻極盡挑釁之能事，勞合．喬治想藉此刺激上議院否決此案，這樣就能創造出貴族與平民對立的爭議。預算案依照累進稅率對每英鎊所得課以九便士到一先令二便士不等的稅金，另外所得超過五千英鎊則必須加徵附加稅六便士。（自由黨首次預算案就已經把所得稅調升到每英鎊課徵十一便士，拉特蘭公爵的女兒回憶說：「我們當時都以為爸爸快死了。他看起來面無血色。」）新預算案提高了遺產稅，地產二十萬英鎊或以上要課徵百分之十的最高稅率，此外也增加了汽車稅與汽油稅，這兩種稅在當時只對富人有影響，另外也徵收了菸草稅與酒稅，其中酒稅證明是一項政治錯誤。

以上這幾種稅還不至於讓地主階級感到不滿，真正讓他們憤怒的是，政府想對土地買賣或土地繼承產生的「不勞而獲的自然增值」課徵五分之一的稅率，此外閒置土地與礦權，每英鎊每年要課徵半便士，政府正是想透過這些措施挑起地主階級的情緒。土地條款規定，財產必須登記與估價，對地主來說，這無異於政府執法人員侵門踏戶，國家明目張膽地侵入人民的私有財產。勞合．喬治雖然飽受嘲弄，但他還是堅持推動這項徵稅方案，他就像馬克．安東尼（Mark Antony）為凱撒（Ceasar）的傷口哭泣一樣，直接面對民眾，露骨地提出他的訴求。勞合．喬治把反對徵稅的人具體化為「公爵」的形象，他在倫敦東區（East End）萊姆豪斯（Limehouse）向四千名工人群眾演說：「一名全副武裝的公爵，全身上下花的錢可以建造兩艘無畏級戰艦……兩者都一樣可怕，但至少戰艦撐得比較久。」勞合．喬治又說，當政府需要錢來建造戰艦時，「我們向工人拜託，工人們都慷慨解囊。」然而，當「首相與我到貝爾格拉維亞（Belgravia）挨家挨戶敲門，希望大地主能夠接濟，讓年老的礦工能夠離開濟貧院時，他們說，『我只能出半便士，也就一枚銅板』，然後他們便放狗撲向我們，每天你都可以聽到那些狗在吠叫……一名年老的工人要穿過滿佈荊棘的貧窮，忍著流血與腳痛，來到人生的終點，這是多難的事。我們為他開了一條新路，一條好走的路，一條愉快的路，讓他可以穿過搖曳起伏的麥田，走向最後的歸宿。」

在所有大臣中，大概只有勞合．喬治才能臉不紅氣不喘地做出這樣的表演。即使首相對於勞合．喬治的演說感到困窘，他也沒有做出任何表示，這點讓英王愛德華感到不悅，他毫不避諱地說，他「不明白阿斯奎斯為什麼會默許這樣的事情發生，這種事只有在這幾年才有，以前的首相絕不會容許的」。

預算案果然如規畫者所想的引發了眾怒。保守黨領袖高聲表示抗議。蘭斯敦勳爵稱勞合．喬治是「賊鷗」。查普林抨擊預算案是反財產制的社會主義戰爭的第一步，律師協會（Law Society）表示土地稅不公平也不可行，羅斯柴爾德勳爵主持的倫敦人會議抗議財產由「不可靠的仲裁機關」進行估價，斯圖亞特王朝過去就是這麼做，「才讓一個國王掉了腦袋，另一個國王失去了王座」。諾福克公爵（Duke of Norfolk）宣稱他必須把借給國家美術館展出的一幅霍爾拜因（Holbein）的畫作賣掉，翁斯洛伯爵（Earl of Onslow）賣掉一部分薩里郡（Surrey）的地產，吉卜林寫了一首歇斯底里的詩〈無恥之城〉（"The City of Brass"），詩中描繪英國充滿煽動仇恨的人，而且因為「努力工作、埋頭苦幹、蓄積財產的人」被課徵重稅而遭到擊潰，直到守護國家的人完全消失，「英國就只能馬上投降，從國家名冊中被除名！」羅斯伯里勳爵如卡珊德拉（Cassandra）般宣稱，這項措施「不是預算案，而是革命」。在它背後存在著「社會主義深刻、難以捉摸、潛伏的危險」，社會主義將「終結一切……信仰、家庭、財產、君主制、帝國都將被一一消滅」。羅斯伯里勳爵在格拉斯哥商人集會上發表的演說，第二天早上便「在英格蘭、蘇格蘭與威爾斯每個鄉村宅邸派對上宣讀，每個人都聽得津津有味」。

日後成為財政大臣的新任工黨議員菲利普．斯諾登（Philip Snowden）表示，必須讓富人變窮才能讓窮人變富，預算案是民主政府的開始。貝爾福反駁說，「你不可能靠著廢除財富來廢除貧窮」，「你不能將民主與搶奪混為一談」。差點中風的拉特蘭公爵提議限制所有工黨議員的言論自由。隨著憤怒的情緒不斷升高，國王不得不出面表示，這些針對地主與資本家發表的「愚蠢而低劣的演說與言論」已經造成巨大傷害。

每個人，包括一般民眾，都已經察覺這場爭議的重點不是預算案，而是否決權。同年夏天，當米諾魯（Minoru）贏得德比大賽時，一旁歡呼的群眾有人喊道：「國王，現在你已經贏得德比大賽，接下來你該回去解散那個該死的國會了吧！」九月，邱吉爾在萊斯特演說時對於這場鬥爭表示歡迎，他認為，如果上議院否決財政法案，那麼就可以利用這個機會「粉碎」上議院。貝爾福把這場爭議簡化成土地估價條款，他宣稱，這種做法就跟「強制登記」一樣，在財政法案上屬於非法：「你們怎麼敢說這是財政法案？」事實上，索爾茲伯里勳爵曾經對早期的預算案提出他的看法，他認為憲法並未限制上議院否決

(throwing out) 財政法案，除非這種否決具有實質意義：上議院不能在否決法案的同時也連同執政的政府一同否決掉。否決預算案，對執政的政府置之不理，將導致僵局。政府在逼迫下可以採取的手段是建議國王提名足夠的貴族，讓自由黨在上議院取得多數，必要時甚至可能多達五百人，如此龐大的人數將淹沒整個世襲貴族。儘管如此，保守黨依然傾向於拒絕妥協。「管他的，」米爾納勳爵說道，「幹了再說。」在貝爾福的同意與指導下，這成了保守黨的決定。

碧翠絲・韋布在日記裡提到上議院會不會否決預算案時寫道：「整個政壇都陷入亢奮狀態。」十一月二十二日，上議院開始辯論，持續了十天。貴族夫人與旁聽者，其中包括葡萄牙國王，全擠進旁聽席，年邁的貴族從鄉村趕來，有些人「甚至忘了國會的路怎麼走」，總共四百名上議院議員就座，這是否決愛爾蘭自治法案以來，上議院開會人數最多的一次。貴族議員，從年邁的前大法官豪斯布里勳爵，到年輕的鄉村貴族發言人威勒比・德・布洛克勳爵，全宣稱他們有責任為國家否決這項法案。身為自由黨員，里伯斯戴爾勳爵坦承他不喜歡勞合・喬治，他認為勞合・喬治是「半個傻瓜，半個攔路盜匪」，但他不認為這個預算案有任何社會主義的成分，也不覺得國家會因為幾個「有錢人掉淚」而受到嚴重影響。如果要表決，他會站在政府這一邊。

感到驚恐的羅斯伯里勳爵建議還是通過預算案為宜，他不想冒「上議院可能被廢除」的風險。辯論的高潮是寇松勳爵的演說，一名深受感動的貴族表示，這是他在上議院這四十年來聽過最好的演說。寇松說，政府想送什麼法案，就送什麼法案，我們姑且把這些法案統稱為財政法案，政府要求上議院一定要通過這些法案——「這種革命性且無可容忍的主張」，簡直把英國當成一院制國家。寇松不顧後果，依然建議否決財政法案，他希望藉這個機會改革上議院，使上議院在憲法中具備「核心功能」，而「不是像個幽靈一樣荒謬無用」。

一九〇九年十二月一日，上議院進行表決，議員們嚴肅地排隊投票，最後以三百五十票對七十五票否決了預算案。次日，在下議院熱情的吵鬧聲中，首相宣布上議院違憲，他表示，政府將訴諸全國民眾，要求解散國會。貝爾福還是跟以往一樣，斜靠在反對黨前排座位上，他因為感冒而咳嗽，拍拍自己的胸口之後，吞了藥，然後吸了一下提神劑。

就在準備即將到來的大選的同時，阿斯奎斯政府也開始起草國會法案，他們打算廢除上議院的否決權，並且預期當他們重返政府時就要進行審議。這項法案規定，只要法案經下議院議長證明屬於財政法案，上議院就不能對該法案行使否決權，至於其他法案，如果已經經過下議院連續三次會期通過，該法案就取得法律地位，毋需上議院同意。倫敦開始出現要創設更多貴族的傳言，從詩人到茶商，「甚至包括希萊爾．貝洛克（Hilaire Belloc）」，威爾弗里德．布朗特帶有惡意地說道，每個人都引頸期盼，貴族的小冠冕能落在自己頭上。在此同時，阿斯奎斯還暗示性地表示，關於廢除否決權一事，他已經獲得國王的首肯，然而此事根本毫無根據。

一九一〇年一月大選前的競選階段，情勢已相當明顯，儘管勞合．喬治在演說中不斷攻擊公爵，卻難以挽救失敗。民眾已經對貴族問題不感興趣；霍爾登坦承，四成選民感到懷疑，兩成選民「漠不關心」，簡言之，選戰又回到了常態。阿爾弗雷德．奧斯汀當時正在法國南部度假，這場選舉對他來說至關重要。由於他的選區是保守黨的鐵票區，因此他覺得自己不需要特別為此返國投票，「不過每天卡爾頓俱樂部都會發電報給我，告知最新的結果。」在國內，碧翠絲．韋布寫道：「我們都在屏息等待這場選戰的結局。」然而最後的結果卻讓各黨派都感到失望。自由黨再次執政，但他們喪失了大量的多數票，使他們再次受制於愛爾蘭人。工黨則受到一九〇八年奧斯本判決（Osborne judgment）的打擊，判決宣布將工會基金用於政治用途屬於非法行為，工黨因此損失十席。保守黨增加了一百零五席，要不是因為先前的席次太少，否則足以稱之為是一場勝利。選後，雙方都受到一定程度的掣肘。為了讓預算案通過，自由黨需要愛爾蘭人的選票，但愛爾蘭人討厭預算案中對威士忌徵稅的規定。愛爾蘭人支持的條件是阿斯奎斯必須承諾廢除上議院的否決權，之後愛爾蘭自治法案就可以順利過關。自由黨執政四年期間，從未提出過愛爾蘭自治法案，但現在如下議院議長羅瑟所言，該法案成了「支配整個局勢的核心」。愛爾蘭人不再是無助的懇求者，相反地，現在他們看起來「既陰險又強大」，而否決權與愛爾蘭自治法案的連結也變得「明顯、直接與不可質疑」。無論接受與否，自由黨政府現在都必須把戰爭引領到最終結論：創設貴族或至少讓國王承諾創設貴族。此後發生的事件，讓英國遭遇了改革法案（Reform Bill）以來最苦澀的時期。

一九一〇年二月，阿斯奎斯正式提出國會法案（Parliament Bill），他宣布，如果上議院拒絕通過，那麼他會建議國王採取必要措施。隨後開始出現一連串的騷動，包括各種協商與陰謀，向國王施壓與給予建議，政黨之間與政黨內部檯面下的交易，拜訪鄉村宅邸與進行諮商，與坎特伯里大主教開會。預算案，這所有紛爭的來源，居然在沒人注意下順利通過，蘭斯敦遵守他的承諾，如果自由黨勝選，他就准予放行。預算案已經遭人遺忘，取而代之的是國會法案，而國會法案後頭還拖著一塊荒謬的陰影，也就是五百名人為的貴族。雖然數個月來，國王、大臣與反對黨為此投入大量心血、熱情與高度的政治技術，但這終究是個虛假的議題。它不像德雷福斯事件一樣涉及人權與正義這類基本問題。自由黨堅稱這個爭議出在上議院擁有可以否決下議院意志的權力上，但事實上，如赫伯特・薩繆爾所言，「我們所有的社會立法幾乎都在上議院通過了」，除了教育法案與許可經營法案，其中一個法案是各種妥協的結果，卻沒有任何人感到滿意，而另一個法案根本與破壞英國憲法扯不上邊。自由黨之所以如此大肆攻擊，原因只在於他們需要為自己的失敗計畫尋找一個辯護的理由，此外也為了掩蓋他們無恥地將自己出賣給愛爾蘭人。自由黨覺得自己的理由是正當的，如馬斯特曼所言，在自由黨眼中，上議院這個機構必須藉由威嚇才能迫使他們「同意他們極為厭惡的改革」，自由黨還認為「上議院毫無建樹，只會修改、箝制或破壞別人的辛苦成果。上議院在他人遭遇難題時，從來不會提出建設性的意見」。

面對自由黨的攻擊，保守黨也做出相對應的抵抗，其背後支持的力量來自於他們決心捍衛自己最後的特權堡壘。失去否決權或失去保守黨在上議院的多數地位，意謂著保守黨將失去可以制衡其他階級步步進逼的最後手段。馬斯特曼看穿了保守黨的想法，他認為保守黨把平民掌權視為洪水猛獸。「他們把人類文明看成蠻荒中一小塊救贖的土地，這個文明憑藉著奇蹟得以一代代地傳承下來」，現在，平民的崛起使群眾衝進這塊平靜的花園，「不僅將花朵從根拔起……還在怡人的風景中隨意丟棄紙屑與破掉的空瓶」。然而，保守黨因為內部分裂而使抵抗減弱。身為保守黨領袖，貝爾福要求全力阻止創設貴族，否則的話，自由黨將在上議院永遠居於多數。在他看來，這就是「革命」。與創設貴族相比，貝爾福認為喪失否決權，也就是接受國會法案，反而損失較輕。有些貴族反對貝爾福的觀點，他們組織起來，借用了著名團級部隊的名號，自稱為「死硬派」（Diehard）。死硬派的象徵與領袖人物是「年邁、矮小，但擁有戰鬥血統」的豪斯布里勳爵，死硬派活躍的組織者則是威勒比．德．布洛克勳爵，他是家族的第十九代男爵，也是上議院裡貴族頭銜可以上溯到一五〇〇年以前的十八名議員的其中一員。在繼承爵位之前，威勒比曾擔任下議院議員，除了政治才能外，他還擁有「無窮的精力，他是個優秀的演說家，具說服力而且幽默」。四十二歲的威勒比有著天生的魅力，他的父親死前的願望是要兒子盡一切力量「阻止汽車用來從事任何與打獵有關的活動」，他的曾祖父「不斷投票反對改革法案，為了捍衛既有秩序持續奮戰，最後還是以失敗告終」。威勒比認為工業主義與民主「對整個國家造成可怕的影響」，他以打獵與賽馬做比喻，像獵狐犬一樣四處奔走，將鄉村貴族聚集起來。豪斯布里勳爵寫信通知每個貴族，要他們「對憲法的世襲權利表明立場，而且要堅決反對削弱這項權利」。

正當雙方人馬圍繞著王座緊鑼密鼓地運作時，英王愛德華出乎意料地突然去世。極端派保守黨人宣稱是自由黨政府的邪惡導致國王死亡並且認為自由黨人是弒君者。愛德華的死讓民眾覺得原本可以仰賴的靠山突然崩塌，眾所承認的秩序一夕之間蕩然無存。民眾這才體會到平日習以為常的皇室矗立在英國與變遷、英國與外在威脅之間。一九〇九年，《佩利西耶諷刺劇》（*Pelissier's Follies*）裡的女清潔工唱了一首歌，這首歌被廣泛流傳：

> 不會有戰爭
> 只要有像愛德華這樣的好國王在

不會有戰爭
因為愛德華痛恨那樣的事！
母親不需要擔心
只要我們有像愛德華這樣的好國王在。
光榮而和平
是他的座右銘
願上帝保佑國王！

當愛德華去世時，民眾預期這個時代會變得更糟。一名愛德華時代的人說：「我一直覺得，是愛德華凝聚了一切。」

桂冠詩人為國王去世寫下詩文，他敦促英國人停止「致命的仇恨」與「憤怒的呼喊」，並且提出了「上帝的停戰」。為了不讓新王在登基時遭遇危機，各黨派同意召開憲法會議解決爭端，雙方有四名領袖出席，包括阿斯奎斯與勞合．喬治，貝爾福與蘭斯敦。一九一〇年夏天與秋天，雙方共開了二十一場會議討論與協商，過程中曾提出全民公投的想法，而就在快達成共識的時候，卻因為愛爾蘭自治問題觸礁。會議至少證明國會法案本身並不是根本性的爭議，但政治家就是不願或無法擺脫這場爭鬥。勞合．喬治是個純粹的現實主義者，他想做出嘗試。堅守原則只會讓事情變得更加複雜，勞合．喬治於是向貝爾福提議組成聯合政府，這樣可以讓雙方擺脫內部極端主義分子的壓力，或許能因此找到解決否決權與愛爾蘭問題的辦法。勞合．喬治跟貝爾福一樣不想創設貴族，他親切地坦承，因為「放眼未來，我知道我們那些被封爵的雜貨店商人要比你們的鄉村貴族更討厭社會改革」。一般相信勞合．喬治首次向貝爾福提議時並未告知阿斯奎斯，因此很有可能勞合．喬治當時已經有背棄首相的念頭，而六年後他也確實這麼做了。當阿斯奎斯被告知這項提議時，他不置可否，只是隱身在幕後，完全忠於他的座右銘：「我們走著瞧。」

貝爾福認為英國的政府制度仰賴兩黨的相互制衡，聯合政府只有在國家面臨緊急危難例如戰爭時才有成立的可能，因此他拒絕了勞合．喬治的提議。貝爾福不認為自由黨有辦法迫使國王給出必要承諾，而且無論如何他都認為國會法案造成的「實質公共危害」比不上創設貴族。此外，貝爾福也相信，如果有夠多的保守黨貴族拒絕投票，那麼光憑創設的新貴族人數，也無法實現自由黨在上議院長期多數要進行「革命」所需的票數門檻。

一旦憲法會議與聯合政府的提案均告失敗，只好在同年之內，也就是一九一〇年十二月進行第二次大選。由於民眾依然普遍冷漠，因此除了自由黨損失兩席外，整體結果與上次大選大致相同。如威爾弗里德．布朗特所言，整個英國「對於要不要廢除上議院來進行一場革命這件事根本毫無興趣」。

選前明智的威嚇，使阿斯奎斯順利取得英王喬治創設貴族的重大承諾，事實上，英王的決定也受到他的顧問提供的帶有衝突性的建言與充滿惡意的操作所影響。英國世襲貴族將被「一大群新興貴族」淹沒，而且這些新興貴族全都是自由黨員，這個可怕的景象讓每個人都開心不起來，緊接而來的世人的訕笑與嘲弄更將令人不堪。儘管如此，自由黨政府還是決定推動這個方案，一方面是因為這個方案已經不可能停止，另一方面是自由黨認為這個做法可以逼迫上議院做出選擇，他們相信上議院最終寧可失去否決權，也不願意讓貴族人數增加一倍，而且完全是由中產階級來充任。在這段期間，阿斯奎斯擬定或者被要求擬定一份大約二百五十人的封爵名單，雖然其中包括了湯瑪斯．立頓爵士（Sir Thomas Lipton），但整體來說不是所有的人都如勞合．喬治所嘲諷的是一些被封爵的雜貨店商人。名單上除了立頓之外，還有阿斯奎斯的小舅子哈洛德．田南特（H. J. Tennant）與阿斯奎斯的崇拜者與未來的傳記作家約翰．史班德（J. A. Spender）；此外還有埃德加．史拜爾爵士、伯特蘭．羅素（Bertrand Russell）、貝登堡將軍（General Baden-Powell）、伊恩．漢米爾頓爵士將軍（General Sir Ian Hamilton）、法學家弗雷德里克．波拉克爵士（Sir Frederick Pollock）、歷史學家喬治．屈維廉爵士與喬治．古奇（G. P. Gooch）、南非百萬富翁埃布．貝里爵士（Sir Abe Bailey）、吉爾伯特．莫瑞（Gilbert Murray）、詹姆斯．巴里（J. M. Barrie）、湯瑪士．哈代（Thomas Hardy）與《曾達的囚徒》（*The Prisoner of Zenda*）作者安東尼．霍普（Anthony Hope）。

一九一一年二月，國會法案再次在下議院提出，「眾人群起歡呼，因為這不僅代表著勝利，也象徵著決心與堅定」。「我們非常嚴肅看待這件事，」赫伯特．薩繆爾寫道，「如果上議院否決法案，那正好合我們的意。」五月，下議院通過國會法案，接著法案便被送到「另一個地方」審議。

六月，運輸業進行大罷工，開啟了新時期的深層產業戰爭。這場罷工標誌著從個人「勞資糾紛」逐漸過渡到根據工團主義模式採取行動，在後者的狀況下，工人罷工不是針對特定雇主，而是對抗整個產業。無技術工人開始厭惡政治途徑，因為這種做法並未提高他們的工資，他們也開始反對工黨的領導，工黨一旦進入國會殿堂之後，就完全專注於國會鬥爭，麥克唐納逐漸取代了基爾．哈迪的地位。工人群眾要求確確實實的收益，他們要求更多的工資與雇主承認他們的工會地位。他們開始鼓譟，要求採取直接行動，而且越來越具有威脅性。幾個月前，威爾斯朗德谷（Rhondda Valley）三萬名煤礦工人罷工，礦場主的財產遭到攻擊。班．蒂利特與湯姆．曼曾於一八八九年發動第一次碼頭工人大罷工，現在他們則宣揚索雷爾與法國總工會創立的工團主義信條，將革命信念與工會主義結合起來，反對政治行動，以總罷工作為最後武器。曼與蒂利特成功將海員、消防員、廚師與服務生、碼頭工人與卡車司機等三十六個工會組織成全國運輸工人聯合會（National Transport Workers' Federation）。當船東拒絕協商時，他們便於六月進行罷工。這場罷工持續了七十二天，有七萬七千人加入。隨著罷工從倫敦擴散到利物浦、赫爾（Hull）、卡地夫（Cardiff）、布里斯托（Bristol）與南安普敦，幾乎所有港口交通都停頓下來，隨後則爆發暴亂、搶掠與縱火。「這是一場革命！」雇主激動地對一名貿易局（Board of Trade）官員吼道。「這些人有新的領袖，過去從未聽過，我們不知道該怎麼對付他們。」

就在此時，七月一日，德國豹號（*Panther*）砲艦駛抵摩洛哥（Morocco）阿加迪爾（Agadir），引發了一場國際危機，這場危機持續了數個星期，差一點就爆發戰爭。八月，就在阿加迪爾危機期間，四個鐵路工會也加入海員與碼頭工人罷工，他們威脅要讓英國國內所有運輸交通停擺。內政大臣邱吉爾派出軍隊護送，讓最重要的鐵路班次維持行駛，此外，他也派兵前往罷工據點。雙方的衝突勢不可免；士兵在利物浦開火，打死兩名罷工者，兩百人受傷。湯姆．曼懇求士兵，即使接到命令，也希望他們不要對英國工人開槍，結果湯姆．曼被指控煽動軍隊譁變被捕入獄。雖然這場罷工因為正值國外發生危機而以緊急狀況為名加以弭平，但往後三年還是發生同樣規模的罷工事件。利物浦士兵開火事件之後，工會逐漸把票投給自己的代表，不再與自由主義結盟。階級戰爭的現實鏗鏘作響，邱吉爾在一九〇八年時曾真誠地懇求工人：「啊，但我們必須得到這份支持！」現在聽起來，宛如迴盪在遠方的號角聲，微微地帶點諷刺的意味。與工人分道揚鑣之後，自由主義便走上了通往政治蠻荒之路。

———

在這樣的背景下，英王喬治加冕的這年夏天——近三十年來最熱的一年夏天——如同一朵綻放的玫瑰般珍貴而充實。每天晚上都有晚宴與奢華的歡迎會，每天下午都有花園派對，每個週末都有鄉村宅邸的宴會，走到哪裡都閃閃發亮，還有野餐與化裝舞會。即使天氣炎熱也「令人心情愉快」——這樣的夏天在英國是少有的。亨里賽艇日（Henley Regatta）在理想的天氣下舉行，這一季的每個典禮儀式幾乎都不愁遇不上萬里無雲的好日子，例如拉內拉格（Ranelagh）的馬球比賽，伊頓公學與哈羅公學（Harrow）

在上議院舉行的板球比賽，以及在雅士谷舉辦的黃金盃。無論是戰爭的陰霾、運輸工人總罷工，還是創設貴族，都無法壓抑人們參與慶典的高昂興致。報紙報導的語氣充滿了危機，憤慨的貴族咆哮說：「這簡直就是革命」，但也有客人參加克拉里奇酒店（Claridge's）的化裝舞會時，輕佻地穿上貴族的大衣與帶著小冠冕，上面貼著小牌子，寫著「第四百九十九號」。寇松夫人在康瓦莉絲—韋斯特夫人（Mrs. Cornwallis-West）舉辦的騎士巡迴賽中被選為美人王后，獲得好幾張面額二十英鎊的禮券。俄羅斯芭蕾舞團在倫敦的首演是在皇家歌劇院，巴甫洛娃與尼金斯基在私人派對上跳舞，其中一次是在晴朗的天空下在草莓山莊（Strawberry Hill）的花園裡演出，草莓山莊曾經是霍勒斯．沃波爾（Horace Walpole）的家，用來展現他對哥德式華麗建築的喜愛。草莓山莊的新主人是米歇拉姆夫人（Lady Michelham），她擁有十九碼的珍珠，在花園裡的舞蹈表演結束後，她準備了可以招待六十位賓客的晚宴。晚宴的主菜布置成燈塔的樣子，裡面有燈光，四周則圍繞著圃鵐（Ortolan），用來代表海鷗，這些圃鵐上都淋上如海浪般的白醬，看起來宛如海鷗乘風破浪一般。在布蘭尼姆宮的宅邸派對上，馬爾博羅公爵、公爵的堂弟邱吉爾、羅斯伯里勳爵的兒子尼爾．普里姆羅斯（Neil Primrose）與弗雷德里克．史密斯一起待在帳棚裡，他們把桶子翻轉過來，在上面點了蠟燭，四個人玩牌直到天明。「我們要下什麼賭注？」公爵問道。「你的大宅院，如果你願意的話，」史密斯回道，不過實際上公爵下了什麼賭注，並沒有記載。

然而，這一年畢竟與維多利亞女王登基六十周年那年不同。就像阿加迪爾讓人想起德國的逼迫，罷工也讓人想起工人階級與日俱增的壓力。「索維林（sovereigns）金幣、榮譽感、地圖上巨大的紅色區塊」，這些英國人記憶中充滿信心的時代象徵已經成了過去。眼前的慶典只是一股「狂熱」，當季的化裝舞會是由弗雷德里克．史密斯主辦的，而非德文郡公爵夫人（公爵已於一九〇八年去世），在倫敦，馬匹拉的公車已經從街上消失；十九、二十世紀之交還看不到出租汽車，而今出租汽車的數量已經超過出租馬車，前者六千三百輛，後者五千輛。

上層階級依然覺得彼此的生活相當愜意。在胡法．威廉斯夫人（Mrs. Hwfa Williams）舉辦的宴會上，索維勒侯爵的機智讓在場賓客感到十分開心，愉快的對話讓原本只是來參加午宴的賓客一直待到凌晨一點。玩得開心是其中一個原因，但也有可能是為了逃避無聊，因為這些賓客在別的地方也無事可做。笑聲、嬉戲、惡作劇，特權生活的快樂毋庸置疑，不過這也是生活無聊的另一種面向。「午餐、下午茶與晚餐，跳舞，以及延續到深夜的聚會」，賓客們一直聊個沒完，馬斯特曼相信，這種長時間的談話反映了「一個渴望找到有趣的事情做的上流社會，然而他們更常發現的卻是自身的無聊，他們深信必須『玩這個遊戲』，也深信這就是他們必須玩的遊戲」。這些人「聰明、親切而且可愛……他們不需要努力賺取薪資就能過活，因此他們迫切而嚴肅地希望讓自己的生活具有意義」。馬斯特曼的描述寫於一九〇九年，他並未將這種現象稱之為和平造成的無聊，然而當他提到「當前歐洲的西方種族全生活在羅馬和平之下」時，語氣中幾乎可以聽到一種不甘願的嘆息聲。

七月的第一個星期，上議院修正權利法案，刪除掉廢除否決權的條文，而且把愛爾蘭自治法案排除

於立法之外，也就是說，愛爾蘭自治法案必須獲得上議院同意才能完成立法。七月十八日，阿斯奎斯以正式信函告知貝爾福，他已經取得國王創設貴族的承諾，修正案是不可接受的，他會在下議院發表聲明，除非上議院通過原始的法案版本，否則他將請求國王採取適當措施。死硬派開始憤怒地組織抵抗，就像屯墾的居民準備以柵欄抵抗印第安人一樣。「讓他們創設他們的貴族，」寇松勳爵在死硬派會議上宣布，「我們會抵抗到最後一刻，我們不會讓步！」不支持他們的人之後又把死硬派稱為「壕溝派」(Ditchers)。「壕溝派」包括了新任索爾茲伯里侯爵、侯爵的姊夫塞爾博恩伯爵（Earl of Selborne），在下議院，有侯爵的弟弟休．塞西爾勳爵、奧斯汀．張伯倫、喬治．溫德姆，以及兩名冒險家愛德華．卡森爵士（Sir Edward Carson）與弗雷德里克．史密斯。在炎熱的七月，威勒比．德．布洛克勳爵狂熱地遊說所有的貴族，他安排集會而且找到了演講者。七月十二日，五十三名貴族，包括五名公爵，聯名上書給蘭斯敦勳爵，信上表示，除非維持修正案，否則他們將在最後一讀時投票反對國會法案，「即使後果是創設貴族」。

國王要求貝爾福與蘭斯敦，希望他們不要逼他做出這個令人厭惡的權宜措施。貝爾福與蘭斯敦於是召集反對黨影子內閣，雖然不是全員同意，但絕大多數願意接受兩人的建議，也就是不做表決讓國會法案過關，因為就算抵抗到底，雖然堅持了原則，卻還是無法阻止否決權遭到廢除。除非自由黨政府只是虛張聲勢，否則結果將只會是創設貴族「與」喪失否決權。但壕溝派的立場堅定。豪斯布里勳爵表示，將國會法案交付表決是他「對上帝與國家的神聖責任」。壕溝派認為「騎牆派」(Hedgers)——貝爾福與蘭斯敦及他們的追隨者——已經決定棄權，因此壕溝派必須取得比七十五名自由黨貴族多的票數才行。

威勒比・德・布洛克勳爵相信他能拿到六十票，而且有希望增加到八十票。

蘭斯敦再次在自己的宅邸召開會議，希望讓騎牆派與壕溝派達成一致的政策。此時寇松已經改變立場支持貝爾福，但老勳爵豪斯布里依然堅定表示，他「要進行表決，就算只有他一個人，他也不會投降」。貝爾福不得不召開另一場影子內閣會議，但他開始對死硬派「戲劇性」的態度感到不滿與不耐，特別是史密斯與張伯倫這兩名下議院議員。貝爾福能做的頂多就是投書《泰晤士報》，公開向某位「令人費解的貴族」解釋通過法案的必要性。壕溝派回應說，國會法案將建立一院制政府，他們不願「棄權而對這場圖謀的革命置之不理」。壕溝派行動的高潮是他們舉辦了向豪斯布里勳爵致敬的盛宴，想參加的人遠遠超過了大廳容納的人數。在慷慨激昂的演說與舉杯中，豪斯布里勳爵看起來「非常不舒服、焦慮而且疲倦」，他向眾人表達他的團體必定會戰鬥到底的決心並且獲得了熱烈掌聲。米爾納勳爵當初那句「管他的，幹了再說」很可能就是整起事件的起點，現在他也理所當然加入他們的行列。在場的演說者也包括奧斯汀・張伯倫，他抨擊阿斯奎斯「玩弄反對黨、陷害國王與欺騙人民」。

七月二十四日，首相依照行程前往下議院發言，下議院的壕溝派支持者在休・塞西爾勳爵與弗雷德里克・史密斯帶領下，組織了一場「記憶中下議院最猛烈的場面」。一個處於守勢的階級，在憤怒與挫折下，將所有的仇恨與歇斯底里一次爆發。史密斯純粹只是喜歡攻擊，休・塞西爾勳爵則是基於熱情與真誠。休・塞西爾勳爵身上完全集中了塞西爾家族對變遷的敵視，絲毫不見他的表哥貝爾福身上帶有的塞西爾家族著名的冷靜與懷疑主義。他的信念完全是熾烈的。他認為現代物質主義社會背棄了教會與土地，民主制度背棄了「天生」領袖，他認為這是末日。休・塞西爾勳爵跟他的父親年輕時一樣，身材高大而駝背，有一張憂鬱而狹窄的臉，他跟他的父親一樣習慣扭曲翻轉他的長手，他的長相與舉止都類似薩佛納羅拉。一九〇八年，休・塞西爾勳爵曾在邱吉爾婚禮上擔任男儐相，邱吉爾寫道，在塞西爾身上，「我第一次看到真正的托利黨人，一個十七世紀的人物。」在私下談話時，休・塞西爾勳爵「反應敏捷、機智且出人意表，大家都喜歡聽他說話，」在下議院裡，他可以大談埃拉斯圖斯派（Erastians，主張國家高於教會）與高教會派的不同，議員們可以「靜靜地聽他演說一個多小時」。阿斯奎斯認為休・塞西爾勳爵是「下議院最好的演說家，事實上應該說在任何地方都是如此」，他有演說的才能與發表意見的天賦，他是英國的阿爾伯特・德・蒙。

有一次，格萊斯頓拜訪哈特菲爾德，當時還是小孩子的休・塞西爾，突然衝進格萊斯頓的臥房，用拳頭打他，並且喊道：「你是個壞蛋！」

「我是你父親的朋友，我怎麼會是壞蛋？」曾經辯論過上千場從未輸過的格萊斯頓問道。但眼前這個對手並沒有要跟格萊斯頓辯論的意思，他直接跳到結論。「我的父親要用巨大的寶劍把你的頭砍下來」，這就是他的回答。

現在，休・塞西爾勳爵要拿這把劍對付阿斯奎斯。下午三點，整個下議院已經瀰漫著興奮的情緒，議場內坐滿了人，還有議員站在走道上，人群像蜜蜂一樣緊密地聚集在一起，就連旁聽席也擠滿了旁聽者，首相進場時，滿臉通紅，看起來有點緊張。自由黨議員起立揮舞他們的議事程序表歡呼了三分鐘之久，然而隨後入場的貝爾福則受到反對黨議員「更熱烈的」歡呼。當阿斯奎斯起身發言時，還沒出聲就被「叛徒！」與「雷蒙德（Redmond，愛爾蘭議會黨領導人）！」的喊叫聲打斷，這些叫聲暗指愛爾蘭的寶劍正懸掛在阿斯奎斯的頭上，之後則是持續不斷的低語聲，「表決（Divide）！……表決！……表決！」＊這個低語聲開始出現，逐漸大聲，然後又逐漸消失不見，每次阿斯奎斯要開口時，低語聲就開始出現。休．塞西爾站在走道下方的反對黨前排座位上，他的眼睛閃閃發亮，他削瘦而笨拙的身體隨著喊叫的韻律擺動著，他的臉色蒼白而且因為「強烈的熱情」而扭曲。面對阿斯奎斯，被狂熱沖昏了頭的休．塞西爾相信無論使用的戰術有多麼不得體，在他追求的目標下都是可以被合理化的。阿斯奎斯看著喊叫的對手，一方面輕視，另一方面又感到驚訝，他的目光停留在塞西爾身上，訝異地發現對方的眼神宛如一頭在籠子裡踱步的老虎。在旁聽席上，女士們興奮地站到座位上。愛德華．格雷爵士神情嚴肅地移動到阿斯奎斯身旁，彷彿要保護他似的。貝爾福懶洋洋地倚靠在對面的座位上，他看著自己的追隨著，臉上露出驚訝又厭惡的表情。阿斯奎斯數次試圖宣讀他的聲明，但在「表決！表決！」的呼喊聲中，幾乎沒有人能聽見他說什麼。他們喊著「誰殺了國王？」與「獨裁者！」。阿斯奎斯努力讓人聽見他的聲音，卻只是令對手更加生氣，而且引來更多的咆哮。儘管議長要求抗議者安靜下來，但對方就是不願聽從。長達四十五分鐘的時間，阿斯奎斯一直站著，最後他「氣得臉色發白」，只能收起講稿坐了下來。

當貝爾福起立發言時，自由黨議員並未反擊，但當弗雷德里克．史密斯起身時，被大家視為煽動者的他馬上迎來一場混亂。《泰晤士報》通訊記者寫道，那天下午，下議院充滿各種情緒化的行為，任何看似誇大的描述其實都不足以說明現場的狀況。議長還是一樣無法維持秩序，最後，在歷經兩小時不間斷的吼叫與從工黨座位傳來的一句「為社會革命歡呼三聲！」之後，議長認為下議院已經成了「一團亂」，於是他宣布休會，這是下議院歷史上的頭一遭。

下議院的爭吵與辱罵，後來被稱為「塞西爾事件」，讓每個人都感到震驚。在此之前，沒有任何首相曾受到如此無禮的對待。報章雜誌收到大量憤怒的評論，還有許多贊成與反對的信件。許多人覺得這起事件不僅是為了反對阿斯奎斯，也是為了反對貝爾福的領導。布朗特提到，弗雷德里克·史密斯、喬治·溫德姆與班德（Bendor，西敏公爵）「對於他們造成的這場混亂顯得十分得意，他們想迫使貝爾福採取行動」。

阿斯奎斯昨日未能順利宣讀的聲明，第二天公布了文字稿，整個局勢已不可挽回，而保守黨領袖也必須面對這場混亂實際引發「革命」的可能，而這正是貝爾福最不想看到的：創設一個自由黨永遠居於多數的上議院。如果死硬派能取得七十五票以上，那麼創設貴族勢在必行，除非自由黨政府只是虛張聲勢。自由黨政府只是虛張聲勢嗎？許多人仍這麼想，但沒有人百分之百確定。也沒有人知道實際上有多少貴族願意跟著死硬派投票。在這個關鍵時刻，蘭斯敦與騎牆派必須採取一項可怕的必要措施，那就是找幾名保守黨貴族，雖然不至於到無恥，但至少必須犧牲自己的原則，投票支持他們厭惡的自由黨政府。只有這麼做，才能阻止死硬派取得多數。需要多少人犧牲，有多少人有勇氣在最後時刻採取行動，這又是另一個令人痛苦的不確定性。

* 表決通常以分立（division）的方式進行，不同立場的議員走向不同的投票廳，以此做出表決。——作者註

八月十日，喝下毒酒的日子到了，當天的氣溫達到華氏一百度（大約攝氏三十八度）的新高，但國會的緊張氣氛更甚於此，與之前的政治危機不同，沒有人知道這次會產生什麼樣的結果。下午四點，上議院最後一個位子也被坐滿，出席人數史無前例，旁聽席擠滿了人，許多貴族還必須站在走道與門邊。他們穿著晨禮服，搭配翼領、阿斯科特領巾、鞋罩與淺色背心，晚餐休息之後，許多人打了白領帶與穿上燕尾服。死硬派佩戴了索美塞特公爵夫人送來的白石南枝條，許多騎牆派則佩戴紅玫瑰。當豪斯布里如騎士進入比武場般走向自己的位子時，旁邊的人彷彿可以聽見他的身上響著馬刺的叮噹聲。豪斯布里高聲要求眾人要憑藉自己的良心，一定要反對國會法案。寇松勳爵要求支持國會法案，之後便「臉色蒼白而憤怒」地坐下，塞爾博恩則是跳上桌子，「用刺耳的聲調與戲劇化的動作」激動地重申抵抗到底的決心。自由黨領袖克魯勳爵的演說則是增加了新的懸念，他提到國王「本意並不贊成創設貴族」，克魯還不高興地表示，「坦白說，整起事件令我感到不快」。克魯的說法予人一種印象，那就是自由黨政府很可能是虛張聲勢。在這種狀況下，票數的掌握變得更加重要。晚餐休息時間，同桌的六個貴族中，卡多根勳爵（Lord Cadogan）與米德爾頓勳爵（Lord Middleton）是前保守黨內閣成員，兩人都尚未決定怎麼投票。晚餐後，重新集合開會時，一名負責「犧牲」的貴族坎伯當勳爵（Lord Camperdown）宣布他要投票支持自由黨政府，諾福克公爵聞言大怒，他回道，如果有任何保守黨貴族投票支持法案，他與他的團體會投票支持死硬派。莫萊勳爵雖然封爵才剛滿三年，卻有「很強的責任感」，他明確表示，自由黨政府就是想利用法案遭到否決，來「立刻創設出大量的貴族」。在眾人要求下，他又再度重申他的看法。議場頓時蒙上一層陰影。坎特伯里大主教敦促議員們不要做出挑釁行為，否則導致的後果會讓上議院與整個國家淪為「笑柄」。羅斯伯里勳爵的左右搖擺一直讓人感到困惑，但一般預期他會選擇棄權，然而他卻突然從中立議員座位起身，他在「這場我這一生最後一次、內容最短而且或許也是最痛苦的演說中」宣布，他會投票支持自由黨政府。無論結果如何，既然「我們所知的上議院消失了」，羅斯伯里說道，他絕不會再走進上議院的大門，而他確實從此再也沒在上議院出現。

晚上十點四十分，在「亢奮的氣氛」下，上議院開始進行表決。棄權的貴族聚集到王座臺階上，他們可以待在議場裡不去投票，而其餘不願棄權的貴族則在蘭斯敦勳爵帶領下離開議場。貴族們分成兩群，分別排成兩個隊伍進入位於議場兩側的投票廳，旁聽席上的人們感到十分緊張，因為在他們看來，兩方的人數幾乎是一樣的。計票人在計票時會用白色的棍子輕敲每個貴族的肩膀，之後貴族就可以離開投票廳。慢慢地，隊伍再度出現，從敞開的大門可以聽到計票人大聲計票，「一票，兩票，三票，四票……」整個過程持續了十五分鐘，但感覺上好像過了整整一個小時。當支持自由黨政府的投票隊伍突然中斷時，就聽到無所畏懼的豪斯布里勳爵低聲地說：「看！我就知道我們會打敗他們！」莫萊勳爵忐忑不安地等待主教出現，他相信主教們會投票支持政府。投票的行列終於來到末尾。計票人把統計的票數交給大黨鞭赫榭爾勳爵（Lord Herschell），赫榭爾再將寫有結果的紙張交給大法官。在一片沉默中，洛爾本勳爵從議長座位起身，他把假髮片甩到後頭，用清楚的聲音宣布結果：贊成法案有一百三十一票，反對法案有一百一十四票，贊成法案比反對法案多十七票。豪斯布里夫人按捺不住內心的激動，從貴族夫人席上發出巨大的噓聲。勝利者並未發出歡呼聲，也未表現出熱情，只有下議院議員衝了出去，將消息送到下議院，下議院這才響起勝利的歡呼聲。上議院議員隨即離開，五分鐘後，議場已空無一人。三十七名保守黨貴族、兩名大主教與十一名主教投票支持自由黨政府，當其中一些人當晚出現在卡爾頓俱樂部喧鬧的聚會時，迎接他們的是「丟臉！」與「猶大！」的叫罵聲。

隔天早上，諾斯克里夫勳爵（Lord Northcliffe）的《每日郵報》大聲疾呼，「革命的洪水閘門已經開啟，」然而並沒有洪水從閘門的另一頭湧現。隨著上議院否決權被廢除，自由黨政府即將在下一個會期提出的愛爾蘭自治法案很可能過關。從這點來看，擊敗上議院根本無關緊要。反對愛爾蘭自治只是轉移了陣地，而且引發新一輪更嚴峻的危機——新形式的阿爾斯特叛亂（Ulster rebellion）——與這個危機相比，國會法案根本無人在意。到頭來，英國政壇為了擺脫愛爾蘭這個包袱而引發的巨大動亂，反而比廢除否決權嚴重許多。

幾個星期後，愛德華．格雷爵士對溫斯頓．邱吉爾說：「今年真是風波不斷——熱浪、罷工，現在又加上國外的局勢。」

「怎麼回事，」溫斯頓說道，「你居然忘了國會法案。」在一旁記下這場對話的朋友說道：「不光他忘了，所有人都忘了。」

上議院投票後的第二天早上，熱浪與運輸工人罷工吸引了全國民眾的目光，尤其運輸工人罷工似乎即將演變成總罷工，有可能形成「社會革命的真實危險」。一名貴族懊悔地發現：「根本沒有任何證據可以證明憲法危機讓這個國家陷入動盪。」同一天，下議院通過一項或許比國會法案更為重要的措施：議員支薪法案（Payment of Members Bill），法案通過之後，下議院議員每年可以領取四百英鎊的薪水。這項法案長久以來一直遭受保守黨的反對，但工黨決心通過這項法案。對工黨而言，議員不支薪等於剝奪了工人階級在國會裡被代表的權利，因為與工人相同階級的人被選上議員之後，將因為沒有薪水而難以履行議員職務。特別是奧斯本判決之後，工會無法再以自身的基金發薪水給工黨議員，因此議員支薪便成了當務之急。對於反對者來說，議員支薪標誌著政治不再是士紳的專利，因此它的影響甚至比國會法案「更糟」。奧斯汀・張伯倫抱怨說，這項法案將產生一批全新且「不可容忍的職業政治人物類型」。《泰晤士報》表示，這項法案「為純粹想從事政治冒險的人物解除了束縛」，這些不支薪的公職「原本由本身擁有資力而能超然於利益之上的人物有效率地履行職務」，現在這個制度卻遭到「破壞」。值得一提的是，發表這種言論的《泰晤士報》，它的老闆就是極端熱愛政治冒險的諾斯克里夫勳爵。對貴族而言，擺脫金錢的貪婪，基於公民責任感而參與政府，這些說法都言之成理，但已經過時；社會需求早已超越貴族自身的想像，況且貴族捍衛自身階級堡壘的舉動也完全稱不上是無私無我。議員支薪使英國朝向權力轉移更進一步。

接下來的演變不難想像：領導下議院保守黨議員二十年之久的貝爾福辭去保守黨領袖一職。一九一一年十一月八日，貝爾福從巴德加施泰因（Bad Gastein）度假回來後便發布這項訊息，在政壇引起「震動」。在此之前，受到弗雷德里克・史密斯與奧斯汀・張伯倫這兩名帶頭反叛的議員影響，在「貝爾福必須走人」（B.M.G.; Balfour Must Go）的口號下，要求他下臺的呼聲隱然成形，然而大多數人還是預期貝爾福會努力保住自己的控制權。儘管如此，否決權危機在最後階段出現的亂象，毫無意義的對抗造成的蠻荒場面，壕溝派寧可裝腔作勢也不願深思熟慮，貝爾福厭惡的史密斯這類政治冒險家勢力越來越大，以及塞西爾事件的一連串笨拙的戰術，充分顯示這些議員不把他放在眼裡，這些現象累積起來，讓貝爾福不想再管國會的事。貝爾福似乎是想表達他對眼前的一切感到輕蔑，因此還沒等到上議院進行最後表決，他就在前一天出國前往巴德加施泰因。在「瀑布、松林與斷崖」的圍繞下，貝爾福再三考慮，然後達成結論。他已經六十三歲，他對哲學的興趣依然強烈，返國後勢必要面對控制權保衛戰，先是要控制黨，接著要控制國家，然後要抵擋新時代的潮流，這些都引不起他的興趣。他是傳統的政治人物，認為政府是貴族的職能，但他在辭職演說中表示，如今，民眾對於行政官員與立法者的要求極其殷切，國家大事應該交給準備「要成為政治人物而且也只想成為政治人物」的人士來處理，「由專業的政治人物來操作政治機器」。如馬斯特曼所描述的，平民的崛起使群眾衝進這塊平靜的花園，這種現象已在進行中，貝爾福的秉性太像個哲學家，他無法抵擋這場洪流。

貝爾福的位子有兩位主要的競爭者，一位是地主鄉紳代表沃特．隆恩，另一位是奧斯汀．張伯倫，不過由於兩人勢均力敵，結果兩人雙雙落選。最後的繼任人選是博納．勞（Bonar Law），一名出生於加拿大的格拉斯哥鋼鐵製造商，他每天讀報，愛吃蔬菜、牛奶與米布丁。博納．勞也是另一位同樣出生於加拿大的政治冒險家馬克斯．艾特肯（Max Aitken）的支持者，後者不久就被封為比弗布魯克勳爵（Lord Beaverbrook）。

貝爾福的卸任激起報章雜誌大量的評論與政治八卦，阿斯奎斯對貝爾福致上無懈可擊的敬意，讚揚他是「世界上最審慎議事的國會裡最傑出的國會議員」。喬治．溫德姆的評論毋寧較像是真心話，但也有些刻薄，他認為貝爾福拒絕奮戰完全是出自他的性格，他對政治那種無關緊要的態度主要來自於他「完全用科學的觀點來看待政治」。溫德姆說：「貝爾福知道過去曾經有過冰河時代，而未來冰河時代還會再度出現。」

第八章　饒勒斯之死：社會主義者，一八九〇年到一九一四年

社會主義是國際性的。社會主義本身就是有組織的運動，第二國際工人協會（Second International Workingmen's Association）說明了這一點。第二國際的會歌〈國際歌〉（"The International"）除了肯定社會主義的國際性，還承諾「到明天，英特納雄耐爾就一定要實現」（"tomorrow the International will be the human race"）。一八八九年，第二國際的成立大會選出兩名主席，分別是法國人愛德華．瓦揚（Edouard Vaillant）與德國人威廉．李卜克內西。第二國際在巔峰時期代表了三十三個國家與未來將成為國家的社會主義政黨，包括德國、法國、英國、奧地利、匈牙利與波希米亞、俄羅斯、芬蘭、荷蘭、比利時、西班牙、義大利、瑞典、挪威、丹麥、塞爾維亞、保加利亞、印度、日本、澳洲與美國。第二國際的旗幟是一面全紅的旗子，象徵每個人的鮮血。第二國際的核心論點是工人的階級團結超越了社會水平分工的國家疆界。第二國際訂定了五一勞動節，全世界的勞工都要在這一天為了所有的勞動弟兄上街抗爭。第二國際的口號是：「全世界勞動者，聯合起來！」

無論礦工、工廠工人、農場工人、僕人與工人階級其他成員——社會主義就存在於這些工人階級的利益之中——是否覺得自己是國際性的，工人階級的領袖都相信這點、實踐這點與仰賴這點。一九〇四年，在阿姆斯特丹社會主義者大會上，當時正值日俄戰爭期間，但俄國代表普列漢諾夫（Plekhanov）與

日本代表片山潛卻能並肩坐在一起。當兩人握手時，現場四百五十名代表全部起立為他們熱烈鼓掌。當普列漢諾夫與片山潛各自發表演說，宣稱這場戰爭是資本主義強加在他們的國家身上的戰爭，而非日本人與俄國人的戰爭時，在場的聆聽者「全陷入宗教性的沉默」。當他們結束演說返回座位時，也受到所有代表的歡呼。

社會主義建立在兩項前提上，首先是階級戰爭的概念，其次是階級戰爭終將導致資本主義的毀滅。社會主義將統治階級與資產階級視為敵人，而這種情緒也引來對方相同的回應。「社會主義」就像過去的「雅各賓」（"Jacobin"），予人一種血腥與恐怖的感受。一八八九年剛好是法國大革命一百周年，第二國際在這一年成立，往後的二十五年間，第二國際讓統治階級越來越感到恐懼。當奧國社會主義領袖維克多·阿德勒（Viktor Adler）要求在五月一日這天發動為期一天的總罷工，以及在帝國各地發動群眾示威展現工人團結的力量時，維也納「因恐懼而陷入癱瘓」。被栗樹圍繞的普拉特遊樂園向來只有富人的馬車出入，當阿德勒宣布工人將在此地遊行時，富人們都感到害怕，他們擔心這群暴民在示威時會縱火焚燒房屋、掠奪商店與犯下難以想像的暴行。商人拉下店鋪鐵門，父母禁止孩子外出，警察在每個街口站崗，軍隊則隨時待命。亨利·喬治（Henry George）曾在《進步與貧窮》（*Progress and Poverty*）中提到，「冷酷的地獄在文明社會底下張開大嘴打呵欠」，如今，資產階級卻看到這個地獄已經蔓延到自己腳下。他們終於感受到「無產者對有產者」的威脅。

第二國際創立時，未加入工會的工人依然一天工作十二小時，每天都要工作。星期日休息與一天工作九到十小時是工會技術工人努力爭取到的特權，這些人也僅占所有工人的五分之一。一八九九年，埃德溫．馬卡姆（Edwin Markham）看到米勒（Jean-François Millet）的畫作〈扶鋤者〉（"Man with the Hoe"），對畫中駝背而長相醜陋的男子留下深刻的印象，他於是也寫了一首與畫作同名的詩，表達社會的恐懼與責任：

這個外貌可怕的人訴說著，
人類遭到侵占、褻瀆與剝奪的故事，
他向世界的裁判者高聲抗議，
這是抗議，也是預言……

未來將如何裁決他的控訴？
當暴風與動亂搖撼這個世界時
該如何回答他提出的粗暴抗議？
在歷經數百年的沉默之後，
當無言的恐怖向上帝答辯時，
各國的君主該接受什麼樣的審判？
畢竟是他們讓他淪落到這步田地，
讓他變得如此醜怪。

一八九九年，在這個一般大眾仍會讀詩的時代，馬卡姆的作品引起了轟動。全美各地報紙都刊登他的詩，社論討論他的詩，教士引用他的作品，學童閱讀他的作品，辯論社辯論他的作品，評論者說他的詩是「時代精神的吶喊」，是繼吉卜林〈衰退〉之後「當代最富深意的詩作」。

民眾因為藝術家的畫作與詩人的文字而喚起了良知，當他們面對真實的狀況時，他們的良知在驚嚇中轉為憤怒。一八九一年，法國北部工業小城富爾米（Fourmies）的紡織工人，在五月一日上街抗議，要求八小時工作制，警察衝進他們的行列，在一片混戰中，造成了十人死亡，其中包括幾名孩童。「小心！」克里蒙梭在國會中提出警告。「死人更具有說服力。我們必須小心死去的人……我要告訴各位，今天我們必須留意一項基本的政治現實，那就是一場不可避免的革命正在醞釀……第四等級（Forth Estate）正逐漸崛起與取得權力。我們必須選邊站。你要不是用暴力對付他們，就是張開雙臂歡迎他們。抉擇的時刻已經到來。」

幾乎沒有人選擇張開雙臂這個選項。比利時的社會主義領袖與工會在歷經兩次不成功的流血罷工之後，終於在一八九三年成功發起一場要求成年男子普選的總罷工，成年男子擁有投票權是工人階級取得權力的先決條件，而在這場罷工中，軍隊殺死了十二個人。當一八九四年美國普爾曼大罷工癱瘓了火車與郵務時，時任辛辛那提法官的威廉·霍華德·塔虎脫，他幾乎不能說是個性殘暴的人，但他卻在給妻子的信上寫道：「要結束這場騷動，軍隊必須殺幾個暴民才行。他們目前只殺了六個人。這樣無法讓人留下印象。」這顯然是一場階級戰爭。

社會主義的最終目標是廢除私有財產制與重新分配世界的財貨，讓每個人都能取得足夠的商品。社會主義的目標與無政府主義是相同的，但兩者之所以涇渭分明，是因為社會主義者相信可以藉由組織與政治行動來達成這個目標。

十九世紀出現了一個可怕的難題，那就是物質越進步，導致的貧困卻越廣泛而深刻，社會主義與無政府主義對於這個難題提出了相同的解決辦法，集體所有制。馬克思從這個難題發展出他的思想體系的核心主題：資本主義的內在矛盾將導致資本主義自身的崩潰。他從歷史的經濟分析中證明了這點。工業革命把工人從擁有生產工具的獨立生產者轉變成工廠裡的雇員，成為社會裡無產的貧困者，他的生計必須完全仰賴擁有生產工具的資本家。資本家拿走了工人生產的剩餘價值，形成了利潤，資本家持續累積利潤，造成剝削者越來越富有，而被剝削者越來越貧困。唯有現有秩序完全崩潰，才能終止這個過程。工人階級必須接受訓練以產生階級意識，並且為接下來的發展做準備，當時機成熟的時候，工人階級才能起而革命，建立新的秩序。

馬克思提出的「貧困」（*Verelendung*）與「崩潰」（*Zusammenbruch*）學說是社會主義的宗教方程式，就跟其他宗教說的「主是唯一」一樣。這個學說演變出兩派意見，一派主張崩潰與革命的必然性，另一派則主張對既有秩序進行漸進式改革的可能，意見的分歧使社會主義與勞工運動陷入長期分裂。未來的絕對性（future Absolute）與現在的可能性（present Possible）之間的對立，導致第二國際在一八八九年成立時就因為是否要與資產階級政黨合作而分裂成兩個大會。純正的馬克思主義者指控法國的可能派（Possibilists）埋伏在巴黎火車站附近，把剛從外省抵達巴黎的代表帶到冒牌大會上。往後二十五年，社會主義的分裂影響了工人階級運動的每個行動、決定與政策形成，一方主張透過協商來取得利益，另一方主張絕不妥協的階級戰爭；一方是實用主義者，另一方是理論至上；一方組成工會，另一方組成政黨；工人想改善眼前的工資、工時與安全，領袖則急於為自己謀取明日的政治權力。

馬克思的前提不僅讓社會主義陷入長期進退兩難的局面，也造成社會主義分裂。社會主義作為一種工人階級運動，需要工人階級的支持，而為了爭取工人階級的支持，社會主義就必須獲得實際的成果。然而，每個實際成果都會延緩或停止工人貧困的進程。約翰內斯．米克爾（Johannes Miquel）與朋友在街上走著，朋友看到乞丐，正打算從口袋裡掏錢給乞丐，米克爾當時年輕氣盛而且是個充滿熱忱的社會主義者，他阻止朋友這麼做，他說：「不要耽誤了革命！」馬克思主義演變到極端，就會變成這個樣子。改革意謂著相互競爭的階級彼此取得共識；革命則表示著雙方毫無共識。如果雙方毫無共識，除了革命，還能採取什麼做法呢？正統社會主義者為了規避社會主義理論的這個漏洞，主張必須持續迫使有產階級進行改革，如此才能鞏固工人階級的力量，使工人階級有能力進行最終的鬥爭。有幾個國家的社會主義政黨認為，社會主義的最低限度是在既有體制內爭取改革，社會主義最終極的理想自然是摧毀資本主義，贏得階級鬥爭。逐漸地，社會主義內部的穩健派，或者他們的對手稱他們為「機會主義者」，把精力集中在最低限度的計畫上，並且試圖獲取必要的政治權力來完成最低限度的計畫，至於正統派則拒絕妥協，他們認為過渡時期的成功只會妨礙「貧困」現象的到來。

社會主義政黨的政綱在提到革命最終的必然性時語焉不詳，這種迴避的態度一方面是選票考量，另一方面則是因為這種說法仍有爭議。社會主義並非如寶石般堅硬，完全不可改動，恰恰相反，社會主義往往隨著時代、國家、局勢與派系而做出調整。一名社會主義者是否相信革命，主要取決於他的性格。

對有些人來說，社會主義「等同於革命」。對另一些人來說，真正要緊的是社會主義千禧年的到來，至於要以何種手段實現則不重要。對於正統馬克思主義者來說，無論如何，崩潰是不可避免的，資本主義並非應該修正的體制，而是應該消滅的敵人，資本主義是個活生生的暴君，手中握有與它臭味相投的武器：法院、軍隊、法官、立法、警察、禁制令與停工。

財產制已經存在太久，它讓這個世界充滿邪惡，使人與人彼此爭鬥。顛覆這一切的時刻已經來臨。資本主義創造出來的社會邪惡，例如貧窮、無知、種族歧視與戰爭，其中戰爭只是資本主義的另一種剝削形式，這些邪惡都將被抹除，取而代之的將是社會和諧。工人將從虛假的愛國主義中解放，工人與工人之間將因人類的同胞愛而結合起來，從此不再爭鬥。一旦能從資本主義加諸的貪婪與挫折中解脫，集體制度將提供充足的生產工具，並且讓每個人都能自由取得生產工具，每個人都能「不受阻礙地追求個人的發展」。

社會主義是新型與更高級的生命戰車，對支持者來說，社會主義似乎承載著神聖信託，所有支持者都要履行道德責任才有資格實現理想。維克多．阿德勒相信，喝酒不僅是一種恥辱，也會毀滅整個工人階級，為了樹立典範，他決定滴酒不沾。社會主義匯集了各種偉大詞彙。年輕的革命分子安潔莉卡．巴拉巴諾夫（Angelica Balabanov）在布魯塞爾念大學的時候，曾在比利時國會聆聽社會黨人演說，「當時，對我而言，國會是個神聖的地方，科學、真理與正義……可以為工人階級掃除暴政與壓迫。」

社會主義目標為社會主義生活增添了興奮、意義與光采，對許多人來說，這足以讓他們捨棄對個人野心與利益的追求。早期的社會黨激進分子與組織者都是無償投入。由於投入社會主義運動無利可圖，也就沒有貪汙腐敗。而既然投入社會主義運動無法謀生或取得利益，社會主義領袖往往是理想主義者。社會主義是理想，不是事業。社會主義運動讓追隨者有了可投入的目標，讓他們燃起熱情，這種熱情往往可以突破語言的障礙，讓所有人都能理解。在某次社會主義者大會上，西班牙領袖巴勃羅．伊格雷西亞斯（Pablo Iglesias）用西班牙語說得慷慨激昂，雖然聽眾聽不懂他在說什麼，卻還是數度爆出熱烈的掌聲。越來越多的工人把票投給社會主義政黨，尤其在進入二十世紀之後，社會主義政黨往往可以獲得數百萬的選票，對工人而言，社會主義給予他們自尊與自我認同。工人覺得自己不再是人群中一個被忽視的無名氏，而是社會裡有名有姓的公民，擁有自己的政治黨派。與無政府主義不同，社會主義讓工人有歸屬感，也不用非得緊握革命的荊棘，社會主義給予工人一個可接受的方式去實現目標，不需要非得採取非法的途徑。

社會主義的宗旨吸引了像義大利人阿米爾卡雷．奇普里亞尼（Amilcare Cipriani）這類人物，他也參與了一八八九年第二國際成立大會。奇普里亞尼是個永遠的反叛者，他曾加入加里波底（Giuseppe Garibaldi）的紅衫軍，也曾以志願軍身分參與克里特島反抗土耳其的行動，之後又現身布魯塞爾，加入一八九三年總罷工。「穿著帥氣的斗篷與戴著軟呢帽，黑白相間的鬍子，炯炯有神的目光，」奇普里亞尼手中總是拎著一個袋子，「無疑地，裡面更有可能是裝了炸藥而非盥洗用具……他隨時準備奔赴世界的任何一個角落，為革命而戰。」

社會主義也吸引了上層階級一些特別有良知的人物，例如美國人羅伯特．杭特（Robert Hunter），他娶了銀行家與慈善家安森．菲爾普斯．斯托克斯（Anson Phelps Stokes）的女兒。與其他上層階級一樣，杭特也是因為看了扒糞記者的報導而感到震驚，他於是試圖找尋社會不公的救濟之道。杭特一開始是在睦鄰中心（settlement-house）工作時看到了窮人的生活與發現了社會主義，一九〇四年，二十八歲的杭特完成了一部小經典《貧困》（*Poverty*）。情感敏銳的杭特描述義大利的山谷「寧靜而風光明媚，美麗的山坡上分布了上千個梯田，湛藍的天空令人心曠神怡；這裡男人、女人與孩子都有著一雙大眼，他們的臉頰凹陷，看了令人心痛……老天爺，難道蒂拉諾山谷不足以作為義大利應該推行社會主義的借鑑？……當你吃東西的時候，那些臉孔就會浮現在你面前，讓你食不下嚥……只要是有良知的人，到了義大利都會變成社會主義者。」

每個國家的知識分子，只要親眼看到自己國內的蒂拉諾山谷與在這座山谷出生的工人，都會變成社會主義者。知識分子與社會主義者的相同之處，在於他們都相信自己有能力可以讓世界變得更好。眼前的障礙是巨大的；有產者有著悠久的歷史與強大的力量，他們的基礎極為穩固。但是工人階級的怨言越來越多，他們關心的不只是純粹的匱乏，還有社會不平等。工人憎恨在財產限制下，自己未能擁有投票權。工人憎恨不平等的兵役制度，特權階級可以有各種理由免役；法律之前也非人人平等，富人與窮人的待遇完全不同；此外還有各種世襲特權，而統治階級把這些特權視為理所當然。社會主義把工人的貧困揭露在世人面前。群眾的冷漠曾讓巴枯寧感到幻滅，也曾讓拉薩爾（Ferdinand Lassalle）痛罵「窮人的無所求」，但現在情況已經有了變化。窮人開始知道自己要什麼，不過整體而言窮人仍不想革命。社會主義以革命為目標，為社會主義賦予了熱情與衝勁，以尤里烏斯·布朗塔爾（Julius Braunthal）為例，他在十四歲時加入奧地利社會民主工人黨（Austrian Socialist Party），「目的就是為了革命」。革命比較能吸引知識分子加入，相較於工人階級，知識分子對於自己的能力更有信心，也深信自己能管理社會。

工人與知識分子的差異，就像木板上的裂痕，不可能彌縫，兩者的社會主義也有著根深柢固的不同。社會主義組織取名為工人協會，但事實上跟工人根本沒有關係。工人協會並非工人階級運動，而是為工人階級謀取利益的運動，這兩種運動有著本質上的區別。雖然工人協會為工人發聲，為工人提出訴求，但工人協會的目標與學說都是由知識分子設定的，工人協會的思想、力量與領導班子也全部來自於知識分子。工人階級是接受救濟的對象，但工人階級也擁有群體的力量，因此工人階級最終成為推翻資本主義的必要工具。在這種狀況下，工人階級成了推翻資本主義的主角，並且被覆蓋了各種情感化的描述。一八九六年，第二國際在倫敦召開代表大會，為了紀念這次會議而發行的英文小冊子，上面的插圖描繪的工人是穿著工作服、英俊而強壯的伯恩—瓊斯（Burne-Jones）式人物，旁邊陪伴著堅定的女性，女性的四肢修長、頭髮呈波浪狀。他們與左拉筆下那些滿身髒汙、刺耳、飢餓、染上癆病與酗酒的人顯然不是同一類。現實肯定不是截然二分，既不完全是流氓無產階級（*lumpenproletariat*），也不完全是留著捲毛鬍子、拳頭緊握的革命分子。工人階級跟其他階級一樣，並非只存在單一類型的人物。然而，社會主義學說卻認為工人階級有著一致的心靈、一致的聲音、一致的意志與一致的目的。事實上，要達成

全面的一致並非易事。社會主義將工人階級理想化，而理想化的結果就是高估了工人階級。

由於內部未能達成共識，一八八九年的第二國際成立大會並未訂定一套信條供各國的社會主義政黨遵行。成立大會達成的協議也只有四項決議，其擬定的四項社會主義目標，包括八小時工作制、成年男子普選、以民兵取代常備軍、每年五一勞動節要舉辦活動展現工人階級的力量，也不具有革命意涵。

八小時工作制是工人階級最核心的需求，成年男子普選則是社會主義政黨要實現整個目的與計畫的基本前提。選票是群眾可以將數量轉變成力量的手段；這是他們唯一能與資本的力量抗衡的方式。基於相同的理由，統治階級反對成年男子普選。在這個時期，成年男子普選只存在於法國與美國，德國的成年男子普選只在全國大選時實施，而不包括地方選舉。在其他絕大多數國家，無產者沒有投票權，或者是納稅人、擁有大學學歷之人與一家之長擁有複數投票權。社會主義政黨主張一人一票原則。

最後一項決議是五一勞動節，這是為了回應美國勞工聯合會的計畫而提出的，美國勞工聯合會打算在一八九〇年五月一日發起八小時工作制的遊行活動。一名法國工會代表提出這項提案並且獲得採納，但表決的結果卻出現分歧，德國人投下反對票，因為他們認為此舉可能會激怒政府而招致報復。

在第二國際，德國人的發言最具權威性。由於歷史最久、人數最多，德國的社會主義政黨享有最高的聲望，而且也因為馬克思是德國人，因此該黨自認為是社會主義的彼得磐石，更別提以梵蒂岡自居。一八九〇年，在社會主義鎮壓法（anti-Socialist law）停止施行後，這個政黨在大選中獲得一百四十萬票，占了總票數近兩成，在帝國議會取得三十五席，這場勝利讓其他各國的社會黨員看得目瞪口呆，它並在勝選後更名為德國社會民主黨。勝選加上與工會的密切關係，使德國社民黨在實際做法上逐漸轉向可能主義。但在理論層面，它依然堅守馬克思主義，而且還在一八九一年的埃爾福特大會（Erfurt Congress）上重申馬克思的歷史觀是該黨的官方立場。

埃爾福特綱領（Erfurt Program）重申中產階級、小商人與農民正遭受壓迫，而且正與無產階級一起陷入貧困之中。埃爾福特綱領也表示，隨著群眾數量越來越多，勞動力儲備越來越大，剝削者與被剝削者之間的差距也越來越遠。由於公有制是最終的解決方式，而公有制唯有透過取得政治權力才能實現，因此社會民主黨的綱領必然是取得政治控制，並且以工會作為選票來源，但政策的方向必須掌握在黨的手裡。

埃爾福特綱領要求採取政治行動，這對第二國際產生了影響，不過也引發無政府主義者及其夥伴的反對，當初無政府主義者與馬克思主義者就是在這個議題上出現分歧，才造成第一國際解散。一八九三年，第二國際在蘇黎世舉行大會，無政府主義者並未受邀卻仍到場。德國主席奧古斯特·倍倍爾（August Bebel）是馬克思主義權威，他出言不遜痛罵無政府主義者「既無綱領又無原則」。在蘇黎世，人們「習慣德國人的做事方式」，倍倍爾毫無困難地將無政府主義者強行趕出場外。阿米爾卡雷·奇普里亞尼提出抗議，並且辭去代表職務。無政府主義者退場之後，只能在咖啡廳裡進行小規模的反大會行動，至於場內絕大多數代表則通過決議，同意「必須組織工人進行政治行動」。唯有接受這項原則的政黨與團體才能自稱為社會主義者，並參與第二國際代表大會。但第二國際不希望因此損害自身成立的基礎，因此又為工會訂定了例外條件，未來工會可以在不接受第二國際訂定的政治原則下獲准加入第二國際。根據比利時代表埃米爾·凡德維爾德（Emile Vandervelde）的說法，這些困難的問題在「極為平靜」

的氣氛下獲得解決。但看在年輕的英國工會代表約翰．羅伯特．克萊恩斯（J. R. Clynes）眼裡可一點都不平靜，克萊恩斯是棉花工人，這是他第一次出國。他對於拉丁代表與斯拉夫代表在「言語上的毫無節制」與暴力感到吃驚，在劍拔弩張之下，一名代表甚至把刀拿出來揮舞，「每個人都在叫囂與對抗」。人性中好戰的一面似乎在社會主義各個派系之間找到了宣洩的出口，這些社會主義者表現出來的激動情緒，克萊恩斯並未多加思索，就將其歸因為「各國因為過去的戰爭而衍生的敵對與仇恨」。

克萊恩斯到蘇黎世湖游泳的時候，看到「一團紅鬍子漂浮在湖面上朝著他靠近」，結果原來是蕭伯納，他也參與了這次大會，他是費邊社的代表。蕭伯納原本就鄙視馬克思與革命，在大會結束後的報告中更是毫不掩飾他對威廉．李卜克內西的輕視，他認為李卜克內西只是用「大量論戰性的修辭」來欺騙他的追隨者。蕭伯納後來表示，德國的領導人已經過時四十年。六十七歲的李卜克內西在一八七五年創立德國社會民主黨的前身，現在已經成為黨內的老牌政治家。李卜克內西承襲了十八世紀以來的德國大學教授傳統，他依然跳脫不出自己在一八四八年資產革命時扮演的角色，此後，他在英國流亡了十三年，也就是在這段時期，他與馬克思一同學習。當李卜克內西於一九〇〇年去世時，據估計沿途有十萬人送葬，送葬行列足足持續了四個小時。

除了蕭伯納有不同意見，幾乎所有人都認為德國社會民主黨是社會主義的希望，而在德國這個馬克思預期將爆發革命的國家，人們也認為社會民主黨將成為革命的領導者。每個人都對於社會民主黨的規模與力量、完善的組織、二十八名書記與組織者、對黨工的訓練計畫與不斷增加的黨員感到印象深刻。在一八九三年的大選中，社會民主黨的票數增加到一百七十五萬票，接近總票數的四分之一，已經超過任何一個單一政黨。由於德國社會民主黨違反原則與其他資產階級政黨合作，因此即使該黨在帝國議會裡擁有相當數量的席次，也無法產生相對有力的影響，更何況帝國議會本身也是個軟弱無力的國會。儘管如此，德國社民黨的存在還是產生了一點沉默的壓力，促使政府能更為合理地讓步。辭退俾斯麥的德皇在歡欣鼓舞之餘居然得意忘形地在一八九〇年取消社會主義鎮壓法，然而德皇很快就回過神來。一八九五年，德皇認定社會民主黨是「一群叛徒，沒有資格稱為德國人」，一八九七年，德皇表示，社會民主黨「從未停止攻擊最高統治者，這樣的黨必須剷除」。一八九五年，李卜克內西被捕，罪名是在演說中冒犯了君主。蕭伯納說：「亞瑟．貝爾福明天一定會利用這則消息在報春花同盟（Primrose League）面前大大地讚許英國。」然而這樣的打壓其實不值得大驚小怪，因為在德國，任何人都可能遇到這種事。

德國社會主義者的民族特徵遠比階級特徵來得明顯：他們的服從性遠高於他們的勇敢無畏。雖然德國社會民主黨規模龐大，卻一直到一九〇七年才敢在德國境內舉辦國際社會主義者大會（International Socialist Congress）。儘管德國社會民主黨領袖的言論激進，其行動卻相對審慎：為了不妨礙工作，他們的五一勞動節遊行只在夜間舉行。李卜克內西說，停工就是總罷工，「總罷工是完全沒有道理的事。」慕尼黑直到一九〇一年才允許五一勞動節遊行，而且只能在市區外舉行，前往遊行地點的路上也不能聚眾。這群社會主義者，「他們的口袋鼓鼓地塞滿了小蘿蔔」，帶著他們的妻子與兒女，踏著輕快的腳步一路沉默穿過市區前往市郊的啤酒花園，然後在那裡狂飲啤酒大啃蘿蔔。一名俄羅斯流亡者看到這幅景象，「完全不覺得這是一場慶祝工人階級勝利的五一勞動節遊行」。

然而，德國工人的日子確實比俄國工人來得好。德國工業的快速擴張，使德國的就業成長超越了人口成長。在這種情況下，工會得以成功調漲薪資。德國的社會立法最初是在俾斯麥一聲令下，由上而下施行，目的是為了確保工人能支持國家，迄今仍是所有國家最先進的立法。一九〇三年，德國有一千八百萬名工人有意外險，一千三百萬人有老人年金，一千一百萬人有醫療險，社會福利一年全部的給付金額達到一億美元。薪資、工時、休假、申訴管道、安全措施、工廠窗戶與廁所數量，都有法律規定。德國人做事一向徹底，德國統治者希望確保效率，盡可能排除意外成分，因此盡可能將所有事物安排得井井有條。一八九七年，戴爾布呂克教授（Professor Delbrück）公開支持集體協商權，他認為勞工的安定是國家統一與國防的必要條件。為了讓勞工保持安定，審慎讓步是最好的策略，可以扼殺讓有產階級感到威脅與恐懼的社會民主黨。

奧古斯特．倍倍爾是社會民主黨的獨裁者，資產階級認為他是「影子德皇」。倍倍爾的骨架細小，身板單薄而矮小，滿頭白髮，留著山羊鬍，一八四〇年，他在軍營出生，與沙皇里德出生在同一年。他的父親是陸軍下士，母親是幫傭。倍倍爾長大之後從事木匠工作，在拉薩爾時代加入了勞工運動；他被指控煽動叛國，被判處四年徒刑，監獄生活往往是培育社會主義者的溫床。在獄中，倍倍爾大量閱讀，曾獲得李卜克內西的探視，而且寫下《婦女與社會主義》（*Woman and Socialism*）這部權威歷史作品。蒙森曾說，如果把倍倍爾的腦子平分給易北河（Elbe）東岸十二名地主貴族，將足以讓這些貴族成為同儕的佼佼者。倍倍爾曾在帝國議會用「野蠻的口氣」跟俾斯麥辯論，他是貧困與悲慘的發言人，深受工人的喜愛與讚賞，被工人視為同志。一九〇三年，倍倍爾在社會民主黨大會上表示，他將一直是「資產階級社會及其政治秩序的死敵」，直到它們毀滅為止。然而，這不過是一種陳腔濫調。事實上，倍倍爾對於他的廣大追隨者不抱太大期望。一八九二年，倍倍爾與一名倫敦《泰晤士報》通訊記者一起觀看普魯士衛兵隊伍行進，他對記者說：「看看這些人，他們有八成是柏林人與社會民主黨員，但是遇上麻煩的時候，只要長官一聲令下，他們就會一槍把我斃了。」

在第二國際的傑出人物中，只有倍倍爾與基爾．哈迪是工人階級出身。卡爾．考茨基（Karl Kautsky）比倍倍爾年輕十四歲，他是黨的思想家與作家，也是埃爾福特綱領的起草人，他針對社會主義學說所做的評釋引發了眾多討論，他是知識分子之子，父親是畫家，母親是小說家。奧地利人維克多．阿德勒是一名醫生，埃米爾．凡德維爾德是富家子弟，他曾描述自己的父母是「資產階級美德的典範」，法國的饒勒斯則是小資產階級。

身為醫生，阿德勒知道營養不足、超時工作與骯髒的環境會對人的健康產生不良的影響。他希望工人能過著「健康、文化、自由與尊嚴」的新生活。阿德勒出生在布拉格一個富有的猶太人家庭，他攻讀醫學是為了幫窮人治病。他全身破破爛爛，看起來像個砌磚工，他曾親自調查維也納磚廠的實際狀況，發現工人住在公司工寮裡，工寮周圍有人把守，看起來像座監獄，五到六個家庭擠在一間房間裡，支付的薪資是一張小票，只能在公司商店裡兌換物品。阿德勒在一八八九年創立奧地利社會民主工人黨，在此之前，他曾到德國、英國與瑞士旅行，了解當地的工人生活與未來可能引進的社會立法。阿德勒是個矮小、瘦弱，看起來弱不禁風的人，他的頭髮濃密，留著八字鬍，戴著金邊眼鏡，臉色蒼白，一邊的肩膀前傾。音樂是他的最愛，其次是易卜生與雪萊（Percy Bysshe Shelley）。阿德勒同意革命是社會主義的最終目標，但他相信過渡性質的改革也是必要的，這樣才能讓工人在身體與思想上都能做好準備，面對

圖二十三 奧古斯特·倍倍爾，Nicola Perscheid攝，1910年

自己的命運。阿德勒為了推動改革，而與專制主義進行鬥爭，儘管「這個專制主義因為統治者的渙散而變得和緩」——這是阿德勒對哈布斯堡王朝的描述——但鬥爭的過程還是讓阿德勒感到氣餒，並且磨損了他的信仰。托洛斯基（Leon Trotsky）在二十世紀初結識阿德勒，他覺得阿德勒是個懷疑主義者，阿德勒可以容忍一切，也可以做出任何調適。

比利時的人口是歐洲最稠密的，工業化過程也激烈而快速，當地工人階級的生活，用一名觀察者的話來說，猶如「人間煉獄」。紡織廠、鋼鐵廠、礦場、採石場、港埠與碼頭消耗勞動力的方式，宛如磨坊磨碎穀物一樣。百分之二十五的工人一天賺不到四十美分，另外還有百分之二十五賺的錢在四十到六十美分之間。在布魯塞爾進行的調查顯示，百分之三十四的工人階級家庭生活在一間小房間裡。比利時人的識字率是北歐國家最低的，因為比利時童工極為普遍，孩子根本沒有機會上學。比利時工人運動在一八八五年建立了比利時工人黨（Belgian Workers' Party），他們「對現實的關注遠超過對理論的興趣」，因此他們不像其他國家的社會主義政黨一樣面臨分裂的危險，事實上，他們也禁不起分裂。比利時工人黨是歐洲最團結、最有紀律也最嚴肅的社會主義政黨，帶有強烈的無產階級色彩，不過熱情的領導人凡德維爾德卻不是無產階級出身。擁有律師資格，口才便給，除了是個廣受讚譽的演說家，也是勞工問題的多產作家，凡德維爾德成了女性社會主義者「滔滔不絕」談論的對象，她們覺得他「極富魅力，外型也十分吸引人」。比利時工人黨與工會合作建立了合作社體系，工人可以在合作社買到社會主義麵包與社會主義鞋子，喝社會主義啤酒，安排社會主義假期，還可以在布魯塞爾新大學接受社會主義教育，法國無政府主義者與地理學家埃利澤·雷克呂斯也在這裡授課。布魯塞爾新大學是在一八九四年由凡德維爾德與其他人共同創立，同年，費邊社也創立了倫敦政經學院，這所新大學為存在於資本主義社會內部的社會主義世界增添光采。

一八九四年大選中，比利時工人黨因為選舉權的擴大而獲得大量工人選票，因此在歐洲最資產階級的國會裡硬是選上了二十八席。上下團結的比利時工人黨「堅定而大膽地準備拿起武器對抗當前政權的一切制度」，比利時工人黨的出現讓統治階級感到恐懼，也讓一些社會主義的忠實支持者突然產生了願景，比利時也許會成為第一個實現社會主義的國家。一九〇二年，當工人黨第二次嘗試以總罷工的方式來爭取一人一票原則時，許多參與運動的人都表示異議，他們認為這麼做有可能使他們失去目前得到的成果，但最後還是主戰派獲勝。統治階級的實力依然強大而且具侵略性，他們在魯汶（Louvain）街頭發動「謀殺式的齊射」來壓制罷工。八名罷工者被殺，遭此重創，工人黨花了好幾年才得以恢復。

德國擁有馬克思，法國則擁有法國大革命與巴黎公社。法國的社會主義更有活力，但由於極端的派系主義，使得法國的社會主義如同一盤散沙，而且不像德國社會主義那樣傾向於威權。法國最早的馬克思主義組織是法國工人黨（French Workers' Party），由朱爾·蓋德在諮詢了馬克思與恩格斯的意見後於一八七九年創立。兩年後，保羅·布魯斯從法國工人黨分裂創建了可能派，主張工人不需要革命也有可能獲得解放。愛德華·瓦揚是巴黎公社成員布朗基（Blanqui）的繼承者，他領導分離的社會革命黨（Socialist Revolutionary Party），而從社會革命黨又分離出極端的阿勒曼派（Allemanists），阿勒曼派以尚·阿勒曼（Jean Allemane）為領袖。蓋德自詡為馬克思良心的看守人，他努力不懈地宣揚馬克思主義，對抗墮落者與假偶像。蓋德有一頭稀疏的黑色長髮，長髮及肩，他的臉宛如憔悴的耶穌，學究般的長鼻上戴著夾鼻眼鏡，他是個狂熱的馬克思主義者，從不認為對抗資本主義體系的全面戰爭可以在短期內輕鬆獲勝。當時的人稱蓋德是「戴了眼鏡的托爾克馬達」(Torquemada)，左拉描述他說話時「總是熱情地打著各種手勢，而且不斷地咳嗽」。對蓋德而言，只要與革命有關的事就有談論的價值；與敵對階級合作則是絕對不能容許。蓋德是不可能派 (Impossibilist)。他是那種預言災難將會降臨的陰鬱馬克思主義者。人類受到物質主義的吸引而逐漸墮落。如果再這樣拖下去，社會主義可能來不及挽救人性。在德雷福斯事件期間，蓋德問道：「如果人性已經敗壞到這種程度，我們社會主義者還能做什麼？當我們準備要建造我們的房屋時，人性的建材已經腐朽，屆時一切都太晚了。」

一八九三年，與比利時一樣，法國的社會主義者也贏得一場漂亮的選戰：超過五十萬票把三十七名議員送進國會。其中最重要的人物是年僅三十四歲剛嶄露頭角的尚．饒勒斯，他在自己的選區塔恩省 (Tarn) 支持卡爾莫罷工，引起了法國各地民眾的同情。卡爾莫這個地區長久以來一直充斥著嚴重的勞動爭議。一八九二年，卡爾莫礦工成功選出工會幹事擔任市長。這名幹事是個社會主義者，為了擔任市長履行自己的政治職責，他向公司請假，卻遭到拒絕。但他最終還是自行請假，而公司也隨即將他開除。公司的做法使選舉喪失意義，也侮辱了每一個大革命繼承者理解的選舉權。當礦工發起罷工表達抗議時，曾是哲學系教授的饒勒斯主動請纓擔任他們的顧問、領導人與發言人。饒勒斯的對手索拉吉侯爵 (Marquis de Solages) 是卡爾莫的老闆，擁有鐵礦場、玻璃工廠、林場、貴族頭銜與國會議員席位。索拉吉是資本主義的縮影，饒勒斯與他進行了無止盡的對決，從罷工到選舉，幾乎持續了饒勒斯大半生的時間。饒勒斯身為法國工人黨的候選人，他在卡爾莫勝選，順利進入國會。

身材矮小但厚實，看起來像是一座「強壯的女像柱（caryatid）」，卻有一張「充滿喜氣而詼諧」的臉孔，饒勒斯渾身上下散發著法國南方的熱情與活力。「任何事情都能引起他的興趣，任何事情都能讓他感到興奮，」凡德維爾德說道。饒勒斯的聲音像管風琴一樣宏偉響亮，他有極佳的辯才，聰明過人，精力充沛，熱情洋溢，一下子就成為眾人的領袖。當他演說時，他總是不斷地做出動作，要不是將他的鬍子臉往後仰，就是將身體猛地往前傾，或者是揮舞著他粗短的雙臂。「他的肩膀與他的膝蓋不住地顫抖晃動著，彷彿負荷不了他的思想。他深厚的文化與堅強的信念帶來的巨大力量，通過語言傾洩出來，引領著相信他的群眾走向美好的未來。」饒勒斯既像大地一樣穩定牢靠，又像火焰一樣閃爍飄忽。他的演說廣受讚揚，就連他的政治對手也專程跑來聆聽，就像他們會去觀賞穆內—蘇利（Mounet-Sully）演出拉辛的劇作一樣。一名參加晚宴的賓客提到，聽饒勒斯在席間討論天文學，「房間的四面牆彷彿消失不見，所有的人全徜徉在太空之中。女人忘了補妝，男人忘了抽菸，僕人忘了去吃自己的晚餐」。雷米·德·古爾蒙（Remy de Gourmont）說，「饒勒斯總是一邊抓著鬍子，一邊思索」，但這個曾經撰寫《證據》的男人，年輕時曾在高等師範學院取得優異的成績，他的思路遠比絕大多數人來得清楚。法國社會主義運動一直沒有正式的領袖，因為法國社會主義運動總是持續不斷地分裂再分裂，即使重新統一，之後又會再度分裂，儘管如此，饒勒斯還是逐漸取代蓋德的地位，成為眾人公認的運動領袖。

饒勒斯是道道地地的社會主義者，他不是嘴巴上說了一口好理論，而是由衷堅守社會主義的觀念與宗旨。饒勒斯認為人性本善，因此社會是可以改善的。但他認為改善的工作必須每天進行，而且要使用可行的手段與面對眼前的現實。只要哪裡出現不公義，饒勒斯就在哪裡奮鬥：在富爾米的開槍鎮壓，在

圖二十四 尚·饒勒斯，Nadar攝，約1904年

卡爾莫的罷工，在國會通過的惡法上，在所得稅法案上，在德雷福斯事件上。饒勒斯的社會主義不是來自於馬克思；他很明白地表示，他的社會主義是「歷史的產物，來自於無止盡與永恆的苦難」。他以拉丁文寫成的博士論文，認為德國的社會主義源自於路德，他的論文題目是《論路德、康德、費希特與黑格爾的德國社會主義的最初輪廓》(*De primis socialismi germanici lineamentis apud Lutherum, Kant, Fichte et Hegel*)。一八八五年，他以共和黨員的身分首次當選國會議員，當時他才二十六歲，是共和黨最年輕的議員，但之後他對政治感到失望，於是回歸學院生活，到土魯斯大學任教，不久他的課堂就湧入大量的工人與資產階級市民，以及學生與教職員。土魯斯與塔恩的工人鬥爭使他又回到了公共生活，一八九〇年，饒勒斯宣稱自己是社會主義者。愛德華．瓦揚曾說，他不知道有哪種革命是饒勒斯不喜歡的，但饒勒斯的革命觀念與其說是推翻國家，不如說是接管國家。饒勒斯的馬克思主義是流動的：他是一名國際主義者，也是一名愛國者，他相信集體主義，但也相信個人自由。饒勒斯說：「我們社會主義者也有一個自由的靈魂，在外在限制下，我們也會感到躁動不安。」如果未來的社會主義不允許人們自由地在「陽光底下散步、唱歌與沉思」，那麼這樣的社會是不可接受的。饒勒斯不認同馬克思主義主張的工人階級無法與資產階級分享國家。他不認為工人階級是在門外等待，準備接管國家的外來者，相反地，工人階級已經是國家的一部分，但工人階級需要讓人們感受到他們的存在，需要與中產階級結盟進行鬥爭、改革社會以實現社會主義理想。

饒勒斯的信念就像引擎一樣強而有力。「你知道怎麼樣可以看出某篇文章是不是饒勒斯寫的？」克里蒙梭問道。「非常簡單：所有的動詞都是未來式。」在所有社會主義者中，饒勒斯是最講求實用主義的，他從來不談理論，總是要求行動。他的生活充滿了行動，他不斷地前進與後退，調適，給予與拿取，他認為形式教條不應該否定行動路線。饒勒斯是一座橋梁，不只針對人與人，也在觀念與觀念之間進行溝通。他是個講求實踐的理想主義者。

與饒勒斯一起在一八九三年大選中當選的社會主義議員有亞歷山大．米勒蘭，他是一名腳踏實地的律師；勒內．維維亞尼（René Viviani），他的演說雖能打動人心，但缺乏實質；阿里斯蒂德．白里安（Aristide Briand）是一名律師，是社會主義議員中最年輕的，他是社會主義者中的弗雷德里克．史密斯，他的腦袋、能力與野心遠比他的信念來得強。克里蒙梭曾說，白里安「知道的事情不多，卻能搞懂任何事情」，他又說，如果他被指控偷了聖母院（Notre Dame）的塔樓，他會找白里安幫他辯護。一八九三年到一八九八年國會的社會主義議員，向整個法國宣揚他們的理念、目標與當前的訴求。一八九六年，社會主義議員取得共識，為社會主義做出最低限度的定義，這個定義又稱為聖芒代綱領（St-Mandé Program）。這個綱領由米勒蘭擬定，綱領要求「社會主義者必須奉行集體所有制」。綱領也把生產工具與交換工具的國有化列為社會主義的核心目標，整個過程必須循序漸進，在時機成熟時進行，此外社會主義的目標還包括透過普選制取得權力與將世界各國的工人階級團結起來。在國會裡，社會主義議員要求過渡性質的改革，包括八小時工作制，所得稅與遺產稅，老人年金，市政改革，工廠、礦場與鐵路的衛生與安全規定。由饒勒斯打頭陣，蓋德用他刺耳的聲音闡述馬克思的歷史觀，說明資本主義必定走向滅亡，德．蒙領導的保守派提出辯護，報章雜誌大幅報導雙方的主張，一連串的辯論讓眾多的觀念深入人心，從此以後，社會主義成為法國生活的主流。

法國工會深受工團主義影響，反對採取政治行動，他們在一八九五年組成總工會，與社會主義保持距離。兩者之間的敵對在一八九六年第二國際倫敦代表大會上達到巔峰，這場大會也是歷屆大會中「最吵鬧與最混亂」的一次，無政府主義者（包括尚．格拉夫，他是亞眠〔Amiens〕鋼鐵工人的代表）受到法國工會的委託，最後一次向大會提出要求，希望能參與這次的代表大會。針對這個議題，法國各派系針鋒相對，他們在全體大會之前先召開幹部會議，儘管房門深鎖，依然可以聽見房內傳來「激烈的爭吵聲」。經過六天的爭論，馬克思與巴枯寧昔日的衝突又被搬上檯面，大會最終決定永遠排除無政府主義者。社會主義與無政府主義的聯合到此終止。可以預期的是，這些新爭議必將進一步導致社會主義左翼與右翼的分裂，也將使絕對派與可能派之間的裂痕更難以彌補。

在這些預期實現之前，美國的社會主義也出現新的向度，政府對普爾曼大罷工下達禁制令，使得尤金．維克多．戴布斯（Eugene Victor Debs）變成了社會主義者。戴布斯的父親是亞爾薩斯移民，他用歐仁．蘇與維克多．雨果兩人的名字為兒子命名，戴布斯從小就在閱讀《悲慘世界》中長大，這本書也是父子兩人的聖經。戴布斯十四歲時成為一名鐵路鍋爐員，之後建立了火車鍋爐員兄弟會（Brotherhood of Locomotive Firemen）。一八九二年，三十七歲的戴布斯離開兄弟會，另外組織了鐵路工人產業工會，也就是美國鐵路工會（American Railway Union）。一八九三年與一八九四年，普爾曼公司對員工削減了四分之一到三分之一的薪資，但公司宿舍的租金卻未相應調降，在此同時還持續支付股利給投資人，戴布斯於是號召所有拖運普爾曼貨車車廂的火車駕駛發動同情性罷工。在超過十萬人響應下，這場活動演變成美國有史以來最大的罷工事件。鐵路公司老闆動員資本的一切力量——二十四家鐵路公司，總資本額達到八億一千八百萬美元——進行反擊，而且還有法院與聯邦政府軍隊為他們撐腰。芝加哥地區動員三千名警力對付罷工者，五千名職業罷工破壞者湧入芝加哥充當聯邦法警並且配發武器；最終有六千名聯邦與州政府部隊進駐，他們的任務不是保護財產與民眾安全，而是破壞罷工與鎮壓工會。一名陸軍上校在芝加哥一間酒吧喝醉了，他醉言醉語地說他要下令讓所有的部下瞄準每個「骯髒的白絲帶」開槍，白絲帶是罷工者的象徵。

雖然工會同意提供必要的人力行駛郵件列車，但郵件還是成了政府下達禁制令的藉口，而這也是政府採取的措施中影響最大的。國家有各種方式可以保護財產權，其中禁制令是資本主義最強大同時也是最令人憎恨的武器。司法部長奧爾尼在進入內閣之前曾是鐵路公司律師，而且他還是這次罷工波及到的幾家公司的董事，他讓克里夫蘭總統相信簽發禁制令有其必要。美國芝加哥地區檢察官在聯邦巡迴法院法官格羅斯卡普與威廉．伍德（William Wood）的建議下簽發禁制令，之後這兩名法官成了審理本案的法官，並且肯定簽發禁制令的必要性。當州長阿特格爾德拒絕要求聯邦派兵時，這兩名法官卻表示有派兵的需要，他們這麼做其實是為了證明禁制令的簽發是合理的。戴布斯宣稱，這是「生產階級與國家金錢力量之間」的戰爭。戴布斯不服從禁制令，他與幾名同事一起被逮捕、監禁且不許交保，他在一八九五年接受審判，被判刑六個月。

戴布斯被捕後，飢餓不堪的罷工者只能放棄。三十名罷工者被殺，六十名受傷，超過七百名被逮捕。在重新雇用工人時，普爾曼公司要求工人簽下黃犬契約，要求每個工人必須放棄參加工會的權利。美國鐵路工會遭到摧毀，但這場罷工使戴布斯成為英雄，讓禁制令成為眾人唾罵的對象。這起事件也顯示，當政府與資本聯手時，罷工不可能成功，因此工人必須取得政治權力。

在獄中，戴布斯反思這次罷工的教訓。他閱讀《進步與貧窮》、貝拉米的《回顧》、費邊社的論文、布萊奇福德的《快樂的英國》（*Merrie England*）與考茨基對埃爾福特綱領的評釋。基爾·哈迪曾來獄中看他。戴布斯逐漸相信，在資本主義之下，工人階級要實現目標是不可能的。一八九六年大選中，當馬克·漢納與麥金利擊敗布萊恩與民粹主義時，他的想法獲得了證實。資本主義已經強大到難以改革，因此必須予以摧毀。反過來說，統治階級也對「革命分子戴布斯」有相同的想法。西奧多·羅斯福在為麥金利競選時，曾在私底下一場對話中提到：「目前美國民眾存在著一股強烈的情感浪潮，要壓制這股浪潮，就要像壓制巴黎公社一樣，抓出十個或十來個領袖，讓他們靠在牆邊，然後槍斃他們。我相信最終的結果就是這樣。這些領袖正圖謀發起社會革命，顛覆美利堅共和國。」

一八九七年一月一日，戴布斯在《鐵路時報》（*Railway Times*）發表宣言，表示他將服膺社會主義，他說道：「已經到了重新改造社會的時候，我們即將進行一場翻天覆地的改變。」戴布斯與其他工人領袖合作，採取了德國使用的名稱形式，創立了美國社會民主黨（American Social Democracy），這個黨也成為美國本土的社會主義政黨。美國社會民主黨一開始的黨員不超過四千人，黨務的維持完全仰賴戴布斯的弟弟西奧多的金錶，每隔一段時間，西奧多就會拿金錶去典當，讓黨報能夠持續出刊。每當西奧多·戴布斯出現在芝加哥洛普區（Loop）的當鋪門口時，德裔老店主就會轉頭對出納小姐說：「給那位社會主義先生四十美元。」美國社會主義的政治時代即將到來，在二十世紀一開始的十二個年頭，面對各種變化的環境，戴布斯代表美國社會民主黨參選了四次總統選舉並且搭乘鐵路員工的紅色專車（Red

Special）跑遍全國拜票。

不過在創黨初期，戴布斯的對手是社會主義勞工黨（Socialist Labor Party）。社會主義勞工黨的黨員大部分是外國移民，主要活動是在報章雜誌上進行宣傳，思想也完全由狂熱的獨裁者丹尼爾．德萊昂（Daniel De Leon）控制。德萊昂出生於古拉索（Curaçao），父母是荷裔猶太人，在德國接受教育，他深信只有他才能領導階級鬥爭。德萊昂二十二歲時來到美國，在哥倫比亞大學取得法律學位，之後在哥倫比亞大學教授拉丁美洲史，他因此被工會對手戲稱為「教授」。德萊昂除了持續而熱心地在自己創辦的《人民》（*The People*）週刊上宣傳社會主義觀念，他也參加了紐約州眾議員、國會議員與一八九一年的州長選舉，但都沒有明顯成果。為了吸引工會勞工參與政治行動，德萊昂創立了社會主義工會與勞工同盟（Socialist Trade and Labor Alliance），該組織的主要目的是為了激怒工會領袖薩繆爾．龔帕斯。對龔帕斯來說，政治行動是魔鬼的乾草叉，而他認為德萊昂是社會主義有史以來「最邪惡的力量」。一九〇一年，社會主義勞工黨絕大多數黨員因為反對德萊昂的「獨裁」，而在莫里斯．希爾奎特（Morris Hillquit）與維克多．伯格爾（Victor Berger）的帶領下加入了戴布斯陣營，此時戴布斯的美國社會民主黨已經改名為美國社會黨（Socialist Party of America）。

龔帕斯是社會主義長年的對手，他雖然走的是工會主義路線，卻不主張革命。他的著名觀點是，勞工必須在資本主義體制內進行鬥爭，而非反對資本主義體制。龔帕斯矮小健壯，「看起來幾乎有些可笑」，他的頭很大，五官嚴肅粗獷，雖然長相醜陋，卻是個令人印象深刻的人物，無論他參與什麼會議，都能主導會議的進行。當他在美國勞工聯合會慷慨陳詞反對社會主義時，印刷工會一個喜歡詰問他的老對手在底下喊道：「山姆，給他們一點顏色瞧瞧，給他們好看。」龔帕斯在攻擊社會主義時絲毫不留情面。龔帕斯離開舊世界來到美國，雖然熟悉社會主義傳統，卻完全不信任社會主義。他年輕時在雪茄工廠工作，工人的工資是按件計酬，不過老闆卻允許工人們在工作時可以有一名工人大聲朗讀書本給大家聽，而其他人則負責幫這名工人完成配額，龔帕斯朗讀的是馬克思、恩格斯與拉薩爾的作品。他的指導員是一名流亡的瑞典馬克思主義者，他勸告龔帕斯：「你可以學習社會主義，但不要加入社會主義。」指導員又說：「好好閱讀你的工會卡，如果社會主義的觀念跟上面寫的不一樣，那些觀念就不是真的。」

龔帕斯相信美國的新社會，他拒絕接受馬克思的悲觀前提。龔帕斯堅定地相信工人應該遠離政治，而且應該運用自己的力量直接與雇主協商。薪資、工時與工作條件的規定，應該由工會來爭取，而不是交由立法機關立法。一八八一年，他在一間長十英呎寬八英尺的小房間裡創立了美國勞工聯合會，當時他才三十一歲。房間裡擺了一張廚桌充當辦公桌，用條板箱當作凳子，和善的雜貨店老闆給他裝番茄的箱子作為文件盒。到了一八九七年，聯合會擁有二十六萬五千名成員，一九〇〇年達到五十萬人，一九〇四年則有一百五十萬人。布萊恩希望在一八九六年大選中能得到工會支持，他向龔帕斯承諾，如果他順利當選，他會讓龔帕斯進入他的內閣，但龔帕斯卻表示，「無論什麼條件」，他都不會接受任何政治職位。龔帕斯也不允許美國勞工聯合會出面支持布萊恩與民粹主義，他表示，「中產階級的議題」會讓勞工偏離自己的利益，勞工該關心的只有工會，而不是其他事情。

龔帕斯的力量一天天增強，他剃掉如海象般的八字鬍，戴上夾鼻眼鏡，穿上大禮服，頭戴絲質帽子，而且與約翰．伯恩斯一樣，享受與大人物交談還有與馬克．漢納或奧古斯特．貝爾蒙特（August Belmont）協商的感覺。然而，龔帕斯始終未為自己謀取金錢，他去世時晚景十分淒涼。龔帕斯雖然反對階級鬥爭，但他卻有著強烈的階級意識。「我是個工人。每一條神經，每一條纖維，每一次呼吸，我都站在工人這邊，努力為我的工人同胞謀福利。」工會成員的任務是「更廣泛地進行組織，更緊密地結合，把我們的力量統一起來，教育自己，做好準備，保護我們的利益，如此我們才能以美國自由人的身分走向投票箱，投下我們的一票，我們要團結起來下定決心挽救這個國家，改變當前政治與產業的錯誤，讓國家擺脫金權政治的魔掌，將國家交給一般的民眾」。事實上，這是一種務實的社會主義。十五年後，龔帕斯遊歷歐洲時也表現出相同的態度，他發現觀光客看到阿姆斯特丹貧民窟時的吃驚模樣。他們對於有人默默忍受文明加諸在他們身上的「粗鄙侮辱」感到震驚，龔帕斯把他們的想法記錄下來：「為什麼不反抗呢？」社會主義本質上就是一種覺得自己「無論如何都必須反抗」的運動，莫里斯．希爾奎特曾說，龔帕斯不知道社會主義是什麼，但他是一名社會主義者。

在歐洲，一八九九年，社會主義內部突然必須面對一個全新的議題，瓦爾德克—盧梭為了擴大政府的基礎，「洗清」德雷福斯事件的影響，決定邀請米勒蘭進入內閣，而米勒蘭也答應了。這是第一次有社會主義者跨越看不見的藩籬進入資產階級陣營與資產階級合作。雖然饒勒斯率領、推動與勸說社會主義者或一部分社會主義者加入德雷福斯派資產階級以挽救共和國，但若提到加入資產階級政府則另當別論。米勒蘭的例子引發了合作的基本爭議，而解決這項爭議的急迫性有增無減，因為社會主義在法國的影響力正逐年上升。這是個進退兩難的處境：是否該謹守正統但毫無建樹的純粹性，等待有一天資本主

圖二十五 薩繆爾．龔帕斯，Elmer Chickering攝，1911年

義能夠傾覆，還是與偏左的資產階級政黨合作，支持他們對抗反動勢力，激勵他們進行改革。這個問題也牽扯到一個更深刻的意涵：社會主義的目標是否長期而言無法透過改革的方式達成？

——

正當米勒蘭事件讓法國社會主義者陷入混亂之際，同樣的爭議也在德國發生，只是爭議不是來自於實際層面，而是理論層面，這點頗符合德國人的特質。這場爭議來自最無可質疑的來源，它出自一名核心圈人士之口，他是馬克思與恩格斯的門徒，是李卜克內西、倍倍爾與考茨基的朋友與夥伴，是一八八九年第二國際創始成員之一。這件事之所以令人震驚，在於它就像十二使徒中的一人質疑耶穌一般。這個擅自對馬克思思想做出修正的人物，他的名字叫愛德華．伯恩斯坦（Eduard Bernstein），他提出的新學說，彷彿還沒大膽到為自己定下一個新名稱，被簡單稱之為「修正」（Revision）觀點。伯恩斯坦年輕時是個銀行職員，一八七八年，俾斯麥實施社會主義鎮壓法，二十八歲的伯恩斯坦因此流亡瑞士。在瑞士，伯恩斯坦擔任黨報《社會民主黨人》（*Sozialdemokrat*）的主編，該報的發行非常成功，甚至獲得馬克思的認可與恩格斯的讚許，恩格斯稱這份報紙是「社會民主黨最好的報紙」。一八八八年，德國政府向瑞士施壓，要求瑞士將《社會民主黨人》的工作人員驅逐出境。伯恩斯坦前往倫敦，與他景仰的馬克思一樣，整天待在大英博物館的閱覽室裡，即使一八九〇年社會主義鎮壓法廢除，他也沒有返國的意思。伯恩斯坦身上還背負著煽動叛亂的罪名，他原本可以回國尋求上訴，但他還是決定留在英國，以馬克思的解釋模式來撰寫一部討論英格蘭革命的作品，此外，他也覺得倫敦的氣氛令他感到愜意。從這裡可以看出伯恩斯坦日後將惹出麻煩的徵兆。在這段期間，伯恩斯坦擔任新黨報《前進報》與考茨基的《新時代》(*Neue Zeit*) 的通訊記者。德國社會主義在倫敦的總部位於恩格斯在攝政公園 (Regent's Park) 的住所，晚上，流亡人士會聚集在這裡進行討論，他們會圍坐在桌旁，桌子上放滿了厚三明治與啤酒，有時候碰上節日，還有耶誕節布丁可吃。一八九五年，恩格斯去世，伯恩斯坦與倍倍爾被指定為遺囑執行人。

隔年，彷彿恩格斯的死解除了限制，伯恩斯坦發表了第一篇異端文章。一八九六年，伯恩斯坦四十六歲，外表看起來得體而受人尊敬，戴著無框眼鏡，稀疏的頭髮，彷彿他這輩子都在銀行工作，現在或許已經升上了分行經理。他唯一容易辨識的特徵是他引人注目的長鼻子。伯恩斯坦與費邊社成員熟識，而且是格雷厄姆·華萊斯的好友，但他一直對費邊社存有偏見，因為費邊社可以接受在資本主義體制下進行改革。與此同時，英國民主政府的運作讓他留下深刻的印象，他不得不坦承，從他眼前看到的事實，資本主義並未出現即將崩潰的跡象。儘管英國確實出現馬克思預言的嚴重的財富不平等與「貧困」，但弔詭的是，英國的體制不可否認仍相當強大，甚至具有侵略性。這個世界似乎毫無道理地捲進一個無情的繁榮螺旋中，繁榮的成果會以增加就業的形式外溢，因而抵銷了「貧困」現象。在倫敦流亡期間，伯恩斯坦經常因為思想獨立而蒙受不利，他越來越懷疑歷史並非照著馬克思設想的路線前進。歷史顯然不會服從德國人的信條。黑格爾立下信條，馬克思鞏固信條，但歷史帶著一抹蒙娜麗莎的微笑，依然走自己的路，巧妙閃躲了定言令式。

就像一個人開始懷疑《聖經》裡的創世故事，伯恩斯坦也因為失去信仰而痛苦煩惱。他變得憂鬱易怒，甚至一度想應徵川斯瓦的銀行工作。愛琳娜・馬克思（Eleanor Marx）寫信給考茨基，提到伯恩斯坦精神不佳且四處樹敵。但最後思想的勇氣還是勝出。從一八九六年到一八九八年，伯恩斯坦在《新時代》針對「社會主義問題」發表一系列文章，引發了抗議與攻擊。德國社會主義世界陷入重大爭論，一八九八年十月，在德國社會民主黨斯圖加特（Stuttgart）代表大會上，伯恩斯坦透過演說更具體地說明他的觀念，引發了更大的論戰，隨後他將演說的內容擴大成一本書，於一八九九年三月出版，書名叫《社會主義的前提條件》（*Die Voraussetzungen des Sozialismus*）。

伯恩斯坦在書中提出各項與馬克思說法相反的事實：中產階級並未消失；有產者的數量不斷增加，而非減少。在德國，工人階級並未越來越貧困，而是逐漸富有。資本並未積累於人數越來越少的資本家手裡，而是透過股票與股份分散到數量更多的所有人手中。增加的生產並非全數由資本家消費，而是分散到中產階級增加的消費上，甚至隨著無產階級薪資增加，無產階級也得以消費這些產品。在德國，糖、肉類與啤酒的消費量不斷上升。金錢分散得越廣，單一的經濟危機就越不可能帶來致命性的崩潰。如果社會主義者想等待這樣的崩潰發生，伯恩斯坦警告，那麼社會主義者很可能永遠等不到。簡言之，「貧困」與「崩潰」這兩個陰鬱的孿生子，不過是一對幻影。

與馬克思的辯證法相反，伯恩斯坦認為資本主義經濟能夠無止盡的擴張，也有能力做出調整，因而能避免一般設想的不可避免的崩潰。在這種情況下，現有的秩序將會一直持續下去。如果崩潰與革命並非不可避免，那麼社會主義或許應該把目標放在以所有階級的支持為基礎——而非只靠無產階級——建立一個符合倫理的民主社會。如果放棄革命這個目標，腦子一片樂觀的伯恩斯坦表示，工人階級將可在現有秩序下贏得資產階級的支持，進行改革。

伯恩斯坦的說法明顯帶有「米勒蘭主義」（"Millerandism"）的意涵。如果資本主義與社會主義並非截然二分的選擇，如果社會可以藉由選擇一點資本主義與選擇一點社會主義來獲得存續，那麼社會主義者繼續堅持不加入政府就沒有任何意義。

修正主義實際上意謂著放棄階級鬥爭。它就像一根木樁，直插社會主義的心臟。伯恩斯坦並未退縮，他硬著頭皮說道，工人並非如馬克思所言，是個具凝聚力且同質的階級，工人並未意識到自己是「無產階級」，也不可能意識到這點。工人被區分成農村與都市、技術與無技術、工廠與家庭，他們有著不同的利益與不同水準的賺錢能力。許多工人敵視或漠視社會主義，他們傾向於接受資產階級的道德與習慣，不認同社會主義者對資產階級的輕視。

如果階級不是工人主要效忠的對象，那麼工人的利益勢必就像其他民眾一樣，與自己國家的利益緊緊相連。修正主義由此推演出可怕的視界。伯恩斯坦甚至放逐了《共產黨宣言》（*Communist Manifesto*）的冷酷宣告：「工人沒有祖國。」伯恩斯坦表示，以德國而言，一旦每個工人都能夠投票，工人取得政治權利，承擔起政治責任，他們必定會開始思考國家的利益。

這個修正觀點撕裂了社會主義。伯恩斯坦的公開發言吸引了眾多的支持者，這些都是長久以來懷疑馬克思思想的人。黨的領導人急忙抨擊異端。伯恩斯坦被指控成了「英國人」。考茨基在《伯恩斯坦與社會民主黨綱領》（*Bernstein and the Social-Democratic Program*）一書中對伯恩斯坦的每個論點提出反駁，試圖消除伯恩斯坦的影響，但未能成功。爭端不斷擴大，而且滲透到每場集會、每份報紙與每個政策委員會中。人們指控伯恩斯坦忽視社會主義的最終目標，但伯恩斯坦卻做出驚人的回應：「我必須公開坦承，我確實對於一般人所說的『社會主義的最終目標』沒有興趣。無論這個目標是什麼，對我完全沒有意義；能夠促進社會進步的運動才是最重要的。」伯恩斯坦決定回國親自為自己辯護。他的朋友代他向政府求情，德國首相馮・比洛認為伯恩斯坦回國可能會讓社會主義分裂，因此允許取消對他的指控。伯恩斯坦於一九〇一年返國，一九〇二年就在補選中獲勝而得以進入帝國議會。他成為一份修正主義報紙的主編，而隨著社會民主黨內的修正主義派勢力日漸成長，他也成為修正主義派的神諭。

修正主義的訴求在於終止社會主義的孤立，為社會主義開啟參與政府之路，甚至點燃了社會主義的野心。修正主義允許社會主義者認同自己的國家，即使這樣的情感已經違反了先知的命令。修正主義也承認另一項現實：馬克思無法預見到權力在不知不覺中在階級之間進行轉移，就像水從水壩滲漏出來一樣。

維克多・阿德勒注意到修正主義存在著一項缺陷。據說有人建議阿德勒，他應該像蒙田（Michel de Montaigne）一樣，以天平作為自己的紋章，並且在上面寫上「我知道什麼?」（*"Que sais-je?"*）的銘言，因為阿德勒總是在善的事物中尋找惡，在惡的事物中尋找善。在寫給伯恩斯坦的信中，阿德勒表示，他對於社會主義者各式各樣的感受都曾提出公開的質疑，但最終來說，阿德勒自己還是傾向於支持革命分子，因為修正主義有一個致命的危險，那就是在這個觀點下，「社會主義者會忘卻社會主義的真正內涵」。

在此同時，在法國的社會主義世界裡，米勒蘭事件引發的爭端遠比德國來得激烈，分歧也更大。饒勒斯雖然對於米勒蘭同意入閣感到難受，但如果硬要他表態，他還是會支持合作，而反對完全不合作。一八九九年十二月，在巴黎舉辦的法國工人黨代表大會上，饒勒斯反對馬克思主義者指控的，參與資產階級政府將導致個人的腐敗。饒勒斯表示，由於我們無法預測資本主義何時崩潰，因此我們必須致力改革，為資本主義崩潰做好準備。「我們不能在毫無用處的遠方奮戰，」他說道，「我們必須進入堡壘的核心。」反對饒勒斯的人開始在大廳裡發表憤怒的演說。「身材瘦高，外表有些枯槁，眼神彷彿要冒出黑色的火焰似的，」蓋德宣揚馬克思主義的純粹性，當他引用李卜克內西的話時，一名入閣派分子（Ministerialist，指米勒蘭的支持者）亢奮地叫道：「打倒李卜克內西！」一名代表日後提到，當時蓋德派分子的臉上滿是錯愕，宛如有人在聖母院裡高喊：「打倒上帝！」經過三天的吵鬧之後，終於決定了投票主題：「贊成或反對，階級鬥爭是否該允許社會主義者參加資產階級政府？」投票的結果是反對，但緊跟著又舉行另一場投票，投票結果是允許在特殊狀況下入閣。在饒勒斯呼籲團結下，大會匆匆達成協議，但根本的敵對並未解決。之後，法國工人黨便分裂成兩個政黨：蓋德、瓦揚與馬克思的女婿保羅·拉法格（Paul Lafargue）建立法國社會黨（Socialist Party of France），主張「絕不與資產階級任何派系妥協」，將致力於毀滅資本主義。饒勒斯、米勒蘭、白里安與維維亞尼則組成法蘭西社會黨（French Socialist Party），而且制定了能夠「立即實現」的改革綱領。

在世界各地，在每個社會黨的總部與集會大廳，豎立在角落的紅色旗幟已然蒙塵，修正主義與米勒蘭事件讓過去的裂痕更加擴大。教條主義的社會主義者恪守最初的原則，修正主義派則發現社會主義跟政治一樣，是一種充滿各種可能的技藝。一九〇〇年九月，比以往更加分裂的第二國際在巴黎召開第五屆大會，此時剛好也是巴黎舉辦萬國博覽會的時候。由於巴黎擠滿了觀光客，而且是世界目光的焦點，因此社會主義領袖都不願在此時公開決裂。考茨基提出一項決議，表示不贊同米勒蘭的行動，但也不予以譴責。代表們稱之為橡膠決議（Kaoutchouc Resolution），因為這個決議十分具有彈性。德萊昂在辯論時不斷地敲桌子，與人針鋒相對，幾乎占去大會所有的時間。過程中一名德國代表埃爾哈德・奧爾（Erhard Auer）還無意間對於米勒蘭事件不可能發生在德國社會主義者身上表示惋惜。他的話透露出德國與法國國情的不同，現場代表有給他掌聲的，也有給他噓聲的，還有人在走道上討論到發脾氣。最後，在努力維持團結的饒勒斯主持下，儘管有少數不妥協的代表投下反對票，考茨基決議還是順利通過。跟在自己的黨代表大會一樣，饒勒斯的一貫說法還是：「我們都是好革命分子；讓我們開誠布公，讓我們團結在一起！」然而，現實總是不從人願。

波耳戰爭、菲律賓戰爭與正在發生的庚子拳亂，這些事件讓與會代表更容易團結在羅莎・盧森堡（Rosa Luxemburg）的決議之下。盧森堡說，資本主義必將崩潰，只不過不是因為經濟條件，而是因為帝國主義者的彼此對抗。盧森堡建議社會主義政黨共同合作反對戰爭，例如組織與教育青年進行階級鬥爭，投票反對陸海軍預算，發動反軍國主義示威遊行。盧森堡的決議獲得無異議通過，另外還通過的一項決議是抨擊最近召開的海牙和平會議，他們認為這是一場騙局。

這次代表大會唯一的具體成果是決定在布魯塞爾設立常設事務局，由凡德維爾德擔任主席，另一名比利時人卡米耶．胡斯曼（Camille Huysmans）擔任秘書。事務局負責通過暫時決議與準備大會議程，必要時則召開緊急會議，由各成員國派出兩名代表參加。由於事務局分配到的預算極少，過了一段時間之後，事務局既未建立聲望，也未獲得執行權力，反而像是個投遞信件的地方，它的存在完全突顯出國際主義資源的匱乏。

修正主義的影響力仍持續擴大。饒勒斯雖然認為合作是政治生活的現實，卻拒絕接受伯恩斯坦的修正理論。一九〇〇年，面對伯恩斯坦與考茨基之間的爭論，饒勒斯對社會主義學生會議（Socialist Student Conference）表示：「整體來說，我贊同考茨基的說法。」饒勒斯認為，伯恩斯坦錯就錯在他模糊了無產階級與資產階級的界線。擁有生產工具的階級與未擁有生產工具的階級，兩者之間有著「明確的劃分」，當然，兩者之間也存在著灰色地帶；從這點出發，饒勒斯又回到他擔任教授時的樣子，開始暢談哲學理論。「從白色到黑色，從紫色到紅色，從黑夜到白晝，中間經過無數難以察覺的變化，以至於赫拉克利特（Heraclitus）說道，白晝裡總是有一些黑夜，黑夜裡總是有一些白晝……事實上，透過細微的改變，人們可以逐漸接近極端……。」饒勒斯繼續說著，他的聽眾聽得入神，突然間他冷不防地回到主題。階級之間無論如何「激烈對立」，也不表示彼此之間不能接觸或合作，最後他再度重申社會主義者必須團結，現場響起了「熱烈的掌聲與喝采，還有人高呼饒勒斯萬歲！」

一九〇二年，饒勒斯在補選中順利當選，成為國會的四名副議長之一。他每天推動合作，成為左派政黨集團的實質領袖，支持政府對抗陸軍與教會。現實不斷推著他走向修正主義。一九〇三年，饒勒斯參加英國大使館的花園派對，以及愛麗舍宮接待義大利國王與王后的盛宴。在波爾多召開的法蘭西社會黨代表大會上，饒勒斯主張，國家並非如蓋德所說的不可滲透，因此難以抵抗或無法推翻，相反地，透過改革，我們可以順利滲透國家。當我們一步步達成時，有一天我們會發現，工人國家已經取代了資產階級國家，「我們將發現我們已經進入社會主義的階段，就像海洋上沒有繩索標記出界線，但航海家卻知道自己已經進入到新的半球。」不過饒勒斯也承認，要在合作與階級鬥爭之間取得妥協是一件「複雜的事。同年，在德勒斯登召開的德國社會民主黨代表大會，也發現要達成妥協極其困難。

一場關於「膝褲」（"knee-breeches"）的辯論，讓爭議浮上檯面。德國社會民主黨剛剛在選戰中獲得勝利，他們拿到超過三百萬張選票，在帝國議會取得八十一個席次。伯恩斯坦認為，在這種情況下，還要恪守馬克思的想法，不與資產階級合作，完全是不切實際。他要求黨在擁有這麼多席次下，應該行使應有的特權，也就是接受帝國議會副議長的職位。接受副議長一職意謂著必須穿著宮廷服飾進宮覲見德皇，這個問題因此在黨內激起了連續數天的熱烈討論。倍倍爾斥責說，想想社會主義者穿上膝褲、長襪與釦環鞋的樣子，成何體統！要求社會民主黨符合宮廷禮儀，等於侮辱了全體工人階級。伯恩斯坦認為，真正的重點不是社會主義者穿什麼衣服，而是社會主義者在國會裡做了什麼，但辯論者太專注於想像穿上膝褲之後的可怕或迷人模樣，根本沒仔細聽他說話。

這場關於修正主義的辯論持續了三天，有五十人參與討論。羅莎．盧森堡領導的團體要求開除伯恩斯坦，盧森堡雖然個子嬌小、虛弱，但她懷抱的革命熱情卻遠超過她的瘦弱外表。一八七〇年，盧森堡生於波蘭，她是一名猶太木材商的女兒，雖然外表並不出眾，卻有一雙漂亮的黑色眼睛。盧森堡跛足，

圖二十六 羅莎・盧森堡，約1905年

肩膀變形，但聰明過人，聲音清楚宏亮。盧森堡說話帶有一點波蘭口音，卻是一名傑出的演說家，她的口才流利，就連到場監督的警察局長也被她的演說打動，居然忘記自己來此的目的，大聲地鼓掌起來。羅莎寫了張紙條給警察局長，上面說道：「很遺憾，像你這樣腦袋清楚的人居然會去當警察，但是，如果警察中少了像你這樣的人當典範，那更是令人惋惜。不要再鼓掌了。」

盧森堡與卡爾．李卜克內西（Karl Liebknecht，威廉．李卜克內西的兒子）一起代表以萊比錫為中心的激進革命左翼分子，他們的機關報是《萊比錫人民報》（*Leipziger Volkszeitung*），主編是弗朗茨．梅林（Franz Mehring）。隨著社會民主黨的規模與影響力逐漸增加，《萊比錫人民報》的作家與支持者也不可避免涵蓋了一些來自資產階級圈子的人士，盧森堡於是對此進行抵制，避免《萊比錫人民報》淪為資產階級報紙。對於修正主義，盧森堡說這是「國會與工會癡呆症」，以及修正主義提出的「經濟秩序之間和平過渡的舒適理論」，盧森堡對他們的看法只有極度蔑視。盧森堡相信無組織的群眾具有革命本能與創造性的革命精力，在歷史需要他們的時候，群眾就會自然而然地將他們的本能與精力爆發出來。盧森堡認為，社會民主黨的任務，就是在歷史危機來臨前，教育、引導與激勵群眾，而非推動改革，澆熄群眾的革命衝勁。

社會民主黨大會在激進派與修正主義派之間進行仲裁，要維持雙方的平衡關係還不算太困難。其中一名領袖格奧爾格．雷德鮑爾（Georg Ledebour）表示，黨內有兩成是激進派，三成是修正主義派，其他「無論倍倍爾說什麼，他們都會聽從」。倍倍爾跟以往一樣做出妥協。他不開除伯恩斯坦，德勒斯登大會否決了伯恩斯坦要求合作的動議，而且通過決議重申階級鬥爭政策，「這項政策我們迄今為止都能成功實踐」，此外也「果斷地」否決「與現有秩序共存」的政策或戰術。就這樣，歐洲最大的社會主義集團在書面上仍維持對馬克思的忠誠，但實際上修正主義卻越來越受到歡迎。

放棄階級鬥爭會造成什麼樣的影響，修正主義派對此並非無動於衷。德國國內正瀰漫著民族主義熱潮，修正主義派也感受到這股振奮人心的力量。身為社會主義者，他們也想參與國家事務，而非被拒於門外，傻傻地等待馬克思承諾的，但永遠不會到來的資本主義崩潰。在《社會主義月刊》（*Socialist Monthly*）上，伯恩斯坦提到英國的帝國主義經驗，以及英國帝國主義與就業的關係，他認為，工人階級的命運與國家的外交事務「緊密地結合在一起」，這裡的外交事務指的是海外市場。伯恩斯坦直接了當地說，工人的利益取決於「沒有戰爭的世界政治」。

正當德國人在德勒斯登吵得不可開交的時候，修正主義卻為俄國社會民主工黨帶來歷史性的分裂，在德國社會民主黨召開黨代表大會的同年，俄國社會民主工黨也在倫敦召開黨代表大會，出席的代表有六十人。他們既未遭遇米勒蘭事件，也沒有膝褲辯論，卻因為可見的未來可能出現與資產階級合作的爭議，而分裂成布爾什維克（Bolsheviks）與孟什維克（Mensheviks）。布爾什維克堅持革命與無產階級專政，而且要一步達成，不接受與資產階級合作的過渡階段；孟什維克則認為要達成這些目標，首先俄國必須先經歷資產階級的議會政府階段，而且在這個階段，社會主義者必須與自由主義政黨合作。

俄國社會民主工黨是第二國際的成員，長久以來代表黨參加第二國際大會的一直是創黨元老格奧爾基．普列漢諾夫（Georgi Plekhanov），但普列漢諾夫在國外流亡的時間太久，對俄國國內事務已一無所知。除了普列漢諾夫，其他流亡的俄國人也對他們居住國家的社會主義者認識不深或毫無接觸。這些俄國人只是專注於派系內鬥，他們舉辦的黨代表大會，在第二國際內部未能引起太多關注。普列漢諾夫的對手列寧是布爾什維克領導人，曾先後移居倫敦、巴黎、日內瓦與慕尼黑，而且大肆抨擊「機會主義」與「社會沙文主義」。列寧有時會造訪布魯塞爾的第二國際事務局，凡德維爾德曾經提到，沒有人特別留意這個「身材矮小的人，他的眼睛細長，鬍子是赭色的，講話的音調沒什麼起伏，總是用精確而冷淡的禮貌語氣講解傳統的馬克思主義教條」。

在其他地方，不管馬克思主義者願不願意，政治現實都迫使修正主義成為必然。產業持續擴張，造成工會成員大增，工人階級因此握有更多的壓力槓桿。一方面，資本與勞工的戰爭仍跟以往一樣猛烈，另一方面，工人階級也透過社會主義政黨擴大他們在每個歐洲國會的代表權。在義大利，農民工會與農業合作社是堅定的社會主義者，社會主義政黨從一八九二年的二萬六千票與六席國會議員，增加到一九〇四年的十七萬五千票與三十二席國會議員。在法國，饒勒斯的政黨，儘管受到蓋德及其追隨者的唾罵，依然在法國國家事務上扮演重要角色；饒勒斯就算不是國會多數黨的名義領袖，至少也是實質領袖。在社會主義世界，饒勒斯也在一九〇四年八月於阿姆斯特丹召開的第二國際代表大會上與龐大的德國勢力爭奪主導權。

饒勒斯與倍倍爾的對決，讓阿姆斯特丹大會成了每個代表記憶裡最刺激的一場第二國際大會。五百名代表參加，其中大約兩百名代表能聽得懂所有講者的語言。講臺上垂掛著紅色布幕，上面打印了首字母I、S、C的金色花押字，其中S纏繞在I上，像極了著名的資本主義金錢符號。頭頂上的旗幟，上面用荷蘭文寫了一排與會代表依然能夠同意的口號，「全世界勞動者，聯合起來！」(*Proletaariers van alle*

Landen, Vereinigt U!)

派系數量繁多。英國派出四名代表：獨立工黨的基爾．哈迪、社會民主同盟的海德門、勞工代表委員會的沙克爾頓與一名費邊社成員。法國派出三名代表，美國有兩名代表，其中不可避免包括了目空一切的德萊昂。德萊昂看不慣大會充斥著「社交與野餐」的氣氛，討厭演講時底下的代表任意交談、四處走動還有翻閱文件發出窸窸窣窣的聲音，他也厭惡代表們到處拜訪外國朋友，彼此引薦，隨意進場離場還用力摔門。德萊昂宣稱饒勒斯是「社會主義運動裡一個失格的討厭鬼」，倍倍爾是「邪惡的天才」，阿德勒「愚蠢」，凡德維爾德是「喜劇演員」，海德門「蠢到」不知道發生了什麼事，英國工會成員是一場「災難」，沙克爾頓是「資本家的官員」，而尚．阿勒曼則是「滿口應承只會說廢話」。唯一不會口吐「修正主義夢話」背叛工人階級的政黨，就是他領導的政黨，他們的態度一直是「拔劍，扔掉劍鞘」。

合作依然是待解的問題，這次也在蓋德要求下排入議程。倍倍爾希望德國社會民主黨的德勒斯登決議能成為第二國際奉行的原則。他表示，德勒斯登決議能在任何時候任何狀況為社會主義者提供正確的指引，因為它說明了無產階級與資本主義國家之間存在著根本性的對抗關係。倍倍爾也利用這個機會大談德國社會民主黨與日俱增的實力。饒勒斯則反擊說，如果各國的社會主義者能像法國那樣強大，他們就能「讓局勢有所不同」。饒勒斯接著又說了重話，德國社會民主黨表面看起來強大，但實際上影響甚微，這中間為什麼存在這麼大的差距？因為「你們的工人沒有革命傳統。他們到現在都還沒跨越普選制的門檻。他們的權利完全是上面施捨的」。帝國議會的代表完全沒有權力，因為帝國議會本身就沒有權力。正是因為這種無力感，使得德國社會民主黨只能毫不妥協地死守教條。歐洲目前最令人擔憂的，不是法國社會主義者大膽嘗試在自己的國家中扮演重要的角色，「而是德國社會民主黨悲劇性的無能」。饒勒斯慷慨激昂地捍衛自己的主要論點：社會主義者即使必須與資產階級政黨合作，但只要不放棄自己的原則，必能成為民主過程的「行進之翼」。

「當然，德國是個反動、封建的警察國家，除了土耳其與俄國，德國有著歐洲最糟糕的統治體制，」倍倍爾回道，「但我們不需要外國人告訴我們狀況有多糟。」他認為，饒勒斯的政策會腐化無產階級。德勒斯登決議才是唯一安全的指引。羅莎・盧森堡則尖銳地抨擊饒勒斯是「大腐敗者」（*"der grosse Verderber"*）。當饒勒斯起身回應，並且問誰能幫他翻譯時，盧森堡回道：「我可以，如果你願意的話，小市民饒勒斯。」饒勒斯微笑地看著大家，然後說道：「你們看，小市民，就算意見不合，我們也還是能夠合作。」

絕大多數代表不願放棄階級戰爭原則，他們投票支持德勒斯登決議，否決了饒勒斯的提案，凡德維爾德說，代表們雖然在原則上不接受饒勒斯的說法，卻對饒勒斯抱持個人的同情。「我們記得德雷福斯事件」，也欽佩饒勒斯在對抗長年累積的反動力量時展現的「巨大熱忱」，但絕大多數人仍不敢切斷與馬克思的臍帶關係。大會最後也努力化解修正主義造成的裂痕，在最後一次決議中，大會強調從今以後每個國家「必須」只有一個社會主義政黨。凡是以社會主義者自許的人，都必須為了全世界工人階級的利益謀求團結，他們必須向工人階級負責，「持續分裂只會帶來致命的結果」。

有個問題過去一直不是代表們關切的重點，但在阿姆斯特丹大會中，這個問題卻短暫浮上檯面。代表們聽聞日俄戰爭的事，於是開始討論日後再度發生戰爭時，工人階級該對社會負什麼樣的責任，以及發動總罷工阻止戰爭的可能性。一談到罷工，德國馬克思主義者的熱忱就涼了一半。討論總罷工是一回事，讓工會發動罷工則是另一回事。對德國工會來說，「政治群眾罷工」，這是他們對總罷工的說法，將使自己成為社會公敵。如果祖國遭到攻擊，倍倍爾說道，即使像他這樣的老人，也會跟其他社會民主黨人一樣，扛著槍去保護他的國家。走出會場時，饒勒斯面色凝重地對凡德維爾德說道：「我的朋友，看來我必須開始研究軍事問題了。」

饒勒斯返國之後，身為忠誠的社會主義者，他決定遵守阿姆斯特丹決議，與蓋德和解。隔年，兩黨合併為社會黨，又稱為工人國際法國支部（French Section of the Workers' International），通稱為SFIO，即法文的首字母縮寫。工人國際法國支部自稱「不是改革政黨，而是階級鬥爭與革命政黨」，而且在口頭上反對合作。雖然這對饒勒斯的立場來說是一種挫敗，但他並不在意表面上的說法。他讓教條跟著行動走，而且輕鬆地將宣揚教條的事交給蓋德去做，反正他自己才是這個同盟的真正領袖。對饒勒斯而言，合作並不是目的，而是通往行動的康莊大道。

對某些人來說，饒勒斯的做法充分證明他是政治意義上的腐敗者。一九〇六年，英國獨立工黨進入下議院，約翰·伯恩斯加入內閣，法國社會黨獲得八十八萬票，在國會裡取得五十四席。一直致力廢除宗教學校的白里安，獲邀擔任教育部長。白里安接受邀情，但也因此不得不離開社會黨。幾個月後，維維亞尼也跟隨白里安的腳步，進入內閣擔任勞動部長。此時的米勒蘭自稱是獨立社會主義者，白里安、維維亞尼與米勒蘭三人此後擔任一連串官職，三年後，白里安成為總理，五年後，維維亞尼也成為總理。俄國駐法大使伊茲沃爾斯基說道，他們把合作發揮得淋漓盡致，「在行使權力的過程中，他們也變得更為理智」。

一九〇五年，馬克思主義的大事件，革命，突然在錯誤的國家，以錯誤的方式發生。馬克思曾經斷言，高度工業化是資本主義崩潰的必要條件，但俄國尚未達到高度工業化的階段。這場暴動不是由一群具有自我意識且有紀律的無產階級發起，起事者僅僅是一群憤怒的群眾。暴動的失敗並不令人驚訝，但過程中最特出的一點，是這些群眾完全未提及社會主義。

工人群眾在前往冬宮向沙皇請願的路上，遭到哥薩克騎兵射擊，這起事件震驚了全世界。當「殘忍屠殺」的消息傳到利物浦的工會代表大會（Trade Union Congress）時，大會立即的反應就是為被殺工人的家人募款一千英鎊。俄國工人的抗爭在十月演變成總罷工，迫使俄羅斯政府不得不同意制憲，這起事件讓人留下深刻的印象，認為這是工人階級的勝利。歐洲工人舉行群眾集會，他們歡呼與揮舞紅旗。距離聖彼得堡一千五百英里的義大利農民高喊，「俄國革命萬歲！社會主義萬歲！」但俄羅斯革命的火花卻未能引發一場大火。眾人引頸期盼的自發性暴亂終於發生了，但西方的工人階級卻未準備好要推翻資本主義。只有奧地利社會主義者非常機警地利用這個機會將他們的普選制運動推向高潮。

維也納的維克多·阿德勒趁俄國革命讓各國統治者驚魂未定之際，於十一月二十八日發起總罷工。

他預先準備了一個月。一名社會民主工人黨員在工廠裡，但廠內的工人都不是社會主義者，他無法帶領他們參加罷工；這些工人沒人談論革命或即將發起的罷工，「也沒有人想跟罷工扯上關係」。儘管如此，這場示威遊行還是成功了。在維也納，瑪利亞希爾夫大街（Mariahilferstrasse）擠滿數千名黑壓壓的遊行隊伍，密集的群眾花了一小時才走到半英里外的環城大道（Ringstrasse），到了那裡，已經有更多來自維也納各區的民眾跟他們會合。群眾沉重的踩踏聲，緊握的拳頭，紅色的旗幟，再度讓人想起《萌芽》裡恩內波夫人看到的恐怖異象。奧地利政府屈服於遊行示威的威嚇，承諾在一九〇七年實施成年男子普選制，這是俄國暴動帶來的唯一一件正面成果。

德國社會民主黨也發起示威，要求改革普魯士以稅額決定選票的選舉制度。位於底層的大量小額納稅人，他們繳納的稅金等同於人數較少的中產階級與人數最少的頂層富人，但他們只能選舉三分之一的地方代表。社會主義者雖然總是能牢牢掌握他們可以選舉的三分之一市議員席次，但即使如此，也無法在市議會取得多數席次。此外，一如饒勒斯的嘲弄，他們也無法在街壘中獲勝。面對普魯士政府的鐵腕鎮壓，示威群眾完全無法取勝。

不僅如此，俄國革命也讓德國社會民主黨失去選票。德國進步派中產階級選民原本在面對保守黨與社會民主黨時，總是傾向於支持後者，但在一九〇七年大選中，卻把票投給了反動派政黨，也就是保守黨候選人。這些選民也受到海軍與泛德意志同盟廣泛宣傳的影響，海軍與泛德意志同盟希望能在這場選舉獲得壓倒性的勝利，藉此顯示德國民眾普遍支持民族主義與帝國主義。這次大選因為德國當時發生非洲殖民地戰爭而稱為「霍騰托特選舉」，社會主義者的席次減少，這是一八九〇年以來首次發生的現象。

俄國革命在政府鎮壓下顯得「無望而無助」，托洛斯基對此感到絕望，同時也對歐洲社會主義者的漠不關心感到吃驚。一九〇七年，托洛斯基與考茨基見面。考茨基個子矮小，看起來弱不禁風，有著清澈的藍眼睛與雪白的頭髮與鬍子，像是「一個非常慈祥的祖父」，然而他才五十三歲。托洛斯基發現考茨基「痛恨把革命的方法移植到德國的土壤上」。在報紙上，革命散發著美好的光芒，但實際發生在街上，就不是那麼受歡迎了。俄國胎死腹中的革命經驗顯示西方工人階級整體而言不想參與革命。在這種狀況下，修正主義受到激勵，從這個觀點可以看出，離階級越遠，離民族主義就越近。

產業戰爭沒有減緩的跡象。一九〇五年後，工人逐漸聽從工團主義者的指示，採取直接行動。工團主義的來源與影響在法國最為強大，法國無政府主義者長久以來一直強力抨擊國會途徑是個騙局，參與國會只會讓勞工運動遠離革命目標與轉向政治議題，知識分子就可以藉由這個機會取得勞工運動的領導權。在工團主義者眼中，社會主義政治人物成為國會成員之後，本質上就屬於資產階級世界的一員，他們接受了資產階級的禮儀習尚，與工人階級漸行漸遠。工團主義者堅持階級戰爭是經濟性的，而非政治性的，因此應該透過罷工而非辯論來進行。一九〇六年，在法國總工會大會上，由於受到無政府主義者的影響，工會運動決定以革命工團主義與直接行動做為官方信條。反對雇主的直接行動包括罷工、怠工、杯葛與破壞；反對國家的直接行動包括宣傳、群眾遊行、反對軍國主義與愛國主義，其中愛國主義是資本家為了永久維繫他們的權力而塑造的錯覺。工人的每一份收益，都將用來加強自己，為最後的戰役與階級戰爭至高無上的最後行動做準備——總罷工，「袖手旁觀的革命」，將會癱瘓資產階級世界，解放工人階級，贏得生產工具的控制權。

在義大利，軍警對工人運動的鎮壓一直十分殘酷，階級之間的仇恨與恐懼也極為深刻，工團主義者在一九〇四年與一九〇六年兩次嘗試總罷工，雙方的衝突極其激烈，也造成工人傷亡。一九〇六年到一九〇九年，在法國克里蒙梭的激進黨政府鎮壓下，罷工接二連三地失敗，顯示工團主義宣揚的總罷工與工人實際力量之間的落差。法國的工人絕大多數仍在農村，而絕大多數的產業都是小企業，這些小企業並未加入工會。總工會的成員並未囊括絕大多數的產業勞動力，此外，總工會也反映了無政府主義者與社會主義者之間的舊恨，總工會經常與社會黨發生衝突，兩者之間難有合作的可能。

雇主也開始猛烈反擊，他們用解雇與停工的手段防止總工會在廠內組織新的工會，而雇主也經常獲得軍隊協助，克里蒙梭表示，政府派出軍隊是為了防止非罷工者遭到暴力傷害。一九〇六年，諾爾省（Nord）的礦工罷工，一九〇七年，南特的碼頭工人與南部地區（Midi）葡萄園工人罷工，一九〇八年，建築工人罷工，政府每次都派軍隊鎮壓，總計造成二十人死亡與六百六十七人受傷。郵差與老師發起的罷工，也在政府威脅永不任用的狀況下結束，政府的理由是公務員沒有權利組織反政府的活動或罷工。組織罷工的總工會成員遭到逮捕，罪名是煽動叛亂。為了對付雇主的頑強抵抗，政府曾於一九〇〇年立法規定一日工時不得超過十一小時，之後又於一九〇六年制定了星期日休息法與老人年金法，但到了克里蒙梭執政的時候，政府轉而支持雇主強硬打壓罷工潮，一連串的鎮壓行動反映了克里蒙梭那句冷酷的名言：「法國建立在財產、財產、財產之上。」國家的干涉激起了憤怒與幻滅。饒勒斯在一九〇九年提到，激進黨政府的訴諸暴力與「未能改革社會，使得民眾感到厭倦，大家私底下都在抱怨，不滿的情緒如暗潮般洶湧……」。同年，類似對英國自由黨政府的不滿，也產生了同樣躁動不安的氣氛。

在美國，雇主也在法院判決支持下，蓄積力量展開反攻，法院根據休曼反壟斷法（Sherman Anti-Trust Act），判決參加示威、杯葛與罷工是妨害交易的非法行為。就像古代在山頂上施放烽火一樣，工團主義從大西洋的彼岸發出訊息，在美國點燃了火苗，一九〇五年，「世界產業工人」（Industrial Workers of the World）在美國成立。「世界產業工人」的創立者包括戴布斯與西部礦工聯合會（Western Federation of Miners）的「大比爾」・黑伍德（"Big Bill" Haywood），此外還奇妙地與德萊昂結盟，從歐洲的標準來看，「世界產業工人」的成立是不可思議的，因為它同時結合了工團主義與社會主義。「世界產業工人」在宣揚直接行動的同時，它的領導人卻以美國社會黨候選人的名義參選美國總統。

美國社會主義就像俄國社會主義一樣，在國會沒有代表，在地方政府也沒有任何角色，因此就沒有與資產階級合作的問題。到目前為止，戴布斯的立場一直是主張階級戰爭。工人必須是革命分子，工人不能與既有秩序妥協。工人的目標不只是加薪，而是廢除整個薪資制度。戴布斯認為工團主義可以繼承社會主義最初的革命精神，而且可以透過他從小就很熟悉的工會手段來達成社會主義期許的目標。一九〇四年十二月，戴布斯寫信給三十名工會領袖，邀請他們共同討論，「要用什麼方式與手段將美國工人整合在正確的革命原則之下」。一九〇五年六月二十七日，在芝加哥的成立大會上，參與者包括了礦工、伐木工人、鐵路工人、釀酒工人與其他產業工會與社會主義派系，「世界產業工人」宣稱這個組織是「工人階級的大陸會議」，目的是將技術工人與無技術工人整合在一個大型的產業工會裡，推翻資本主義，建立社會主義社會。「世界產業工人」宣布支持工團主義的終極武器，它的口號是「一個大工會與一次大罷工」。黑伍德，這名完全仰賴「原始本能」行動的獨眼巨人表示，「世界產業工人」將走進貧民窟，把「流浪漢」與移民工人乃至於所有的工人群眾一起帶往「像樣的生活空間」。「世界產業工人」蔑視集體協商、協議與政治努力，並將專注於宣傳、杯葛、破壞與罷工。政府、政治、選舉都是騙局；國家應該交由工會治理。

「世界產業工人」宣示拒絕政治行動，引發了一連串的分裂與脫離，整個組織像斧頭劈砍木頭般四分五裂。一些社會主義同志嚴詞批評戴布斯造成勞工運動分裂。一九〇八年，德萊昂退出「世界產業工人」，雖然他的影響力已大不如前，但他仍繼續為自己最初的原則奮鬥。對於戴布斯來說，達成目標才是最重要的，只要有助於達成目標，任何方法，無論是政治行動還是直接行動，他都能夠接受。儘管「世界產業工人」標榜工團主義原則，但戴布斯依然在一九〇八年以美國社會黨候選人身分再次競選美國總統。在全國各地集會上，黑伍德與其他人幫忙募款，他們用小額捐款幫戴布斯租了一臺火車頭與臥鋪車廂，讓戴布斯能夠到各地競選拜票。紅色專車的車頂與後方平臺飄揚著紅旗，當列車經過時，會車的火車駕駛紛紛鳴笛致意。戴布斯使人們相信社會主義可以達成。不需要銅管樂隊或擴音器，戴布斯光憑自己的聲音、微笑與伸展的雙臂就已經足夠。戴布斯「由衷相信人與人之間真的有同胞愛這種東西」，一名堅定的活動組織者說道，他坦承自己在聽到有人叫他同志時，心裡會感到不舒服，「只有戴布斯叫他同志時，他才不會有那種感覺。因為戴布斯是真心的」。有許多家庭駕著運貨馬車，把紅旗插在馬鞭架上，大老遠穿過大草原，來到鐵路平交道旁，向紅色專車揮手致意。城鎮裡的火炬遊行、群眾集會、孩子手上拿著紅玫瑰花束，這些景象讓戴布斯產生一種幻覺。他在給朋友的信上表示，這裡的社會主義者「像蝗蟲一樣密密麻麻」，農民「充滿了革命精神，他們已經準備好要行動了」。計票時，「富人們」一定會感到吃驚。但總票數令人沮喪：四十萬票，跟一九〇四年差不多。

一九一〇年，美國出現了強勁的改革浪潮，維克多．伯格爾在密爾瓦基（Milwaukee）脫穎而出，成為首位贏得美國國會席次的社會主義者，此外還有一些社會主義者也開始在密爾瓦基擔任公職，包括一名市檢察官、一名審計長、兩名法官，以及在三十五名市議員中竟有二十一名是社會主義者。一九一一年，斯克內克塔迪（Schenectady）選出一名社會主義市長，到了一九一二年，美國社會黨已經選出了五十六名市長。但這些勝利都來自修正主義派，而且勝選者都是知識分子，如律師、主編與牧師，而非工人。勞工運動的兩翼，「世界產業工人」與美國勞工聯合會，都拒絕參與政治。一九一二年，當美國主要政黨在總統大選陷入三方競選時，戴布斯三度參選。維克多．伯格爾在《密爾瓦基領袖報》（*Milwaukee Leader*）上表示，社會主義依然有望成功，「隨著火車頭的速度加快，我們正朝著勝選的目標邁進。」戴布斯在紐約市下東區拜票時，他站在卡車上，車子「緩慢穿過喧囂的人海，放眼望去，在陰暗的廉租公寓街道上擠滿了洶湧的人潮」。戴布斯拿到九十萬票，是上次的兩倍，不過只占了總票數的百分之六。同年，「世界產業工人」在麻州勞倫斯組織紡織工人罷工抗議減薪，取得了有史以來的最大勝利。「世界產業工人」支撐一整個城鎮的工人及其家屬的生活達兩個月之久，終於贏得了工資調漲。但隨後派特森罷工卻遭遇慘痛失敗，讓美國工團主義走上衰敗一途。

在德國，工團主義的總罷工路線幾乎無法取得任何進展。與德國其他體制一樣，德國工會太守秩序，他們不願採取任何破壞秩序與違背職責的手段。一九〇五年，庫諾·弗蘭克曾讚揚德國工人階級的「行為端正」，德國工人階級跟其他德國人一樣認同權威與講求服從，這種民族性在德國似乎發展得太過度，彷彿一旦少了權威與服從，某種古老條頓民族的野蠻與內在匈人的殘暴就會爆發出來似的。德國社會主義者對於總罷工的看法是現實的。倍倍爾反對為了政治目的發動總罷工，他表示，總罷工只能在特殊狀況下，伴隨著工人的革命心態進行。而他很清楚，德國人並沒有革命的念頭。一九〇六年，在曼海姆（Mannheim）的代表大會上，社會民主黨激進派分子提議，在戰爭爆發時發動群眾罷工。倍倍爾認為這純屬徒勞。他表示，戰時，軍隊將接管法律與秩序，抵抗是愚蠢的，沙文主義的熱潮無論如何都會感染所有的群眾。倍倍爾至少從未助長或鼓吹這類幻覺。

在曼海姆代表大會上，一場寧靜但關鍵的權力鬥爭正在展開，其結果對於德國社會主義造成決定性的影響，從而也影響了全世界的社會主義。考茨基提出一項決議，要讓工會聽從黨的政策指揮。考茨基認為，工會的任務是捍衛與改善工人的命運，直到社會主義最終降臨為止。黨的任務則是實現長期最大目標，因此黨的決策必須居於主導地位。

過去十年，德國工會成員人數從二十五萬人增加到二百五十萬人，資金也成比例增加。與法國不同，德國工會與社會民主黨的關係緊密，而且是社會民主黨的重要票源。一九〇九年，龔帕斯訪問歐洲時，對於德國工會在罷工與停工期間向工人給付現金感到吃驚，此外也對德國工會的組織與紀律，德國工會改善工作條件與增加薪資的成果印象深刻。打零工的工人一天賺三馬克，技術工人一天賺六馬克，或者換算成一個星期大約是三十六先令或八到九美元。用餐時間列入規定，罰金與懲戒必須張貼在公布欄上，政府承認工人有組織工會的權利，但僕人與農場工人除外，十三歲以下童工屬於非法，十三歲到十四歲的童工一天只能工作六小時。這個過程完全證明馬克思「貧困」理論的錯誤，讓龔帕斯感到欣慰，而德國工人擁有的地位也讓龔帕斯禁不住高唱樂觀的讚歌，在他眼裡，德國工人正處於一個「生產力最大、財富最多、智力最高與擁有最充分的理由相信自己的階級正處於世界史上最好的時刻」的時代。即使龔帕斯在反馬克思主義的熱情下過於高估德國工人的狀況，但不可否認的是，德國工人確實已經成為德國既有秩序的重要部分。而這種狀況也不利於工會產生革命熱忱。考茨基擔心工會與既有秩序的關係漸趨緊密，因此提出決議，希望讓工會隸屬於社會民主黨的政治控制之下。

考茨基的動議在曼海姆大會遭到否決，絕大多數代表都擔心這麼做會冒犯工會。考茨基也許非常擅長建構理論，但牽扯到實際運作時，黨代表大會則是非常務實。決議遭到否決，實際上意謂著工會的勝利。縱使考茨基的分析是正確的，但現實的狀況則是，在德國這個社會主義具有極大影響力的國家，一般民眾還是認為維持現有秩序比追求最終目標來得重要。伯恩斯坦過去的異端說法，「我對最終目標不感興趣……」，現在已成為正統。曼海姆大會之後，社會民主黨的例行活動逐漸變得務實與傾向於修正主義，但在黨大會與儀式性的場合上，社會民主黨的官方說法依然是重申馬克思主義的信條。

隨著修正主義水漲船高，民族主義的聲浪也開始興起。一九〇七年四月二十五日，海牙和平會議即將開幕前夕，在帝國議會裡，社會民主黨議員古斯塔夫・諾斯克（Gustav Noske）在演說中明白揭櫫民族主義的流行趨勢，他的說法引發熱烈的討論。諾斯克表示，資產階級以為社會主義者都主張限武，然而這只是「他們的幻覺」。社會主義者期盼未來的和平，但當前國際經濟的衝突已經激烈到難以限武的地步。社會主義者會跟右派的紳士們一樣，會奮力抵抗其他國家將德國壓制到牆角的行動。「我們一直主張一個武裝的國家，」他的話令同黨議員倒抽一口氣，也讓右派議員在驚喜下熱烈鼓掌。深具勇氣的考茨基憤怒地反駁說，到了戰爭的時候，德國社會民主黨人會先認為自己是無產階級，其次才是德國人，然而諾斯克的說法卻有許多支持者。

與英國一樣，在德國，關於英德兩國可能發生衝突的說法甚囂塵上，海軍同盟（Navy League）的口號頗有搧風點火的效果，例如：「即將開戰！」「英國是敵人！」「英國計畫在一九一一年攻擊我們」，而泛德意志同盟則一搭一唱地說：「世界屬於德國！」隨著討論戰爭的氣氛漸趨熱烈，每個國家的愛國主義本能也開始膨脹。愛國主義遠比階級團結來得悠久、深刻與更源自於本能，光憑《共產黨宣言》的幾句說法不可能將其一筆勾銷。工人跟其他人一樣，也覺得自己有一個祖國，這對世界一家來說可不是什麼好事。

在刺耳的激辯中，有個與德國諾斯克相反的聲音在法國出現。這股聲音來自社會主義者古斯塔夫・埃爾維（Gustave Hervé），一名高喊反愛國主義與反軍國主義的先知。埃爾維曾是德魯雷德的追隨者，但後來卻擺盪到完全相反的極端，之後還在德雷福斯事件中發表的言論而遭到全國唾罵。他表示，只要軍營存在一天，他希望看到三色旗插在營區裡的糞堆上。埃爾維因此丟了老師的工作，而且遭到起訴，罪名是煽動軍隊譁變，但在白里安的成功辯護下，他得以全身而退。在埃爾維眼中，「國家」的神話不過是全身盔甲的摩洛克神（Moloch）把工人吸進嘴裡，讓工人在他的嘴裡彼此流血。埃爾維不停地反對軍隊與國家，完全不怕未來的審判，也不畏懼坐牢。「我們必須以反叛來回應動員令！」埃爾維高聲地說。「內戰是唯一不愚蠢的戰爭。」一九〇六年，在工人國際法國支部代表大會上，當時正值第一次摩洛哥危機，以及在一九〇七年的代表大會上，埃爾維兩度在決議中具體表明立場。工團主義知識分子，索雷爾、亨利．柏格森與尼采的追隨者，全支持埃爾維的觀點。然而這些人雖然是總罷工「神話」的膜拜者，卻不會接受召集前來參加總罷工，而且這些人也沒有出席代表大會。另一方面，總工會也沒有參加工人國際法國支部的代表大會，無論如何，總工會發動總罷工是為了革命，而不是為了反對戰爭。

蓋德代表頑固的馬克思主義者，他反對埃爾維的想法，理由是戰爭是資本主義體系的固有之物，資本主義在垂死掙扎之前必定要經歷戰爭這個階段，因此阻止戰爭是徒勞的，身為社會主義者卻去阻止戰爭只會弄巧成拙。

作為黨的領導人，饒勒斯必須引領黨代表大會決定立場。饒勒斯相信，只有在人類掌握下，才能產生好的社會，他認為戰爭將造成重大破壞，戰爭不是工人階級的機會，而是工人階級的大敵。阻止戰爭將成為往後幾年饒勒斯的主要目標。饒勒斯一直認為，除非在手段與目的上能獲得完善的組織，否則總罷工只是「革命的浪漫主義」。然而，在此同時，總罷工也是工人階級唯一能彰顯自己的力量來阻止戰爭威脅的方式。饒勒斯傾向於支持反戰還有一個理由：為了維持工人國際法國支部脆弱的團結關係，向工團主義讓步是必要的。饒勒斯雖然跟倍倍爾一樣務實，但也是個理想主義者，他在觸及總罷工問題時說服自己相信，如果有爆發戰爭的可能，群眾應該會產生強烈的熱情，在未經計畫與組織下，自發地發起有效的抗爭。在這個問題，尤其是關鍵問題上，饒勒斯幾乎是「一邊抓著鬍子一邊思考」。他同意做出決議，但措辭不像埃爾維那樣明確，決議中認同法國社會主義應以各種形式反對戰爭，包括國會行動、公共集會、民眾抗爭，「甚至總罷工與暴動」。

這些說法只具有宣示意味，但饒勒斯相信，或說服自己相信，「不斷鼓吹」可以讓目標實現。他不是只停留在期許，而是持續在社會主義群眾集會上鼓吹，而且也巡迴法國各地宣傳。此後，在土魯斯、里耳、第戎（Dijon）、尼姆（Nîmes）、波爾多、吉斯（Guise）、蘭斯（Reims）、亞維農（Avignon）、土倫（Toulon）、馬賽，當然還有卡爾莫，「在法國每個火車站，都可以看到饒勒斯下了火車，手裡拎著公事包，一副前來推銷和平的樣子」。在國外也是一樣，在倫敦、布魯塞爾與其他國家首都，饒勒斯高聲地宣傳，彷彿想鼓動聽眾的熱情，讓他們能將熱情化為行動。饒勒斯與凡德維爾德到英國旅行，他們拜訪了哈特菲爾德，塞西爾家族的宅邸，饒勒斯說，這裡比牛津更讓他感興趣。

戰爭問題與如何協調埃爾維與諾斯克這兩個極端傾向，成了社會主義今後必須煩惱的課題。下一屆的第二國際代表大會隨即要面臨這些爭議，而其舉辦的地點首次位於德國，時間是一九〇七年八月。雖然柏林的工人階級是社會主義的堅強堡壘，但社會民主黨領導人卻不敢冒險在德皇腳下召開大會。他們選定的地點是斯圖加特，南德符騰堡王國首府。八百八十六名來自二十六個國家或民族的代表聚集在斯圖加特最大的禮堂裡。與會者包括英國的拉姆齊．麥克唐納、美國的德萊昂與大比爾．黑伍德，俄國各派系的普列漢諾夫、列寧、托洛斯基與亞歷山德拉．柯倫泰（Alexandra Kollontay），印度的卡瑪夫人

(Mme Kama)，「紅色處女」羅莎．盧森堡與克拉拉．柴特金（Clara Zetkin），此外還有幾位精通各國語言的翻譯者，來自義大利的安潔莉卡．巴拉巴諾夫，在她身旁還跟著「臉色黝黑、高聲抗議、看起來像公牛的年輕人」，這個人就是貝尼托．墨索里尼（Benito Mussolini）。為了展現社會主義的力量，在大會開幕當天，剛好是星期天，在斯圖加特郊區也舉行了遊行。來自各地的工人與他們家人，將通往郊區的道路塞得水洩不通，而在郊區，十幾座懸掛紅色布幕的講臺已經架好，準備讓講者上臺演說。樂團演奏音樂，合唱團高唱社會主義讚歌，警察則在繫留氣球上警戒監視整個過程。下午兩點，現場已經集結了五萬民眾，準備聆聽社會主義名人演說，他們「熱情洋溢，但秩序井然」。在演說中，倍倍爾祝賀英國無產階級在最近一次選舉中獲得大勝，他略帶羨慕地表示，英國政府明智地讓約翰．伯恩斯入閣，他相信此舉不會讓英國工黨改變策略。饒勒斯以德文演說，贏得了熱烈掌聲。雖然饒勒斯光是閱讀一次德文譯稿就能記住內容，也能背誦長篇的歌德作品，但他的德文口語能力還不能預訂旅館房間。

之後，在禮堂裡，德國的安排十分周到，但每個人在警察監視下都心照不宣謹言慎行。當英國代表哈利．奎爾奇（Harry Quelch）很不客氣地稱當時正在舉行的海牙會議是「盜賊的晚宴」時，德國首相馮．比洛雖然自己也不怎麼重視海牙會議，卻還是向符騰堡政府施壓，將奎爾奇驅逐出境。倍倍爾雖然不悅，卻完全沒有表示抗議。往後的開會期間，奎爾奇的空位一直擺滿了鮮花。

跟過去一樣，代表大會分成幾個委員會討論各個主題，包括普選制、婦女、少數族群、移民、殖民主義與其他問題，其中反軍國主義委員會最受關注。法國人把工人階級面對軍國主義興起與戰爭威脅時的責任搬上議程，結果引發長達五天的論戰。埃爾維一開場就極具攻擊性，他再次提議集體不服從動員令，事實上就是要求大家叛亂。由於這種做法可以轉變成革命，因此受到羅莎·盧森堡與卡爾·李卜克內西這些德國激進派的支持，但德國社會民主黨的官方重量級人物，從老馬克思主義者倍倍爾與考茨基，到新民族主義者諾斯克，全堅定地轉向右翼。凡德維爾德提到，「我們可以這麼說，在威廉大街（Wilhelmstrasse）不遠處」進行辯論時，這些平常講話大嗓門的德國人突然變得鴉雀無聲，一方面也許是謹慎考量，另一方面也是意識形態上的變化。有些人坦承不諱，有些人仍顧左右而言他，事實上，這些德國人全具有民族情緒，德國這幾年的對外擴張，使工人們獲得物質利益，他們會有這種反應並不意外。修正主義派領導人格奧爾格·福爾馬爾（Georg von Vollmar）表示：「工人無祖國是錯的。愛人類不代表我們不能成為一個好德國人。」福爾馬爾又說，他與他的團體不接受反國家的國際主義。

饒勒斯還是跟他在工人國際法國支部大會上的講法一樣，他強調「鼓吹和平」，認為總罷工是最後訴諸的手段。

期望毫無計畫或毫無組織的總罷工能發揮效果，就跟期望一支沒有命令、子彈、補給站、運輸、糧食或軍火的軍隊到前線打仗能獲得成功一樣。即使第二國際同意發動總罷工，第二國際也沒有權力向各國分支機構發號施令，各國分支機構還是必須各自組織自己國家的工人進行罷工。除非罷工行動在各國同步進行，否則罷工最成功的工人只會讓自己的國家遭致戰敗的命運。蓋德不只一次指出，只有最有組織與最有紀律的勞動力才能發起有效的總罷工。總罷工一旦成功，結果就是較現代的國家在軍事上被較落後的國家打敗。這個兩難的處境是可怕的，且無法解決。饒勒斯並未認真思考這個問題，因為他把總罷工當成一種煽動群眾的理念，而未考慮實現的可能性。饒勒斯與伯恩斯坦在斯圖加特的公園散步時，他試圖說服伯恩斯坦相信宣傳罷工具有激勵人心的價值。伯恩斯坦日後說道，我反對的是總罷工的可行性，「但饒勒斯只是不斷重申承諾進行罷工帶來的『道德』效果」。很久之後，克里蒙梭提到，饒勒斯「如此堅定地宣揚各國之間的同胞愛……再怎麼殘酷的現實也無法讓他動搖」，這是饒勒斯的命運。

倍倍爾認為總罷工完全不切實際。德國社會民主黨與工會有緊密關係，這點與工人國際法國支部不同，德國社會民主黨在思考罷工問題時是從工會的角度出發。雖然每個工會成員都是好的社會主義者，但工會不希望魯莽地與國家權力作對而耗盡自己的基金。即使在和平時期，工會的財務儲備已經不足以維持總罷工，更何況是在戰爭時期。倍倍爾說，在充滿戰爭狂熱的國家裡，反對捍衛自己的祖國，將使社會主義者陷入非常難堪的處境。這點就連考茨基也同意。考茨基指出，罷工必須經過工會同意才能發動。但考茨基私底下與幾個志同道合的朋友自我安慰說——他們的想法跟饒勒斯一樣——如果戰爭真的來臨，他們相信「憤怒的」工人一定會起來反對戰爭。

在這些代表討論罷工時，與罷工最直接相關的人，那些工人的聲音在哪裡？我們沒有聽到工人的聲音。工人待在家裡，想著自己的工作、老闆、破掉的窗戶、生病的孩子、晚餐、明天的假日。如果他想到罷工，那是為了工資；如果他想到戰爭，他大概會覺得那是某個遙遠而重大的事件，讓人感到興奮與鼓舞。他不會想到參加罷工來反對戰爭，相反地，他會趕赴戰場，攻擊外國人，保護自己的國家。倍倍爾很清楚工人的想法。「不要再騙自己了，」他對一名英國代表說道，然後又重述一遍他的老話，一旦祖國宣布國家有危險，「每個社會民主黨人都會扛著槍，前往法國邊界。」

如果倍倍爾仍是社會主義的教宗，那麼他只能說是世俗的教宗；道德的火炬早已傳承到饒勒斯身上，凡德維爾德在開幕演說時說道，饒勒斯是「第二國際的最大希望」。饒勒斯精力充沛，他把所有的心思都投入於反戰的偉大運動中，此次他來到德國，內心感到十分高興。饒勒斯在啤酒花園裡，手中拿著巨大的啤酒杯，啤酒泡沫已經滿溢到杯緣，他說道：「啤酒！凡德維爾德，德國啤酒！」他的直率與熱情讓同行的人難以抗拒。某天晚上，在飽覽中古城市圖賓根（Tübingen）之後，饒勒斯堅持要在傾盆大雨與一片黑暗中外出，雖然什麼都看不見，他還是站在顯赫的圖賓根大學前沉思良久。

倍倍爾拒絕讓德國社會民主黨公開承諾支持以總罷工作為反戰手段，一方面他認為總罷工是不切實際的做法，但更重要的是倍倍爾害怕遭到政府報復，他擔心政府或許會重新祭出社會主義鎮壓法。自從恩格斯警告「合法性殺死我們」以來，德國社會民主黨已經邁入中年，而且擁有傲人的成績，這樣的社會民主黨已不想再淪為地下政黨。除了要對抗具有衝突性的法國決議，倍倍爾也必須面對黨內的激進派，在這些人的背後有著難以應付的人物支持。羅莎．盧森堡指著某人對朋友說道：「那是列寧。看看他那顆頑固的腦袋。」盧森堡與列寧都認為，第二國際針對軍國主義做出的任何決議，都會讓工人階級想起自己的職責，工人最終會設法將戰爭轉變成革命。在私下會談時，列寧與倍倍爾進行了相當冗長的協商，倍倍爾堅持「決議中不能有任何內容讓柏林的檢察官有理由宣布社會民主黨為非法」。經過無數次的改寫與討論，列寧認為整個過程耗時太久，但也頗有辯證法的風格，雙方終於得出彼此滿意的內容，並且同意增添到主決議文上。

在倍倍爾監督下，委員會擬定的最終結果盡可能涵蓋所有的觀點，但未包括埃爾維提出的具有叛亂性質的罷工，採用的形式也費盡心思，既不想引起柏林檢察官的注意，也不想冒犯大會裡任何重要成員。倍倍爾提出的決議最後獲得通過。決議並未提到罷工，而是重申了階級鬥爭，認為戰爭是資本主義的固有性質，要求以民兵取代常備軍，但決議也聲明：「第二國際並未嚴格要求工人階級必須採取行動對抗軍國主義。」決議建議透過一般的方式「持續鼓吹和平」，支持仲裁與限武。列寧與羅莎．盧森堡想增添的文字，其中不合宜的部分已遭到刪減，主要是敦促工人階級及其國會代表能盡最大的努力，「運用他們認為最有效的方式」阻止戰爭；如果戰爭還是爆發，那麼工人階級應努力促成戰爭盡快結束，並且「盡可能利用這場危機加速資本主義消滅」。

一九〇九年，一群人突然發起反戰罷工，而且遭遇悲劇性的結果。這場罷工不是組織性的運動，它就跟一九〇五年俄羅斯暴動一樣，是自發性的行動。巴塞隆納的紅色週，西班牙人稱為「悲劇週」（*la semana trágica*），是一場反對徵兵的群眾示威抗議。西班牙政府為了在摩洛哥展開軍事行動而進行徵兵，但工人認為這是一場為了里夫（Riff）礦場主的利益而打的戰爭。巴塞隆納勞工聯合會（Labour Federation of Barcelona）發起的罷工，一夜之間湧現了大批民眾參與，尤其是婦女，他們反對戰爭、統治者、反動勢力、教會與專制政權的一切措施。這場暴亂在槍聲與流血中遭到鎮壓，隨後弗朗西斯科．費雷爾的審判與處決激起了社會主義者的憤怒，卻未激起對叛亂問題或叛亂方式的關注。

同年，瑞典全國勞工聯合會（National Federation of Labour）發起總罷工，抗議雇主以停工方式壓迫工人。這場罷工有將近五十萬人參加，持續一個月，但最後還是在政府以永久解雇與取消退休金為要脅，以及上層階級成功組織人力維持核心業務下遭致失敗。找人去工作，要比找人去罷工容易得多。

同年，戰爭的陰影更為接近，奧匈帝國吞併波士尼亞與赫塞哥維納（Bosnia-Herzegovina），國力尚未恢復的俄羅斯只能隱忍，更糟糕的是，德皇宣稱他將「全身閃亮甲冑」地站在盟國這一邊。奧地利社會主義者禁不住因民族驕傲而感到興奮。維也納的社會主義《工人報》發表一連串沙文主義文章，塞爾維亞資產階級報紙因此惡意地取笑工人階級的跨國團結似乎沒有想像中牢固。

在英國，反德浪潮席捲了布萊奇福德，身為老兵的他，儘管主張社會主義，卻支持波耳戰爭。他與海德門攜手在他的報紙《號角》上發起徵兵運動。基爾．哈迪痛斥布萊奇福德與海德門是社會主義的叛徒，哈迪依然「堅信工會工人永遠不會參與另一場讓工人流血的活動」。他自己也一樣。工人階級擁有共同的立場，工人階級擁有共同的主人翁意識，這樣的神話信念依然十分強大。龔帕斯與哈迪一樣出身工人階級，他一輩子都在關切工人階級與工人事務，他也相信這個神話。一九〇九年，龔帕斯前往歐洲參加國際工會代表大會，他深刻感受到「今日工人團結的事實就存在於歐洲群眾的情感中」。龔帕斯是個未意識到自己是個社會主義者的社會主義者，他相信工人會為了自己的權利而鬥爭，「他們沒有理由參與國與國之間的戰爭」。但另一方面，龔帕斯了解而且表明，「以目前工會工人的狀況來說，要發起總罷工是不可能的」，儘管如此，龔帕斯也確信工人階級「有深刻的決心」，不會邁出最後一步接受徵召到前線射殺他們的工人同胞。龔帕斯認為，在國際工會大會上，代表們一起聊天一起用餐，這樣的精神將會由各國代表傳遞給自己國內的工會工人，他們將會了解這個精神，拒絕彼此殘殺。「即使是無組織的工人」，也閱讀返國代表的陳述與聆聽他們的說法，他們也採取了拒絕加入戰爭的立場。政治家很清楚，當他們下令「到前線去」時，將會引發「群眾的和平示威」——龔帕斯不願冒險說出群眾不服從這個詞彙。龔帕斯的結論是：「現在每個人達成共識，歐洲國家開戰的最終障礙，就是各國工人都抱持著決心反戰的態度。」

龔帕斯就跟任何經過生活歷練的人一樣務實而強悍，然而他身處的卻是一個感情用事的年代。與饒勒斯一樣，龔帕斯也相信「群眾示威」最終一定能停止戰爭，由此可以看出兩人都抱持著工人階級可以擔任主人翁的信念。

龔帕斯前往歐洲的目的，是希望國際工會聯合會（International Federation of Trade Unions）可以接納美國勞工聯合會成為會員。如果工會工人想採取行動讓世人了解工人階級反戰的態度，那麼國際工會聯合會應該是唯一能實現這個目的的組織，但前提是這個組織必須具備這份意志與手段，可惜國際工會聯合會兩者均無。一九〇三年，國際工會聯合會在英國與法國工會建議但德國人反對下成立，該會代表了二十七個工會或產業聯合會，擁有來自十九個國家超過七百萬名會員。這個數字看起來很嚇人，但實際上沒有作用，完全只是紙面上的紀錄。聯合會持續將產業狀況通報給各成員工會，盡可能防止雇主從國外雇用工人來破壞罷工。為了拉攏規模龐大與財力雄厚的德國工會，國際工會聯合會把總部設在德國，由德國全國工會聯合會會長卡爾．雷吉恩（Carl Legien）擔任秘書。國際工會聯合會兩年一度的大會對於成員提出的政治與社會問題——通常是由法國人提出——態度並不積極。一九〇九年，聯合會為瑞典總罷工募集了六十四萬三千美元的罷工資助基金，其中絕大多數出自德國與斯堪地那維亞工會，英國、法國或美國的工會則幾乎沒有出資。聯合會的團結顯然並不包括所有成員。由於德國工會在聯合會裡有著強大的影響力與強調非政治導向，聯合會因此對於國際總罷工的想法興趣缺缺。

國際工會聯合會最強大的成員之一是國際運輸工人聯合會（International Transportworkers' Federation of seamen, dockers and railwaymen）。國際運輸工人聯合會創立於一八九六年，代表了十六個國家的四十二個工會，成員有四十六萬八千人。與饒勒斯一樣逐漸開始關切戰爭問題的基爾．哈迪，把戰爭爆發時發動國際罷工的希望寄託在國際運輸工人聯合會上。如果運輸工人，或者再加上礦工國際聯合會（miner's International），能發動罷工，哈迪相信這麼做就可以停止戰爭。這裡還是面臨同樣的問題，那就是必須在所有的國家同步進行罷工才能成功，但哈迪被熱情沖昏了頭，他把這個問題拋諸腦後，決定在第二國際下次召開時，也就是在一九一〇年八月的哥本哈根，提出這項提案。

作為一九一〇年第二國際大會的主辦城市，哥本哈根是社會主義獲得實現的一個重要象徵。在幾個小國的社會主義政黨中，丹麥社會民主黨（Danish Socialist Party）的實力是屬一屬二的，它控制了丹麥的首都政府。委員會想讓世人對他們的組織與效能留下深刻的印象，在接待上力求盡善盡美，丹麥社會民主黨市長也在演說上向各國代表表達歡迎之意。當「自由的人民，市政廳的主人，歡迎紅色國際」時，凡德維爾德表示，許多代表看到這個盛大場面，「響亮的回應讓他們內心激動不已」。如今，社會主義在全世界已經擁有八百萬張選票。法國社會主義者剛在五月選舉中獲勝，他們贏得超過一百萬張選票，國會席次從五十四席增加到七十六席。白里安當上總理雖然不完全是個令人驕傲的事，但至少他還自稱是獨立社會主義者。社會主義似乎已經來到能有效運作人類「罪惡感」的階段。

在哥本哈根，基爾·哈迪與法國的愛德華·瓦揚共同提案，建議「參與第二國際的政黨與勞工組織應該思考總罷工的可取之處與可行性，特別是針對供應戰爭原料的產業，這會是防止戰爭的一個方法，至於該採取哪種行動則留待下次大會再來討論」。哈迪提案時也承認，工人還未做好罷工反戰的準備，但他堅信一旦戰爭來臨，工人馬上就能上陣。「我們必須為他們樹立榜樣，」哈迪說道。哈迪的決議獲得凡德維爾德與饒勒斯的支持，其中饒勒斯支持的動機更為強烈，因為他正致力拉攏法國總工會與工人國際法國支部合作，雙方協商能否順利，有部分取決於願不願發起總罷工。此外，饒勒斯也擔心德國社會民主黨有逐漸走向官僚化的趨勢，他開始覺得有引進群眾運動的必要性。

德國人與奧國人堅決反對哈迪的動議，他們的理由跟過去一樣：支持反戰罷工會遭到叛國罪起訴，資金也會被充公。倍倍爾年老生病未能出席，但即使沒有他，在德國施壓下，哈迪的提案還是遭到否決。做為折衷方案，這項決議最後被送到布魯塞爾事務局保存，等下次大會再做考量。然而即使只是保留決議，也讓德國人不放心。他們勉強同意保留決議，是因為凡德維爾德表示，如果德國人連決議都不願保留，恐怕英國人與法國人會自行實施這項計畫。另外，反軍國主義的決議則獲得通過，但內容實際上與上次斯圖加特通過的決議相同，主決議文以外的增添文字提到，各成員國的工會工人「為了防止戰爭罪行，在必要的狀況下，應考慮是否發起總罷工」。社會主義者處理總罷工問題也許不像資本家在海牙會議上商討限武問題那樣明快，但神經質的程度卻有過之而無不及。

幾個星期後發生的事件，充分顯示工人無法藉由運輸罷工獲得勝利。十月，法國鐵路工人針對私有與國有鐵路發動總罷工，法國總理白里安下令徵召工人入伍服役三週，工人若擅離工作崗位，就以逃兵論處，白里安採取的策略瓦解了總罷工。白里安表示，他是在愛國良知的驅使下，基於國防考量做的決定。然而即使像白里安這樣的老牌社會主義者，他的良知卻未驅使他向資方施壓，以滿足鐵路工人加薪的要求。

一九一〇年是歷史性的一年。貝爾福在一九〇六年英國大選中已經看到權力轉移的徵兆，但到了一九一〇年，權力轉移到新階級依然還是個過程，尚未成為事實。在力量的測試中，就像法國鐵路罷工一樣，工人還無法掌握真正的權力。國際行動只是一種幻覺。社會主義者仍持續不斷地談論國際行動與相信國際行動，然而他們更多是懷抱著希望與理論，而非採取具體的行動。在這個時期，國際工人階級行動只出現一次真正的嘗試。當社會主義者在哥本哈根討論在戰爭相關產業發動總罷工時，真正與戰爭產業相關的人士，國際運輸工人聯合會，這個本質上最國際化的工會，也剛好在哥本哈根召開大會。過去，在波耳戰爭期間，支持波耳人的荷蘭成員要求對英國船運進行國際杯葛，但國際運輸工人聯合會領袖斷然拒絕這項提議，理由是工人參與國際政治運動的時機尚未成熟。現在，到了一九一〇年，國際運輸工人聯合會決定在明年自行發起國際罷工來解決船東待遇苛刻問題。

這場罷工的積極發動者是英國代表班．蒂利特與哈夫洛克．威爾遜（Havelock Wilson），但德國代表保羅．穆勒（Paul Muller）強烈反對，他的立場就跟同時間他的同胞在第二國際大會上反對哈迪的理由一模一樣。穆勒說，在這個時刻讓海員罷工「絕對是瘋了」，而且絕對是一場災難。船東將會勝利，工會領袖將喪失影響力，海員將陷入貧困，而且最終必須向船東下跪求饒。船運罷工就跟反戰罷工一樣，會讓未發動罷工的國家的船運業獲利，由於德國人與英國人在船運業是勁敵，因此這項國際原則是必須考慮的重點。然而，龐大的壓力還是迫使穆勒同意，大會最終無異議通過，由於各國船東「粗暴而冷酷」地拒絕在調解委員會討論工會要求，因此海員們將發動罷工。所有人都同意這場罷工「必須而且將是國際性的」。

隨後在十一月與隔年三月，在安特衛普海員委員會的幾次集會上，英國表示他們絕對會在一九一一年發動罷工，比利時、荷蘭、挪威與丹麥表示支持。但德國人此時卻表示他們沒有理由罷工，宣布退出。罷工時間訂於六月十四日。之後不久，丹麥人與挪威人也宣布退出，前者表示他們已經獲得對他們有利的五年協議，後者表示雖然船東拒絕他們的要求，但他們覺得自己的實力太弱，無法實施罷工。面對這種狀況，英國人決定無論如何都要進行，比利時人與荷蘭人也跟進，但他們的規模遠遠比不上英國人，這場罷工正值夏季英王加冕的時期，最後演變成一場大罷工。國際運輸工人聯合會在其他歐陸港口採取行動支持，阻止船東雇用罷工破壞者，而且努力滿足英國海員的一切需求。然而，整體而言，原本設想的連帶罷工並未實現。國際運輸工人聯合會在一九一一年發起的罷工就像一場預演，人們可以從中預期工人階級參與國際行動會是什麼樣子。

儘管如此，信念堅定的社會主義者依然相信一旦戰爭爆發，全世界的工人都將「起而反抗」。這些社會主義者完全反映了當時的潮流，喜歡以情感的外衣遮掩現實。醫生、作家與社會心理學家已經對人類不抱任何幻想，但當時的民眾可不是如此。這些看穿人性的尖兵就像韋德金德一樣，是「黑暗的預言家」。但民眾喜歡樂觀的一面：布格羅（William-Adolphe Bougereau）畫筆下如珍珠般完美的裸體，還有美得不可置信的吉布森女孩（Gibson girls）——這些完美的人物在陸地或海上都不可能尋得。同樣地，社會主義者也以自己獨特的方式表現出這種樂觀傾向。

樂觀的想法主宰著德國，在一九一二年大選中，社會民主黨獲得百分之三十五的選票，達到四百二十五萬票，取得一百十一席國會議員。社會民主黨成長得如此快速與如此強大，看在其他社會主義者眼裡，「不得不」相信德國社會主義運動「囊括絕大多數民眾與衝破封建—資本主義國家枷鎖」的時刻已近在眼前。德國有這麼多社會民主黨員，意謂著在軍隊裡，社會民主黨員的數量也在成比例增加，這樣下去，總有一天，國家將無法動用陸軍來對付工人。

饒勒斯曾在阿姆斯特丹大會開幕演說時提到，德國社會民主黨的規模與實際影響力有著很大的差距。現在，這個差距不僅依然存在，甚至隨著黨的不斷擴大而變得更加明顯。一九一二年，德國國會的社會主義者並沒有因為選舉大勝而產生多大的作用。同年，當政府打算增加三個軍的陸軍兵力時，這些社會主義者雖然反對授權法案，卻不敢反對用來支付軍費的徵稅法案。當社會民主黨議員菲利普．謝德曼（Philipp Scheidemann）被選為帝國議會第一副議長時，他表示他不會進宮覲見德皇，此舉引發新一輪的膝褲辯論。不只是社會主義者，所有的黨派都參與了這場辯論。爭議的核心是，如果第二副議長缺席，謝德曼是否能獨自做決定。此外，倍倍爾是否同意社會主義者參加向君主歡呼的傳統儀式。最後，謝爾曼因為原則問題而被取消第一副議長資格，這些問題也就不了了之。

在社會民主黨內部，修正主義也隨著德國民族主義的膨脹而不斷成長。社會主義的勝利，反而讓社會主義者背棄了革命這個最大計畫，轉而追求最小與可能的計畫。革命才剛破曉，就已西沉。信徒仍懷抱著澆不熄的熱情，不斷地覆誦馬克思主義信條，然而真正的信仰早已傳承給了依然在國外流亡的「非法移民」身上——那些俄羅斯人。在萊比錫左翼分子集會上，來訪的奧國社會主義者稱主辦者為革命分子。「我們是革命分子？」弗朗茨．梅林打斷他的話。「不！那些人才是革命分子，」他對著作客的托洛斯基點頭說道。

對饒勒斯來說，首要任務已不只是防止戰爭發生，而是在反戰的同時，還要兼顧捍衛法國與社會主義的信仰。在法國，民族主義，或者說「復仇」、好戰精神，也越來越高漲。德國的壓力無所不在，色當的陰影不斷延伸。對於蓋德這種邏輯極端分子來說，和平與工人階級的利益不一定同等重要，但對饒勒斯來說，兩者一樣重要。饒勒斯現在認為，要合乎社會主義，又要解決戰爭威脅的唯一方式，就是成立公民軍（citizen army）。當整個國家都成了預備軍，每個人都參與六個月的基本訓練，軍官也從預備軍中選拔而來，那麼國家就不會為了資本家戰爭販子的利益而戰。饒勒斯認為，在對抗入侵的戰爭中，只有由全國民眾組成的軍隊，才能擊退德國前線預備軍帶來的恐怖「洪流」。

饒勒斯在這方面的看法並非只是社會主義式的空談。饒勒斯曾為德雷福斯事件撰寫《證據》一書，現在他也試圖證明他的想法的可行性，往後三年，他研究與構思重整軍事體制的方法。一九一〇年十一月，饒勒斯將結果寫成法案，提交給國會，之後又於一九一一年出版了厚達七百頁的作品《新軍》（*l’Armée Nouvelle*）。饒勒斯不辭辛勞地在國會、公眾集會、演說與他自己創立與擔任主編的社會主義報紙《人道報》（*l’Humanité*）上宣揚自己的觀點，他也遭到右派人士，特別是《法蘭西行動報》（*Action Française*）的謾罵，有人罵他「叛國賊」、親德人士、與「和平主義者」。

巴爾幹半島是俄國與奧國利益衝突的地區，每個人都知道這裡是歐洲的火藥庫。一九一二年十月，塞爾維亞、保加利亞、希臘與蒙特內哥羅（Montenegro）組成的巴爾幹同盟（Balkan League），在俄羅斯慫恿下向土耳其宣戰，一時間似乎最糟的時刻已經來臨。在貝爾格勒，托洛斯基看著塞爾維亞第十八步兵師穿著新卡其色軍服趕赴前線。他們穿著草鞋，軍帽上插著綠色枝椏，一副「注定為國捐軀」的樣子。此後，草鞋與綠色枝椏就成了最能讓托洛斯基體認戰爭意義的事物。「歷史的悲劇感盤踞在我的內心，我感到人在命運面前是多麼無力，人命就像蝗蟲一樣，多麼的渺小。」

為了顯示全世界工人團結反戰，布魯塞爾事務局決定在十一月二十四日與二十五日在德、法交界的瑞士城市巴塞爾（Basel）召開第二國際的緊急大會。五百五十五名代表分別從二十三個國家火速趕往巴塞爾。事務局預先起草的宣言獲得無異議通過，宣言表示，為了反戰，將「隨時做出犧牲」，但並未清楚說明將採取什麼作為。基爾·哈迪、阿德勒、凡德維爾德與所有社會主義最能激勵人心的演說家輪番上臺，最後的重頭戲是饒勒斯的演講，此時的他已被默認是反戰運動最具影響力的人物。倍倍爾雖然也出席大會，但已經衰老的他，此次將是他最後一次在國際上露面。

饒勒斯站在主教座堂的講道壇上，教會當局答應將主教座堂借給大會使用，但資產階級表示反對，他們擔心會發生「危險的」後果。饒勒斯說，教堂的鐘聲讓他想起席勒〈鐘聲之歌〉（"Song of the Bells"）裡的名句：「我召喚生靈，我哀悼死者，我粉碎雷電。」（"*Vivos voco, mortuos plango, fulgura frango*"）饒勒斯突然身子前傾，對著仰望的臉孔說道：「我召喚生靈，他們正抵抗著在地平線上出現的怪物。我為無數死者哭泣，他們正倒臥東方，屍體腐爛。我將打破戰爭的雷電，它們正從天上發出威嚇的咆哮。」

結果戰爭的雷電還真的被打破了，只不過出手的是資本主義的政治人物。一九一二年十二月，資本主義政治人物在倫敦開會，對巴爾幹戰爭加以限制，隔年五月第二次開會，這次他們順利結束戰爭，避免戰火延燒成俄國與奧國的衝突。

一九一三年三月，法國採取了一項與饒勒斯的反戰運動完全相反的措施，當局決定擴大陸軍，把原本的兩年兵役恢復為三年。饒勒斯全力反對政府的這項決定，並且提出全民武裝的構想。往後六個月，三年兵役法成為法國人的核心話題。民族主義者號召立法，左派則主張反對到底。饒勒斯抨擊國會的做法犯下「反共和國罪行」，他糾集十五萬名群眾進行露天抗議集會。反對派領袖推舉他擔任主要的和平發言人。因此，饒勒斯也被當成和平主義者與親德分子，成為遭受攻擊的對象。經過七個星期的激烈辯論，三年兵役法於八月七日立法通過。過去，饒勒斯曾在雷恩審判後的六年間持續苦戰，終於讓德雷福斯與皮卡爾官復原職，這一次他也將堅持下去，他要發起運動廢除這項法律。

同年，倍倍爾去世，享年七十三歲。在持續三天的送葬行列中，來自各國的工人與社會主義者列隊瞻仰，在他的棺木旁擺滿了數百個花圈與紅色花束。德國社會民主黨的領導人由倍倍爾指定的人選繼任，這個人是胡戈・哈澤（Hugo Haase），他是一名律師，也是柯尼斯堡（Königsberg）選出的國會議員。一九一三年八月，安德魯・卡內基，以及常設仲裁法院的四十二國代表，參加了海牙和平宮的落成典禮，《泰晤士報》稱這裡是「最幸福的環境」。一九一三年，一項針對法國學生生活的調查顯示，「戰爭」這個詞讓人有「心生嚮往」的感覺，「潛藏在人類內心的永恆戰士本能始終蠢蠢欲動」。

工人階級的力量持續成長。德國與英國的工會成員在一九一四年都達到三百萬人，法國則是一百萬人。丹麥社會民主黨是最大的單一政黨；在義大利，社會主義者在一九一三年大選中，國會席次從三十二席增加到五十二席；在法國，一九一四年四月大選，社會主義者從七十六席增加到一百零三席。比利時工人黨除了取得三十個眾議院席次與七個參議院席次，也產生了五百名市議員。長久以來，比利時工人黨在統治階級頑強抵抗下，始終無法推動平等普選制，但此時他們終於覺得自己有足夠的力量發動總罷工來達成他們的要求。不耐的激進派要求馬上行動，但凡德維爾德與其他同仁堅持進行長期而謹慎的準備；即便如此，在四十萬名工人發起罷工之下，整個罷工持續了兩個星期，還是未能達成目的，功敗垂成。

第二國際第十次代表大會預定在一九一四年八月於維也納舉行，同時將慶祝第一國際成立五十周年與第二國際成立二十五周年。第二國際對於自身的目的與目標仍存有強烈的信念。五月，法德社會黨議員委員會（Franco-German Committee of Socialist deputies），其中包括饒勒斯與胡戈・哈澤，在巴塞爾會面，商討兩國和解事宜。雙方的立意良善，但也僅止於商討。在英國，四月，基爾・哈迪在獨立工黨會議上發表演說，講到一半，他突然轉身面對坐在講臺後方上社會主義主日學的孩子們。哈迪直接跟他們說話，他提到自然世界的美好，也提到人類世界可能的樣貌。他提到戰爭與貧困都是不必要的事物，他提到自己如何努力傳承給他們一個更好的世界，他也提到自己與其他夥伴遭受的失敗，最後他表示，孩子們，你們終究會成功。「如果這是我最終的話語，那麼我會把這些話送給你們：活下去，直到美好的日子到來。」

六月底，消息傳來，塞爾維亞愛國人士在奧國併吞的波士尼亞領土的一座不知名的城市，行刺了奧國皇儲弗朗茨．斐迪南大公（Archduke Franz Ferdinand），這本該是一件聳人聽聞的事件，但歐洲人似乎已經對這種事習以為常。這件事就這樣過去，並未引起民眾過度的關心。然而一個月後，七月二十四日，奧國突然向塞爾維亞發出最後通牒，並且帶來恐怖的後果。德國社會主義報紙《前進報》表示，這份最後通牒措辭極為「粗暴」，「可以解釋成奧國有意引發戰爭」。歐洲突然面臨大規模危機。這起事件會不會就像另一場阿加迪爾危機或巴爾幹戰爭，雖然充滿各種挑戰與軍事動作，但最終還是避免了一場大戰？民眾殷切期盼希望出現。很久之後，史蒂芬．褚威格寫道，「我們當時都希望饒勒斯」能組織社會主義者停止戰爭。

社會主義領袖進行磋商。要等一個月後在維也納進行示威抗議，很可能為時已晚，因為人們已經可以感覺到戰爭的氣氛越來越濃，隨時可能一觸即發。布魯塞爾事務局召集各國領袖，於七月二十九日召開緊急會議。饒勒斯、胡戈．哈澤、羅莎．盧森堡、阿德勒、凡德維爾德、基爾．哈迪，與義大利、瑞士、丹麥、荷蘭、捷克與匈牙利的政黨代表，以及幾個俄國派系代表，大約二十個人一起開會，大家都「感到無望與挫折」。他們能做什麼？他們如何將工人階級的意志傳達出去？工人階級的意志到底是什麼？沒有人問這個問題，因為無疑地，大家渴望的一定是和平，然而兩天前，在布魯塞爾的工會大會上卻給出一個答案。工會大會的出席者有法國總工會領袖萊昂．儒奧（Léon Jouhaux）與德國工會領袖卡爾．雷吉恩。儒奧很想知道德國工會會怎麼做。儒奧說，如果德國人發動罷工，法國人也會發動罷工，但雷吉恩只是沉默不語。總之，沒有準備任何計畫。

一整個星期，各個國家的社會主義報紙都在大聲疾呼反對軍國主義，敦促各國工人階級「一起站出來」，「聯合起來打敗」軍國主義者，要如第二國際計畫的「不斷鼓吹和平」。法國工會的機關報《工團主義鬥爭報》(*La Bataille Syndicaliste*) 表示：「工人必須以革命總罷工來回應宣戰。」工人上街參加群眾集會，聆聽演說，他們沿街高喊，但就像工會並未提出任何計畫一樣，工人們也看不出有任何罷工的慾望。

某個下雨天，在布魯塞爾，社會主義領袖在民眾之家（Maison du Peuple）的一間小禮堂開會。民眾之家是比利時勞工運動的一座自豪的新建築物，有劇院、辦公室、會議室、咖啡廳與合作社。他們在開會時得知，奧國已經對塞爾維亞宣戰，但其他國家尚未加入。他們懷抱的希望，工人無論如何都會起而反對戰爭，這個「無論如何」長期以來一直是他們堅持的信念，而這也成為他們唯一能寄望的事物。每個代表都希望坐在隔壁的人能告訴他們，他的國家的工人已經自發性地發起示威遊行，表達反戰。阿德勒對於奧地利工人發動暴亂不抱任何希望。不安的哈澤一直無法安靜坐著，他提到德國出現了示威抗議與群眾集會，他向在座的同仁保證：「德皇不想戰爭，不是出於愛惜人命，而是因為怯懦。他害怕後果。」饒勒斯給人一種印象，「他就像一個已經對正常解決方式感到無望的人，只能仰賴奇蹟出現」。哈迪確信英國運輸工人會發動罷工，但他的信心是裝出來的。他在幾個星期前寫道：「唯有工會與社會主義運動緊密結合，工人才能控制政府，才能結束戰爭。」唯一做到這種緊密結合的國家只有德國。代表們談了一整天，只達成一個結論，那就是把第二國際代表大會的日期提前到八月九日，而且將地點從維也納改成巴黎，屆時再繼續進行討論。

當晚，皇家圓形劇場（Cirque Royale）舉辦了群眾集會，布魯塞爾各區與市郊的比利時工人將會場擠得水洩不通。社會主義領袖登上舞臺，饒勒斯把手臂搭在哈澤的肩膀上，他們用這個動作來破除德、法不和的傳言。饒勒斯在集會的高潮階段上臺演說，他的聲量越來越大，幾乎整座劇場都在震動。饒勒斯「在顫抖，他的情感激昂，他感到憂慮，他渴望避免即將到來的衝突」。饒勒斯結束演說之後，群眾在熱情的驅使下，開始走上街頭遊行。他們拿著白色牌子，上面寫著「反對戰爭的戰爭！」（"*Guerre à la guerre!*"）民眾輪番喊著口號，一邊遊行一邊唱著〈國際歌〉。

第二天，代表們各自返國，饒勒斯向凡德維爾德辭行時向他保證。「這次就像阿加迪爾一樣，有緊張的時候，也有緩和的時候，無論如何，事情一定會獲得解決。來吧，現在離搭火車的時間還有幾個鐘頭。我們去博物館看看法蘭德斯的原始文物。」但凡德維爾德正準備啟程前往倫敦，他無法跟著去，這是他與饒勒斯最後一次見面。在返回巴黎的火車上，疲倦的饒勒斯睡著了。同行的尚．隆格（Jean Longuet）看著他「美好的臉龐」，「突然產生一種感覺……他死了。我嚇得整個人都無法動彈」。然而，抵達巴黎之後，饒勒斯醒了，他依然堅持前往國會與其他議員談話，然後回到《人道報》辦公室，撰寫明天一早刊登的專欄文章。

安潔莉卡·巴拉巴諾夫與其他代表搭乘另一班火車離開布魯塞爾，第二天早上，他們在巴塞爾火車站的餐廳吃早餐，此時兩名德國中央委員會的同志十分興奮地衝了進來。「毫無疑問，戰爭開打了，」一名剛跟外面的德國人談話的代表說道。「他們把德國社會民主黨的基金帶來這裡保管存放。」同一天，在柏林，德國總理貝特曼─霍爾維格（Bethmann-Hollweg）向普魯士國務大臣保證，「不用特別擔心社會民主黨」，「不會有總罷工，也不會有破壞」。

七月三十一日，德國向俄國發出最後通牒並且進入戰爭戒備狀態（*Kriegsgefahr*），或者說是發布初步動員令。在巴黎，民眾得知法國正瀕臨戰爭邊緣，每個人都感到緊繃。內閣持續不斷地開會，德國大使抵達外交部，離開時的氣氛看起來十分凝重，此時的法國已命懸一線。饒勒斯率領社會主義代表團拜訪總理辦公室，總理是他過去的同志維維亞尼，之後饒勒斯開始進行組織，準備用政黨的力量在國會施壓。晚上九點，身心俱疲的饒勒斯離開《人道報》辦公室，與一群同事到蒙馬特街（Rue Montmartre）轉角附近的可頌咖啡廳（Café Croissant）吃晚餐。饒勒斯坐下來吃飯，與朋友聊天，背對著打開的窗戶，一個前一晚就跟蹤他的年輕人此時也出現在咖啡廳外的街上。後來經過查明，這個人被極端愛國主義熱忱沖昏了頭，整個人呈現精神錯亂的狀態，他舉著槍對準「和平主義者」與「叛國者」開了兩槍，饒勒斯先是倒向一側，然後往前趴倒在桌上。五分鐘後，饒勒斯死亡。

消息一下子傳遍整個巴黎。餐廳外面的街道迅速擠滿了群眾，警察花了十五分鐘為救護車開道。當饒勒斯的遺體被抬出來的時候，現場鴉雀無聲。在警察騎著腳踏車護送下，救護車敲著救護鈴疾駛而去，此時群眾突然一陣騷動，彷彿不願意接受饒勒斯死亡的事實，眾人呼喊：「饒勒斯！饒勒斯！饒勒斯萬歲！」其他地方的民眾則是悲傷得愣在原地。許多人在街上哭泣。安那托爾．佛朗士聽到消息後說：「我的心碎了。」晚上內閣開會時，助理臉色蒼白地前來通報饒勒斯的死訊，內閣感到震驚與恐懼，在這戰爭前夕，他們眼前浮現了工人階級暴動與國內紛亂的景象。總理公開呼籲民眾團結與冷靜。軍隊也進入警戒狀態，但到了第二天早晨，在國家遭遇危難的時刻，只看到深切的悲傷與深刻的寧靜。在卡爾莫，礦工停止工作。一名礦工說道：「他們砍倒了一棵巨大的橡樹。」在萊比錫，一名西班牙社會主義大學生毫無目的地在街上徘徊了幾個小時：「一切都染上了鮮血的顏色。」

饒勒斯去世的消息刊登在八月一日星期日的報紙上。當天下午，德國與法國開始動員。接近傍晚的時候，一群後備軍人手上拿著花束朝火車站前進，民眾夾道揮手歡呼。每個國家都洋溢著熱情與興奮。在德國，八月三日，社會民主黨議員召開幹部會議，討論是否該投票支持發行戰債。就在幾天之前，《前進報》才輕蔑地表示防禦性戰爭不過是個託詞，但現在政府卻提到俄國的危害與法國的威脅。伯恩斯坦，馬克思的修正者，他向社會民主黨議員保證，政府計畫給社會主義者留一條「退路」，為了證明自己的說法，伯恩斯坦表示外交部曾提高官方弔唁的規格，以哀悼饒勒斯的死對社會主義者造成的重大損失。全部一百一十一名社會民主黨議員中，只有十四名投下反對票，包括哈澤、羅莎．盧森堡、卡爾．李卜克內西與弗朗茨．梅林，但他們會遵守少數服從多數的嚴格紀律。第二天，社會民主黨無異議地與帝國議會其他政黨一起投票支持發行戰債。

德皇宣示：「從今以後，我不知道有黨派，只知道有德國人。」在法國，國會議長德夏內爾（Deschanel）在常會上發表對饒勒斯的頌詞，他說：「這裡不再有敵人，這裡只有法國人。」無論在帝國議會還是在法國國會，沒有任何社會主義者起來反對這種原始的效忠言論。法國總工會領袖萊昂・儒奧宣示：「以工團主義組織的名義，以所有已經加入軍隊的工人的名義，以明天即將入伍包括我在內之人的名義，我宣布，我們都是自願上戰場，我們要打敗侵略者。」同樣是在八月，凡德維爾德加入比利時戰時聯合政府，蓋德加入法國「神聖同盟」政府。蓋德成了政府的部長。愛國主義強大的部族力量，在這裡得到最有力的證明。

英國不像歐陸各國那樣直接面臨危險，因此基爾・哈迪、拉姆齊・麥克唐納與幾名自由派人士依然宣示反對戰爭。但除了他們之外，就未再出現任何異議者，沒有罷工，沒有抗爭，工人毫不猶豫地扛起槍，對抗另一片土地的工人同胞。當入伍的命令到來，馬克思口中沒有祖國的工人，他們不再認同自己的階級，而是認同自己的國家。工人搖身一變成了國家大家庭的一分子，就跟其他人一樣。工人的反抗力量，原本是為了推翻資本主義，此時在外國人身上找到更好的目標。工人階級自願參戰，甚至渴望參戰，在這點上，他們與中產階級無異，也與上層階級無異，他們就像人類一樣。

饒勒斯於八月四日安葬，就在這天，全面性的大戰已經開始。饒勒斯在巴塞爾提到的鐘聲，而今在頭頂上為他與全世界響起：「我召喚生靈，我哀悼死者。」

後記

格雷厄姆．華萊斯寫道，接下來的四年，「是人類有史以來最艱苦也最英勇的四年」。這場大戰結束後，直到一九一四年為止依然存在的幻覺與熱情，已經緩慢沉入到廣大無垠的幻滅之海中。人類付出這麼大的代價，主要的收穫卻是痛苦地察覺到自身的局限。

在歐洲文明的偉大時代興建的這座驕傲之塔，是一座壯觀而熱情、富饒而美麗，同時擁有一座黑暗地窖的宏偉建築物。與後來的人相比，驕傲之塔的居民更自主，更自信，更有希望；更華麗，更鋪張，更優雅；更無憂無慮，更興高采烈，更樂於彼此的陪伴與交談，更不公義與更虛偽，更貧困與更匱乏，更感情用事，其中包括虛假的情感，更不容忍平庸，工作更有尊嚴，更徜徉於自然，更有熱忱。舊世界無論獲得了什麼，都無法彌補在這場大戰中失去的眾多事物。一九一五年，比利時社會主義詩人埃米爾．維爾哈倫回首過去，他在詩裡寫道：「將這份感情，獻給曾經是我的那個人。」

致謝

麥米倫出版公司（The Macmillan Company）的塞西爾·斯科特先生（Mr. Cecil Scott），從一開始擬定大綱到全書完成一直全程參與，他是本書的忠實讀者，給予了本書建設性的批評，在我需要的時候也給予我鼓勵，非常感謝他的幫助。

關於忠告、建議與問題的回應，我要感謝《美國的過去》（*The American Past*）作者羅傑·巴特菲爾德先生（Mr. Roger Butterfield）；印第安納大學的弗里茨·艾普斯坦教授（Professor Fritz Epstein）；《列寧傳》（*The Life of Lenin*）作者路易斯·費雪先生（Mr. Louis Fischer）；康乃爾大學的愛德華·福斯教授（Professor Edward Fox）；倫敦國際運輸工人聯合會的戈定先生（Mr. K. A. Golding）；哥倫比亞唱片（Columbia Records）的傑·哈里森先生（Mr. Jay Harrison）；大都會歌劇院（Metropolitan Opera）的約翰·古特曼先生（Mr. John Gutman）；哥倫比亞大學共產主義事務研究所（Institute on Communist Affairs）的喬治·利希海姆先生（Mr. George Lichtheim）；《克虜伯家族》（*The House of Krupp*）作者威廉·曼徹斯特先生（Mr. William Manchester）；約翰·費雪爵士書信集主編亞瑟·馬德教授（Professor Arthur Marder）；普魯斯特傳記作家喬治·潘特先生（Mr. George Painter）；格雷厄姆·華萊斯作品導論作者羅斯先生（A. L. Rowse）；海倫·拉斯可女士（Miss Helen Ruskell）與紐約社會圖書館（New York

Society Library）職員，小管弦樂團（Little Orchestra Society）指揮湯瑪斯·謝爾曼先生（Mr. Thomas K. Schermann），提供德國馬戲團資訊的珍妮絲·謝依女士（Mrs. Janice Shea），提供威爾弗里德·特羅特資訊的聖費爾南多谷州立學院（San Fernando Valley State College）瑞芭·索福教授（Professor Reba Soffer），聯邦電力委員會（Federal Power Commission）主席約瑟·斯威德勒先生（Mr. Joseph C. Swidler），《現代英國詩》（*Modern British Poetry*）主編路易斯·昂特梅耶先生（Mr. Louis Untermeyer）。其他還有許多人在口頭上給予我許多幫助，我無法一一寫下他們的姓名，只能在此一併致謝。

關於本書插圖部分，我要感謝海牙皇家檔案館（Royal Archives）的烏貝爾斯先生（Mr. A. J. Ubels），紐約公共圖書館（New York Public Library）藝術與版畫室職員，布朗兄弟的哈利·柯林斯夫婦（Mr. and Mrs. Harry Collins）。

我特別要感謝兩位不辭辛勞的校對者，潔西卡·塔克曼女士（Miss Jessica Tuchman）與提摩西·迪金森先生（Mr. Timothy Dickinson），他們兩人分別做了許多改善與修正。

感謝埃斯特·布克曼女士（Mrs. Esther Bookman）為本書與上一本書《八月砲火》（*The Guns of August*）打字，她的技術無懈可擊。

芭芭拉·塔克曼

655頁，國際運輸工人聯合會與波耳戰爭：Information supplied by K. A. Golding, Research Secretary, ITF, London.

656頁，國際運輸工人聯合會在一九一一年發起的罷工：Prior discussion of the strike at Copenhagen in 1910 from *The Times*, Aug. 25–29. Subsequent developments from Mr. Golding.

657頁，其他社會主義者「不得不」相信：Braunthal, 46.

657頁，謝德曼辯論：*The Times*, Feb. 19, Mar. 9, 1912.

658頁，「我們是革命分子？」：Trotsky, 213.

660頁，發生「危險的」後果：*Annual Register*, 1912, 367.

660頁，饒勒斯的演說：Joll, 155.

661頁，一項針對法國學生生活的調查顯示：*Les Jeunes Gens d'Aujourd'hui*, q. Wolff (see Chap. 5), 275.

662頁，「如果這是我最終的話語」：Brockway, 39.

662頁，《前進報》評論奧國的最後通牒：Vayo, 78.

662頁，「我們當時都希望饒勒斯」：Zweig (see Chap. 6), 199.

663頁，儒奧向雷吉恩的提議：Joll, 162.

663頁，《工團主義鬥爭報》：*ibid.*, 161.

663頁，布魯塞爾會議: Balabanoff , 4, 114–18; Vandervelde, 171; Stewart, 340; Joll, 164.

664頁，哈迪「唯有緊密結合」：Fyfe, 136.

664頁，尚・隆格：Goldberg, 467.

665頁，貝特曼—霍爾維格：Joll, 167.

665頁，饒勒斯之死：*Humanité*, *Figaro*, *Echo de Paris*, Aug. 1/2.

666頁，萊比錫，一名西班牙社會主義大學生：Vayo, 81.

666頁，政府給社會主義者留一條「退路」：Hans Peter Hanssen, *Diary of a Dying Empire*, Indiana Univ. Press, 1955, 15.

667頁，德皇，德夏內爾，儒奧：*The Times*, Echo de Paris, Aug. 5.

後記

668頁，格雷厄姆・華萊斯：Preface to 3rd ed. of *Human Nature in Politics*, 1921.

668頁，埃米爾・維爾哈倫：*La Belgique sanglante*, Paris, 1915, *Dédicace*, unpaged.

626頁，關於「膝褲」的辯論：Gay, 232, n. 39.

626頁，羅莎．盧森堡：Balabanoff , 22; Vayo, 61.

628頁，格奧爾格．雷德鮑爾的估計：Trotsky, 215.

628頁，德勒斯登決議：Pinson, 215–16.

629頁，「沒有戰爭的世界政治」：*ibid.*, 214.

630頁，阿姆斯特丹大會：Vandervelde, 152–62; DeLeon, *passim*.

633頁，扛著槍去保護他的國家：Vandervelde, 161.

634頁，伊茲沃爾斯基談白里安與維維亞尼：Goldberg, 455.

634頁，「殘忍屠殺」：Clynes, 103.

634頁，義大利人為俄國革命歡呼：Balabanoff, 54.

635頁，維也納罷工：Braunthal, 64–68.

637頁，「法國建立在財產、財產、財產之上」：q. Goldberg, 363.

638頁，戴布斯寫信給三十名工會領袖：Coleman, 227–28.

639頁，「原始本能」：q. Dulles, 211.

640頁，「緩慢穿過喧囂的人海」：Ernest Poole, q. Ginger, 281.

641頁，曼海姆的代表大會：Schorske, 56.

643頁，諾斯克在帝國議會的演說：Pinson, 215.

644頁，埃爾維「我們必須以反叛來回應」：D. W. Brogan. *France Under the Republic*, 429.

645頁，「在法國每個火車站」：M. Auclair, *La Vie de Jean Jaurès*, q. Goldberg, 381.

645頁，他們拜訪了哈特菲爾德：Vandervelde, in *l'Eglantine*, 38–40.

646頁，這個人就是貝尼托．墨索里尼：Desmond, 207.

646頁，警察監視整個過程：*The Times*, Aug. 19 and 20, 1907.

646頁，哈利．奎爾奇：Balabanoff, 82; Trotsky, 205.

647頁，格奧爾格．福爾馬爾表示：Pinson, 215–16.

648頁，克里蒙梭提到饒勒斯的命運：in *l'Homme Libre*, Aug. 2, 1914.

648頁，「憤怒的」工人：Braunthal, 106.

648頁，「不要再騙自己了」：Desmond, 206.649頁，饒勒斯在圖賓根：Vandervelde, 167.

649頁，「那是列寧」：q. Fischer, 58.

649頁，列寧與倍倍爾的協商：Supplied to the author by Louis Fischer from Lenin's "The International Socialist Congress at Stuttgart," *Works*, 5th ed., Moscow, 1961, XVI, 67–74, 514–15.

650頁，倍倍爾提出的決議最後獲得通過：Beer, II, 156.

651頁，維也納的社會主義《工人報》：q. Trotsky, 211.

651頁，布萊奇福德與海德門發起徵兵運動：Halévy (see Chap. 1), VI, 395.

653頁，基爾．哈迪依然「堅信」：Clynes, 25.

653頁，「響亮的回應」：report in *Le Peuple*, q. Vandervelde, 170.

653頁，社會主義擁有八百萬張選票：*The Times*, Aug. 31, 1910.

654頁，基爾．哈迪在哥本哈根：Cole, 83–84; Hughes, 197–98; Stewart, 302.

German scholars are reluctant to specify an origin, the attribution to Lassalle is made on the authority of George Lichtheim in a letter to the author.

596頁，一八九六年，第二國際發行的英文小冊子：Walter Crane, *Cartoons for the Cause*, 1886–96, London, 1896.

598頁，第二國際在蘇黎世舉行大會：Vandervelde, 144.

599頁，蕭伯納談論李卜克內西：Henderson, 220.

600頁，德皇眼中的社會民主黨：Michael Balfour, *The Kaiser and His Times*, London, 1964, 159.

600頁，「貝爾福明天一定會利用這則消息」：Joll, 76.

600頁，「總罷工是完全沒有道理的事」：ibid., 53, n. 2.

600頁，慕尼黑的五一勞動節：Krupskaya, I, 67.

601頁，奧古斯特．倍倍爾「影子德皇」：Rosenberg, 44.

601頁，蒙森談論倍倍爾：Hunter, 227; "savage accents": *ibid.*, 226; "deadly enemy": q. Pinson, 212; "Look at those fellows": Chirol (see Chap. 5), 274.

602頁，阿德勒的特點：Braunthal. Trotsky, Balabanoff, Joll, 38; "Despotism mitigated by slovenliness": Braunthal, 52.

604頁，「遠超過對理論的興趣」：Hunter, 134.

604頁，凡德維爾德成了女性社會主義者「滔滔不絕」談論的對象：Balabanoff, 15.

605頁，「堅定而大膽地」：Vandervelde, 46.

606頁，「戴了眼鏡的托爾克馬達」：Nomad. Rebels (see Chap. 2). 65.

606頁，「我們社會主義者還能做什麼？」：Goldberg, 226.

607頁，饒勒斯「充滿喜氣而詼諧」：Hyndman, 398; "His shoulders shook" and discussed astronomy at dinner party: Severine, in l'Eglantine, 7–8; "Thinks with his beard": Clermont- Tonnerre (see Chap. 4), II, 251.

609頁，瓦揚談饒勒斯：Vaillant on Jaurès: Hunter, 79.

609頁，克里蒙梭「所有的動詞都是未來式」：Roman (see Chap. 4), 91.

611頁，第二國際倫敦代表大會：Vandervelde, 145.

612頁，一名陸軍上校在芝加哥：Ginger, 139.

612頁，格羅斯卡普與威廉．伍德建議簽發禁制令：Allan Nevins, *Grover Cleveland*, New York, 1932, 618.

613頁，羅斯福在為麥金利競選時提到：Pringle (see Chap. 3), 164.

613頁，西奧多．戴布斯的金錶：Coleman, 201.

614頁，「看起來幾乎有些可笑」：Hillquit, 93.

615頁，「山姆，給他們一點顏色瞧瞧」：Harvey.

615頁，「中產階級的議題」：q. Dulles, 181.

616頁，「我是個工人」：Hillquit, 95.

622頁，「我必須公開坦承」：Braunthal, 91; Gay, 74.

622頁，據說有人建議阿德勒：DeLeon, 37; his letter to Bernstein: Braunthal, 100.

623頁，「身材瘦高，外表有些枯槁」與「打倒李卜克內西！」：Goldberg, 262.

624頁，埃爾哈德．奧爾表示惋惜：DeLeon, 66–67.

Lorwin, Lewis, L., *Labor and Internationalism*, New York, Brookings, 1929.

Lorwin, Lewis, L., *The International Labor Movement*, revised ed. of the above, New York, Harper, 1953.

Mann, Tom, *Memoirs*, London, Labour Publishing Co., 1923.

Orth, Samuel P., *Socialism and Democracy in Europe*, New York, Holt, 1913.

Rosenberg, Arthur, *The Birth of the German Republic, 1871–1918*, New York, Russell & Russell, 1962.

Schorske, Carl E., *German Social Democracy, 1905–17*, Harvard Univ. Press, 1955.

Stewart, William, *J. Keir Hardie*, London, ILP, 1921.

Suarez, Georges, *Briand, sa vie, son œuvre*, Vols. I and II, Paris, Plon, 1938.

Trotsky, Leon, *My Life*, New York, Scribner's, 1930.

*Vandervelde, Emile, *Souvenirs d'un Militant Socialiste*, Paris, Denoël, 1939.

Vayo, Julio Alvarez del, *The Last Optimist*, New York, Viking, 1950.

【註釋】

除非另有提及，原則上饒勒斯的引文全出自Harvey Goldberg，戴布斯的引文全出自Ray Ginger，伯恩斯坦的引文全出自Peter Gay。龔帕斯（Samuel Gompers）的引文，與生平有關的出自他的自傳，評論歐洲勞工的部分，出自他的*Labour in Europe and America*。凡德維爾德（Emile Vandervelde）、德萊昂（Daniel De Leon）與其他人的引文，根據之前提到的原則，都是出自他們自己的作品。

588頁，「全陷入宗教性的沉默」：Hunter, 319.

588頁，維也納「因恐懼而陷入癱瘓」：Zweig (see Chap. 6), 61; Braunthal, 56.

590頁，對埃德溫．馬卡姆的詩的評論：Sullivan (see Chap. 3), II, 236–47.

590頁，克里蒙梭在國會中提出警告：Alexandre Zevaès, *Histoire de la 3me République*, Paris, 1926, 342.

590頁，塔虎脫談論普爾曼大罷工：DAB, Taft.

591頁，馬克思主義者指控法國的可能派：Joll, 33.

592頁，「不要耽誤了革命！」：Bülow (see Chap. 5), I, 672. Miquel in later life became a Conservative and Minister of Finance, 1890–1900.

593頁，「等同於革命」：DeLeon, 192.

594頁，為巴勃羅．伊格雷西亞斯鼓掌：Hyndman, 396.

594頁，奇普里亞尼總是拎著一個袋子：Vandervelde, 44.

595頁，杭特描述義大利的山谷：in *Socialists at Work*, 55.

595頁，「窮人的無所求」：The phrase was circulating at the time without a clear claim as to authorship. Minus the adjective it appeared anonymously in a Fabian Tract of 1884, Why Are the Many Poor, and has been ascribed by Professor Gay in his book on Bernstein to William Morris. As Verdammte Bedürfnislosigkeit it was quoted by Shaw in his Preface to *Major Barbara*, without attribution but suggesting a German origin. Although some

第八章 饒勒斯之死

【參考書目】

Balabanoff, Angelica, *My Life as a Rebel*, New York, Harper, 1938.

Beer, Max, *The General History of Socialism and Social Struggles*, Vol. II, New York, Russell & Russell, 1957.

Bernstein, Edouard, *My Years of Exile*, New York, Harcourt, 1921.

Braunthal, Julius, *In Search of the Millennium*, London, Gollancz, 1945.

Cole, G. D. H., *A History of Socialist Thought*, Vol. III, The Second International, 1889–1914, Parts I and II, London, Macmillan, 1956.

Coleman, Mc Alister, *Eugene V. Debs*, New York, Greenberg, 1930.

De Leon, Daniel, *Flashlights of the Amsterdam Congress*, New York, Labor News, 1929.

Desmond, Shaw, *The Edwardian Story*, London, Rockliff , 1949.

Dulles, Foster Rhea, *Labor in America*, New York, Crowell, 1960.

(L'Eglantine), *Jean Jaurès; Feuilles Eparses*, Brussels, l'Eglantine, 1924.

Fischer, Louis, *The Life of Lenin*, New York, Harper, 1964.

Fyfe, Hamilton, *Keir Hardie*, London, Duckworth, 1935.

Gay, Peter, *The Dilemma of Democratic Socialism: Bernstein's Challenge to Marx*, New York, Collier, 1962.

Ginger, Ray, *The Bending Cross: A Biography of Eugene Debs*, Rutgers Univ. Press, 1949.

*Goldberg, Harvey, *The Life of Jean Jaurès*, Univ. of Wisconsin Press, 1962.

Gompers, Samuel, *Labour in Europe and America*, New York, Harper, 1910. (For autobiography, see Chap. 3.)

Harvey, Rowland Hill, *Samuel Gompers*, Stanford Univ. Press, 1935.

Henderson, Archibald, *Bernard Shaw*, New York, Appleton, 1932.

Hillquit, Morris, *Loose Leaves from a Busy Life*, New York, Macmillan, 1934.

*Hunter, Robert, *Socialists at Work*, New York, Macmillan, 1908.

International Socialist Congress, *Proceedings*; published variously. Nos. 1, 1889, Paris, and 3, 1893, Zurich, are in German, entitled *Protokoll*. No. 4, 1896, London, is in English; Nos. 2 and 5–8 are in French, entitled *Compte rendu analytique*. No. 5 was published by *the Cahiers de la Quinzaine*, Paris, 1901.

Jaurès, Jean, *Bernstein et l'Evolution de la Méthode socialiste* (text of lecture delivered to Socialist Student Conference, February 10, 1900. Erroneously dated 1910). Paris, Socialist Party pamphlet, 1926.

Joll, James, *The Second International, 1889–1914*, London, Weidenfeld, 1955.

Kleene, G. A., "Bernstein vs. 'Old-School' Marxism," *Annals of Am. Academy*, November, 1901, 1–29.

Krupskaya, Nadezhda K., *Memories of Lenin*, 2 vols., tr., New York, International, 1930.

described at length and in detail in the daily and periodical press. For material in the following pages, therefore, references are given only for odd items whose source might be hard to locate.

564頁，霍爾登談論選民的冷漠：q. *Annual Register*, 245.

565頁，議長羅瑟談愛爾蘭：Ullswater, II, 85; "sinister and powerful" and "direct, obvious": Morley, II, 349–50.

567頁，「年邁、矮小」：from a poem by an admirer which appeared in the *Morning Post*, q. Pope-Hennessy, 123.

567頁，女清潔工的歌：Sitwell, *Great Morning*, 57.

568頁，「是他凝聚了一切」：Sackville-West, 307.

568頁，桂冠詩人的詩：Austin, II, 292.

569頁，「我們那些被封爵的雜貨店商人」：Lucy Masterman, 200, told to her by Lloyd George.

570頁，阿斯奎斯的名單：Spender, Asquith, I, Appendix.

570頁，「我們非常嚴肅看待這件事」：*Grooves of Change*, 39.

571頁，運輸工人罷工，「這是一場革命！」：q. Halévy, VI, 456.

572頁，湯姆・曼入獄：Clynes, 154.

572頁，即使天氣炎熱也「令人心情愉快」：Sir Edward Grey, *Twenty- Five Years*, London, 1925, I, 238.

573頁，米歇拉姆夫人的晚宴：Williams, 192–93.

573頁，「你的大宅院」：Birkenhead, 175.

573頁，「索維林金幣」：Cyril Connolly, reviewing Nowell-Smith, *The Sunday Times*, Oct. 18, 1964.

574頁，馬匹拉的公車、出租汽車：Somervell, 28; Nowell-Smith, 122.

575頁，休・塞西爾：Churchill, 201; also Churchill's *Amid These Storms*, New York, 1932, 55; also Gardiner, *Pillars*, 39.

576頁，塞西爾事件：besides accounts in the daily press there are illustrations of the scene in *Punch*, Aug. 2 and 16; and Illus. *London News*, July 29.

578頁，「一團亂」歷史上的頭一遭：*The Times*, parl. corres., July 25, 1911.

580頁，晚餐同桌的六個貴族：Midleton, 275.

582頁，「你居然忘了國會法案」：Christopher Hassall, *Edward Marsh*, London, 1959, 173–74.

582頁，「真實危險」與「貴族懊悔地發現」：Newton, *Retrospection*, 187.

584頁，貝爾福「只想成為政治人物」：q. Young, 315.

584頁，阿斯奎斯的致敬：Guildhall speech, Nov. 9, *Fifty Years*, II, 129–31.

585頁，喬治・溫德姆「冰河時代」：Blunt, II, 339.

547頁，邱吉爾在《國家》發表文章：Mar. 9, 1907.

547頁，貝爾福談論「世襲原則」：q. Young, 266.

548頁，「吊門」與「貴賓犬」：These phrases graced the debate on the Lords' rejection of the Licensing Bill, June 24, 1907.

549頁，莫萊回想格萊斯頓的話：q. Esher, II, 303.

550頁，「偏遠林區居民」參與在蘭斯敦宅邸召開的會議：Willoughby de Broke, 246–47.

551頁，邱吉爾「非常憤怒」：Lucy Masterman, 114.

551頁，維克多・格雷森：Brockway, 24–25; Halévy, VI, 105.

551頁，德皇提議「解救英國」：Blunt, II, 210.

552頁，英王愛德華談「艱困的時代」：q. Magnus, 417.

553頁，「入侵的念頭不斷縈繞，幾乎讓人精神失常」：I. F. Clark, "The Shape of Wars to Come," *History Today*, Feb., 1965.

553頁，亨利・詹姆斯，煙囪頂帽：Jan. 8, 1909, *Letters*, ed. Percy Lubbock, New York, 1920, II, 121.

553頁，婦女參政：In addition to Pankhurst and Fulford, the list of Suffragette assaults is most conveniently found in successive volumes of the *Annual Register*. The Albert Hall meeting is quoted from Nevinson, *More Changes*, 321–25, as is also "Those bipeds!": 306.

555頁，與日俱增的悲觀情緒：Masterman, 84, 120, 289; Bryce, 15, 39, 228; Hobson and Hobhouse, q. C. H. Driver, "Political Ideas," in Hearnshaw; Trotter described: *DNB*; quoted: 47; Wallas described: Wells, 509, 511; Cole, 222; quoted: 284–85.

559頁，「愛唱反調與令人不快」：*DNB*, Lowther.

560頁，「我們當時都以為爸爸快死了」：Cooper, 11.

561頁，在萊姆豪斯的演說：July 30, 1909. The King's displeasure was expressed in a letter to Lord Crewe, q. in full, Pope-Hennessy, 72–73. Other reactions and comments chiefly from the *Annual Register*. Rosebery's Glasgow speech in Crewe, 511–12; Kipling's poem appeared in the *Morning Post*, June 28, 1909, and only once since, in the Definitive Edition of his Verse, London, Hodder & Stoughton, 1940. "Foolish and mean speeches": q. Magnus, 431.

562頁，「國王，現在你已經贏得德比大賽」：Fitzroy, I, 379.

562頁，貝爾福和索爾茲伯里勳爵談財政法案：Dugdale, II, 56; *Annual Register*, 1909, 118.

563頁，上議院辯論預算案等：As the English love nothing so much as a political crisis, the literature on the Budget- Parliament Bill crisis is so extensive that it cannot be missed, or even avoided. In the recent publication of *Churchill As I Knew Him*, by Lady Violet Bonham- Carter, Asquith's daughter, it is still going on. Every biography or autobiography of the principal figures involved and every political memoir of the period discuss it, the major sources being: Newton's *Lansdowne*, Young's *Balfour*, Spender's *Asquith*, Lee's *Edward VII*, Nicolson's *George V*, Wilson-Fox's *Halsbury*, Pope-Hennessy's *Crewe*, Ronaldshay's *Curzon*, Crewe's *Rosebery*, Willoughby de Broke's *Memoirs* and Roy Jenkins' book on the whole affair, *Mr. Balfour's Poodle*. The major parliamentary debates were quoted fully in *The Times* as well as verbatim in Hansard, and the big scenes were

526頁，「宗教熱情」、「罷工可以紓解他們的情緒」：Clynes, 83, 85.
527頁，「如果伯恩斯率領了八萬人」：q. Webb, 23.
527頁，工黨宣告其目標：Hughes, 66–67.
527頁，「耗資最大的葬禮」，加文的觀點：Hughes, 76.
528頁，費邊社「與我們不同」：Edward Pease, q. Halévy, V, 263, n. 2.
529頁，「社會秩序存在著瑕疵」：Aug. 23, 1902.
529頁，「貝爾福剛吃完晚餐回來」：Parliamentary correspondent of the *Daily News*, q. Hughes, 113.
530頁，麥克唐納與格萊斯頓的秘密協定：Mendelssohn, 322.
530頁，「改走托利黨路線」：Hughes, 69.
531頁，「令人厭惡的反常現象」：Willoughby de Broke, 249.
531頁，伯恩斯祝賀坎貝爾─班納曼：Webb, 325; reminds Grey: q. Lucy Masterman, 112.
532頁，貝爾福與哈伊姆·魏茨曼博士：Dugdale, I, chap. 19; Chaim Weizmann, *Trial and Error*, New York, 1949, chap. 8.
533頁，朋友看見他「如此狼狽」：Newton, *Retrospection*, 146–47.
534頁，貝爾福的信談論選舉結果：Letter to Knollys, q. in full in Lee, II, 449; others in Esher, II, 136; Young, 255.
534頁，「像一個第二男僕」：Dugdale, II, 49.
534頁，布萊奇福德預測：q. *The Times*, Jan. 19, 1906.
536頁，「從未說過任何睿智的話語」：Marsh, 150.
536頁，新議員的分類：Jenkins, 7.
536頁，規規矩矩穿著正式服裝：Newton, *Retrospection*, 149; Irish members' bad manners: ibid., 99.
537頁，坎貝爾─班納曼對貝爾福的魅力」無感：Birrell, 243.
538頁，「英國仰賴商業」：q. Gardiner, *Prophets*, 136.
540頁，「把長柄大鎚叫過來」：Gardiner, *Prophets*, 54.
540頁，帶著妻子參加晚宴：Blunt, II, 300.
540頁，「不自我中心，也不愛慕虛榮」：q. Gardiner, Pillars, 122.
541頁，邱吉爾受到弗勒斯特太太的影響：Roving Commission, 73. All subsequent statements by Churchill, unless otherwise noted, are from Mendelssohn.
541頁，弗雷德里克·埃德溫·史密斯：Gardiner, *Pillars*, 95–103; *Portraits*, 122–28.
544頁，索爾茲伯里勳爵談到上議院和下議院即將發生的衝突：Margot Asquith, 157; H. H. Asquith, *Fifty Years*, I, 174.
544頁，保守黨「仍控制著」：*The Times*, Jan. 16, 1906.
544頁，貝爾福提醒蘭斯敦：Newton, *Lansdowne*, 354.
545頁，「有事情要發生了」：at Llanelly, Sept. 29, 1906, Lee, II, 456.
546頁，寇松勳爵「讓其他貴族相形見絀」：Newton, *Retrospection*, 161.
546頁，洛爾本勳爵：Willoughby de Broke, 260; Curzon, *Subjects of the Day*, 228.
547頁，羅斯伯里「惡狠狠地瞪」：F. Ponsonby, 382.

Ullswater, Viscount (James Lowther), *A Speaker's Commentaries*, 2 vols., London, Arnold, 1925.

Wallas, Graham, *Human Nature in Politics*, Boston, Houghton Mifflin, 1909 (also 3rd ed., New York, Knopf, 1921).

Webb, Beatrice, *Our Partnership*, London, Longmans, 1948.

Wells, H. G., *Experiment in Autobiography*, New York, Macmillan, 1934.

Williams, Mrs. Hwfa (Florence), *It Was Such Fun*, London, Hutchinson, 1935.

【註釋】(未列出的資料來源請見第一章)

511頁，中國奴隸：Lyttelton, 320–21; Pope-Hennessy, 69; Wallas, 127; Hearnshaw, 94.

512頁，黃色新聞：the phrase was in use in England at that time: Lucy Master- man, 216.

513頁，「貴族戶外休閒」: q. Cecil, I, 167.

514頁，教育法「最大的背叛」: q. Adams, 123.

515頁，經濟學家，錢的問題：q. Adams, 103.

515頁，共用一個水龍頭與一間廁所：This and subsequent facts about the living conditions of the poor are from the chapter "Domestic Life," by Marghanita Laski, in Nowell- Smith.

515頁，英屬蓋亞那的契約工人：Alfred Lyttelton speaking in the House of Commons, March 21, 1904, demonstrated that these contracts, negotiated under Gladstone and Rosebery, were for longer duration (five years as against three) and more severe conditions than the South African contracts. (Hansard, IV series, v. 132, 283 ff .).

516頁，痛斥他是「叛徒」: Mackintosh, 222.

516頁，貝爾福談論自身的立場：Fitzroy, I, 191, 220; Spender, C.- B., II, 102.

518頁，克斯特說：Sir Ronald Storrs, *Memoirs*, 37.

518頁，「在首相任內」: Young, 232.

518頁，「長期生活在貧困中」: Hobson, 12.

519頁，肖菲爾德化學工廠的工作條件：Hughes, 91.

520頁，被關進監獄一天：Gompers (see Chap. 8), 29–30.

520頁，英國陸軍募兵身高標準降低：Nowell-Smith, 181.

520頁，威爾斯描述的未來：Autobiography, 550.

522頁，把人區分成A與B：Lord Beveridge, Power and Influence, 66–67.

522頁，威廉・莫里斯「逐漸影響」: Hunter (see Chap. 8), 97.

523頁，碧翠絲・韋布曾與張伯倫論及婚嫁：Margaret Cole, *Beatrice Webb*, New York, 1946, 21.

524頁，「靠著這個想法來支撐自己」: q. Hesketh Pearson, *Shaw*, 68; "A slave class": Hyndman, 397.

524頁，海德門擁抱社會主義的原因：White (see Chap. 5), I, 98.

524頁，克里蒙梭「英國工人階級是資產階級」: q. Hyndman, 300.

524頁，「永恆的道理只會讓他們惱怒：Hunter, 120.

525頁，基爾・哈迪：Hughes, *passim*; Brockway, 17–18.

526頁，「腦滿腸肥的傢伙」、「在騎馬道無所事事地閒晃」: Hunter, 230.

508頁，勞倫斯・吉爾曼試圖總結史特勞斯的成就：*North American Review*, Jan., 1914.
509頁，史特勞斯與俄羅斯芭蕾舞團合作：*Annual Register*, Part II, 73.
510頁，德魯里巷皇家劇院演出當晚：Siegfried Sassoon, *The Weald of Youth*, 245.
510頁，史特勞斯在牛津大學：*The Times*, June 25, 1914.

第七章 權力轉移

【參考書目】（也包括第一章列出的書目）

Birkenhead, Earl of, *Contemporary Personalities*, London, Cassell, 1924.

Birkenhead, Second Earl of, *F. E., Earl of Birkenhead*, by his son, London, Eyre & Spottiswoode, 1960.

Birrell, Augustine, *Things Past Redress*, London, Faber, 1937.

Brockway, Fenner, *Inside the Left*, London, Allen & Unwin, 1942.

Bryce, James, Viscount, *The Hindrances to Good Citizenship* (Yale Lectures), Yale Univ. Press, 1909.

Clynes, John Robert, *Memoirs*, Vol. I, London, Hutchinson, 1937.

Fulford, Roger, *Votes for Women*, London, Faber, 1957.

Gardiner, A. G., *Portraits and Portents*, New York, Harper, 1926.

Hearnshaw, F. J. C., ed., *Edwardian England, 1901–10*, London, Benn, 1933.

Hobson, John Atkinson, *The Social Problem*, London, Nisbet, 1901.

Hughes, Emrys, *Keir Hardie*, London, Allen & Unwin, 1956.

Hyndman, Henry M., *The Record of an Adventurous Life*, New York, Macmillan, 1911.

Jenkins, Roy, *Mr. Balfour's Poodle*, London, Heinemann, 1954.

Jones, Thomas, *Lloyd George*, Harvard Univ. Press, 1951.

*Masterman, C. F. G., *The Condition of England*, London, Methuen, 1909.

Masterman, Lucy, *C. F. G. Masterman: A Biography*, London, Nicholson, 1939.

*Mendelssohn, Peter de, *The Age of Churchill, 1874–1911*, London, Thames & Hudson, 1961.

Nicolson, Harold, *King George the Fifth*, London, Constable, 1952.

Nowell - Smith, Simon, ed., *Edwardian England, 1901–14*, Oxford Univ. Press, 1964.

Pankhurst, E. Sylvia, *The Suffragette*, New York, Sturgis, 1911.

Pankhurst, E. Sylvia, *The Suffragette Movement* (re- issue), London, Longmans, 1932.

Pope - Hennessy, James, *Lord Crewe: The Likeness of a Liberal*, London, Constable, 1955.

Samuel, Herbert, *Grooves of Change* (English title: Memoirs), Indianapolis, Bobbs-Merrill, 1946.

Samuel, Herbert, *Liberalism*, London, Richards, 1902.

Somervell, D. C., *The Reign of George the Fifth*, New York, Harcourt, 1935.

Spender, J. A., *Life of H. H. Asquith*, 2 vols., London, Hutchinson, 1932.

Trotter, Wilfred, *Instincts of the Herd in Peace and War*, London, Allen & Unwin, 1916 (also Oxford Univ. Press, 1953, with a Foreword by F. M. R. Walshe).

488頁，柏林大學慶祝創校百年：*ibid.*, 58.

488頁，史特勞斯一九〇八年的收入：Finck, *Success in Music*, 14.

488頁，《厄勒克特拉》排練：Schumann Heink (Lawton, 322–25). According to this version, Strauss said, "I still can't hear the Heink's voice," meaning, presumably, that he was addressing his "Louder!" to her. Finck, on the other hand, who says he obtained the story directly from Schumann-Heink herself, gives it the other way around, and his version is the one generally repeated. To the present author, it is a puzzle why Strauss should have wanted to drown out the singer's voice in a part he himself had composed, but since I am not the first to find his actions occasionally baffling, I have given the accepted version of the incident.

490頁，《厄勒克特拉》首演：Arthur Abell, in *Musical Courier*, Feb. 17, 1909; Hermann Bahr's article, q. Rosenfeld, *Discoveries*, 141–42.

490頁，《厄勒克特拉》在倫敦：Finck, 252–53; Beecham, 147; Jefferson, 22; GBS in the Nation, Mar. 19, 1910.

492頁，史特勞斯對女性奧克塔文的解釋：Lehmann, chap. 2.

495頁，諾埃伊伯爵夫人「新東西」: q. Haskell, 184.

495頁，羅丹「古典雕塑」: q. Albert E. Elsen, *Rodin*, New York, Museum of Modern Art, 1964.

496頁，布萊里奧的成功，「產生的亢奮情緒」: Zweig, 196.

497頁，引述魯賓斯坦、巴甫洛娃、卡莎維娜的描述：Haskell, 188.

498頁，巴克斯特跳上椅子：Grigoriev, 39.

498頁，《舍赫拉查達》: Terry, 41–44.

498頁，卡莎維娜「讓人真切見識到什麼是邪惡」: Van Vechten, 81.

499頁，《火鳥》首演：Unless otherwise stated, Stravinsky is the source for this and other performances of his works for the Ballet.

500頁，「民眾感到莫名的興奮」、「夜復一夜」: Leonard Woolf, *Beginning Again*, New York, 1963–64, 37.

500頁，《牧神的午後》首演：Nijinsky, 172–74; Cladel, 218–21; *Le Gaulois*, May 30; *Le Temps*, May 31; *Figaro*, May 29–31; *Current Lit.*, Aug., 1912, "The Faun That Has Startled Paris."

502頁，維也納事件：Nijinsky, 194–95.

502頁，德皇談論《克麗奧佩脫拉》: Stravinsky, 67.

504頁，《春之祭》首演：Stravinsky, 72; Nijinsky, 202; *Figaro*, May 31; *Le Temps*, June 3; *Le Gaulois*, June 1, 1913; Van Vechten (q.v.) was the American who was hit on the head.

505頁，凱斯勒伯爵「過於要求精確」: q. *Lit. Digest*, June 20, 1914.

505頁，德國皇儲為這本書寫了導論：q. *The Times*. May 1, 1913.

506頁，「肯定是普魯士人」: Ford (see Chap. 1), 402–3.

507頁，拉特瑙〈慶典之歌〉: *Zukunft*, Oct. 26, 1912, 128–36. The poem was signed "Herwart Raventhal."

507頁，扎伯恩「德國的末日」、「繼續保持下去！」: Wolff (see Chap. 5), 341–44. Full accounts of the Zabern affair are given by J. Kaestlé, *l'Affaire de Saverne*, Strasbourg, n.d., and Charles D. Hazen, *Alsace- Lorraine Under German Rule*, New York, 1917.

466頁，蒂芙尼的房子：Werfel, 47–48.

467頁，「我的一日家庭生活」：Gilman, *Harper's Weekly*, Mar. 9, 1907.

467頁，「印度所有的神象被趕到恆河裡」：Beecham, Delius, 129.

468頁，葛利格給戴流士的信：*ibid.*, 129.

468頁，史特拉斯堡的「失禮」：Rolland, 213.

469頁，「骨螺紫與銀色」：Wilde to Frances Forbes Robertson, Feb. 23, 1893, Letters (see Chap. 1), 333.

469頁，《泰晤士報》抨擊《莎樂美》：q. *ibid.*, 335 n.

469頁，比亞茲萊的插畫：*ibid.*, 344, n. 3.

472頁，「我認為人生充滿了殘暴與邪惡」：to A. C. Benson, June 29, 1896, *Henry James: Letters to A. C.* Benson, London, 1930, 35.

473頁，「一股性慾的洪流」：Horace B. Samuel, Modernities, London, 1914, 135.

475頁，伯利恆之星：Del Mar, 281.

475頁，皇后的帽子：Mary Ethel McAuley, Germany in War Time, Chicago, 1917, 183; double bed: Palmer (see Chap. 5), 222; canceled Feuersnot: Del Mar, 236.

476頁，德皇談論《莎樂美》與史特勞斯：Del Mar, 281.

476頁，《莎樂美》在紐約：Outlook, Feb. 9, 1907; Gilman, Harper's Weekly, Feb. 9, 1907; Aldrich, 172–79.

477頁，《莎樂美》在倫敦：Beecham, 161, 168–73.

477頁，馮・霍夫曼史塔：Zweig, 46–48; Hamburger, xxvii; Bertaux, 95.

479頁，「心靈的卡普阿」：Bertaux, 92.

479頁，「世上只有一座帝都」：May, 309.

480頁，「較多的包容」以及弗朗茨・約瑟夫從不讀書：Zweig, 19, 21.

480頁，羅斯福談論「奧國紳士」：q. Wharton (see Chap. 1), 277.

480頁，卡爾・魯格：Zweig, 105; May, 311.

481頁，霍夫曼史塔留意希臘主題：Hamburger, xxxii. The common assumption that Hofmannsthal's Elektra was influenced by Freud is historical conclusion-jumping for which there is no evidence. Ernest Jones, Freud's biographer, points out (Freud, I, 360, and II, 8) that the publication of The Interpretation of Dreams in Nov., 1899, awakened no interest in Viennese intellectual circles. Although Hofmannsthal owned a copy, there is no evidence when he acquired it and his correspondence does not discuss it. Hamburger, xxxiii.

483頁，「當代最頂尖的名聲」：Dukes, 68.

484頁，歐伊倫堡的醜聞：Baumont; Wolff (see Chap. 5).

486頁，許爾森・海瑟勒伯爵之死：Zedlitz-Trutzschler, Robert, Graf von. *Twelve Years at the Imperial German Court*, New York, 1924. The episode is discussed in every biography of the Kaiser.

487頁，羅茲獎學金：Spring-Rice, II, 119.

487頁，齊美爾教授：Schoenberner, 55–56.

445頁，北德與南德：Wylie, 29–38.

446頁，馬克斯・利伯曼談論雕像：Frederic William Wile, *Men Around the Kaiser*, Philadelphia, 1913, 168.

446頁，一名女房東的帳單：Zweig, 113.

446頁，「極為粗魯」：Chirol (see Chap. 5), 266.

446頁，柏林的中產階級女性：Wylie, 192–93.

447頁，一天吃七餐：However unlikely, this was the report of the American Ambassador, James W. Gerard, *My Four Years in Germany*, New York, 1917, 56.

448頁，德國的大學生人數：Charles Singer, el al., *A History of Technology*, Oxford Univ. Press, 1958, V, 787–88.

448頁，玲玲馬戲團：Dexter Fellows, *This Way to the Big Show*, New York, 1936, 22; H. L. Watkins, *Barnum and Bailey in the Old World*, 1897–1901, 45. (I am indebted for these references to Mrs. Janise Shea.)

448頁，德皇欣賞莫斯科藝術劇院：Nemirovitch-Dantchenko. Material in this and the following four paragraphs is chiefly from the chapter "The Kaiser and the Arts" in the book by Stanley Shaw. The prize to Wildenbruch is from Lowie, 41; the Rhodes scholars from the *Letters* of Cecil Spring-Rice, II, 119; the adventure with Peer Gynt from Finck's Grieg, 145–46.

452頁，「俾斯麥打斷了」：q. Kohn, 187–88.

452頁，史特勞斯獲得德皇召見：q. Del Mar, 280–81.

454頁，史特勞斯訂婚：*ibid.*, 121–22.

454頁，史特勞斯夫人，個性與習慣：Lehmann, chaps. 2 and 3.

454頁，「拚了命地尖叫」：Del Mar, 182.

455頁，在史拜爾家舉杯：Wood, 216.

456頁，「馬上去作曲」：q. William Leon Smyser, in *The New Book of Modern Composers*, ed. David Ewen, New York, 1961, 396. "Put down that pencil": q. F. Zweig, *Stefan Zweig*, New York, 1946, 103.

459頁，「尼祿主義已隱約可見」：*Journal*, Jan. 22, 1898, 118.

460頁，〈工人〉成為頌揚社會主義黨派的歌曲：Pinson (see Chap. 5), 262.

461頁，樂評家必須自己掏腰包進場：Huneker, in *NYT*, Nov. 24, 1912.

462頁，德布西「如果人們堅持」：Thompson, 183.

462頁，西貝流士「把唱片再聽一遍」：Told by William Golding, q. Maurice Dolbier, in New York *Herald Tribune*, Apr. 21, 1964.

463頁，德布西談論史特勞斯：Thompson, 182–83.

463頁，史特勞斯談論德布西：Caesar Searchinger, "Richard Strauss As I Knew Him," *Saturday Review of Literature*, Oct. 29, 1949.

465頁，薩金特與吉普賽樂團：Mount (see Chap. 1), 217.

466頁，湯瑪斯「最偉大的音樂家」：Thomas, 502.

466頁，「巨大、廣闊、寬敞、簡單」：Charles Moore, *The Life and Times of Charles Follen McKim*, Boston, 1929, 85.

Shaw, George Bernard, *The Sanity of Art* (originally published 1895), New York, Boni, 1907.

Shaw, Stanley, *William of Germany*, New York, Macmillan, 1913.

Sokolova, Lydia, *Dancing for Diaghilev*, New York, Macmillan, 1961.

Speyer, Edward, *My Life and Friends*, London, Cobden- Sanderson, 1937.

*Strauss, Richard, and Hofmannsthal, Hugo von, tr., *Correspondence*, London, Collins, 1961.

Stravinsky, Igor, *Autobiography*, New York, Simon & Schuster, 1936.

Terry, Ellen, *The Russian Ballet*, London, Sidgwick, 1913.

Thomas, Rose Fay, *Memoirs of Theodore Thomas*, New York, Moff at, Yard, 1911.

Thompson, Oscar, *Debussy, Man and Artist*, New York, Dodd, Mead, 1937.

Tovey, Donald Francis, *A Musician Talks*, 2 vols., Oxford Univ. Press, 1941.

Van Vechten, Carl, "The Secret of the Russian Ballet" and "Igor Stravinsky: A New Composer," in *Music After the Great War and Other Studies*, New York, Schirmer, 1915.

Werfel, Alma Mahler, *And the Bridge Is Love*, New York, Harcourt, 1958.

Wood, Sir Henry, *My Life of Music*, London, Gollancz, 1938.

Wylie, I. A. R., *The Germans*, Indianapolis, Bobbs- Merrill, 1911.

*Zweig, Stefan, *World of Yesterday*, New York, Viking, 1943.

【註釋】

史特勞斯的所有生平事實與所有德國樂評家與樂理家對他的評論，如果未特別說明，全出自於Henry T. Finck。此外還有一些評論與軼事，如果未明確說明出處，就是出自Rolland、Beecham、Newman、Mme Mahler (Werfel)、Speyer、Stravinsky與其他一些已列在參考書目的作品。我很幸運，我在撰寫第六章時是一九六四年，這一年為了紀念史特勞斯百年誕辰，各大管弦樂團舉辦了史特勞斯的音樂祭，我得以在短短七個月內聆聽了史特勞斯所有的重要曲目。這些音樂會印製的節目單只是臨時性的，所以未列在參考書目中，但裡面的資訊十分有用。

427頁，「在聆聽時受到驚嚇」: Rolland, *Journal*, 125.

428頁，法蘭克福的音樂生活：Speyer, 79.

428頁，拜魯特：Stravinsky, 60; Beecham, 55; Ekman, 125.

435頁，夜幕居然低垂了三次：Grove's *Dictionary of Music*, "Program Music."

435頁，「喔，他們只是模仿者」: q. Speyer, 143.

437頁，「制止漢斯力克」: Werner Wolff, *Anton Bruckner*, New York, 1942, 103.

438頁，「這麼年輕，這麼現代」: q. *Current Biography*, 1944, "Strauss."

440頁，「面對同胞時的恐懼」: Brandes, 113.

441頁，羅丹談論尼采：Anne Leslie, *Rodin*, New York, 1937, 200.

444頁，「德國的音樂太多了」: Souvenirs, 232–33.

444頁，布倫希爾德的馬：Haskell, 156.

444頁，菲利普．恩斯特：*Current Biography*. 1942, "Max Ernst."

Dukes, Ashley, *Modern Dramatists*, Chicago, Sergel, 1912.

Ekman, Karl, *lean Sibelius*, New York, Knopf, 1938.

Finck, Henry T., *Grieg and His Music*, London, John Lane, 1909.

*Finck, Henry T., *Richard Strauss*, Boston, Little, Brown, 1917.

Finck, Henry T., *Success in Music*, New York, Scribner's, 1909.

Gilman, Lawrence, *Nature in Music and Other Studies*, London, John Lane, 1914.

Gooch, G. P., *Germany*, New York, Scribner's, 1925.

Grigoriev, S. L. (stage manager for Diaghilev), *The Diaghilev Ballet, 1909–29*, London, Penguin Ed., 1960.

Hamburger, see Hofmannsthal.

Haskell, Arnold L. (director of the Covent Garden Royal Ballet), *Diagileff*, New York, Simon & Schuster, 1935.

Helfferich, Karl, *Germany's Economic Progress and National Wealth*, 1888–1913, Berlin, Stilke, 1913.

Hofmannsthal, Hugo von, *Selected Plays and Libretti*, ed. Michael Hamburger, New York, Bollingen-Pantheon, 1963.

Huneker, James, *Overtones*, New York, Scribner's, 1904.

Jefferson, Alan, *The Operas of Richard Strauss in Britain*, London, Putnam's, 1963.

Karsavina, Tamara, *Theatre Street*, London, Constable, 1948.

Kessler, Count Harry, *Walter Rathenau*, London, Howe, 1929.

Kohn, Hans, *The Mind of Germany*, New York, Scribner's, 1960.

Lawton, Mary, *Schumann-Heink*, New York, Macmillan, 1928.

Lehmann, Lotte, *Five Operas and Richard Strauss*, New York, Macmillan, 1964.

Lowie, Robert Harry, *Toward Understanding Germany*, Univ. of Chicago Press, 1954.

May, Arthur J., *The Hapsburg Monarchy*, Harvard Univ. Press, 1951.

Miller, Anna Irene, *The Independent Theatre in Europe, 1887 to the Present*, New York, Long & Smith, 1931.

Nemirovitch - Dantchenko, Vladimir, *My Life in the Russian Theatre*, Boston, Little, Brown, 1936.

Newman, Ernest, *Richard Strauss*, London, John Lane, 1908. (With a valuable Memoir by Alfred Kalisch.)

Nijinsky, Romola, *Nijinsky*, New York, Simon & Schuster, 1934.

Pollard, Percival, *Masks and Minstrels of New Germany*, Boston, Luce, 1911.

*Rolland, Romain, *Correspondance*; *Fragments de Journal* (No. 3 in Cahiers Romain Rolland), Paris, Albin Michel, 1951.

Rolland, Romain, "Souvenirs sur Richard Strauss," in *Les Œuvres Libres*, Nouv. Serie, No. 27, Paris, 1948. (Much of this duplicates material in the *Correspondance* and *Journal* and parts of both appear in Rolland's *Musicians of Today*, New York, Holt, 1914.)

Rosenfeld, Paul, *Musical Portraits*, New York, Harcourt, 1920.

Rosenfeld, Paul, *Discoveries of a Music Critic*, New York, Harcourt, 1936.

Schoenberner, Franz, *Confessions of a European Intellectual*, New York, Macmillan, 1946.

413頁，愛德華・格雷爵士及其他外交談判：Nevins (see Chap. 1), 249, 252, 258–59; Hull, 49–50; U. S., Scott, Vol. II; GP, XXIII, 7750, 7869, 7927, 7986.

414頁，卡內基拜訪德皇：Hend rick. II, 299–318.

416頁，馬漢「民眾心裡的偏見」: Puleston (see Chap. 3), 270, 280.

416頁，德國軍官們為「開戰日」舉杯慶賀：Usher, 1.

417頁，在拜魯特附近的一名英國觀光客：Buchan (see Chap. 1), 55.

417頁，魯特「整個趨勢是走向戰爭」: Jessup, II, 25.

417頁，蘭斯敦勳爵談論老人年金法案：*The Times*, July 21, 1908.

418頁，索維勒侯爵：Warwick, *Discretions*, 20; also F. Ponsonby, 216 (both Chap. 1).

419頁，「一個非常好的人」: q. Mowat, 297.

419頁，馬夏爾男爵的外貌和嗜好：Gardiner, *Pillars* (see Chap. 1), 160–68; Barclay (see Chap. 4), 281. His opinions of delegates: to Bülow, July 28, 1907, GP, XXIII, 7961.

420頁，奧斯汀寫信給《泰晤士報》: Oct. 17, 1907.

421頁，多梅拉・紐文惠斯：Adam, 655.

422頁，弗萊的演說與評論：Hull, 72–74; White, II, 291.

422頁，會議的進行: Scott, I, 110, et seq. Baron Marschall's report to Bülow, GP, XXIII, 7963; Grey's instructions on limiting "prospective liability" is No. 11 in F.O. correspondence, Cd. 3857.

424頁，羅斯福「我不是很關心」: July 2, 1907, V, 700; "Utterly disgusted": July 16, 1907, V, 720–21.

424頁，「衰弱腐敗的東方國家」: M. W. Hazeltine, "The Second Peace Conference," *North American Review*, Nov., 1907.

424頁，「是和平會議？」: q. Choate, 40.

425頁，「漸進的、試探性的與需要小心維護的」: Choate, 22.

第六章「尼祿主義已隱約可見」

【參考書目】

Aldrich, Richard (music critic of the New York Times for this period), *Concert Life in New York, 1902–23*, New York, Putnam's, 1941.

Baumont, Maurice, *L'Affaire Eulenberg et les Origines de la guerre mondiale*, Paris, Payot, 1933.

Beecham, Sir Thomas, *A Mingled Chime*, New York, Putnam's, 1943.

Beecham, Sir Thomas, *Frederick Delius*, New York, Knopf, 1960.

Bertaux, Felix, *A Panorama of German Literature, 1871–1931*, tr., New York, Whittlesey, 1935.

Bigelow, Poultney, *Prussian Memories, 1864–1914*, New York, Putnam's, 1915.

Brandes, Georg, *Friedrich Nietzsche*, New York, Macmillan, n.d.

Cladel, Judith, *Rodin*, New York, Harcourt, 1937.

*Del Mar, Norman, *Richard Strauss*, New York, Free Press of Glencoe, 1962.

397頁，三百個人還「彼此熟識」：q. Kessler (see Chap. 8), 121.

397頁，葉慈寫道「到了一九〇〇年」：Introduction to *Oxford Book of Modern Verse*.

397頁，亨利．亞當斯感受到這股趨勢：Education, 494–95.

398頁，博覽會：*l'illustration* and *Le Monde Illustré*, *passim* through the summer; *Outlook*, Sept. 8, Nov. 10, 1900, Jan. 5, 1901; *Harper's Monthly*, Sept., 1900; *Blackwood's*, July, 1900; *Nation*, June 28, 1900.

400頁，「在幾十年內」：Zweig (see Chap. 6), 3.

400頁，貝爾福欲任命馬漢擔任教授：Magnus, *Edward VII*, 306.

402頁，朱爾．朱瑟朗、菲蘭德．諾克斯談論羅斯福：Jules Jusserand, *What Me Befell*, Boston, 1934, 241; Sullivan (see Chap. 3), II, 438 n.

403頁，羅斯福拜訪艾略特：James, Eliot (see Chap. 3), II, 159.

403頁，羅斯福「愚蠢理論」：to Spring-Rice, Dec. 21, 1907, VI, 871; "weakening of fighting spirit": ibid.; "I abhor men like Hale: to Speck von Sternberg, July 16, 1907, V, 721; "General softening offibre": to White- law Reid, Sept. 11, 1905, V, 19.

403頁，德皇「我們是同一種人！」：Bülow, I, 658.

404頁，德斯圖內勒男爵拜訪羅斯福：Suttner, II, 390–91.

404頁，海約翰「我都安排好了」：Tyler Dennett, *John Hay*, New York, 1933, 346.

406頁，費雪提議德國艦隊必須「哥本哈根化」：Bacon, II, 74–75.

406頁，「啊，那個該死的帝國議會！」：Bülow, II, 36–37.

406頁，沙皇便向華府暗示：Roosevelt to Carl Schurz, Sept. 15, 1905, V, 30–31. The letter to Root, Sept. 14, 1905, V, 26.

407頁，坎貝爾—班納曼「坦率、溫和」：Lee (see Chap. 1), II, 442.

408頁，坎貝爾—班納曼「還有什麼更高貴的角色」：at Albert Hall, Dec. 21, 1905, Spender, II, 208.

408頁，「可惡的、跋扈的與專橫的」：Bacon, I, 207.

410頁，伊茲沃爾斯基「猶太人的狂熱追求」：GP, XXIII, 7879.

410頁，坎貝爾—班納曼「杜馬萬歲！」：C.- B. delivered the speech in French, Spender, II, 264.

410頁，德皇希望會議「這件事不會發生」：GP, XXIII, 7815. On King Edward's visit: ibid.; also 7823, 7825–26.

410頁，「充滿警覺心與侵略性，擁有強大的軍隊」：to Oscar Straus, Feb. 27, 1906, V, 168.

411頁，「被情緒影響走極端」：to Reid, Aug. 7, 1906, V, 348; talk with Count Gleichen: Lee, II, 437. Another visitor who found American amenities less than satisfactory was Count Witte. During his mission to the Portsmouth Peace Conference he said the only decent meal he had had in America was on board Morgan's yacht (Witte, 169).

411頁，海軍「維持和平有效得多」: Sept. 22, 1906, V, 421.

411頁，卡內基捐贈興建：Hendrick, II, 164.

412頁，魯特「失敗為成功之母」：Jessup, II, 70.

412頁，《國家》的創刊號：Mar. 2, 1907.

413頁，「我想他會支持」：Lee, II, 467.

375頁，布儒瓦「和藹、優雅」：Zevaès (see Chap. 4), v. 141, 202; "cultivated fine beard": Suarez (see Chap. 8), I, 420.

375頁，「放棄戰爭」：General Barail, q. *Figaro*, Aug. 31, 1898.

375頁，亞當夫人「我支持戰爭」：Suttner, II, 233.

376頁，「對著空氣揮拳」：q. Davis, 88.

376頁，史登格爾男爵出版的小冊子：Drummond to F.O., Apr. 6, 1899; Tate, 230, n. 44.

377頁，「絕不妥協」：Mowat, 300; "soul of honor": *ibid.*, 295.

377頁，「當皮爾生氣的時候」：Birrell (see Chap. 7), 126–27.

378頁，費雪：the material in these three paragraphs is from Bacon's biography except for the last line, "So I did," which is from Fisher's Records, 55.

379頁，會議期間的海牙：chiefly from reports by the correspondent of Le Temps, May 10, 20, 24, 25; *Figaro*, May 20; White, Mowat, Suttner. The Huis ten Bosch was visited by author in 1963.

380頁，「一次印刷錯誤」：q. Davis, 86.

382頁，貝爾納特「最憤世嫉俗之人」：Neal Ascherson, *The King Incorporated*, London, 1963, 142.

383頁，明斯特伯爵「政治投機分子」：GP, XV, 4327.

383頁，帝國議員：*The Times*, May 11, 1899.

385頁，費雪「戰爭人道化！」等：Stead, *Review of Reviews*, Feb., 1910, 117.

385頁，庫爾豪斯飯店：*Letters*, I, 142.

385頁，斯蒂德談論費雪：q. Bacon, I, 121.

385頁，德國海軍代表告訴他：*ibid.*, 128, 177.

386頁，「嚴肅看待此事」：q. Taylor (see Chap. 3), 99.

386頁，費雪舉中立國的煤為例：Bacon, I, 128.

387頁，席格爾上校的推論：GP, XV, 4274.

388頁，阿達格爵士捍衛達姆彈的必要性：June 14, F.O. 83, 1695.

390頁，「仲裁天使」：q. Reinach (see Chap. 4), V, 173, n. 2.

390頁，社會「罪惡感」：Hunter (see Chap. 8), 30.

390頁，饒勒斯對德斯圖內勒男爵說：White, 300.

391頁，德皇「這場騙局」：GP, XV, 4276.

392頁，努力說服德國接受仲裁：White, II, 265–313. Pauncefote Memorandum, June 19, F.O. 83, 1695, and other reports in F.O. 83, 1700; GP, XV, 4276, 4280, 4284, 4317, 4320, 4349.

393頁，德皇表達自己的厭惡「我接受……」：GP, XV, 4320.

394頁，「令人膽寒的熱忱」：*Le Temps*, editorial, July 27.

394頁，馬漢阻止仲裁：Puleston (see Chap. 3), 211; White, 338–41.

396頁，彷彿上帝正伸手：Clynes (see Chap. 7), 98; "With a kind of shiver": M. Radziwill, *Letters* (see Chap. 4), Jan. 2, 1900, 237.

396頁，德皇發電報給克虜伯：from the Krupp archives, q. William Manchester, "The House of Krupp," *Holiday*, Dec., 1964, 110.

354頁，「除非付出自殺的代價」等：Bloch, xxxi, lxii, 349, 355–56.

355頁，英國大使的報告：Sir Charles Scott to Salisbury, Aug. 25, 1898, Cd. 9090.

355頁，「這是我所聽過最荒謬的說法」：Warwick, 138.

356頁，外交反應：GP, XV, Nos. 4223, 4224, 4236, 4237, 4248, 4249; also Foreign Office, Plunkett from Brussels, Jan. 11, 1899; Rumbold from Vienna, Feb. 3, 1899.

357頁，德皇「白痴」：GP, XV, No. 4233.

357頁，〈給我的人民〉：Pinson, 279; "When your Emperor commands": ibid., 278; "There is only one master": ibid.; "Me and my 25 army corps": q. Bernadotte Schmitt, *The Coming of the War, 1914*, New York, 1930, I, 29; "Ally of my House": q. Chirol, 275.

359頁，威爾斯親王「整個情況應該會大不相同」：q. White, II, 113–14.

359頁，德國皇后提到德皇的煩惱：Bülow, I, 275; Eulenberg quoted: *ibid.*

359頁，德皇致信尼古拉及其後續：GP, XV, Nos. 4222, 4216, 4228, 4231.

360頁，穆拉維約夫向歐伊倫堡伯爵提到：*ibid.*, 4231.

361頁，庫諾．弗蘭克對德國人的描述："German Ideals of Today," Atlantic Monthly, Dec., 1905.

362頁，泛德意志同盟與「我們想要領土」：Encyc. Brit., "Pan-Germanism."

362頁，杜威認為德國人「缺乏節制」：Palmer, 115.

362頁，海約翰「對德國人而言」：q. A. L. P. Dennis, in S. F. Bemis, ed., *American Secretaries of State*, IX, 124.

363頁，「一群傻子」：Pinson, 278.

363頁，「就連最溫馴的自由黨」：Wolff , 310.

363頁，「總是穿著上好的黑色外套」：q. Pinson, 286.

363頁，比洛伯爵與翻領：Nowak, 226.

363頁，霍爾斯坦的解釋與比洛的指令：GP, XV, Nos. 4255, 4217, 4245–6- 7.

364頁，民眾團體的決議文：F.O. 83, 1699.

365頁，貝爾福「樂觀的看法」：*ibid.*

365頁，斯蒂德：All the material on Stead in these pages is from Whyte's biography with the exception of the story about Charles II, which is from Esher, I, 229; the Prince of Wales's opinion of the Czar as "weak as water," which is from Warwick, 136; and the Russian complaint of being "embarrassed," which was relayed by Ambassador Sir Charles Scott, Jan. 14, 1899, F.O. 83, 1699.

369頁，亨里「戰爭的精神」：from "Rhymes and Rhythms," No. XVI, first published in Poems, 1898.

369頁，內文森：Changes and Chances (see Chap. 1), 130.

371頁，馬漢「最大的不幸」：q. Puleston (see Chap. 3), 171.

372頁，「對未來充滿確信」：T. S. Eliot, "The Waste Land."

372頁，葉慈的詩：in his autobiography, *The Trembling of the Veil*, 415.

374頁，波士頓和平十字軍「常設法院」：Davis, 62.

374頁，麥金利希望任命艾略特：*ibid.*, 68.

374頁，德皇談論馬漢「我們最偉大也最危險的敵人」：GP, XV, n. to 4250.

*Temps, Le, Reports of Special Correspondent at The Hague.

Usher, Roland, *Pan-Germanism*, Boston, Houghton Mifflin, 1913.

*White, Andrew D., *Autobiography*, 2 vols., New York, Century, 1905.

*Whyte, Frederic, *Life of W. T. Stead*, London, Cape, 1925.

Witte, Count Sergei, *Memoirs*, New York, Doubleday, 1921.

Wolff , Theodor (editor of *Berliner Tageblatt*), The Eve of 1914, tr. E. W. Dickes, New York, Knopf, 1936.

【註釋】

海牙和平會議的討論內容與會議過程，關於這方面的第一手資料，我使用了與會代表向政府呈報的資料，這些資料出自Foreign Office Correspondence與*Grosse Politik*；Andrew White的日記敘述，出自他的*Autobiography*，此外還有*Le Temps*的特派員報告。由於是在事件剛發生時記錄的，因此敘述的方式遠比事後收集編輯的冗長乏味的會議紀錄逐字稿來的生動有趣。（*Le Temps*的通訊記者簽名時寫的是X，有時則是XX，顯示通訊記者可能有兩人。向*Le Temps*的後繼報社《世界報》〔*Le Monde*〕與法國外交部檔案館查證之後，還是無法確認這名通訊記者的姓名。）除非另有提及，否則與會代表的所有引文全出自以上資料；除非特別重要，原則上這些引文不會一一註明出處。與Baroness von Suttner有關的所有資料，包括諾貝爾的書信，全來自她的*Memoirs*。Roosevelt的所有引文都出自他的*Letters*（見第三章）。

341頁，「沙皇遞出橄欖枝」：*Neue Freie Presse*, q. *Figaro*, roundup of press comment, Aug. 30, 1898.

342頁，「悠揚樂聲」以及該段落中其他新聞報導的引述：*ibid.*; also *The Times* and *Le Temps*, roundup of foreign press comment, same date.

342頁，吉卜林：The poem was first published in Literature, Oct. 1, 1898.

343頁，「浪費大家的時間」：q. *Figaro*, Aug. 31, 1898. "Our future": Nowak, 237.

343頁，李卜克內西：Suitner, II, 198.

344頁，戈德金「這個了不起的號召」：*Evening Post*, Aug. 29, 1898.

347頁，奧爾尼談論條約未獲批准：Mowat, 171.

349頁，朱利安．班達：(see Chap. 4), 203.

349頁，全世界產生的機械能：W. S. and E. S. Woytinsky, *World Population and Production*, New York, 1953, 930, Table 394.

351頁，「我們與貨物裡的屍體一起航行」：q. Masur (see Chap. 4), 237.

351頁，索爾茲伯里勳爵在倫敦市政廳演說：*The Times*, Nov. 10, 1897.

351頁，尼古拉受到「他母后底下眾多侍女的影響」：q. David Shub, Lenin, 72.

351頁，尼古拉給母后的信：Secret Letters of the Last Czar, ed. E. J. Bing, New York, 1938, 131.

354頁，庫羅帕特金與和平會議的源起：Witte, 96–97; Report of German Ambassador Radolin to Chancellor Hohenlohe, July 13, 1899, GP, XV, No. 4350; Dillon, conversation with Kuropatkin, 275– 77.

354頁，「讓人們停止發明新武器」：q. White, II, 70.

Scott, Oxford Univ. Press, 1920–21, Vol. I, 1899; Vol. II, III, IV, 1907.

United States, *The Hague Peace Conferences of 1899 and 1907*, ed. James Brown Scott, 2 vols., Baltimore, Johns Hopkins Press, 1909. The second volume contains the instructions to and reports of the American delegates and the correspondence in 1904 and 1906 relating to the calling of the Second Conference.

【其他資料】

Adam, Paul, "Physionomie de la Conférence de la Haye," *Revue de Paris*, August 1, 1907, 642–72.

Bacon, Admiral Sir Reginald Hugh, *The Life of Lord Fisher of Kilverstone*, 2 vols., London, Hodder & Stoughton, 1929.

Bergengren, Enk, *Alfred Nobel*, tr., London, Nelson, 1962.

Bloch, Ivan S., *The Future of War*, tr., with a "Conversation with the Author" by W. T. Stead, Boston, Ginn, 1902.

Bülow, Bernhard, Prince von, *Memoirs*, 4 vols., Boston, Little, Brown, 1931–32.

Chirol, Sir Valentine, *Fifty Years in a Changing World*, New York, Harcourt, 1928.

Choate, Joseph Hodges, *The Two Hague Conferences*, Princeton Univ. Press, 1913.

Curti, Merle, *Peace or War: The American Struggle, 1636–1936*, New York, Norton, 1936.

Davis, Calvin De Armond, *The United States and the First Hague Peace Conference*, Cornell Univ. Press, 1962.

Dillon, E. J., *The Eclipse of Russia*, New York, Doran, 1918.

Fisher, John Arbuthnot, Lord, *Records*, London, Hodder & Stoughton, 1919.

Fisher, John Arbuthnot, Lord, *Fear God and Dread Nought: Correspondence of Lord Fisher*, ed. Arthur J. Marder, Vol. 1, 1854–1904, Harvard Univ. Press, 1952; Vol. 2, 1904–14, London, Cape, 1956.

Fuller, J. F. C., *Armament and History*, New York, Scribner's, 1945.

Hendrick, Burton J., *The Life of Andrew Carnegie*, 2 vols., Garden City, Doubleday, 1932.

Hull, William I., *The Two Hague Conferences*, Boston, Ginn, 1908.

Jessup, Philip G., *Elihu Root*, 2 vols., New York, Dodd, Mead, 1938.

Lemonon, Ernest, *La Seconde Conférence de le Paix*, Paris, 1908.

Mowat, Robert B., *Life of Lord Pauncefote*, Boston, Houghton Mifflin, 1929.

Nef, John J., *War and Human Progress*, Harvard Univ. Press, 1950.

Nowak, Karl Friedrich, *Germany's Road to Ruin*, New York, Macmillan, 1932.

Palmer, Frederick, *With My Own Eyes*, Indianapolis, Bobbs Merrill, 1932.

Pinson, Koppel S., *Modern Germany*, New York, Macmillan, 1954.

Spender, J. A., *The Life of Sir Henry Campbell-Bannerman*, 2 vols., Boston, Houghton Mifflin, 1924.

Stead, W. T., "Character Sketch: Lord Fisher," *Review of Reviews*, February, 1910.

*Suttner, Bertha von, *Memoirs*, 2 vols., Boston, Ginn, 1910.

Tate, Merze, *The Disarmament Illusion*, New York, Macmillan, 1942.

and others, q. in Reinach, V; Barrès, 146; Zevaès, v. 142, 53; Benda, 211; *London Times*, *New York Tribune*, Aug. 8/9. Evidently it is a rule that discrepancies in observation increase with intensity of emotion: Dreyfus' hair was "white" according to *The Times*, "auburngrey" according to the *Tribune*; his moustache "jet black" according to *The Times*, "frankly red" according to the *Tribune*.

330頁，亨蒂：Hyndman, 184.

331頁，加利費「我都在辦公室裡」: Radziwill, Letters, 340.

331頁，拉伯里「看起來如同赫丘利」: Meyer, Mes Yeux, 152.

331頁，「我剛剛殺了德雷福斯」: Paléologue, 241.

332頁，維多利亞女王的電報：Reinach, V, 544.

332頁，克里蒙梭：In *l'Aurore*, Sept. 10, 1899.

332頁，諾埃伊伯爵夫人哭著說：Painter, 299.

332頁，各國對雷恩判決的反應：*The Times*, Sept. 12, 13, 14, 1899; Barclay, 162.

332頁，葛利格的憤怒：Finck, *Grieg* (see Chap. 6), 104.

334頁，加利費「這是值得大書特書的事！」: Lonergan, 369.

第五章 持續不斷的鼓手

【參考書目】

兩屆海牙和平會議紀錄的官方出版品如下：

France, Ministère des Aff aires Etrangères, Documents Diplomatiques, *Conférence Internationale de la Paix*, 1899, Paris, Imprimerie Nationale, 1900.

France, Ministère des Aff aires Etrangères, Documents Diplomatiques, *Deuxième Conférence Internationale de la Paix*, 1907, Paris, Imprimerie Nationale, 1908.

*Germany, Auswartigen Amt, *Die Grosse Politik der Europäischen Kabinette*, Berlin, 1924–25. Band 15: *Rings um die Erste Haager Friedenskonferenz*. Band 23: *Die Zweite Haager Friedenskonferenz*. (Referred to in Notes as GP.)

Great Britain, Foreign Office, *Correspondence respecting the Proposal of HM the Emperor of Russia for a Conference on Armaments*, Russia, No. 1 (1899), Cd. 9090, London, HMSO.

Great Britain, Foreign Office, *Correspondence respecting the Peace Conference held at The Hague in 1899*, Misc. No. 1 (1899), Cd. 9534, London, HMSO. (The material in these two volumes is referred to in the Notes as F.O. 83, 1695-6-7-8-9 and 1700. These are the reference numbers for the autograph originals in the Public Record Office which I consulted in preference to the published version.)

Great Britain, Foreign Office, *Correspondence respecting the Second Peace Conference held at The Hague in 1907*. Misc. No. 1 (1908), Cd. 3857, London, HMSO.

Great Britain, Foreign Office, *Further Correspondence*, Cd. 4174, Misc. No. 5 (1908).

Hague, The, *The Proceedings of The Hague Peace Conference*, 4 vols. Translation of the official texts (originally published by the Netherlands Ministry of Foreign Affairs), prepared in the Division of International Law of the Carnegie Endowment for International Peace; ed. James Brown

311頁，他的「聲音宏亮」: Rolland, 298; "Like a huge cat with a mouse": ibid.

312頁，社會主義者評論左拉的審判：Jaurès' *OEuvres*, VI, 197, q. Goldberg; Reinach, III, 255, IV, 148; Zevaès, v. 141, 97, 199.

313頁，饒勒斯「我有多痛苦」: q. Goldberg, 220.

316頁，「由於我們似乎反對」: from a letter of Nov. 7, 1898, in the Guesde Archives, Amsterdam, q. Goldberg, 243.

316頁，社會主義團體的警戒委員會：Zevaès, v. 141, 203.

316頁，安德烈．布費發電報：Details of the right-wing conspiracy and its financing were obtained from evidence at the subsequent trial of Déroulède, Reinach, IV, 332–42.

316頁，「新巴黎公社成立前夕」: Radziwill, Letters, 155.

317頁，「一個少尉的靈魂」: André Maurois, *The Miracle of France*, New York, 1948, 404.

317頁，「叛國的聖殿」等: Paléologue, 187–90.

318頁，無政府主義談論德雷福斯「遊行」: Boussel, 170–72: Maitron (see Chap. 2), 307–18.

318頁，格雷富勒夫人寫信給德皇：André Germain, Les clés de Proust, 1953, 43. (I am indebted for this source to Mr. George D. Painter, the biographer of Proust.)

318頁，蓋爾芒特的轉變：recorded in *Sodome and La Prisonnière*.

319頁，一名軍官對加利費將軍說：Claretie, 50.

319頁，饒勒斯「一旦戰爭爆發」: q. Goldberg, 245.

319頁，亨利上校捐款人：Quillard, *passim*.

321頁，盧貝的選舉：Paléologue, 203; "The Republic will not founder": q. Chapman, 254.

321頁，勒梅特談論將盧貝趕下臺：q. Goldberg, 247.

321頁，反猶太同盟捐款：Reinach, IV, 573, n. 4; V, 113, 254, n. 1, from evidence at Déroulède trial.

322頁，《時報》「有哪個國家」: June 6, 1899.

322頁，威廉．詹姆斯「這場道德危機」: June 7, 1899, *Letters*, II, 89.

323頁，盧貝在奧特伊遇襲：*Figaro*, June 5, 1899.

323頁，下星期日在隆尚舉辦的賽馬：*Le Temps*, June 12/13, 1899. Henri Léon, the Nationalist leader and cynic in M. Bergeret à Paris, describes how hooligans yelled "Pana-ma! De-mis- sion!" under his orders. "I beat time for them and they yell the separate syllables. It was really done with taste."

325頁，呂西安．埃爾的論點：from *Vie de Lucien Herr*, by Charles Andler, q. Goldberg, 254.

325頁，社會主義者因為支持政府與否而分裂：Zevaès, v. 142, 47.

326頁，加利費侯爵，在肚子上綁了銀盤：Castellane, 99; "air of a bandit chief": Reinach, V, 168–69; on arresting members of his club: Radziwill, *Letters*, 340; "courage and effrontery": Reinach, loc. cit.

327頁，米勒蘭「碰上傾盆大雨的貓」: Suarez (see Chap. 8), I, 259.

327頁，「找這些人共進晚餐」: from Louis Thomas, *Le Général de Galliffet*, 1910, 247 (supplied by Mr. Painter).

328頁，雷恩審判：eyewitness accounts by Marcel Prévost, *New York Herald*, Aug. 8/9; Severine

289頁，「巨人即使腳髒了」：Flaubert, Correspondence, Apr. 18, 1880.

293頁，「色情的豬」、「去吃屎吧」及其他反應：du Gard, 8.

294頁，比昂松「嚇得說不出話來，而且感到無比沉痛」Reinach, III, 314.

294頁，「場景在法國」：q. Herzog, 144.

294頁，契訶夫談論左拉的審判：Ernest J. Simmons, *Chekhov: A Biography*, Boston, 1962, 412–13.

295頁，「充斥著肅殺之氣」：Paléologue, 131.

296頁，「在巴黎，人們惶惶不可終日」：Hyndman (see Chap. 7), 301.

297頁，左拉的審判：Paléologue, 131–33; Hyndman, *Clemenceau*, 176–77; Vizetelly, 450–56; et al.

296頁，拉伯里「才智並不出眾」：q. Chapman, 175.

297頁，左拉「聽他們的喊聲」：Guilleminault, I, 189.

297頁，克里蒙梭「德雷福斯派」：Hyndman (see Chap. 7), 301.

297頁，亨利．亞當斯評論左拉的判決：Feb. 26, 1898, Letters, 151.

298頁，安那托爾．佛朗士下床：from unpublished diary of Daniel Halévy, q. Delhorbe, 95–96.

299頁，「我們的人」：Daudet, 66.

299頁，莫內與竇加的爭論：Stephen Gwynn, *Claude Monet*, New York, Macmillan, 1934, 92.

299頁，竇加讀《言論自由報》：Chapman, 182; on arrivistes: q. George Slocombe, *Rebels of Art: Manet to Matisse*, New York, 1939, 158.

300頁，德布西與皮維．德．夏凡納：Painter, 356; Reinach, III, 248, n. 2.

300頁，中學校長說「如果我簽名」：Clemenceau in *l'Aurore*, Jan. 18, 1898.

300頁，埃米爾．杜克勞，在實驗室裡修正：Reinach, III, 169.

302頁，「他是靠我才能畫出那些作品」：René Gimpel, *Carnets*, Paris, 1963.

302頁，加斯東．帕里斯：Reinach, IV, 150, n. 5; Paul Stapfer: Zevaès, v. 141, 202.

303頁，各地村落也選邊站：Barclay, 135.

303頁，比克西歐餐廳：Claretie. All anecdotes of Dîner Bixio are from this source.

303頁，劇作《狼》開演：Rolland, 291–95.

304頁，「我們需要安慰、理想」：Adolphe Brisson on "l'Aiglon," in *Figaro*, Mar. 13, 1900.

304頁，蘭克「我們收到警告，不要回家睡覺」：q. Reinach, IV, 151.

305頁，沙龍：Bertaut, 163–73; Wharton (see Chap. 1), 261, 273; Painter, 130, 201, 281; for Mme Straus, see esp. Bertaut, Painter, 110–16, Paléologue; for Mme Arman, esp. Pouquet, *passim*; Clermont-Tonnerre, I, 4–5, 13; Blum, 98; for Mme Aubernon: Paléologue, 114; Suttner (see Chap. 5), I, 282–84; for Mme de Loynes: esp. Meyer, *Ce que je peux dire*, 250–53, 287; Castellane, 195.

308頁，朱爾．勒梅特「共和國讓我對共和國不抱期望」：q. Giraud, 72.

308頁，「你跟那群人在做什麼？」：Barclay, 142.

308頁，愛國者同盟的會議：Meyer, *Ce que je peux dire*, 253–63; Daudet, 89–90.

310頁，沃居埃「這個可恨的案子」：Paléologue, 151.

311頁，背誦十七世紀詩文：Goldberg, 226.

275頁，「他們拿他們的猶太人來煩我們」：q. Goldberg, 216.

275頁，社會主義報紙評論拉扎爾的小冊子：Zevaès, v. 141, 21.

276頁，「即使是聖西蒙公爵」：Reinach, II, 618, n. 1.

279頁，埃斯特哈吉「盜賊的雙手」："elegant and treacherous": C. Radziwill, 326–27; Benda, 181.

279頁，凱斯特納有十六世紀雨格諾派教徒的氣質：Rolland, 290.

279頁，群眾聚集在盧森堡公園：described by Clemenceau in 1908 in a speech dedicating a statue to Scheurer-Kestner.

280頁，克里蒙梭談論莫內：q. J. Hampden Jackson, *Clemenceau and the Third Republic*, New York, 1962, 81.

280頁，「只有藝術家」：Martet, 286.

281頁，克里蒙梭談論埃斯特哈吉、耶穌會、正義：q. Boussel, 143; Reinach, III, 265. The degree to which contemporary attention was focused on the Affair may be judged from Clemenceau's five volumes of collected articles: L'Iniquité (162 articles from *l'Aurore* and *La Justice* up to July, 1898); *Vers la Réparation*, 1899 (135 articles from *l'Aurore*, July- Dec., 1898); *Des Juges*, 1901 (40 articles from *l'Aurore*, Apr.- May, 1899); *Injustice Militaire*, 1902 (78 articles from *l'Aurore*, Aug.- Dec., 1899); *La Honte*, 1903 (65 articles from *La Dépêche de Toulouse*, Sept., 1899- Dec., 1900).

281頁，「潰敗的將軍」等：Reinach, III, 258.

281頁，安東．拉齊維爾親王「喜歡說英語」：Spring-Rice (see Chap. 3), I, 184.

282頁，威特伯爵「我可以看到有一件事」：Reinach, II, 542, n. 1.

282頁，朱爾．費里「將人類組織起來」：q. Goldberg, 39.

283頁，萊昂．布儒瓦在「團結派」集會上說：q. Chapman, 23.

283頁，德．蒙對法蘭西學術院演說：Mar. 10, 1898. Reprinted in his *Discours politiques et Parlementaires*.

283頁，德．蒙的生涯：Garric, *passim*; on Socialism, ibid., 94.

287頁，加利費侯爵「他們還是跟以前一樣不解世事」：to Princess Radziwill, Sept. 22, 1899, 342.

287頁，安娜．德．諾埃伊伯爵夫人「美得不像是真的」、「對他們微笑」：C. Radziwill, 337–38.

288頁，「比其他人來得優越」：Clermont-Tonnerre, 113.

288頁，埃梅里．德．拉．羅什福可伯爵："fossil rigidity" was Proust's phrase for the Prince de Guermantes, for whom de Rochefoucauld served as a model. "Mere nobodies in the year 1000": q. Painter, 189.

288頁，於澤斯公爵「在戰場上總是太快陣亡」：Painter, 200.

288頁，上流社會並不好客：Clermont-Tonnerre, 113.

288頁，呂因公爵的英國訪客：Wyndham (see Chap. 1), I, 346, 480.

289頁，梯也爾談論巴黎伯爵：q. Spender, Campbell-Bannerman (see Chap. 5), II, 59.

289頁，加梅爾巴：Lonergan, 120– 21.

289頁，「跟德雷福斯有關的一切事物」、「完全無法忍受」：Proust, *Guermantes*, I.

Maurice Barrès表達的民族主義觀點最深入完整，Léon Daudet的觀點最生動也最邪惡。Guy Chapman是最好的現代作品，不僅可靠、客觀而且可讀性高。關於奧特伊（Auteuil）與隆尚（Longchamps）的暴亂，我的資料來源是當時的報紙。

255頁，「讓天使分裂成兩個陣營」: in *Journal des Débats*, Mar. 8, 1903, on death of Gaston Paris, q. Barrès, 9.

258頁，「將軍，拿破崙是在你這個年紀死的」: q. Lonergan, 76.

262頁，拉維斯談論大陸軍：*Histoire de France Contemporaine*, III, 379.

262頁，安那托爾．佛朗士「我們碩果僅存的東西」: The character is M. Panneton de la Barge in M. Bergeret à Paris, 65–70.

263頁，多松維爾伯爵問道：Paléologue, 147.

263頁，「法國熱愛和平而且更愛榮耀：said by Albert Vandal, member of the French Academy, q. *Figaro*, Sept. 25, 1898.

264頁，女士們紛紛踮起腳尖，想一睹他的風采：Proust, *Guermantes*, II, 150. The Duchesse de Guermantes caused a sensation at the soirée of the Princesse de Lignes by remaining seated when other ladies rose. It was this action which helped to defeat the Duc for the Presidency of the Jockey Club.

264頁，「你可以留做紀念」: Reinach, I, 2.

265頁，「如果德雷福斯無罪，那麼梅西耶就該走人」: Paléologue, 44.

265頁，但丁地獄裡對某個人物的觀察：*ibid.*, 198–99.

266頁，馮．比洛「歐洲有三大強權」: C. Radziwill, 298.

267頁，謠傳德．羅戴斯拿了四十萬：Radziwill, *Letters*, 106.

267頁，左拉「可恥的疾病」: *l'Aurore*, May 13, 1902, q. Boussel, 216.

267頁，朱戴對克里蒙梭的抹黑：Daudet, 43.

267頁，亞瑟．梅耶的生涯：C. Radziwill, 297–307.

269頁，羅什福爾與虛構德皇的信：Blum, 78–80; Boussel, 157–59. The story of the letter appeared in *l'Intransigeant*, Dec. 13, 1897.

269頁，布瓦德福爾將軍與瑪蒂爾德公主: Radziwill, *Letters*, 133–35. Princess Radziwill told the story to the Kaiser who commented, "It's a good thing for me that such a man heads the French General Staff . . . and all I wish is that they leave him where he is."

270頁，「集團」: The Right's conception of the Syndicate is expressed in all seriousness by Daudet, 11–17, and satirized by Anatole France in Chapter 9 of *M. Bergeret*. *The Dépêche de Toulouse* on Nov. 24, 1897, affirmed the existence of a Syndicat D. and its expenditure of 10,000,000 francs: q. Boussel, 138. Other charges from *Libre Parole l'Intransigeant, Jour, Patrie, Eclair, Echo de Paris* given with dates by Reinach, III, 20; also "Le Syndicat," *l'Aurore*, Dec. 1, 1897, in Zola, 13–19.

271頁，「一些非常偉大的事物」: Count Harry Kessler, q. Masur, 297.

272頁，亨利．亞當斯談論閱讀德呂蒙：July 27 and Aug. 4, 1896, *Letters*, 110, 116.

273頁，「秘密而無情的陰謀」: q. Herzog, 30.

273頁，於澤斯公爵感到高興：*ibid.*, 31.

1907.

Martet, Jean, *Le tigre* (Clemenceau), Paris, Albin Michel, 1930.

Masur, Gerhard, *Prophets of Yesterday*, New York, Macmillan, 1961.

Meyer, Arthur, *Ce que mes yeux ont vu*, Paris, Plon, 1912.

Meyer, Arthur, *Ce que je peux dire*, Paris, Plon, 1912.

*Painter, George D., *Proust: The Early Years*, Boston, Little, Brown, 1959.

Paléologue, Maurice, *An Intimate Journal of the Dreyfus Case*, New York, Criterion, 1957.

Péguy, Charles, "Notre Jeunesse," *Cahiers de la Quinzaine*, 1910. (This was a reply to Daniel Halévy's essay on the Affair written at Péguy's invitation and published by him in the *Cahiers de la Quinzaine*. It is reprinted in English translation by Alexander Dru in *Temporal and Eternal*. New York, Harper, 1958.)

Pouquet, Jeanne Simon, *Le Salon de Mme Arman de Caillavet*, Paris, Hachette, 1926.

Proust, Marcel, *A la recherche du temps perdu*, Paris, Gallimard, 1921– 27.

*Quillard, Pierre, *Le Monument Henry: Liste des Souscripteurs*, Paris, Stock, 1899.

Radziwill, Princess Catherine, *France Behind the Veil*, New York, Funk & Wagnalls, 1914.

*Radziwill, Princess Marie, *Lettres au Général du Robilant*, Vol. II, 1896–1901 (the Appendix contains her correspondence with General de Galliffet), Bologna, Zanichelli, 1933.

**Reinach, Joseph, *Histoire de l'Affaire Dreyfus*, 7 vols., Paris, Charpentier, 1901–11.

Rolland, Romain, *Mémoires*, Paris, Albin Michel, 1956.

Roman, Jean, *Paris Fin de Siècle*, New York, Arts, Inc., 1960.

Sorel, Georges, *La Révolution Dreyfusienne*, Paris, Rivière, 1911.

Vizetelly, Ernest Alfred, *Emile Zola*, London, John Lane, 1904.

Vizetelly, Ernest Alfred, *Paris and Her People*, New York, Stokes, n.d. (1918).

Zevaès, Alexandre, *L'Affaire Dreyfus: Quelques Souvenirs personnels, La Nouvelle Revue*, January, February, March, 1936, Vols. 141 and 142.

Zola, Emile, *La Vérité en Marche* (collected ed.), Paris, Bernouard, 1928.

【註釋】

本章的主旨不是重述德雷福斯事件的過程，而是說明法國社會對這起事件的反應，因此除非事件中有爭議或語焉不詳的部分，否則我不會特別說明這起歷史事件的內容。基本與核心的參考來源仍是Joseph Reinach的偉大作品，他的作品記錄了事實、文本、文件、洞見、評論、目擊的場景、他認識的主要人物的性格描述與他自己的直接經驗，例如德．蒙在國會演說的時候：「我感覺到三百個被催眠的聽眾的敵意。」Reinach把與德雷福斯事件有關的任何人說的任何話或做的任何事全記錄下來，而且不知基於什麼原因，他還記錄了數千則不是那麼重要的細節，例如舍勒—凱斯特納對記者的嫌惡或威特伯爵驚人的洞察力。Reinach不僅是德雷福斯事件的觀察者，也是主要的參與者，除了左拉之外，就屬他遭受最多的誹謗、中傷與嘲諷。在這種惡劣環境下，Reinach依然完成這麼一部詳盡的歷史，這在史學史上或許是獨一無二的，而且必然難以超越。本章的任何陳述或引文，除了特別說明外，全部來自於Reinach，也全都可以在他的索引中找到，他的第七冊完全都是索引。

第四章「賜我戰鬥！」

【參考書目】

Barclay, Sir Thomas, *Thirty Years: Anglo-French Reminiscences, 1876–1906*, Boston, Houghton Miffl in, 1914.

*Barrès, Maurice, *Scènes et doctrines du Nationalisme*, Paris, Plon, 1925.

Benda, Julien, *La Jeunesse d'un clerc*, Paris, Gallimard, 1936.

Bertaut, Jules, *Paris, 1870–1935*, New York, Appleton- Century, 1936.

*Blum, Léon, *Souvenirs de l'Aff aire*, Paris, Gallimard, 1935.

Bordeaux, Henry, *Jules Lemaître*, Paris, Plon, 1920.

Boussel, Patrice, *L'Aff aire Dreyfus et la Presse*, Paris, Colin, 1960.

Brunetière, Ferdinand, *Après le Procés: Réponse à Quelques "Intellectuels,"* Paris, Perrin,

1898.

Cambon, Paul, *Correspondence, 1870–1924*, 3 vols., Paris, Grasset, 1940.

Castellane, Marquis Boni de, *How I Discovered America*, New York, Knopf, 1924.

*Chapman, Guy, *The Dreyfus Case: A Reassessment*, New York, Reynal, 1955.

Claretie, Jules, "Souvenirs du Dîner Bixio," *La Revue de France*, June 15, July 1 and 15, August 1 and 15, 1923.

Clemenceau, Georges, *Contre la Justice*, Paris, Stock, 1900.

Clermont - Tonnerre, Elizabeth (de Gramont), Duchesse de, *Mémoires*, 3 vols., Paris, Grasset, 1928.

*Daudet, Léon, *Au Temps de Judas: Souvenirs de 1880 à 1908*, Paris, NLN, 1920.

Delhorbe, Cecile, *L'Aff aire Dreyfus et les Ecrivains Français*, Paris, Attinger, 1932.

Ellis, Havelock, *From Rousseau to Proust*, Boston, Houghton Mifflin, 1935.

France, Anatole, *M. Bergeret à Paris*, Paris, Calmann- Lévy, 1902.

Gard, Roger Martin du, *Jean Barois*, Paris, Gallimard, 1921.

Garric, Robert, *Albert de Mun*, Paris, Flammarion, 1935.

Giraud, Victor, *Les Maîtres du l'Heure* (Jules Lemaître). Vol. II, Paris, Hachette, 1919.

Goldberg, Harvey, *The Life of Jean Jaurès*, Univ. of Wisconsin Press, 1962.

Guilleminault, Gilbert, ed., *La Belle Epoque*, 3 vols., Paris, Denoël, 1957.

Herzog, Wilhelm, *From Dreyfus to Petain*, tr. Walter Sorell, New York, Creative Age

Press, 1947.

Hyndman, H. M., *Clemenceau*, New York, Stokes, 1919.

Ibels, H. G., *Allons-y!: Histoire Contemporaire*, Paris, Stock, 1898.

Jaurès, Jean, *Les Preuves: Affaire Dreyfus*, Paris, La Petite République, 1898.

Letheve, Jacques, *La Caricature et la presse sous la Troisième République*, Paris, Colin, 1961.

Lonergan, W. F. (correspondent of the Daily Telegraph), *Forty Years of Paris*, New York, Brentano's,

243頁，諾頓「喪失了獨一無二的地位」: Nov. 18, 1899, *Letters*, II, 290.

243頁，穆菲爾德・史都瑞「我們背叛了」: Howe, 221.

243頁，「最具影響力的人」: Mar. 3, 1898, Letters, II, No. 976.

243頁，史都瑞寫信給霍爾：Howe, 218–19.

244頁，「劃下一根火柴」: *NYT*, Apr. 23, 1899.

244頁，「鬱鬱寡歡、面目可憎」: Dunn, I, 298.

245頁，「疲倦與厭惡」: *NYT*, Feb. 21, 1899.

245頁，《論壇報》: q. Robinson, 380;《泰晤士報》, Apr. 19 and 23, 1899.

245頁，戈德金談論里德：*Letters*, II, 239, 241.

245頁，「民眾！」: *NYT*, Apr. 20, 1899.

247頁，「馬覺得怎麼樣呢？」: Pringle, *Life and Times of William Howard Taft*, 1939, I, 236.

247頁，貝弗里吉「我們絕不會放棄」: q. Wolff , 303.

248頁，戈德金「尚武精神」: *Life and Letters*, 243.

248頁，海軍上將杜威談論總統職位：Sullivan, I, 311.

248頁，「邪惡天才」: Fuess, 366.

248頁，第三黨與紐約廣場飯店會議：Pettigrew, 320–21; Fuess, 362–63.

249頁，阿奎納多談論選舉：Wolff, 252.

249頁，「含淚投票」: Lanzar, 40.

249頁，《國家》的讀者不滿：Oct. 18, 1900, 307.

250頁，洛吉談論馬尼拉：q. Wolff , 304.

250頁，羅斯福談論擴張：*ibid.*, 332.

250頁，達姆彈：*ibid.*, 305.

252頁，諾頓唱起輓歌：to S. G. Ward, Mar. 13, 1901, Vanderbilt, 217. An eff ort to heal the breach between the Anti-Imperialists and the Administration was made by Senator Hoar in the spring of 1901, with embarrassing results. As President of the Harvard Alumni Association, he off ered an honorary LL.D. to McKinley without consulting the Harvard Corporation. Although President Eliot regarded McKinley as a "narrow-minded commonplace man" (James, II, 118), the Corporation gave its approval. But when the Board of Overseers, which contained a number of Anti-Imperialists, was asked for its concurrence a storm was raised, led by Moorfield Storey and Wendell Phillips Garrison. Bitter feeling developed, debate was"very sharp," and Theodore Roosevelt, thrown into a frenzy, and denouncing Storey as a "scoundrel," marshaled the votes of the waverers by mail. Leaked to Godkin, who published it in the Nation, Apr. 25, 1901, the opposition in the Overseers became known to McKinley. Although the Board finally voted for his degree, re-portedly by 26 to 3, he did not appear at Commencement, with the result that the LL.D., which could not be conferred in absentia, was not conferred at all. Roosevelt, Letters, III, Nos. 2010, 2012; Howe, 177; NTT, May 3 and 9, 1901.

252頁，「那個該死的牛仔」: Kohlsaat, 100.

252頁，二十三場牌局：A. B. Paine, Mark Twain, III, 1163.

253頁，喬・坎農談論里德：q. McFarland.

228 頁，里德談論參議員普羅克特：Dunn, I, 234.

229 頁，「帝國滋味」：q. Morison and Commager, *Growth of the American Republic*, II, 324.

229 頁，「阻止龍捲風」：*NYT*, Apr. 7, 1898.

229 頁，羅斯福把計畫寄給馬漢：Mar. 21, 1898.

229 頁，杜利先生所言：Dunne, 43. When Mr. Dooley asked Hinnissy if he could tell where the Philippines were, Hinnissy, representing public opinion, replied, "Mebbe I cudden't, but I'm f'r takin' thim in, annyhow." Mr. Dooley wasn't so sure. "Th' war is still goin' on; an' ivry night, whin I'm countin' up the cash, I'm askin' mesilf will I annex Cubia or lave it to the Cubians? Will I take Porther Ricky or put it by? An' what shud I do with the Ph'lippeens? Oh, what shud I do with thim?": *ibid.*, 46–47.

230 頁，麥金利談論菲律賓：Kohlsaat, 68.

230 頁，洛吉寫道：「我們不能放棄這個群島」：to Henry White, May 4, 1898, Nevins (see Chap. 1), 136.

230 頁，諾頓「捨棄了我們國家」：text of the speech in *Letters*, II, 261–69. The politician who proposed lynching was the Hon. Thomas J. Gargan.

230 頁，反帝國主義者：Lanzar, Harrington, Howe, Fuess.

232 頁，「一樁可惡的生意」：*Mark Twain-Howells Letters*, Harvard Univ. Press, 1960, II, 673, n. 4. See also Mark Twain's "To The Person Sitting in Darkness," *North American Review*, Feb., 1901.

232 頁，戈德金談論「無知而低等種族」：Mar. 24, 1898, 216.

232 頁，卡爾・舒爾茨基於同樣的論調：Schurz, 441.

233 頁，阿爾伯特・貝弗里吉的演講：Bowers, 68–70, 76; Storey, 38; W. E. Leuchtenberg, "Progressivism and Imperialism, 1898– 1916," Miss, *Valley Hist. Rev*., Dec., 1952.

234 頁，「我們是偉大的民族」：Dunne, 9.

234 頁，羅斯福「無論我仰賴什麼力量」：Mar. 29, 1898.

235 頁，貝弗里吉談論里德：to George W. Perkins, May 31, 1898, Bowers, 71.

236 頁，「只有里德一個人在反對」：May 31, 1898, Lodge, Corres., I, 302.

236 頁，里德懇求克拉克：Dunn, I, 289.

238 頁，洛吉「躋身世界列強」：to Henry White, Aug. 12, 1898, Nevins' White, 137.

238 頁，馬漢「無憂無慮的青春歲月」與「這是上帝的旨意」：Puleston, 201.

238 頁，舒爾茨「中立大國的地位」：Fuess, 354.

238 頁，薩拉托加會議：*NYT*, Aug. 20, 1898.

239 頁，卡內基「讓我們一起」：Harvey, Gompers (see Chap. 8), 89–90.

240 頁，里德「非常痛苦」：Dec. 20, 1898, Lodge, Corres., I, 370.

242 頁，布萊恩與和約：Dunn, I, 283; Hoar, I, 197; II, 110; Pettigrew, 206. The dealing in judgeships and other bribes by the Republicans is discussed in W. S. Holt, *Treaties Defeated by the Senate*, Johns Hopkins, 1933, 171, and in Garraty, Lodge, 201–2.

243 頁，「差距最近、最艱困的一場投票」：*ibid.*

243 頁，威廉・詹姆斯：*Letters*, II, 289; Perry, 240.

214頁，諾頓「我們的時代是多麼有趣啊」：to S. G. Ward, Apr. 26, 1896, *Letters*, II, 244.

215頁，「沙皇命令你」：Fuller, 238.

215頁，「恬靜的偉大」：Powers.

215頁，閱讀理查．伯頓爵士：Stealey, 413.

216頁，「根本不是共和黨該採取的政策」：Knight.

217頁，羅斯福談論里德的競選：Oct. 18, 1895; Dec. 27, 1895; Jan. 26, 1896.

217頁，里德的競選：Robinson, 326–34; Griffin, 344; Platt, 313.

217頁，亨利．亞當斯談論里德：to Brooks Adams, Feb. 7, 1896, Letters, II, 96.

218頁，「巧克力口味的閃電泡芙」：Robinson, 362, calls it Reed's "alleged" statement. Kohlsaat, 77, gives it to Roosevelt and Peck says it was a "favorite saying" of Roosevelt although this does not exclude its having originated with Reed. To the present author it bears the stamp of Reed's picturesque turn of phrase.

219頁，羅斯福寫信給里德：McCall, 228; to Lodge: Mar. 13, 1896.

219頁，「簡言之，我親愛的小兄弟」：Pringle, 159.

220頁，阿特格爾德對丹諾說：q. Ginger (see Chap. 8), 188.

220頁，「汽笛聲將不再響起」：*ibid.*, 191.

220頁，「馬克．漢納的時代」：Norman Hapgood, *The Advancing Hour*, 1920, 76–77.

221頁，什麼能讓報紙熱賣？「戰爭」：Kennedy Jones, q. Halévy (see Chap. 1), V, 9.

222頁，艾略特在華府演講：New York *Evening Post*, May 18, 1896.

222頁，「墮落的哈佛子弟」：Roosevelt to Lodge, Apr. 29, 1896.

222頁，艾略特的特質：In addition to James's biography, the sources used were: Brown, Rollo Walter, *Harvard Yard in the Golden Age*, New York, 1948. Howe, M. A. De Wolfe, Classic Shades, Boston, 1928. Morison, Samuel Eliot, *Three Centuries of Harvard*, Harvard Univ. Press, 1937. Sedgewick, Ellery, The Happy Profession, Boston, 1946.

222頁，「艾莉莎，你該不會在教堂裡跪下……」：James, I, 33–34; "Misunderstood": Morison, 358; "I had a vivid sense": Brown, 27; "An oarsman's back": Sedgewick, 371–72; "A noble presence": Howe, 185; "A gentlemen who is . . .": *ibid.*; "Throwing it in ANOTHER!": James, II, 69; "First private citizen": ibid., 92; "An emblem of triumph": Sedgewick, 371–72.

225頁，「如果我們無法讓」：Apr. 29, 1896.

225頁，海軍部長隆談論羅斯福：Bishop, I, 71; Lodge to Roosevelt: Mar. 8, 1897, q. *ibid*.

225頁，麥克盧爾寫信給他的共同主編：Lyon, 148; to Page: *ibid.*, 167.

226頁，「不要做不符合正義的事」：q. Puleston, 182; Roosevelt's reply: May 3, 1897.

227頁，舒爾茨拜訪麥金利：Fuess, 350.

227頁，《旁觀者》評論條約：June 19, 1897.

227頁，〈帝國止步〉：*Illustrated American*, Dec., 1897.

227頁，布萊斯在《論壇》：Dec., 1897, "The Policy of Annexation for America."

228頁，「那些遙遠、飽受風暴打擊的船艦：from his *Influence of Sea Power on the French Revolution*.

197頁，羅斯福談里德的改革：*Forum*, Dec., 1895.

198頁，「咬了一顆綠柿子」：Mount (see Chap. 1), 192. Sargent had difficulty with the portrait and destroyed his first version. "His exterior somehow does not correspond with his spirit. What is a painter to do? . . . I could have made a better picture with a less remarkable man. He has been delightful." Reed claimed that he liked it although "I am willing to admit that the picture is not so good-looking as the original." The portrait now hangs in the Speaker's Lobby in the Capitol. As it seems to the author to convey little of Reed's personality, it is not reproduced here.

198頁，「他們很可能做出更糟的決定」：Brownson.

198頁，「白宮的冰山」：Platt, 215.

198頁，「眾議院比在裡面開會的眾議員更講道理」：Alexander, 27.

199頁，「往外看」："The United States Looking Outward," Dec., 1890.

199頁，「時時提醒美國人留意我們的外在利益」：Puleston, 133. All subsequent biographical facts, anecdotes and quotations by or about Mahan are from Puleston unless other wise stated.

200頁，「不要把這件事告訴格羅弗」：Clark, I, 281–82.

201頁，「一口氣」讀完：May 12, 1890, *Letters*, I, 221.

201頁，「海權」的起源：Mahan, *From Sail to Steam*, 276–77.

203頁，德皇談論馬漢：q. Taylor, 131.

203頁，克里夫蘭的海軍部長：Fuller, 211.

204頁，馬漢談論猶太人：*From Sail to Steam*.

207頁，洛吉「著急而嚴肅的態度」：q. Garraty, 52.

208頁，參議員摩根、弗萊、卡洛姆的意見：Millis, 29.

209頁，聯合同盟俱樂部：*NYT*, Dec. 18, 1895.

210頁，「稱呼他們上將？絕對不行！」：q. Taylor, 12.

211頁，「莫大的影響力」：q. Godkin, I, 221.

211頁，洛爾談論《國家》：Godkin, I, 251; Bryce on the *Evening Post*: ibid., 232; Governor Hill: Villard, 123.

211頁，戈德金談論一八九五年的美國：*Life and Letters*, II, 187, 202.

212頁，威廉・詹姆斯談「戰鬥精神」：to Frederic Myers, Jan. 1, 1896, Perry, 244.

212頁，諾頓「粗暴的歡呼聲」：*NYT*, Dec. 30, 1895.

212頁，「彬彬有禮」：Daniel Gregory Mason, "At Home in the Nineties," *New England Quarterly Review*, Mar., 1936, 64.

212頁，學生曾經戲謔地模仿他的語氣：William D. Orcutt, *Celebrities on Parade*, 41; Josephine Preston Peabody, *Diary and Letters*, 73.

213頁，諾頓寫給戈德金及英國朋友的信：q. Vanderbilt, 211; to Leslie Stephen, Jan. 8, 1896, *Letters*, II, 236.

213頁，亨利・亞當斯："dead water of the *fin de siècle*" is from *The Education*, 331. Other quotations in this paragraph are from the *Letters*, Vol. II, in order, as follows: Sept. 9, 1894, 55; Aug. 3, 1896, 114; Apr. 1, 1896, 103; Apr. 25, 1895, 68; July 31, 1896, 111; Feb. 17, 1896, 99; Sept. 25, 1895, 88.

Taylor, Charles Carlisle, *The Life of Admiral Mahan*, New York, Doran, 1920.

Vanderbilt, Kermit, *Charles Eliot Norton*, Harvard Univ. Press, 1959.

Villard, Oswald Garrison, *Fighting Years*, New York, Harcourt, 1939.

Wolff, Leon, *Little Brown Brother*, New York, Doubleday, 1961.

【註釋】

除非另有說明，否則所有傳記事實、軼事、里德本人的引文或與里德有關的引文，都引自Henry Cabot Lodge、Samuel McCall或William A. Robinson。羅斯福的所有引文全來自Elting E. Morison編輯的*Letters*，我已經標上日期、卷數與頁碼。

181頁，「從他的領子」: De Casseres. The following quotations in this paragraph, in order, are from Clark, I, 287; Leupp; McCall, 248; Dunn, I, 165; Foulke, 110; Porter. "The ablest running debater" was said by Rep. John Sharp Williams, Democratic Leader of the House; "the greatest parliamentary leader" by Lodge; "far and away the most brilliant" by Clark, II, 10.

182頁，亨利．亞當斯的二哥查爾斯：Sept. 1, 1894, *Letters*, II, 55.

183頁，布萊斯「……漠不關心」: III, 326–28.

184頁，劉易斯．莫里斯「我才管不了那麼多」: "Biographical Sketches of the Four Signers from New York," *Americana*, Aug., 1914, 627.

186頁，「一艘人形軍艦」、「變窄了」: Day.

187頁，「成了立法的最大障礙」: Rep. Frye of Maine.

188頁，「智慧的秘訣」: Clark, I, 286.

189頁，「會偷偷投票給他」: Porter.

190頁，「喜歡帕默斯頓的理由」: Peck, 276.

190頁，紐約州參議員喬特：Barry, 142.

190頁，論巴爾札克：Porter.

190頁，「我們邀請湯姆．里德」: Lodge, *Corres.*, I, 77, 120.

191頁，「西奧多，對我來說，你最值得讚美的地方」: q. George Stimpson, *A Book About American Politics*, New York, 1952, 342.

191頁，「他不可能當選總統」: Leupp.

191頁，「像路西法一樣充滿野心」: Cullom, 243.

192頁，「那就成了暴政」: Dunn, I, 35.

193頁，「我見過最大的一張臉」: Clark, I, 277–78.

193頁，「主席要求」: All remarks by the Speaker and Representatives in the account of the Quorum fight are from the *Congressional* Record, 51st Congress, First Session.

193頁，「陷入混亂」: Dunn, I, 27. Reporters and other eyewitnesses quoted on the Quorum fight are Dunn, I, 24–32; Peck, 200–202; Fuller, 219–21. *The New York Times* gave the story four columns on page 1 on both Jan. 30 and 31.

197頁，里德規則：Fuller, 228.

Hoar, Senator George Frisbie, *Autobiography of 70 Years*, 2 vols., New York, Scribner's, 1905.

Howe, M. A. De Wolfe, *Moorfield Storey: Portrait of an Independent*, Boston, Houghton Mifflin, 1932.

James, Henry, *Charles William Eliot*, 2 vols., Boston, Houghton Mifflin, 1930.

Kipling, Rudyard, *American Notes*, New York, Munro's, 1896.

Kohlsaat, H. H., *From McKinley to Harding: Personal Recollections of Our Presidents*, New York, Scribner's, 1923.

Lanzar, Maria C., "The Anti-Imperialist League," *Philippine Social Science Revue*, August and November, 1930.

Lodge, Henry Cabot, ed., *Selections from the Correspondence of Theodore Roosevelt and H. C. Lodge*, 2 vols., New York, Scribner's, 1925.

Long, John D., *The New American Navy*, 2 vols., New York, Outlook, 1903.

Lyon, Peter, *Success Story: The Life and Times of S. S. McClure*, New York, Scribner's, 1963.

Mc Elroy, Robert, *Grover Cleveland*, 2 vols., New York, Harper, 1925.

Mahan, Captain Alfred Thayer, *The Influence of Sea Power on History*, New York, Sagamore Press, 1957.

Mahan, Captain Alfred Thayer, *From Sail to Steam* (autobiography), New York, Harper, 1907.

Mahan, Captain Alfred Thayer, *The Interest of America in Sea Power*, Boston, Little, Brown, 1897. (Collected articles from *Atlantic Monthly, Harper's Monthly, Forum and North American Review, 1890–97.*)

Millis, Walter, *The Martial Spirit*, New York, 1931.

Mitchell, Edward P., *Memoirs of an Editor*, New York, Scribner's, 1924.

Norton, Charles Eliot, *Letters*, ed. Sara Norton and M. A. DeWolfe Howe, 2 vols., Boston, Houghton Mifflin, 1913.

Peck, Harry Thurston, *Twenty Years of the Republic*, New York, Dodd, Mead, 1906.

Perry, R. B., *Thought and Character of William James*, Harvard Univ. Press, 1948.

Pettigrew, Senator Richard F., *Imperial Washington, 1870–1920*, Chicago, Kerr, 1922.

Platt, Thomas Collier, *Autobiography*, New York, Dodge, 1910.

Powers, Samuel Leland, *Portraits of Half a Century*, Boston, Little, Brown, 1925.

Pringle, Henry F., *Theodore Roosevelt*, New York, Harcourt, 1931.

Puleston, Captain William D., *Mahan*, Yale Univ. Press, 1939.

Roosevelt, Theodore, *An Autobiography*, New York, Scribner's, 1920.

*Roosevelt, Theodore, *The Letters*, ed. Elting E. Morison, Vols. I and II, Harvard Univ. Press, 1951.

Schurz, Carl, *Reminiscences*, Vol. III (continued by Frederic Bancroft), New York, McClure, 1908.

Spring - Rice, Cecil, *The Letters and Friendships*, ed. Stephen Gwynn, 2 vols., Boston, Houghton Mifflin, 1929.

Stealey, Orlando O., *Twenty Years in the Press Gallery*, New York (author), 1906.

Storey, Moorfield, *The Conquest of the Philippines by the United States*, New York, Putnam's, 1926.

Sullivan, Mark, *Our Times*, Vols. I and II, New York, Scribner's, 1926.

Fuller, Herbert B., *Speakers of the House*, Boston, Little, Brown, 1909.

Hinds, Asher C., "The Speaker of the House of Representatives," *American Political Science Review*, May, 1909.

Knight, Enoch, "Thomas Brackett Reed: An Appreciation," *New England Magazine*, April, 1904.

Leupp, Francis E., "Personal Recollections of Thomas Brackett Reed," *Outlook*, September 3, 1910.

*Lodge, Henry Cabot, "Thomas Brackett Reed," reprinted in *The Democracy of the Constitution and Other Essays*, New York, Scribner's, 1915.

*McCall, Samuel, *The Life of Thomas Brackett Reed*, Boston, Houghton Mifflin, 1914.

McFarland, Henry, "Thomas Brackett Reed," *American Review of Reviews*, January, 1903.

Porter, Robert P., "Thomas Brackett Reed of Maine," *McClure's*, October, 1893.

*Robinson, William A., *Thomas B. Reed, Parliamentarian*, New York, Dodd, Mead, 1930.

Roosevelt, Theodore, "Thomas Brackett Reed and the 51st Congress," *Forum*, December, 1895.

【其他資料】

Adams, Henry, *The Education of Henry Adams*, Boston, Houghton Mifflin, 1918.

Adams, Henry, *Letters*, ed. Worthington Chauncey Ford, 2 vols., Boston, Houghton Mifflin, 1930–38.

Alexander, De Alva Stanwood, *History and Procedure of the House of Representatives*, Boston, Houghton Mifflin, 1916.

Barry, David S. (Washington Correspondent of New York Sun and Providence Journal), *40 Years in Washington*, Boston, Little, Brown, 1924.

Bishop, Joseph Bucklin, *Theodore Roosevelt and His Times*, 2 vols., New York, Scribner's, 1920.

Bowers, Claude G., *Beveridge and the Progressive Era*, Boston, Houghton Mifflin, 1932.

Bryce, James, *The American Commonwealth*, 3 vols., London, Macmillan, 1888.

*Clark, Champ, *My Quarter Century of American Politics*, 2 vols., New York, Harper, 1920.

Croly, Herbert, *Marcus Alonzo Hanna*, New York, Macmillan, 1912.

Cullom, Senator Shelly M., *Fifty Years of Public Service*, Chicago, McClurg, 1911.

Dunn, Arthur Wallace, *From Harrison to Harding*, 2 vols., New York, Putnam's, 1922.

Dunne, Finley Peter, *Mr. Dooley in Peace and War*, Boston, Small, Maynard, 1898.

Foulke, William Dudley, *A Hoosier Autobiography*, Oxford Univ. Press, 1922.

Fuess, Claude Moore, *Carl Schurz, Reformer, 1829–1906*, New York, Dodd, Mead, 1932.

Garraty, John A., *Henry Cabot Lodge: A Biography*, New York, Knopf, 1953.

Godkin, Edwin Lawrence, *Life and Letters*, ed. Rollo Ogden, 2 vols., New York, Macmillan, 1907.

Gompers, Samuel, *70 Years of Life and Labour*, 2 vols., London, Hurst & Blackett, 1925.

Griffin, Solomon B., *People and Politics Observed by a Massachusetts Editor*, Boston, Little, Brown, 1923.

Harrington, Frederick, "The Anti- Imperialist Movement in the United States," *Miss. Valley Hist. Rev.*, September, 1935.

154頁，三十名集體審判，費內昂：Roman (see Chap. 4), 59, 95.

156頁，「每一場革命終將造就一批新的統治階級」：q. Nomad, *Apostles*, 6.

157頁，基督聖體聖血節炸彈：*NYT*, June 9, Nov. 25, Dec. 2, 22, 1896.

157頁，卡諾瓦斯：Pilar, 40; Millis (see Chap. 3), 80–81; *Nation*, Aug. 12, 1897; *Review of Reviews*, Nov., 1897.

158頁，蒙特惠克山監獄的書信：q. Crapouillot.

159頁，米歇爾・安焦利洛：Creux, 301–15; Nomad, *Rebels*, 23.

162頁，皇后伊莉莎白、路易吉・盧克尼：Corti, 456–93.

165頁，刺殺德皇的密謀：Spectator, Oct. 22, 1898; NYT, Oct. 15/16, 1898.

165頁，巴枯寧，德國人不適合無政府主義：Nomad, *Apostles*, 169, n. 5.

166頁，在羅馬召開警察國際會議：Maitron; Vizetelly, 238.

167頁，國王翁貝托、蓋耶塔諾・布雷西：*Outlook*, Aug. 10, 1900; *Harper's Weekly*, Aug. 4, 1900; *NYT*, Aug. 3, 1900; *Review of Reviews*, Sept., 1900, 316–22.

169頁，里昂・喬戈什：Channing; Nomad, *Apostles*, 298–99; *NYT*, Sept. 9, 1901.

171頁，《哈潑週刊》與《世紀雜誌》：*Harper's Weekly*, Dec. 23, 1893, Aug. 28, 1897. "The Assassination of Presidents," by J. M. Buckley, in *Century*, Nov., 1901.

172頁，羅斯福談無政府主義：*NYT*, Dec. 5, 1901.

173頁，《布萊克伍德》：July, 1906, 128, apropos of attempt on King Alfonso.

173頁，萊曼・阿伯特：*Outlook*, Feb. 22, 1902.

175頁，卡納雷哈斯遇刺：*Literary Digest*, Nov. 23, 1912; *Living Age*, Dec. 12, 1912.

175頁，「忍無可忍所激起的良知」：in his Preface to *Major Barbara*, dated June, 1906, apropos of the attempt on King Alfonso.

176頁，俄國社會革命黨：in addition to Savinkov and Nicolaevsky, general background from Charques, Miliukov and Kerensky.

177頁，普勒維，「我們必須將革命溺死在猶太人鮮血中」：Miliukov, 1056.

178頁，謝爾蓋大公「出了名的殘忍」：Nevinson.

178頁，「大約有八到十英寸高」：Savinkov, 106–7.

178頁，沙皇與他的妹夫，沙發：Bülow (see Chap. 5), II, 178.

第三章 夢想破滅

【參考書目】

里德有兩部詳盡的傳記，一部是Samuel McCall寫的，他是里德在國會的同事，之後成為麻州州長。另一部是William A. Robinson教授寫的，兩人的作品都列在下面。此外，朋友、記者、國會同事與其他同時代的人物有關里德的紀錄也都列在下方：

Browman, W. H., "Thomas Brackett Reed," *New England Magazine*, April, 1890.

Day, Holman F., "Tom Reed Among His Neighbors," *Saturday Evening Post*, January 3, 1903.

De Casseres, Benjamin, "Tom Reed," *American Mercury*, February, 1930.

120頁，「話語與文字，以刀子、槍砲與炸藥」：q. *ibid.*, 15.

120頁，「勇於實踐……發動叛亂」：*Paroles*, 285.

120頁，「一場行動……」：*ibid.*, 285.

120頁，一八九一年三月《反叛》：q. Maitron, 240.

120頁，與班・蒂利特、湯姆・曼的爭論：Ford (see Chap. 1), 110.

121頁，克魯泡特金已經為這個國度擬好計畫：Kropotkin's *Revolutionary Studies, Conquest of Bread, l'Anarchie dans l'évolution social.* Malatesta's *Talk Between Two Workers.*

121頁，蕭伯納在費邊社期刊發表：Tract No. 45, read to the Society Oct. 16, 1891, published July, 1893.

122頁，皇家地理學會的晚餐：Woodcock, 227.

123頁，「難以抗拒的吸引力」：Vandervelde (see Chap. 8), 37.

125頁，「簡樸、沉默、孜孜不倦」：Malato, 316.

125頁，馬拉泰斯塔的冒險：Nomad, *Rebels*, 1–47.

126頁，「就跟我們上次見到的他沒什麼兩樣」：Ishill, *Kropotkin*, 40.

127頁，「所有人都在等待新秩序的誕生」：*ibid.*, 9.

127頁，「閃亮的道德光彩」：Victor Serge in *Crapouillot*, 5.

128頁，「散發著反叛與仇恨的氣息」：Malato, 317.

131頁，克魯泡特金與馬拉泰斯塔反對拉瓦喬爾：in *La Révolt*, Nos. 17 and 18, Jan., 1892, and *l'En Dehors*, Aug. 28, 1892, q. Maitron, 204, 221.

131頁，「平民版的波吉亞家族」：Nomad, *Rebels*, 26.

136頁，子彈打中弗里克：in addition to Berkman, Harvey's *Frick and Harper's Weekly*, Aug. 6, 1892.

137頁，阿特格爾德赦免：Barnard, 217, 246; *NYT*, June 28, 1893.

139頁，「馬德里糟透了……」：Pilar, 50.

140頁，帕拉斯計畫殺死將軍：Creux, 295–96; *Crapouillot*; *NYT*, Sept. 25, 30, 1893.

141頁，巴塞隆納歌劇院爆炸案：*NYT*, Nov. 9, Dec. 20, 1893, Jan. 3, 1894.

141頁，蒙特惠克山的地牢：Brenan, 168, n. 1.

142頁，貝爾福質問阿斯奎斯：*Spectator*, Nov. 18, 1893, 706, Dec. 2, 791; *NYT*, Nov. 11, 1893.

144頁，巴黎「陷入癱瘓」：Ford (see Chap. 1), 107.

145頁，「受到祝福的時代」：Nomad, *Apostles*, 11.

145頁，奧克塔夫・米爾博：Daudet (see Chap. 4), 70.

145頁，「世界上不應該有悲慘」：Suttner (see Chap. 5), I, 313.

146頁，「總統穿著髒睡衣」：in *Père Peinard*, July 4, 1897.

146頁，塞巴斯蒂安・佛爾「溫柔而悅耳的聲音」：Malato, 316.

148頁，「如果動作漂亮，誰管受害者怎麼樣？」：q. Maitron, 217. (This is frequently quoted as Qu'importes les vagues humanités pourvu que le geste soit beau? but this seems to have a ring of the morning after.)

148頁，於澤斯公爵夫人：Maitron, 215.

151頁，克里蒙梭目睹亨利的處決：in *La Justice*, May 23, 1894, q. Maitron, 226.

是我參考的主要當代資料。關於各國無政府主義者的觀念與理論，以及他們的作品的摘要介紹，Paul Eltzbacher特別有用。與法國無政府主義有關的所有引文，除非另有提及，否則全來自Jean Maitron或Charles Malato（他自己就是當時的法國無政府主義者），此外我也用*Crapouillot*與Ernest Alfred Vizetelly進行補充。關於艾瑪·戈德曼（Emma Goldman）與亞歷山大·貝克曼（Alexander Berkman），他們的引文出處就是他們自己的回憶錄。關於約翰·莫斯特（Johann Most），Max Nomad的*Apostles*有專章討論他，這是主要的資料來源。西班牙無政府主義者的部分，引文主要來自當時美國報紙的報導，這部分請見底下註釋。關於喬戈什（Czolgosz），最主要的資料來源是Walter Channing。關於俄國無政府主義者，Boris V. Savinkov自己就是恐怖旅（Terror Brigade）的成員，Boris Nicolaevsky則是主要資料來源（他的描述實在太吸引人，使得本章談論俄國事件的篇幅變得太長，最後不得不縮減為原本的五分之一）。

這裡未提到的事實與引文，有些來自於特定出處，請見底下註釋。

107頁，「鋌而走險的浪漫主義者做的白日夢」：Nomad, *Rebels*, 13.

109頁，「只要有人試圖控制我」：from his *Confessions of a Revolutionary*. "To be governed is to be . . .": from his *Idée générale de la révolution au vingtiéme siécle*, Epilogue.

110頁，「抽象的權利觀念」：Bakunin said this was Proudhon's point of departure, q. Nomad, *Apostles*, 15.

110頁，「他們才能產生莫之能禦的力量」：q. Eltzbacher, 138.

111頁，「我們沒有想到群眾」：q. Nomad, *Apostles*, 205.

112頁，「鄉紳為了搶回土地才殺害沙皇」、「大受打擊士氣低落」：Kerensky, 44–45.

112頁，「一個邪惡的無政府主義地下世界」：from his Preface to *Princess Casamassima*, his novel with Anarchist characters fi rst published in 1886. Johann Most is said to have inspired the conception of the unseen Anarchist leader Hoffendahl in the novel. Another literary exercise in the theme was Joseph Conrad's rather shallow story "An Anarchist," published in *Harper's Weekly* for Aug., 1906, of which the chief point seems to be that Anarchists are people of "warm hearts and weak heads." It was followed in 1907 by his novel *The Secret Agent*, dealing with plot and conspiracy. Neither James nor Conrad was concerned with the underlying social origins or social philosophy of Anarchism.

113頁，奧古斯特·斯畢思高喊：David, 332–39.

114頁，「我希望審判日能夠到來」：a story told by Robert Blatchford, q. London, 298.

115頁，「什麼是財產？」：the title of his second treatise, *Qu'est ce que la propriété?* 1840.

115頁，「所有為人類帶來苦難的事物」：from his *Dieu et I'Etat*, 2nd ed., 1892, 11.

115頁，婦女製作火柴盒，以及年輕人爬進泥濘的死亡中：Riis, 47 and London,205–07.

116頁，「工作八小時」：q. Maitron, 186.

116頁，內文森談論克魯泡特金：*Changes and Chances* (see Chap. 1), 125.

119頁，蕭伯納談論克魯泡特金：q. Woodcock, 225.

119頁，國家的「急速衰敗」：*Paroles*, 8–10.

119頁，「既得利益者的惰性所阻礙」：*Paroles*, 275–76.

119頁，「觀念正在行進」：q. Crapouillot, 15.

*Eltzbacher, Paul, *Anarchism*, tr. S. T. Byington, New York, Benjamin Tucker, 1908.

Goldman, Emma, *Living My Life*, Vol. I, New York, Knopf, 1931.

Hamsun, Knut, *Hunger*, New York, Knopf, 1921.

Harvey, George, *Henry Clay Frick*, New York, Scribner's, 1928.

Hunter, Robert, *Poverty*, New York, Macmillan, 1904.

Ishill, Joseph, *Peter Kropotkin*, New Jersey, Free Spirit Press, 1923.

Ishill, Joseph, ed., *Elisée and Elie Reclus, in Memoriam*, New Jersey, Oriole Press, 1927.

Kerensky, Alexander, *The Crucifixion of Liberty*, New York, John Day, 1934.

Kropotkin, Prince Peter, *The Conquest of Bread,* New York, Putnam's, 1907.

Kropotkin, Prince Peter, *Mutual Aid*, London, Heinemann, 1902.

* Kropotkin, Prince Peter, *Paroles d'un Révolté*, Paris, Flammarion, 1885.

Kropotkin, Prince Peter, "Anarchism," in *Encyclopedia Britannica*, 11th ed.

*London, Jack, *People of the Abyss*, New York, Macmillan, 1903.

*Maitron, Jean, *Histoire du Mouvement Anarchiste en France*, 1880–1914, Paris, Société Universitaire, 1951.

Malatesta, Enrico, *A Talk Between Two Workers*, tr., 8th ed., London, Freedom Press, n.d.

Malato, Charles, "Some Anarchist Portraits," *Fortnightly Review*, September, 1894.

Miliukov, Paul, Seignobos, Charles, and Eisenmann, L., *Histoire de Russie*, Vol. III, Leroux, n.p., n.d.

Mirsky, D. S., *Russia: A Social History*, London, Cresset, 1931.

Nevinson, Henry W., *The Dawn in Russia: Scenes in the Russian Revolution*, New York, Harper, 1906.

Nicolaevsky, Boris, *Azev, the Spy*, tr. George Reavey, New York, Double-day, Doran, 1934.

*Nomad, Max, *Apostles of Revolution*, Boston, Little, Brown, 1939.

Nomad, Max, *Rebels and Renegades*, New York, Macmillan, 1932.

Pilar, Princess Of Bavaria, and Chapman - Huston, Major D., *Alfonso XIII: A Study of Monarchy*, New York, Dutton, 1932.

Regis, Dr. Emmanuel, *Les Régicides dans I' histoire et dans le présent*, Paris, Masson, 1890.

*Riis, Jacob A., *How the Other Half Lives*, New York, Scribner's, 1890.

*Savinkov, Boris V., *Memoirs of a Terrorist*, tr. Joseph Shaplen, New York, Boni, 1931.

Sorel, Georges, *Réflexions sur la violence*, Paris, Pages Libres, 1908.

Vizetelly, Ernest Alfred, *The Anarchists*, London, John Lane, 1911.

Woodcock, George, and Avakumovic, Ivan, *The Anarchist Prince: A Biographical Study of Prince Kropotkin*, London, Boardman, 1950.

【註釋】

在本章中，我認為沒有必要針對每個事件與引文逐條列出出處，反而根據主題進行分類可以更清楚地說明資料來源：

關於窮人的狀況，Jacob Riis、Jack London、Robert Hunter與Chiozza Money（見第一章）

098頁，女王卻很欣賞貝爾福：F. Ponsonby, 69.

099頁，女王「印象深刻」：Journal, Sept. 11, 1896, Victoria, 74.

099頁，普魯斯特的管家：q. Havelock Ellis (see Chap. 4), 377.

100頁，女王日記寫道「沒有人跟我一樣」：q. Hector Bolitho, *Reign of Queen Victoria*, 366.

100頁，吉卜林提到「一種樂觀的感受」：Kipling, 147.

100頁，愛德華．克拉克爵士表示「這是人類歷史上最偉大的詩作」：q. Amy Cruse, *After the Victorians*, London, 1938, 123.

101頁，「喬的戰爭」：Kennedy, 315.

102頁，索爾茲伯里談論張伯倫：Dugdale, I, 67.

102頁，貝爾福給艾爾喬勳爵夫人的信：Young, 129.

102頁，三名公爵夫人感到無比開心：Frances Balfour, II, 211.

102頁，「喬與我的不同」：q. Julian Amery, *Life of Joseph Chamberlain*, IV, 464.

103頁，「讓我們先挑一個」：q. Adams, 78.

103頁，「阿蓋爾公爵此時已經病倒」：Frances Balfour, II, 318.

104頁，「索爾茲伯里向德國大使表示」：Hatzfeld to Foreign Office, July 31 1900, *Grosse Politik* (see Chap. 5), XVI, 76.

105頁，索爾茲伯里勳爵夫人：Frances Balfour, II, 290.

105頁，「整個歷史時代的結束」：q. *The Times*, July 15, 1902.

105頁，「詹姆斯爵士，你現在馬上去」：Blunt, I, 366.

第二章 觀念與行動

本章完成後又出現了三本有用的作品：*Anarchism*, by George Woodcock, *The Anarchists*, by James Joll, and *The Anarchists, an anthology*, edited by Irving L. Horowitz.

【參考書目】

Archer, William, *The Life, Trial and Death of Francisco Ferrer*, New York, Moff at, Yard, 1911.

Barnard, Harry, *Eagle Forgotten: The Life of John Peter Altgeld*, Indianapolis, Bobbs-Merrill, 1938.

Berkman, Alexander, *Prison Memoirs of an Anarchist*, New York, Mother Earth Publishing Co., 1912.

Brenan, Gerald, *The Spanish Labyrinth*, Cambridge, University Press, 1950.

Channing, Walter, "The Mental Status of Czolgosz, the Assassin of President McKinley," *American Journal of Insanity*, October, 1902, 233–78.

Charques, Richard D., *The Twilight of Imperial Russia*, London, Phoenix, 1958.

Corti, Count Egon, *Elizabeth, Empress of Austria*, New Haven, Yale Univ. Press, 1936.

**Crapouillot, Numéro Spécial, I' Anarchie*, Paris, January, 1938.

Creux, V. C., *Canovas del Castillo, sa carrière, ses oevres, sa fin*, Paris, Leve, 1897.

David, Henry, *History of the Haymarket Affair*, New York, Farrar & Rhinehart, 1936.

084頁，《旁觀者》與此段後續的引文：Strachey, 406 and 398; Holland, II, 211, n. 1; *The Times*, Mar. 25, 1908.

085頁，「告訴他，他是一頭豬」：Mackintosh, 91.

085頁，「成為郡代表視為一種榮譽」：Sir George Otto Trevelyan, q. A. Ponsonby, *Decline*, 101.

085頁，隆恩與查普林：Gardiner, *Pillars*, 217; *Prophets*, 212.

086頁，「冷靜與難以動搖的信念」：Gardiner, *Prophets*, 213.

086頁，「亞瑟，我處理得怎麼樣？」：Londonderry, 171.

087頁，「靠肩胛骨坐著」：q. Young, 100.

087頁，「最聰明的腦袋」：q. Chamberlain, 206.

087頁，「威廉・詹姆斯」：letter of Apr. 26, 1895, *The Letters of William James*, ed. H. James, Boston, 1920.

087頁，「我尊敬的朋友」、「天壤之別」：Battersea, Diary for Sept. 6, 1895.

087頁，「微微偏著頭的可愛樣子」：Margot Asquith, I, 166.

088頁，「不，並非如此」：Margot Asquith, I, 162.

089頁，達爾文談弗蘭克・貝爾福：Young, 8.

089頁，劍橋朋友：Esher, I, 182; 上流社會朋友：Russell, 63.

090頁，貝爾福談猶太教：Dugdale, I, 324.

090頁，哈利・克斯特家的晚宴：Bennett, I, 287.

091頁，黛西・懷特：Nevins, 81.

093頁，「相當不錯」：Frances Balfour, II, 367;「並不排斥所有的進步觀點」：ibid., II, 93.

093頁，「一種青春氣息」：*ibid.*;「朝氣蓬勃、沉著冷靜」：Fitzroy, I, 28.

094頁，倫道夫勳爵：*Life of Lord Randolph Churchill*, by Winston Churchill, II, 459–60.

094頁，貝爾福談社會主義：q. Halévy, V, 231.

094頁，「到底什麼是『工會』？」：Lucy Masterman (see Chap. 7), 61.

094頁，「我的舅舅是托利黨」：Margot Asquith, I, 154.

095頁，邱吉爾曾用「邪惡」來形容他：Blunt, II, 278.

096頁，「要像克倫威爾一樣無情」：Young, 105.

096頁，「讓他的敵人猝不及防」：q. Russell, 66.

096頁，「當今世上最有勇氣的人」：Blunt, II, 278.

096頁，貝爾福在辯論時：Morley, I, 225–27.

096頁，「如果他有一點腦子的話」：q. Buchan, 156.

096頁，「戳破他們的幻想」：Andrew White (see Chap. 5), II, 430.

096頁，「我的情緒沒有失控」：q. Morley, I, 227.

097頁，「這種令人討厭的蘇格蘭槌球」：Lyttelton, 204.

098頁，回覆瑞利男爵夫人：Fitzroy, II, 491; charmed Frau Wagner: Esher, I, 312.

098頁，「精力充沛的亞瑟加以填補」：*ibid.*, 340.

098頁，「他這個人從不看報」：Whyte (see Chap. 5), II, 120.

098頁，威爾斯親王覺得貝爾福高高在上：Halévy, VI, 231.

057頁，布拉巴宗上校：W. Churchill, 67; testimony quoted: Esher, I, 362.

059頁，土地收入：Bateman, passim.

060頁，「貧窮線」：set by B. S. Rowntree at 21s. 8d. for a family of five. In *Poverty, A Study of Town Life*, 1901.

061頁，「綢緞」：Warwick, 230.

062頁，「再……給我開一列車過來」：W. Churchill, 68.

063頁，「大批衣衫襤褸的流浪漢」：A. Ponsonby, Camel, 12.

064頁，吉卜林指出的沙文主義情緒宣洩：American Notes (see Chap. 3), 45.

065頁，「他一旦做出決定，就必定貫徹實行」：Whyte (see Chap. 5), II, 115.

065頁，「一連串細微的進展達成的」：q. Monthly Review, Oct., 1903, "Lord Salisbury," 8.

066頁，莫里．羅伯茲：q. Peck (see Chap. 3), 428.

068頁，「他所有的惡劣品格」：Hyndman (see Chap. 7), 349.

068頁，「我自己就是個問題」：to More Adey, Nov. 27, 1897, Letters, 685.

069頁，亞瑟．索美塞特勳爵：Magnus, Edward VII, 214–15.

070頁，斯溫伯恩「絕無可能」：H. Ponsonby, 274.

070頁，「加入他們！」：Hyndman (see Chap. 7), 349.

070頁，「我不敢修改」：Marsh, 2.

071頁，奧斯汀談論德國與阿爾弗烈德大帝：q. Adams, 76, n. 3.

072頁，索爾茲伯里談論奧斯汀的詩：Victoria, Letters, 24.

072頁，美國觀察家提到：Lowell, II, 507.

072頁，奧斯汀的願望：Blunt, I, 280.

073頁，紐頓勳爵談論上議院：*Retrospection*, 101.

073頁，羅斯伯里的抱怨：Crewe, 462.

074頁，豪斯布里勳爵「一貫地反對」：Newton, Lansdowne, 361; "jolly cynicism": *Gardiner, Prophets*, 197; Carlton Club: Wilson- Fox, 122; Lord Coleridge: ibid., 124.

075頁，「具有天生的統治本能」：q. Halévy, V, 23, n. 2.

075頁，「當時最棒的士紳」：Newton, *Lansdowne*, 506.

076頁，「為責任立下新的定義」：Holland, II, 146. All quotations, anecdotes and other material about the Duke are from this source unless otherwise specified.

077頁，「輕鬆看待所有的事」：H. Ponsonby, 265.

077頁，「這真是無聊透頂」：Mackintosh, 113.

078頁，「某位歐洲最美麗的女子」：F. Hamilton, 201.

078頁，「令人難忘的表情」：F. Ponsonby, 52.

079頁，「家族傳承下來的統治本能」、「虧欠國家甚多」：Esher, I, 126.

080頁，「他總是弄丟手槍」：H. Ponsonby, 265 n.

082頁，加冕儀式預演時的公爵：Lucy, Diary, 193.

082頁，「溫斯頓，你會緊張嗎？」：R. Churchill, Fifteen Homes, 105.

082頁，「最好的陪伴者」：F. Ponsonby, 294.

037頁，寇松勳爵形容：Ronaldshay, I, 282.
037頁，「既安穩又舒適」：Buchan, 75.
037頁，德文郡公爵論預算案：*Annual Register*, 1894, 121.
038頁，「栽種在」：*The Times*, July 17, 1895, leader.
038頁，「支配者」：q. Magnus, *Gladstone*, 433.
039頁，達費林自學波斯文：Nicolson, 246.
040頁，「那些該死的小數點」：Leslie, 30–31.
041頁，看起來彷彿是「上層階級的僕人」：T. P. O'Connor, q. R. Churchill, Derby, 45.
041頁，伊頓公學也有「資質低下的學生」：Willoughby de Broke, 133.
041頁，塞西爾．貝爾福偽造票據：Young, 11.
042頁，薩金特提出繪製肖像的請求：Mount, 418.
042頁，「他就是那位高個子英國貴族」：Ribblesdale, xvii.
044頁，「奧林帕斯眾神」：Clermont-Tonnerre (see Chap. 4), I, 175.
044頁，「身材高挑」：E. Hamilton, 7.
046頁，男士們在嘆息之餘，也交頭接耳地說道：Sackville-West, 122.
047頁，「戴著冠狀頭飾的波希米亞」：Benson, 157.
048頁，威爾斯親王寫信給邱吉爾：W. Churchill, 155.
048頁，「我覺得應該稱呼你們『靈魂派』」：q. Nevins, 81.
049頁，兩對眉毛：Melba, 226.
049頁，「我不喜歡詩人」：Wyndham, I, 67.
049頁，哈利．克斯特「自我放縱的毛病」：Margot Asquith, q. Nevins, 81.
050頁，約翰．莫萊的探長：Fitzroy, II, 463.
050頁，「傑出而強大的組織」：W. Churchill, 89.
050頁，「彼此熟識」：Willoughby de Broke, 180.
051頁，喬維特對學生傾囊相授：Newton, *Lansdowne*, 6.
051頁，「無止盡的豪華晚宴」：Willoughby de Broke, 30.
052頁，「理所當然比別人優秀」：Leslie, 43.
052頁，「可憐的傢伙」：Marsh, 183.
053頁，「生來穿著馬靴與馬刺」：Gardiner, *Prophets*, 214.
053頁，「那段馬鞍上的日子」：Warwick, *Discretions*, 78.
054頁，瓊西．德普的電報：Robert Rhodes James, *Rosebery*, London, 1963, 355.
054頁，「就連警察也揮舞他們的帽盔」：Lee, II, 421.
054頁，「毛色充滿光澤、善於奔馳而且外型美麗」：Sitwell, *Left Hand*, 154.
055頁，「馬車只能中途返家」：Raverat, 178.
055頁，布朗特的十四行詩：“On St. Valentine's Day.”
055頁，拉特蘭公爵的牧師：Cooper, 20.
055頁，查普林狩獵：Lambton, 133; Londonderry, 227, 240.
057頁，「充滿自信」：Sitwell, *Great Morning*, 10, 121–22.

Wilson - Fox, Alice, *The Earl of Halsbury, Lord High Chancellor*, London, Chapman & Hall, 1929.

*Wyndham, George, *Life and Letters*, ed. J. W. MacNeil and Guy Wyndham, 2 vols., London, Hutchinson, n.d.

Young, Kenneth, *Arthur James Balfour*, London, Bell, 1963.

【註釋】

024頁，「讓人看了自慚形穢」：H. H. Asquith, I, 273, 275.
026頁，「神經風暴」：Kennedy, 353.
026頁，用軟墊撲滅火勢：Frances Balfour, I, 311.
026頁，「可憐的布勒」：Young, 168; 誤認成羅伯茲元帥：Russell, 54–55.
028頁，馬是「不便的輔助工具」：Cecil, I, 176.
028頁，他曾經對大仲馬的兒子說：*The Times*, Aug. 24, 1903.
028頁，「跳上三輪車後頭的平臺」：Kennedy, 241.
029頁，皮普斯形容這座花園：q. R. Churchill, *Fifteen Homes*, 74.
030頁，「跳啊，該死的」：*ibid.*, 71.
030頁，「相當罕見的愚蠢」：Cecil, I, 1.
030頁，伯肯黑德勳爵看到塞西爾家族：Birkenhead, 177.
030頁，迪斯雷利說：Mackintosh, 50–51.
030頁，「那個黑人」：*ibid.*
030頁，「某個地方明顯失言」：q. H. H. Asquith, II, 277.
031頁，議員說道「每一句話」：Ribblesdale, 173.
031頁，「我還以為他已經死了」：*National Review*, "Lord Salisbury: His Wit and Humor," Nov., 1931, 659–68.
031頁，「到底什麼時候才會結束？」：Carpenter, 237.
031頁，同僚抱怨：Cecil, III, 177.
032頁，「哪個地方還要多修剪一些」：Ribblesdale, 174.
032頁，他的魅力「不可或缺」：Hicks-Beach, q. Cecil, III, 178.
032頁，「我想我表現得不錯」：*National Review*, op. cit., 665.
032頁，格萊斯頓認為：Mackintosh, 50–51.
033頁，「即使是下議院議員他也看不上眼」：Lucy, *Eight Parliaments*, 114.
033頁，維多利亞女王說：Carpenter, 236.
034頁，「足疾不良於行」：F. Ponsonby, 67.
034頁，「喔，我想」：Benson, 164.
034頁，「淪為一盤散沙」：*Quarterly Review*, Oct., 1883, 575.
035頁，此處以及以下兩段引自*Quarterly Review*的文章：Cecil, I, 149, 157– 60, 196.
036頁，反對迪斯雷利政策的演說：July 5, 1867, *Hansard*, 3rd Series, Vol. 188, 1097 ff .
036頁，「各種尖酸刻薄的言語」：Gardiner, *Prophets*, 150.
036頁，「貴族身分沒了權力」：Cecil, II, 5.

Magnus, Sir Philip, *Gladstone*, New York, Dutton, 1954.

Marsh, Edward, *A Number of People*, New York, Harper, 1939.

Melba, Nellie, *Melodies and Memories*, New York, Doran, 1926.

Midleton, Earl of (St. John Brodrick), *Records and Reactions*, London, Murray, 1939.

Money, Sir Leo George Chiozza, M.P., *Riches and Poverty*, 10th rev. ed., London, Methuen, 1911.

Morley, John, Viscount, *Recollections*, 2 vols., New York, Macmillan, 1917.

Mount, Charles Merrill, *John Singer Sargent*, London, Cresset, 1957.

Nevill, Ralph, *London Clubs*, London, Chatto and Windus, 1911.

Nevins, Allan, *Henry White*, New York, Harper, 1930.

Nevinson, Henry W., *Changes and Chances*, New York, Harcourt, Brace, 1923.

Nevinson, Henry W., *More Changes and Chances*, New York, Harcourt, Brace, 1925.

Newton, Lord, *Lord Lansdowne*, London, Macmillan, 1929.

Newton, Lord, *Retrospection*, London, Murray, 1941.

Nicolson, Harold, *Helen's Tower*, London, Constable, 1937.

Nordau, Max, *Degeneration*, tr., New York, Appleton, 1895.

Pless, Daisy, Princess of, *Better Left Unsaid*, New York, Dutton, 1931.

Ponsonby, Arthur, *The Camel and the Needle's Eye*, London, Fifi eld, 1910.

Ponsonby, Arthur, *The Decline of Aristocracy*, London, Unwin, 1912.

*Ponsonby, Sir Frederick (First Lord Syonsby), *Recollections of Three Reigns*, New York, Dutton, 1952.

Ponsonby, Sir Henry, *His Life from His Letters*, ed. Arthur Ponsonby, New York, Macmillan, 1943.

Raverat, Gwen, *Period Piece*, New York, Norton, 1952.

Ribblesdale, Thomas, Lord, *Impressions and Memories*, London, Cassell, 1927.

Ronaldshay, Earl of, *Life of Lord Curzon*, 3 vols., London, Benn, 1928.

Russell, George W. E., *Prime Ministers and Some Others: A Book of Reminiscences*, New York, Scribner's, 1919.

*Sackville - West, V., *The Edwardians*, London, Hogarth, 1930.

Sitwell, Sir Osbert, *Left Hand, Right Hand*, Boston, Little, Brown, 1944.

Sitwell, Sir Osbert, *Great Morning*, London, Macmillan, 1948.

Strachey, John St. Loe (editor of the Spectator), *The Adventure of Living*, New York, Putnam's, 1922.

Victoria, Queen, *Letters*, ed. G. E. Buckle, Vol. III, 1896–1901, New York, Longmans, 1932.

*Warwick, Frances, Countess of, *Life's Ebb and Flow*, New York, Morrow, 1929. (Notes refer to this book unless otherwise stated.)

Warwick, Frances, Countess of, *Discretions*, New York, Scribner's, 1931.

Wharton, Edith, *A Backward Glance*, New York, Appleton-Century, 1934.

Wilde, Oscar, *Letters*, ed. Rupert Hart-Davis, New York, Harcourt, Brace, 1964.

Willoughby de Broke, Richard Greville Verney, Lord, *The Passing Years*, Boston, Houghton Mifflin, n.d.

Chamberlain, Sir Austen, *Down the Years*, London, Cassell, 1935.

Chandos, Viscount (Oliver Lyttelton), *Memoirs*, London, Bodley, 1962.

Churchill, Randolph Spencer, *Fifteen Famous English Homes*, London, Verschoyle, 1954.

Churchill, Randolph Spencer, *Lord Derby*, London, Heinemann, 1959.

Churchill, Winston S., *A Roving Commission: My Early Life*, New York, Scribner's, 1930.

Cooper, Lady Diana (Manners), *The Rainbow Comes and Goes*, Boston, Houghton Mifflin, 1958.

Crewe, Marquess of, *Lord Rosebery*, New York, Harper, 1931.

Curzon, Lord, *Subjects of the Day*, New York, Macmillan, 1915.

Dugdale, Blanche E. C., *Arthur James Balfour*, 2 vols., New York, Putnam's, 1937.

Esher, Viscount Reginald, *Journals and Letters*, ed. Maurice V. Brett, 3 vols., London, Nicholson & Watson, 1934–48.

Fitzroy, Sir Almeric, *Memoirs*, 2 vols., London, Hutchinson, n.d.

Ford, Ford Madox, *Return to Yesterday*, New York, Liveright, 1932.

*Gardiner, A. G. (editor of the Daily News), *Pillars of Society*, New York, Dodd, Mead, 1914.

*Gardiner, A. G., *Prophets, Priests and Kings*, London, Dent, 1914 (new edition, first published 1908).

*Halévy, Élie, *A History of the English People in the 19th Century*, Vol. V, 1895–1905; Vol. VI, 1905–14, New York, Barnes & Noble, 1961.

Hamilton, Lord Ernest, *Forty Years On*, New York, Doran, 1922.

Hamilton, Lord Frederick, *The Days Before Yesterday*, New York, Doran, 1920.

Harris, Frank, *Oscar Wilde, His Life and Confessions*, New York, The Author, 1916.

Holland, Bernard (former private secretary to the Duke), *Life of the Duke of Devonshire*, London, Longmans, 1911.

Jebb, Lady, *With Dearest Love to All: The Life and Letters of Lady Jebb*, ed. Mary Reed Bobbitt, London, Faber, 1960.

Kennedy, A. L., *Salisbury, 1830–1903: Portrait of a Statesman*, London, Murray, 1953.

Kipling, Rudyard, *Something of Myself*, London, Macmillan, 1951.

Lambton, Hon. George, *Men and Horses I Have Known*, London, Butterworth, 1924.

Lee, Sir Sidney, *King Edward VII*, 2 vols., New York, Macmillan, 1927.

Leslie, Shane, *The End of a Chapter*, New York, Scribner's, 1916.

Londonderry, Marchioness of, *Henry Chaplin: A Memoir*, London, Macmillan, 1926.

Lowell, Abbott Lawrence, *The Government of England*, 2 vols., New York, Macmillan, 1908.

Lucy, Sir Henry, *Diary of a Journalist*, New York, Dutton, 1920.

Lucy, Sir Henry, *Memories of Eight Parliaments, 1868–1906*, London, Heinemann, 1908.

Lyttelton, Edith, *Alfred Lyttelton*, London, Longmans, 1917.

Mackintosh, Alexander (a parliamentary correspondent for the provincial press), *From Gladstone to Lloyd George*, London, Hodder & Stoughton, 1921.

Magnus, Sir Philip, *Edward VII*, New York, Dutton, 1964.

為了讓註釋維持在一定的篇幅之內，我只針對來源不明顯的陳述註明出處。沒有註明出處的時候，讀者可以認定某人的行為或引文或聽到的聲明就是出自這個人自己的描述，本書的參考書目通常會列出這個人的回憶錄或作品。舉例來說，在第四章，我提到萊昂·布魯姆（Léon Blum）與皮耶·路易斯（Pierre Louÿs）在德雷福斯事件上立場相反，因此兩人從此不再見面，讀者如果想知道我這段陳述的根據何在，可以在參考書目裡尋找這兩個人的作品，最後他會找到布魯姆的書，讀者這時可以認定布魯姆就是我這段描述的根據。梅爾巴夫人的客人把桃子丟到窗戶外面去，或書中引用別人的說法，提到里伯斯戴爾勳爵的貴族身分，讀者可以認定參考書目列出的這兩個人的作品就是我引用的資料來源。有時資料來源不是說話者本身，而是來自回憶錄作家，例如史特勞斯拜訪史拜爾（Edward Speyer），或者史特勞斯對畢勤（Sir Thomas Beecham）說的話，資料來源不是史特勞斯，而是史拜爾與畢勤的回憶錄。一般而言，如果沒有註明出處，那麼特定對話、書信往來或事件中提到的人名，就是關鍵的資料來源。這種做法也許要麻煩有興趣的人自己去翻查原書頁碼，但好處是可以避免一些錯誤，不這麼做的話，註釋的篇幅會變得跟本文一樣。

如果一本書被引用很多次，那麼這本書會直接列在最相關的那一章底下。DNB指《牛津國家人物傳記大辭典》（*Dictionary of National Biography*），DAB指《美國傳記辭典》（*Dictionary of American Biography*），*The Times*指倫敦的《泰晤士報》，NYT指《紐約時報》。打上星號則表示這項資料來源特別有價值或特別相關。

第一章 貴族

【參考書目】

Adams, William Scovell, *Edwardian Heritage, 1901–6*, London, Muller, 1949.

Asquith, Earl of Oxford and, *Fifty Years of British Parliament*, 2 vols., Boston, Little, Brown, 1926.

Asquith, Margot (Countess of Oxford and Asquith), *Autobiography*, Vols. I and II, London, Butterworth, 1920.

Austin, Alfred, *Autobiography*, 2 vols., London, Macmillan, 1911.

Balfour, Lady Frances, *Ne Obliviscaris*, 2 vols., London, Hodder & Stoughton, n.d.

*Bateman, John, *The Great Landowners of Great Britain and Ireland*, 4th ed., London, Harrison, 1883.

Battersea, Constance, Lady, *Reminiscences*, London, 1922.

Bennett, Arnold, *Journals*, 3 vols., New York, Viking, 1932.

Benson, E. F., *As We Were*, New York, Longmans, 1930.

Birkenhead, First Earl of, *Contemporary Personalities*, London, Cassell, 1924.

Blunt, Wilfrid Scawen, *My Diaries*, 2 vols., New York, Knopf, 1921.

Buchan, John, *Pilgrim's Way* (English title: Memory hold-the-door), Boston, Houghton Mifflin, 1940.

Carpenter, Rt. Rev. William Boyd, *Some Pages of My Life*, New York, Scribner's 1911.

Cecil, Lady Gwendolyn, *Life of Robert, Marquis of Salisbury*, 4 vols., London, Hodder & Stoughton, 1921–32.

參考書目與註釋

這裡的參考書目依照章節排列，僅限於註釋提及的資料來源（只有一兩個例外），既非有系統的書單，內容也不完整。我只是把我使用的書籍列出來，通常這些書籍是在偶然間發現的，只要有助於我個人描述的書籍我都會加以參考。二手的詮釋研究作品數量較少，當我需要這類書籍的指引時，我會盡可能選擇接近當代的作品，不是因為當時的研究比今日的研究來得優秀，而是因為他們的研究在精神上比較接近我所描述的社會與時代。儘管如此，現代的學術成果在許多地方給予我堅定的支持，尤其是阿勒維（Élie Halévy）優秀而可靠的英國事務百科全書，平森（Koppel S. Pinson）與寇恩（Hans Kohn）的德國研究，莫里森（Elting E. Morison）的羅斯福書信集，還有當時兩位核心人物的傳記，這兩部傳記內容都十分充實，分別是戈德貝爾格（Harvey Goldberg）的《饒勒斯傳》（*Jaurès*）與門德爾松（Peter de Mendelssohn）的《邱吉爾傳》（*Churchill*）。這兩部傳記都聚焦於個人，同時也對人物所處時代的歷史作了詳盡、全面且審慎的描述。金傑爾（Ray Ginger）的《戴布斯》（*Debs*）涉及的領域較窄，另一部更專精的作品是潘特（George D. Painter）的《普魯斯特》（*Proust*），但兩部作品都有以小見大的效果。

有幾部非常傑出的作品，少了這些研究成果，我幾乎無法完成本書：貝特曼（John Bateman）的英國土地所得研究，傑克．倫敦（Jack London）與雅各布．里斯（Jacob Riis）的窮人研究，奎亞爾（Pierre Quillard）對亨利上校捐款人的研究。一些小說家，例如維塔．薩克維爾—韋斯特（V. Sackville-West）、安那托爾．佛朗士（Anatole France）與普魯斯特，他們的價值如同社會史家，同樣重要的還有一些回憶錄作家：布魯姆與多代針對同一事件記錄了完全相反的面向，沃里克伯爵夫人（Lady Warwick）、弗雷德里克．龐森比爵士（Sir Frederick Ponsonby）、埃舍爾勳爵（Lord Esher）、威爾弗里德．布朗特（Wilfrid Blunt）、蘇特納男爵夫人（Baroness von Suttner）、史蒂芬．褚威格（Stefan Zweig），凡德維爾德（Emile Vandervelde）身為社會主義陣營領袖，他的回憶錄提供了對於社會主義環境的第一手個人觀點，相對而言，統治階級在這方面的回憶錄作品遠較社會主義者來得多。更具價值的或許是那些偶然間靈光乍現，對於自己身處的時代產生特殊的洞察，而且擁有天賦來做出表達的人物，他們將自己突然領悟的事物記錄下來，使我們對當時發生的種種事件有了更深刻的認識，羅曼．羅蘭（Romain Rolland）就是這樣的人物，馬斯特曼（Masterman）也是一個例子。雖然跟本書主題較無關連，但從托洛斯基（Leon Trotsky）對塞爾維亞步兵無以倫比的描述可以看出，托洛斯基也擁有同樣不可思議的洞察關鍵歷史意義的能力，他幾乎感受到那個歷史的轉捩點，同時又能用文字傳達出來。

在列出的所有參考資料中，雷納赫（Joseph Reinach）的作品無疑是其中的佼佼者（這方面更詳細的介紹見第四章註釋）；最有條理且知識淵博的傑出作家則是阿爾弗雷德．喬治．加德納（A. G. Gardiner）；雖然羅列了大量的參考書目，但最引人注目的卻是美國人並未寫下任何第一流的回憶錄作品（除了亨利．亞當斯〔Henry Adams〕，但我認為他的回憶錄也不盡理想）。

THE WAR
大戰略
06

驕傲之塔：一戰前的歐美世界圖像，1890-1914（下）

作者　芭芭拉・塔克曼（Barbara W. Tuchman）
譯者　黃煜文

責任編輯　官子程
特約編輯　蘇逸婷
書籍設計　莊謹銘
內頁排版　謝青秀

總編輯　簡欣彥
出版　廣場出版／遠足文化事業股份有限公司
發行　遠足文化事業股份有限公司（讀書共和國出版集團）
地址　231 新北市新店區民權路 108-3 號 9 樓
電話　02-22181417
傳真　02-22180727
客服專線　0800-221029
法律顧問　華洋法律事務所　蘇文生律師
印刷　前進彩藝有限公司

初版　2024 年 9 月
定價　900 元【上下冊不分售】
ISBN　978-626-98867-2-2（紙本）
978-626-98867-1-5（EPUB）
978-626-98867-0-8（PDF）

國家圖書館出版品預行編目 (CIP) 資料

驕傲之塔：一戰前的歐美世界圖像 ,1890-1914 / 芭芭拉・塔克曼著；黃煜文譯 . -- 初版 . -- 新北市：遠足文化事業股份有限公司廣場出版，遠足文化事業股份有限公司 , 2024.09
面；　公分 . --（大戰略；6）
譯自：The proud tower.
ISBN 978-626-98867-2-2（平裝）

1.CST: 歐洲史

740.1　113010842

廣場 FB　讀者回函